2 Bände zus. 40,–
(82,–)

Stephan H. Pfürtner
Dieter Lührmann
Adolf Martin Ritter

Ethik in der europäischen Geschichte I

Antike und Mittelalter

Verlag W. Kohlhammer
Stuttgart Berlin Köln Mainz

CIP-Titelaufnahme der Deutschen Bibliothek

Pfürtner, Stephan H.:
Ethik in der europäischen Geschichte / Stephan H. Pfürtner;
Dieter Lührmann; Adolf Martin Ritter. –
Stuttgart; Berlin; Köln; Mainz: Kohlhammer
ISBN 3-17-009421-1
NE: Lührmann, Dieter:; Ritter, Adolf Martin:
1. Antike und Mittelalter. – 1988
ISBN 3-17-010308-3

Stuttgart Berlin Köln Mainz
Verlagsort: Stuttgart
Umschlag: hace
Gesamtherstellung:
W. Kohlhammer Druckerei GmbH + Co. Stuttgart
Printed in Germany

Inhalt

Vorwort

Die »Ethik in der europäischen Geschichte« wurde ursprünglich im Rahmen der »Lehr- und Studienbücher ETHIK« geplant. Die Reihe war für den Unterricht an den Schulen und auch für das Studium an Hochschulen gedacht. Sie sollte Ethik-Lehrern und -Lehrerinnen zur Hintergrundinformation sowie als Ergänzung der Arbeitsbücher für die Oberstufe dienen. Zwischen Planung und Fertigstellung der beiden vorliegenden Bände hat sich einiges verändert. Das öffentliche Interesse an ethischen Fragen nahm in überraschender Weise zu. Wir dürfen nicht alles tun, was wir können: diese Einsicht in die Grenzen des Machbaren hat unter Natur- und Geisteswissenschaftlern, in Politik, Technik und Wirtschaft sowie bei anderen Verantwortungsträgern der Praxis eine neue und breite Evidenz erhalten. Ebenso breit brechen die unmittelbar daraus sich ergebenden Fragen auf: »Was dürfen wir tun und was nicht? Welche Kriterien gibt es für das, was wir sollen und was wir nicht sollen? Wer bestimmt die Grenzen? Wie kommen wir zu verantwortlichen Handlungsstrategien oder -imperativen?« Zur Lösung dieser Fragen müssen die einschlägigen Sachgebiete durchleuchtet werden. Dabei stößt man jedoch allenthalben auf ihre ethische Dimension. Überall, wo gesellschaftliche Belange berührt sind, wird sichtbar, daß ethische Forschung auf Interdisziplinarität angewiesen ist; wie umgekehrt eine früher als wertfrei angesehene Fachforschung ihre Einbindung in einen größeren Verantwortungszusammenhang unerläßlich gemacht hat. Demgemäß ist das Interesse an ethischer Orientierung gewachsen.

Aufgrund dieser Entwicklung haben sich die Herausgeber und der Verlag entschlossen, die begonnene Reihe mit ihrer Spezifizierung auf den Ethikunterricht zu beenden und einem weiteren Leserkreis zu öffnen. Die geplanten Bände werden als Einzeltitel erscheinen und in ihrer Darstellung dem umfänglicheren Orientierungsbedürfnis Rechnung zu tragen suchen.

Ich habe vielen für die Erstellung der beiden Bände und meiner Beiträge zu danken, zuerst den Mitautoren, sodann den Mitherausgebern der bisherigen Reihe, Professor Dr. Reinhold Mokrosch und Professor Dr. Heinz Schmidt, dem Verlag Kohlhammer und den Mitarbeitern und Mitarbeiterinnen der sozialethischen Abteilung im Fachbereich Evangelische Theologie Marburg. Ich hätte ihren jeweiligen Anteil gern angemessen benannt. Das ist mir hier leider nicht möglich. Hervorgehoben sei jedoch ein Gespräch zur Sache der Menschlichkeit, das ich fortlaufend – inzwischen über Jahrzehnte – aus unmittelbarer Lebensnähe, immer wieder neu, über naheliegende und über weitreichende Belange »praktischer Lebensphilosophie« führen konnte. Ohne diesen Austausch vermag ich mir meine eigenen Darlegungen in ihrer inhaltlichen Orientierung nicht vorzustellen. Das Gespräch danke ich Dr. med. Irmgard Pfürtner-Bloos, meiner Frau. Sie hat meine Arbeit mit ihrem unbestechlichen Urteil und ihrer unverwechselbaren Freundschaft vielfältig begleitet.

Marburg, den 15. 9. 1988 *Stephan H. Pfürtner*

Einführung

Stephan H. Pfürtner

Die »Ethik in der europäischen Geschichte« wurde problemgeschichtlich entworfen. Daraus ergab sich ein Zweifaches. Einmal erwuchsen die Themenkreise aus dem Entwicklungsgang des europäischen Raumes. Zum anderen sollte dessen Geschichte auf jene Lebensfragen hin durchsucht werden, die gegenwärtig vielfach drängen und Ethik ebenso bedeutsam wir problembeladen machen.

Die Besinnung auf Geschichte ist somit hier keineswegs nur nach rückwärts gerichtet. Sie will vielmehr Vergangenes vergegenwärtigen zur besseren Zukunftsgestaltung. In diesem Sinn ist Ethik wesentlich geschichtsbezogen. Sie gründet stets in Erfahrungen vorangegangener Generationen. Anders kann sie nicht gedacht und gelebt werden. Desgleichen ist Ethik für Geschichte konstitutiv. Erst durch gelebtes Ethos wird der Mensch zum Geschichtswesen und werden Gesellschaften zu Geschichtsträgern. Wo systematisch Gesittung und Sittlichkeit verachtet wurden, erfolgte Zerstörung von Geschichte. Wo Stammeskulturen noch nicht zum ethischen Bewußtsein erwacht waren, lebten sie noch vorgeschichtlich. Immer, wenn es für Gesellschaften darum ging, in kritischer Selbstprüfung ihre Kontinuität sicherzustellen, mußten sie ihrer Geschichte und zugleich des sie verbindenden Ethos' innezuwerden versuchen.

In der Ethik ist uns heute vieles, ja Grundlegendes fragwürdig geworden. Das gilt für Ethik als sittliche Praxis ebenso wie für Ethik als theoretische Begründung der Praxis. In dieser doppelten Hinsicht sind wir in die Krisis geraten. Allenfalls erscheint noch die Rede von »Skeptischer Ethik« angebracht[1]. Aber gerade deshalb müssen wir uns neu unserer sittlichen Grundlagen vergewissern. »Was sollen wir tun, um menschlich miteinander leben und überleben zu können?« Die Frage bedrängt. Sie bedrängt um so mehr, je existenzieller Nöte erfahren und je wacher Bedrohungen erfaßt werden. Damit erweist sich die Krisis der Moral als Krisis unserer Gesellschaft[2]. Wie sollten Menschen auch zuversichtlich das Gute angehen, wenn ihnen gesellschaftliche Entwicklungen allenthalben ein lebenswertes Leben fraglich machen.

Zumal die jüngere Generation ist verunsichert. Beschäftigungskrise und Arbeitslosigkeit stellen zahlreiche Menschen ins Leere. Die Zuversicht auf lebenswerte Zukunft wird durch andere bekannte Vorgänge globalen Ausmaßes wie Umweltzerstörung, Welthunger, Menschenrechtsverletzungen, Bevölkerungsexplosion und Militarisierung mit den möglichen Folgen globaler Selbstvernichtung der Menschheit weiter bedrängt.

Zu diesen offenkundigen Bedrohungen, die die Industriegesellschaften produziert haben, kommen weniger auffällige, dafür aber um so tiefergreifende Veränderungen hinzu. Sie betreffen jene Institutionen, die noch in unser Jahrhundert hinein den meisten Mitgliedern der Gesellschaft lebenswerte Beziehungen zu vermitteln vermochten. Gemeint sind die Familie, die Bürgerschaft, das Volk, die Nation, der Staat und die Kirche. Natürlich haben diese Einrichtungen nicht jedwede Bedeutung verloren. Aber ihre Wertschätzung unterliegt in den Augen weiter Bevölkerungskreise doch einer gründlichen Krise.

Der Glaubwürdigkeits- und Achtungsschwund ist durchaus nicht nur subjektiven Empfindungsschwankungen jeweils von einzelnen anzulasten. Die genannten Institutionen haben vielmehr ihre früheren lebenserhaltenden und lebensfördernden Schutzfunktionen weitgehend eingebüßt. Sie haben sich mit ihrer Wirksamkeit in den Erfahrungen breiter Kreise abgenutzt oder sogar gründlich disqualifiziert. Sie sind zum Teil geradezu kontraproduktiv zu ihrer ursprünglichen Bestimmung geworden. Ihre gewandelten Funktionen treten in ihren konstruktiven gesellschaftlichen Anteilen noch nicht hinreichend ins Allgemeinbewußtsein, um den Einsatz für sie unmißverständlich sinnvoll zu machen. Derartige Erfahrungen können nicht als »nihilistisches Grabgeläute« einer »bürgerlich leergewordenen« Entwicklung deklariert werden[3]. Sie haften in der einen oder anderen Form allen Industriegesellschaften an, wo diese sich nicht durch öffentlich verordneten Optimismus einen anderen offiziellen Anschein geben.

Wo das Konkret-Lebenswerte im Alltag nicht mehr offenkundig ist, wird ethisches Bewußtsein gründlich betroffen. Das geschieht gegenwärtig. Diese Betroffenheit bildet den Hintergrund für die vorliegende Beschäftigung mit unserer Geschichte. Sie gab die Fragen gegenüber der Vergangenheit ein, auch wenn nicht laufend von ihr die Rede ist. Die Voraussetzung für eine derartige geschichtliche Beschäftigung bildet die Annahme, daß frühere Epochen sich auf ihre Weise vor die Notwendigkeit gestellt sahen, aufgrund ihrer eigenen historischen Bedrohungen nach dem lebenserhaltenden Guten zu fragen und Wege zur Abwehr von menschenzerstörerischen Einflüssen durch Menschen in ihren Zeiten zu suchen.

In der Bemühung, ihrer Suche zu folgen, soll nicht übersehen werden, daß jede Beschäftigung mit der Geschichte immer schon ein Stück ihrer Interpretation darstellt. Bereits die Fragen, mit denen wir an sie herantreten, bilden einen von uns entworfenen Suchraster. Würden uns andere Suchperspektiven leiten, dürften wir auch andere Antworten erhalten. Schon hieran wird sichtbar, warum in der Geschichtshermeneutik so oft auf den »garstigen Graben« zwischen uns und der Vergangenheit verwiesen wird, den wir letztlich nie voll überspringen könnten. Dieser Abstand kann nur durch vielseitige Beleuchtung verringert oder relativiert, nie aber vollends beseitigt werden. Demgemäß ist auch hier in der Studie mit gefundenen Antworten zu verfahren, die uns aus der Geschichte entgegenkommen. Es kann nicht darum gehen, sie einfach für unsere Zeit zu übernehmen, eben weil unsere Situation und Aufgabe nicht schlichtweg dieselben sind, die sich in der Vergangenheit stellten. Simple Imitationsversuche müssen in die Irre führen. Wer in diesem Stück europäischer Geschichte liest, soll vielmehr ins »lebenspraktische Gespräch« mit früheren Kulturen oder Zeiten und einigen herausragenden Denkern treten, um für die eigene Erfahrung einbringen zu können, was an Erfahrung in der Geschichte reflexiv verarbeitet wurde. Er soll dadurch für die eigene Urteilsbildung Hilfen bekommen und nicht auf fertige Muster festgelegt werden.

Aber gibt es nicht doch feste Wert- und Ordnungsmuster in der Moral der Menschheit? Die Beschäftigung mit der Geschichte unseres sittlichen Bewußtseins und seiner Ausprägung in Lebenstheorie und Lebenspraxis legt es nahe, von Selbstverständlichkeiten unserer Wertschätzungen abzurücken. Intellektuelle Redlichkeit verlangt, sie zu historisieren und sie damit aus historisch-kritischer Distanz auf ihren Geltungsanspruch zu befragen. In den letzten Jahrzehnten hat Ivan Illich vielfach dazu aufgefordert, das moderne Schul- und Bildungs-, das Gesundheits-, Entwicklungs- und Expertenwesen in den historisch-kritischen Vergleich zu stellen und deren verbreitete Achtung mit ihren Herrschaftsfolgen gründlich zu problematisieren. Sein Buch »Genus« gilt der Kritik einer sexistischen Gleichheit, mit der die moderne Industriegesellschaft eine jahrtausendealte Komplementarität zwischen Mann und Frau einebne, um beide – letztlich vor allem zu Lasten der Frau – einer ökonomischen Verwertbarkeit zu unterwerfen[4]. Die »Fortschrittszivilisation« wird mit dem, worauf sie so selbstverständlich setzte, inzwischen vielfältig auf ihre Legitimation befragt[5]. Wie weit aber ist die Historisierung unserer Wertvorstellungen auszudehnen? Hierauf eine Antwort zu finden, gehört zu den wichtigen Aufgaben der nachstehenden Untersuchungen.

Der Wortschatz des Ethischen, mit dem wir umgehen, scheint dazu eine klare Auskunft zu geben. Es sieht so aus, als sei er insgesamt einem kontinuierlichen Wandel unterworfen. Man kann mit alltäglichen Begriffen wie Arbeit, Familie, Eigentum, Wirtschaft, Sexualität beginnen und zu Umwelt, Freiheit, Staat, Persönlichkeitsrechten oder Menschenwürde übergehen[6]. Die Realitäten, die wir mit ihnen anzusprechen versuchen, standen früheren Epochen entweder überhaupt nicht oder in einem sehr anderen Bedeutungszusammenhang vor Augen. Zum Teil gab es die entsprechenden Worte noch gar nicht dafür. Von »Sexualität« sprach bis in unser Jahrhundert hinein so gut wie niemand auf der ganzen Welt. Und der antike Mensch hätte vor der Rede vom »Recht auf Arbeit« fassungslos gestanden. »Labor« – das lateinische Wort, mit dem wir »Arbeit« zu übersetzen versuchen – kennzeichnet einigermaßen die antike Realität; und sie bedeutete »Mühsal« oder »Plackerei«. Unfreie und Sklaven hatten sie zu tragen. Wie hätte man auf so etwas ein »Recht« geltend machen wollen? Das, was lebens- und schützenswert ist, ist heute nicht einfach dasselbe wie in vergangenen Zeiten. Damit aber hat sich auch der Anspruch auf das ethisch Verbindliche geändert. Hieraus erwächst für uns die Freiheit und zugleich die Notwendigkeit, das für uns Verbindliche neu zu bestimmen, um demgemäß unser Leben auszurichten.

Die vorliegenden Untersuchungen gelten dem Gewandelten in der Geschichte ebenso wie dem, was für uns daraus an Chance und Anspruch hervorgeht. Sie wurden damit auch durch die Frage veranlaßt, in welcher Weise bestimmte Gesellschaftsformen bestimmte »Ethiken« hervorgebracht oder wenigstens favorisiert haben. Es dürfte doch nicht zufällig sein, daß in Athen mit seinem ersten Versuch zugunsten einer Art Basis-Demokratie in unserer Geschichte die Autarkie der freien »Bürger« und ihre eigene Urteilskraft (die »Phronesis«) sowie die ausgleichende Gerechtigkeit als tragende Elemente der Ethik entdeckt wurden. Ebenso sprechen einige Gründe dafür, daß im Mittelalter mit seinem aufkommenden Ständewesen die Tugendethik soviel Plausibilität erlangte oder daß in der Neuzeit mit ihren absolutistischen und monarchistischen Staatswesen einerseits das Freiheitsethos, andererseits aber auch die Pflichtenethik mit starker Betonung der Gehorsamshaltungen ausgebildet wurden. Von hier aus fällt schließlich auch Licht auf den Umstand, daß das letztere Ethikverständnis in demokratischen Gesellschaften nicht mehr genügt und in ihnen die Verantwortungsethik mit einer starken Betonung der Menschenrechte entsteht. Die Beiträge zu den angesprochenen Epochen lassen auf verschiedene Weise einen entsprechenden Sprach- und Theoriewechsel in der Ethik durchblicken.

Mit Bedacht ist als Titel nicht »Geschichte der europäischen Ethik«, sondern »Ethik in der europäischen Geschichte« gewählt. Damit sollte zunächst der Eindruck vermieden werden, als sei ein vollständiger historischer Überblick geplant[7]. Zwar fehlt uns im deutschsprachigen Raum eine gute neuere Darstellung dieser Art. Zu einzelnen Denkern, Schulen, Epochen oder Themenkreisen liegen historische Studien in Fülle vor, aber keine zusammenhängende Geschichte der Ethik. Die Arbeit von Friedrich Jodl[8] kann man immer noch mit Gewinn lesen, doch mehr als ein Beispiel für das Erkenntnisinteresse und den Forschungsstand zu Beginn unseres Jahrhunderts. Der Überblick von Alasdair MacIntyre ist neueren Datums[9], zeigt jedoch durch seinen summarischen Charakter die Schwierigkeit des Unterfangens. Wer detaillierte Darstellungen unter Berücksichtigung der derzeitigen Forschungsentwicklungen sucht, muß zu lexikalischen Arbeiten greifen[10], dann aber auf den Versuch zusammenhängender Geschichtsdeutung verzichten und sich auf enzyklopädische Behandlung des Themas einstellen.

»Ethik in der europäischen Geschichte« vorzustellen, erlaubt, einerseits der Geschichte als einem zusammenhängenden Geschehen nachzugehen und anderseits in ihr Paradigmatisches auszuwählen und auf Vollständigkeit zu verzichten. Die Mitautoren der beiden Bände wurden gebeten, sich – soweit es ihnen sinnvoll erschien – von der Suche nach Paradigmatischem in ihrem historischen Feld leiten zu lassen. Thomas S. Kuhn hat mit seiner Theorie vom Paradigmenwechsel in der Geschichte der Naturwissenschaft[11] besonders in den angelsächsischen Ländern eine breite Diskussion zur Erforschung historischer Prozesse angeregt. Sollte sich auch Ethik in den verschiedenen Sprachgemeinschaften nach bestimmten Paradigmen ausgebildet haben, und sollten epochale Umbrüche durch Paradigmenwechsel gekennzeichnet sein? Diese Fragen aufzugreifen, schien mir in verschiedener Hinsicht nützlich. Für die theologische Denk- und Sprachgeschichte ist inzwischen ein beachtenswerter Versuch dieser Art unternommen[12].

Zu beachten ist freilich, daß der Kuhnsche Paradigmenbegriff hier nicht undifferenziert zugrunde zu legen ist. So etwas verbietet sich bereits durch den Unterschied zwischen dem, was den Naturwissenschaften zur Erforschung und dem, was der Ethik als Theorie menschlicher Lebenspraxis aufgegeben ist. Übrigens hat Kuhn selbst auf die Vielschichtigkeit des Paradigmenbegriffs und auf die Notwendigkeit aufmerksam gemacht, differenziert mit ihm umzugehen[13]. Vielleicht reicht es auch, mit Otfried Höffe nach »Grundmodellen« in der Ethik-Geschichte zu suchen[14].

Man sollte nicht unterstellen, daß mit einem derartigen Ansatz jede kritisch-normative Kompetenz ethischer Erkenntnisse und Aussagen aufgelöst werde. Die eingangs angesprochene Notwendigkeit, die Selbstverständlichkeiten in unseren Wertvorstellungen zu historisieren, bedeutet keineswegs, auf Entschiedenheit der sittlichen Beurteilung zu verzichten, wo gefordert ist, Recht von Unrecht zu unterscheiden und menschenverachtenden Ideologien, gesellschaftlichen Unrechtsstrukturen oder Praktiken des Zynismus zu widerstehen. Gerade die Beschäftigung mit unserer Geschichte dürfte doch wohl zeigen, daß wir – zum Beispiel – nicht mehr hinter die ethischen Ansprüche der Menschenrechte zurückgehen können, wollen wir nicht der geschichtlich erfahrenen Wahrheit widerstehen. Wenn in den Menschenrechten ein neues Paradigma unserer Ethikgeschichte zur Sprache gebracht worden ist, dann wohnt ihm durchaus eine kritisch-normative Kraft für unser Handeln inne. Für die Wahrheitsfindung in der Theologie habe ich bereits Entsprechendes anhand des Paradigmenwechsels zeigen können, den Martin Luther mit seiner Rechtfertigungslehre in die Denkgeschichte christlichen Glaubens eingebracht hat[15]. Ähnlich sollte hier nach jenen Paradigmen gesucht werden, die humane Gesinnung und humanes Verhalten in unserer Geschichte kennzeichnen.

Denn bei aller Diskontinuität und Unvergleichbarkeit, die geschichtliche Prozesse stets einbringen, waltet doch auch Kontinuierliches in ihnen weiter. So haben sich Gemeinschafts-, Gesellschafts- und Staatsformen beständig geändert. Immer aber sind Jugendliche in irgendeinem sozialen Verband großgeworden, mag es nun die (Groß-) Familie, die Sippe, der Stamm, die Bürger- oder Kultgemeinde oder irgendein anderer Verband gewesen sein. Immer schon ging es unter Menschen um Fragen des rechten Verhaltens und der rechten Gesinnung zwischen Eltern und Kindern, zwischen den Führenden und Geführten einer Institution oder Gruppe, zwischen dem Einzelnen und dem jeweiligen Gemeinschaftsganzen. Wenn nun hinsichtlich der gesellschaftlichen Lebensbedingungen derartige elementare Strukturverhältnisse bestanden, muß der Frage nachgegangen werden, ob ihnen nicht auch elementare Formen des rechten Verhaltens und rechter Gesinnung entsprachen. Gibt es dafür Befunde in der Geschichte der Ethik? Wenn ja, was hätten sie für unsere ethische Orientierung zu bedeuten?

Vermochten solche Familien, Sippen, Stämme oder Staaten je ihre Kontinuität zu sichern, in denen ein Mensch dem anderen keinerlei Vertrauen mehr entgegenbringen konnte und jeder in jedem einen möglichen Verräter wittern mußte? Bei allen Abweichungen von »Treu und Glauben« unter einzelnen war ohne sie in keinem Abschnitt der Geschichte eine gedeihliche Entwicklung von Gemeinwesen auf Dauer möglich. Nicht zufällig hat Otto Friedrich Bollnow nach den Erfahrungen der Hitler-Zeit, in denen durch Denunziantentum und Geheimpolizei schlichtes Vertrauen von Nachbar zu Nachbar, ja selbst innerhalb der Familie lebensgefährlich werden konnte, die Besinnung auf die »einfache Sittlichkeit« gefordert und an die soziale Notwendigkeit von Rücksicht auf den anderen, schlichten Anstand, Bescheidenheit, Ehrfurcht und Mitleid gefordert[16]. Damit soll nicht behauptet werden, diese Gesinnungs- und Verhaltensweisen hätten im abstrakten Sinn von »einfachen Tugenden« immer zum unaufgebbaren Bestand der Ethik gehört. Aber es gilt, in der Geschichte nach jenen grundlegenden Menschlichkeitsbeziehungen zu suchen, ohne die ein auskömmliches Leben der Menschen in ihrem Alltag nie möglich war. Das Ansehen der »goldenen Regel« quer durch die verschiedenen Kulturen und Epochen[17] weist auf derartige, sich durchhaltende Orientierungen hin, auch wenn sie in ihrer situativen Verankerung stets ihre je eigene Wahrnehmung fanden.

Damit aber muß auch jene Frage thematisiert werden, die das Verhältnis von persönlicher und sozialer Ethik betrifft. Das 19. Jahrhundert hat vielfach dahingehend gewirkt, Ethik lediglich als Gewissenssache des Einzelnen und seiner persönlichen Haltungen oder Taten, also als Individualethik zu sehen. Läßt sich Sittlichkeit jedoch so sehr privatisieren, daß sie im wesentlichen nur die Inwendigkeit des Menschen mit seinen persönlichen Überzeugungen, allenfalls noch die Familienbeziehungen betrifft, nicht aber in den Öffentlichkeitsbelangen greift, mag es nun in Wirtschaft, Politik oder im Recht der Völker untereinander sein? In unserem Jahrhundert mußte »Sozialethik« erst wieder neu entdeckt werden. Selbst ihr Begriff war vorher ungebräuchlich. Und auch jetzt läuft sie Gefahr, auf die Sozialpflichtigkeit des Einzelnen reduziert zu werden, statt als Sprachzeichen dafür zu gelten, daß es wenigstens ebenso um Moralität im politischen, wirtschaftlichen oder anderweitig gesellschaftlichen Geschehen und damit auch um die Moral der Institutionen geht. Wie wurde in unserer Geschichte von der Bedeutung der Ethik für die Politik (im weitesten Sinn des Wortes) gedacht, und was läßt sich für uns aus den reflektierten Erfahrungen entnehmen?

Allein schon für diesen Themenkreis lohnt sich die Beschäftigung mit der Ethik in der griechischen Antike. Aber es gibt noch andere Gründe, auf diese in größerer Ausführlichkeit einzugehen. Die Rede von Ethik hat in unserer Zivilisation ihren Anfang in Griechenland genommen. Dort wurde das Wort »Ethik« überhaupt erst geprägt, und mit ihm kam die Sache erstmals zur Sprache. Dort wurde begonnen, systematisch über das zu reflektieren, was menschliches Ethos ausmacht. So unbestritten es ist, daß sittliches Bewußtsein und Verhalten in irgendeiner Form in allen Kulturen und Epochen der Menschheit wirksam waren, die Suche nach einer systematischen Theorie mit begrifflich klaren Bestimmungen begann in der hellenistischen Kultur. Die in ihr erfolgte Theorienbildung wurde eine maßgebliche Quelle für alles Spätere. Daher wurde ihr hier auch ein so breiter Raum zur Darstellung eingeräumt.

Ein zweiter Entstehungsbereich für die europäische Ethik ist das Christen- und mit ihm das Judentum. In ihnen wurde Religion als Quelle der Ethik wirksam. Mit der alttestamentlichen Tradition von »Gesetz und Propheten« und mit der neutestamentlichen Liebesethik brach paradigmatisch Neues in den Lebens- und Verstehenszusammenhang der griechisch-römischen Antike ein. In ihr gab es vorher nichts Vergleichbares zum Einsatz der Propheten für Witwen, Waisen und Fremdlinge. Ebensowenig war die Liebe, wie sie neutestamentlich zur Sprache gebracht wurde, vorher je zum Inbegriff aller Ethik und zugleich aller Religion erhoben worden. Diesem Paradigma und seiner Wirkungsgeschichte war nachzugehen, auch hinsichtlich ihrer fragwürdigen Begleiterscheinungen (repressive Sexualmoral, Stellung zur Frau, zur Sklaverei, zu Besitz und Herrschaft etc.). Das Mit- und Gegeneinander des hellenistischen und des jüdisch-christlichen Grundmodells von Ethik hat der europäischen Tradition einen großen Spannungsreichtum, aber auch vielfältige Konfliktfelder eingebracht. – Daß in diesen Untersuchungen die Kirchen- und Theologiegeschichte vornehmlich zu Wort kam, darf nicht verwundern. Schließlich wurden die Theoriebemühungen um Ethik von der frühen Kirchengeschichte bis zur Reformationszeit so gut wie ausschließlich im Rahmen der Theologie wahrgenommen, ebenso wie in jener Epoche die Kirchen- und die Profan- oder Reichsgeschichte nicht zu trennen sind.

Einen signifikanten Wandel brachte erst die Neuzeit mit ihrer Entdeckung des autonomen Subjekts und der säkularisierten Gesellschaft sowie mit dem Eintritt in das Industriezeitalter. In der Einführung zum 2. Band wird die Frage aufgeworfen, ob die dabei entstandenen ethischen Entwürfe ein verbindendes Ethos für die Völker Europas vorbereitet haben, also ein gemeinsames Verständnis von Humanität und gesellschaftlichem Miteinander im »Europa der Vaterländer«.

Die Mitautoren wurden bei der Planung der ganzen Studie gebeten, selbst nach dem Paradigmatischen in der von ihnen behandelten Epoche zu suchen. Sie wurden nicht auf bestimmte Perspektiven oder Themen festgelegt. Insofern gleichen die Beiträge dem Protokoll eines offenen Gesprächspodiums, auf dem die Teilnehmer aus ihrer jeweiligen Sicht die befragte Sache zur Sprache brachten und die Leser als weitere Beteiligte zur Fortsetzung des Diskurses anregen wollen.

Anmerkungen

1 Vgl. Wilhelm Weischedel, Skeptische Ethik. Frankfurt a. M. 1976.
2 Weiteres dazu siehe in meinem Beitrag in: »Theorietechnik und Moral«, hrsg. von Niklas Luhmann und Stephan H. Pfürtner. Frankfurt a. M. 1978: 176–267.
3 Vgl. Ernst Bloch, Das Prinzip Hoffnung. 3 Bde. (durchgehende Seitenzählung). Frankfurt a. M. 1959/1968: 2f.
4 Ivan Illich, Genus. Zu einer historischen Kritik der Gleichheit. Deutsch von Ruth Kriss-Rettenbeck, Reinbek b. Hamburg 1983; ders., Schulen helfen nicht. Über das mythenbildende Ritual der Industriegesellschaft. Einleitung von Erich Fromm. Reinbek b. Hamburg 1972; ders., Die Nemesis der Medizin. Von den Grenzen des Gesundheitswesens. Reinbek b. Hamburg 1981; ders., Die sogenannte Energiekrise – oder – Die Lähmung der Gesellschaft. Das sozialkritische Quantum der Energie. Reinbek b. Hamburg 1974; ders., Schule ins Museum. Phaidros und die Folgen. Bad Heilbrunn 1984. Zur Diskussion dazu vgl. Stephan H. Pfürtner (Hrsg.), Wider den Turmbau zu Babel. Disput mit Ivan Illich, Reinbek b. Hamburg 1985.
5 Vgl. Wolfgang Lienemann und Ilse Tödt (Hrsg.), Fortschrittsglaube und Wirklichkeit. Arbeiten zu einer Frage unserer Zeit. München 1983.
6 Vgl. dazu die aufschlußreiche Untersuchung von Edeltraud Bülow, Der Wortschatz des Ethischen und die Grundwerte-Diskussion. Tübingen 1984.
7 Zu ethischen Traditionen außereuropäischen Ursprungs vgl. Peter Antes u. a., Ethik in nichtchristlichen Kulturen. Stuttgart/Berlin/Köln/Mainz 1984.
8 Friedrich Jodl, Geschichte der Ethik als philosophischer Wissenschaft. 1906, 4. Aufl. in 2 Bänden, hrsg. v. Wilhelm Börner. Stuttgart 1929.
9 Alasdair MacIntyre, Geschichte der Ethik im Überblick. Vom Zeitalter Homers bis zum 20. Jahrhundert. (Amerik. Originalausgabe: A Short History of Ethics, 1966.) Hain 1984.
10 Zum Beispiel: »Ethik«, Hist. Wörterbuch der Philosophie, hrsg. von Joachim Ritter, Bd. 2, Sp. 759–809. Darmstadt 1972; oder »Ethik«, Theol. Realenzyklopädie (TRE), hrsg. v. Gerhard Krause und Gerhard Müller (Haupt-Hrsg.), Bd. X, S. 396–517. Berlin u. New York 1982.
11 Thomas S. Kuhn, Die Struktur wissenschaftlicher Revolutionen. Amerik. Erstausgabe 1962. Deutsche Ausg. 4. Aufl. Frankfurt a. M. 1979.
12 Vgl. Hans Küng und David Tracy (Hrsg.), Theologie – wohin? Auf dem Weg zu einem neuen Paradigma. Zürich/Köln/Gütersloh 1984.

13 Thomas Kuhn, Die Entstehung des Neuen. Studien zur Struktur der Wissenschaftsgeschichte, hrsg. v. Lorenz Krüger. Frankfurt a. M. 1978, 392f.

14 Otfried Höffe, Ethik und Politik. Grundmodelle und -probleme der praktischen Philosophie. Frankfurt a. M. 1979.

15 Stephan H. Pfürtner, Die Paradigmen von Thomas von Aquin und Martin Luther. Bedeutet Luthers Rechtfertigungsbotschaft einen Paradigmenwechsel? In: Küng/Tracy a. a. O. (Anm. 12): 168–192, hier: 189.

16 Otto Friedrich Bollnow, Einfache Sittlichkeit. 1. Aufl. 1947, 4. Aufl. Göttingen 1968.

17 Vgl. Hans Reiner, Die Grundlagen der Sittlichkeit. Meisenheim a. Glan 1974: 348–379.

I. Ethik in der griechischen Antike

I.1 Von den Anfängen bei Homer bis zu Platon*

Stephan H. Pfürtner

1.1 Die ethische Sprache in ihrer frühen Entwicklung (ab 8. Jahrhundert v. Chr.)

Aus verschiedenen Gründen legt es sich nahe, mit der ethischen Frage an der Sprachgeschichte anzusetzen. Die Sprache ist eine hervorragende, wenn nicht sogar die wichtigste empirische Quelle für das Studium unseres Bewußtseins und damit unserer gesamten Kultur- und Geistesgeschichte. »Quod non est in scriptis, non est in mundo« – »was nicht niedergeschrieben wurde, ist nicht in der Welt.« Das alte Sprichwort gilt noch ursprünglicher vom Werden des Wortes. Was nicht zum Begriff geworden ist, wurde nicht begriffen und für die Handlungsorientierung vermittlungsfähig gemacht. Im Sprachsystem schlagen sich das Weltbild und die Lebensvorstellungen einer Sprachgemeinschaft nieder, artikuliert diese ihre Vorstellungen von Wert und Unwert in ihrem Leben und läßt die Entwicklungen ihres ethischen Bewußtseins erkennen. Vertreter der sprachanalytischen Philosophie haben durchaus zu Recht die linguistischen Phänomene und ihre sorgfältige Beschreibung zur Grundlage all ihrer sozialtheoretischen Reflexion gemacht[1]. Selbst (der jüngere) Wittgenstein, der anderweitig ethischen Sätzen hinsichtlich ihrer Sinnhaftigkeit höchst skeptisch gegenüberstand, protestierte gegen die rein logische Herkunft der Sprache und stellte ihre enge Beziehung zur Lebenspraxis der jeweiligen Kultur, in der sie sich bildete, heraus[2]. Edeltraud Bülow formuliert in ihrer Studie über den Wortschatz des Ethischen in der gegenwärtigen politischen Auseinandersetzung zutreffend: »Redend erfährt der Mensch sich selbst und die anderen, begründet er seine Handlungen, setzt seine Maximen.« Zum sozialkommunikativen Zusammenhang stellt sie fest: »Wenn Werte nicht mehr sprachlich vermittelt, also gelehrt und gelernt werden, gibt es sie nicht mehr«[3]. Es kann hier unberücksichtigt bleiben, daß der Werte-Begriff zur Zeit öfter Fehldeutungen des Ethischen Vorschub leistet und daß seine Verwendung daher in kritischer Differenzierung zu geschehen hat[3a].

Die Rede von Ethik in unserem Kulturraum begann im antiken Griechenland. Sie war in ausdrücklicher Form vorher also nicht vorhanden. Zwar sprach man längst davon, daß es gute und böse Mächte, Freunde und Feinde, lobens- und hassenswertes Verhalten in der Sippe, im Stamm oder unter den Völkern gebe. Demgemäß finden wir bereits bei schriftlosen Völkern Orientierungs- und Verhaltensregeln als Bedingung ihrer sozialen Gefüge[4].

---

* Literatur und Anmerkungen für diesen Abschnitt finden sich auf S. 82 ff.

Daraus sind einige fundamentale Erkenntnisse zu gewinnen. Zunächst: So wie Werkzeug und Sprache zu den ursprünglichen Kulturleistungen und Existenzerfordernissen des Menschen gehören[5], müssen wertende Wortbildungen und handlungsleitende Imperative zu den ursprünglichen Leistungen der Sprache gezählt werden. Sodann weist die wertende Sprachleistung darauf hin, daß Menschen ohne ein Unterscheidungsvermögen zwischen »gut« und »schlecht« sich im sozialen Verband keine lebenschützende Orientierung und damit keine zusammenhängende Praxishilfe vermitteln konnten – was immer näherhin unter »gut« und »schlecht« verstanden wurde. Das praktische Unterscheidungsvermögen erweist sich somit als eine Grundbedingung für soziales Überleben. Und schließlich zeigte die »bedeutende« Begriffsfähigkeit der Stämme und Völker, daß der Mensch als einzelner »immer schon« in einen sozialen Sprachkontext von Lob und Tadel hineingeboren wurde. Der einzelne trat jeweils in ein ganzes Gefüge von Brauchtum, Sitten und Verhaltensregeln. Diese wuchsen ihm durch soziale Vermittlung zu. Seine Sprachgemeinschaft gab ihm ein, was als erstrebenswert und was als verächtlich oder zerstörerisch anzusehen war. Sie ermöglichte dadurch dem jungen Menschen, sein Selbstwertbewußtsein und damit seine soziale wie individuelle Identität aufzubauen[5a]. Aber die völkerkundliche Tatsache, daß wir überall das Phänomen des Wertens in den Sprachen haben, besagt noch keineswegs, daß man überall einen ethischen Begriff von »gut« und »schlecht« vorfindet. Man hatte den Begriff von »Ethos« und »Ethik« gar nicht, bevor er nicht im griechischen Kulturraum entwickelt und inhaltlich im Sinne unseres heutigen Sprachverhältnisses der Sittlichkeit geprägt wurde.

Aufschlußreich dafür ist der Bedeutungswandel, den Grundbegriffe aus dem späteren Wortschatz des Ethischen oder der Moralsprache in der Bewußtseinsgeschichte zwischen dem 8. und 4. Jahrh. v. Chr. in Griechenland erfahren haben, wie etwa ἀγαθός und κακός (agathós und kakós) – »gut – schlecht«, ἀρετή (Aretē) – »Tugend«, εὐδαιμονία (Eudaimonía) – »Glück« und nicht zuletzt ἦθος-»Ēthos«. Homer (8. Jahrh. v. Chr.) nennt denjenigen einen ἀνὴρ ἀγαθός (»Anēr agathós«), also einen »guten Mann«, der zur Fülle seiner männlichen Kraft kommt, der so lebt und sich so beweist, daß er von seinem Volk geachtet und gelobt werden kann. Seine »ἀρετή« (Areté) bezeichnet noch keineswegs »Tugend« im sittlichen Sinn, sondern meint seine Leistung, Tüchtigkeit, Trefflichkeit, seinen Erfolg oder Adel, entsprechend der Rollen- und Funktionserwartung, die ihm sein Volk anträgt. So wird Agamemnon als »agathós« bezeichnet, weil er ein großer König und erfolgreicher Feldherr war, nicht, weil er sich als sittlich guter Mensch erwiesen hatte. Denn für Nestor, der ihn aufforderte, dem Achill nicht das Sklavenmädchen Briseis wegzunehmen, blieb Agamemnon ein »agathós«, unabhängig davon, ob er seinem Rat folgte oder sich von seinem Begehren leiten ließ[6]. Ebenso gehören bei Homer »Aretē« und »Eudaimonía« – »Trefflichkeit« und »Glück« – in einem vormoralischen Sinne zusammen. Das Denkmodell der »Entelécheia« schwingt hier bereits mit. Dem Mannsein wohnt die Entelechie als lebendiges Entwicklungsgesetz inne, zur »Aretē« – und damit zum Glücklichsein – zu gelangen. Der Glückliche ist bei Homer ein »ὄλβιος« (olbios), ein in der Fülle lebender Mensch, der sich auch in seinem Erfolg und seinem äußeren Wohlergehen sonnen kann, herausgewachsen aus der Enge dessen, was man zum notdürftigen Leben braucht. Er wird von einem guten Dämon geleitet, der ihm alles gelingen läßt und ihn ins Göttliche erhebt: er ist ein »εὐδαίμων« (eudaimon)[7].

Daß derartige Vorstellungen von gutem Leben noch nicht das ethisch Gute im eigentlichen Sinn treffen, dürfte für uns offenkundig sein. Dieser Sinn war noch gar nicht zur Sprache gebracht. Seine Vergegenwärtigung wurde in der griechischen Kultur über Jahrhunderte hinweg zwar vorbereitet, den entscheidenden Sinn von Ethos deckte jedoch erst Aristoteles (4. Jahrh. v. Chr.) auf.

Wie hat sich dieser Differenzierungs- und Bewußtwerdungsprozeß vollzogen? Der ursprüngliche Bedeutungszusammenhang von »Ethos« richtete sich auf Zusammenhänge, die – wie soeben schon angedeutet – undifferenziert das Wohlergehen oder das gute Leben betrafen, und zwar sowohl bei Tieren als auch bei Menschen. »Ethos« bezeichnete die »gewohnte Stätte« oder »die Wohnstätte«, also den Aufenthaltsplatz, der nicht mehr fremd und bedrohlich erlebt wird. Das Wort meinte – bei Homer z.B. – die »Weide« oder den »Schweinekoben«, Plätze, wo die Tiere Nahrung finden und wohlaufgehoben sind. Danach erstreckte sich die Bedeutung von »Ethos« auf die »gewohnten Lebensweisen«, also auf jene erprobten und überkommenen Sitten und Bräuche, die sich als hilfreich für das Zusammenleben in Familie, Sippe oder Gemeinwesen erwiesen hatten. »Ethe« (Plural von »Ethos«) sind »gewohnte Handlungsweisen«. Sie meinen das im Zusammenleben vermittelte Brauchtum. Sie sind das, was eine Gemeinschaft aus ihrem Herkommen als geziemend anerkannt hat, die »Sitten«. »Ethos« bezieht sich hier auf das gesittete Leben.

Dieser vormoralische Sprachgebrauch von »Ethos« ist nicht so zu verstehen, als enthielt er gar keine ethischen Verständniselemente. Nur gingen diese auch in andere als in die eigentlich moralischen Deutungszusammenhänge eines »guten Lebens« ein; und sie wurden ungeschieden mit ihnen vermischt. Will man die wissenschaftsgeschichtliche Theorie von Thomas S. Kuhn anwenden[8], dann kann man sagen, daß Aristoteles es war, der mit seiner begrifflichen Prägung einen paradigmatischen Wechsel in unserer Sprach- und Bewußtseinsgeschichte vom vormoralischen zum eigentlich sittlichen Gebrauch des Wortes »Ethos« vollzogen hat. Er leitete damit einen epochalen Umbruch ein, dessen Wirkungsgeschichte immer noch fortwährt.

Seine eigene sprachgeschichtliche Deutung zum Wort »Ethos« ist dafür kennzeichnend: »Die ethische Trefflichkeit erwächst aus der Gesittung. Deshalb wird auch die Bezeichnung ›ἦθος‹ (ēthos) mit einer kleinen Abwandlung von dem Begriff für ›Sitte‹ (ἔθος; éthos) hergeleitet«[9]. Gesittung und Sittlichkeit standen für ihn somit in einem engen Verhältnis. Aber sie waren ihm nicht identisch. Erziehung war für ihn eine geradezu unerläßliche Voraussetzung für sittliches Verhalten. Denn sie führte den jungen Menschen in den Sinn für das »Schöne und Rechte« durch die Entfaltung von »Gesittung« ein. Aber sittliches Tun war für ihn keineswegs nur die Reproduktion anerzogener Gewohnheiten nach den Regeln der Erziehung. Diese Verhaltensbestimmung, mit der er die eigene Qualität von »Ethos« im sittlichen Sinne des Wortes verdeutlichte, war einerseits eine Positionsbestimmung. Aristoteles stellte sich im Anschluß an Sokrates und Platon gegen die Propaganda der Sophisten, nach denen im »πάτριος νόμος« (»Patrios nomos«) – d.h. in der von den Vätern überkommenen Lebensordnung mit ihren Sitten und Institutionen in der Polis – nichts anderes als das Ergebnis von Übereinkunft und Konvention zu sehen sei. Er wehrte sich (gleich in der methodischen Grundlegung zu Beginn seiner Nikomachischen Ethik!) dagegen, daß »das Schöne und Rechte« (τὰ δὲ καλὰ καὶ τὰ δίκαια) »nur Brauch und Satzung, von Natur aber nichts sei«[10]. Andererseits aber stellte er damit zugleich in Abrede, daß Ethos bereits hinreichend durch reine Anpassung an diesen Traditionsnomos zu kennzeichnen sei. Wenn in den überkommenen Sitten und Satzungen wirklich ein ethischer Anspruch enthalten sein soll, dann deshalb, weil und insofern in ihnen ein »Mehr« an »Gerechtem und Gutem« steckt als das, was allein aus gemeinschaftlicher Übereinkunft, aus gesetzgeberischem Willen oder aus herkömmlichem Recht geltend gemacht werden kann. Ethos im eigentlichen Sinn wird danach gar nicht erfaßt, wenn man es allein von dem her bestimmt, was von der jeweiligen Gemeinschaft durch »Brauchtum und Satzung«, also durch »Konvention« für richtig erklärt wird. Man muß im Ethos dieses »Mehr« erkennen, nämlich das, was ihm »von Natur« aus als Anspruch des »Gerechten und Guten«

innewohnt. Die begriffliche Unterscheidung zwischen dem »νόμῳ δίκαιον« (nómō díkaion) und »φύσει δίκαιον« (phýsei díkaion) – also dem »durch Gesetz Gerechten« und dem »von Natur aus Gerechten« – hat bei Aristoteles nicht zuletzt diese fundamentalethische Bedeutung.

Indem Aristoteles den eigentlich ethischen Bedeutungsgehalt im überkommenen Wortverständnis von »Ethos« freilegte, führte er zugleich in unserem Kulturraum den entsprechenden Sprachgebrauch ein. Seitdem reden wir von Ethik. Er war es, der erstmals von einer eigenen ethischen Erkenntnis- oder Sichtweise, von der »ἠθικὴ θεωρία« (ethikē theoría)[11], von einer sittlichen Handlungsweise, der »ἠθικὴ πραγματεία« (ethikē pragmateía)[12] oder der sittlich-charakterlichen Prägung, der »ἠθικὴ ἀρετή« (ethikē aretē)[13] sprach. Er nahm weiterhin aufgrund der neuen Weise, nach der nun von »Ethos« zu reden wäre, eine Einteilung der Wissenschaftsgebiete vor, indem er Bücher über Psychologie, über Politik, über Rhetorik, Physik usf. von denen über die Ethik trennte. Für Platon war noch alle Erkennensbemühung wie bei den Vorsokratikern Sache der einen Weisheitssuche, der Philosophie. Eine Einteilung in wissenschaftliche Disziplinen gab es bei ihm nicht. Aristoteles führte gesonderte ethische Untersuchungen durch und schrieb sie »ἐν τοῖς ἠθικοῖς« – »in den ethischen Büchern«[14] nieder.

1.2 Aufruf zur Menschlichkeit bei Homer

Der Paradigmenwechsel in der Sprache der Ethik beruhte auf einer grundlegenden Entdeckung. Aristoteles hatte etwas Neues gesehen, was vorher so noch nicht erkannt war. Gleichzeitig aber wuchs er mit seiner Einsicht aus dem heraus, was sich im damaligen Griechentum über Jahrhunderte an sittlichem, kulturellem und politischem Bewußtsein entwickelt hatte. Freilich mußte er aus den vorhandenen Bausteinen im Sinne seiner neuen Sicht die passenden auswählen, sie neu bewerten und zum Teil umarbeiten[15]. Dabei ist nicht zu vergessen, daß in jener Epoche nicht nur die Philosophen, sondern auch die Dichter, allen voran Homer, das Kulturbewußtsein der Griechen geprägt haben.

Homer hat in einem Entwicklungsabschnitt, in dem es auf Hellas weder eine gemeinsame Sprache noch ein nationales oder gemeinsames staatliches Gebilde noch eine Einheit stiftende Religion gab, wie kein anderer zur Identitätsbildung des frühen Griechentums beigetragen[16]. Das geschah nicht zuletzt durch seine Darstellungen von dem, was die Menschen im Umgang mit ihresgleichen, mit den Göttern und der übrigen Lebenswelt »schön« und »gut« mache. Er entwarf in seinen Epen eine Welt- und Menschensicht, in der die Griechen sich bei all ihrer Verschiedenheit in einer gemeinsamen Vorstellung vom Menschen und von der Art, als Menschen miteinander zu leben, verbinden konnten. Nicht weniger aufregend ist dabei freilich, daß Homer in herausragender Weise die Entwicklung von der Mündlichkeit zur Schriftlichkeit der griechischen Sprache artikulierte. Ivan Illich hat auf die fundamentale Bedeutung des betreffenden Umbruchprozesses für unsere gesamte Zivilisations- und Sozialgeschichte verwiesen[16a]. Es lohnt sich, mit ihm jener Stelle im Phaidros nachzudenken, an der Platon die Erfindung des Alphabeths thematisiert[16b] und dieses ein »Pharmakon« nennt, ein Heilmittel oder ein Gift, je nach unserem Gebrauch davon. Man hat Platons Reflexionen dazu bisher kaum wahrgenommen; sie werden in ihrem Gewicht von der Fachforschung erst jetzt neu entdeckt[16c].

Selbstredend konnte ethisches Bewußtsein und Ethik als Lehre erst nach der Entstehung der Schrift dokumentiert werden. »Eines der ältesten Dokumente europäischer Ethik« nennt Dirlmeier[17] eine Stelle aus der Ilias. Homer hatte erzählt, wie Patroklos, der Freund Achills, von Hektor im Kampf um Troja getötet worden war. Achill war gegen den mächtigen Trojaner angetreten und hatte ihn seinerseits niedergestreckt. Sein Schmerz um den verlorenen Freund beraubte ihn fast der Sinne. In urweltlicher Grausamkeit schleifte er die Leiche des Getöteten um das Grabmal des Patroklos. Die Götter griffen nicht ein. Achill konnte sich seiner ohnmächtigen Wut hingeben. Doch da erhebt sich Apollon, der Schutzgott des unterlegenen Hektor. Angesichts dieser Brutalität wird er zum Anwalt von Menschlichkeit. »Schrecklich seid ihr, Götter, in eurer Lust am Zerstören«, greift er die Mitgötter im Olymp an, »Hektor hat euch immer geopfert, und ihr laßt ihn liegen in solcher Entehrung. Ihr helft zu Achilleus, in dem kein Sinn ist für Billigkeit, der starr ist, roh und wild wie ein Löwe, der sich auf die Herde stürzt. Er hat das Erbarmen von sich getan und kennt keine Scheu. Das ist gar nicht mehr Menschenart, denn die Menschen haben von der Natur (von der Moira) ein Wesen bekommen, das sich in manches fügt. Er aber schleift die Leiche Hektors. Wahrhaftig, das ist nicht schön und nicht gut: wir sollten ihn unseren Zorn fühlen lassen, auch wenn er adeligen Blutes ist, denn in seinem Wüten schändet er sogar die empfindungslose Erde«[18].

Inhaltlich nahe steht eine andere Stelle aus dem gleichen Epos[19]. Wiederum geht es um Sinnesart und Verhalten des Achill. Er fühlt sich von Agamemnon, dem Heerführer der Griechen, gedemütigt und verletzt, will zornig mit dem Schwert auf ihn losgehen, da hält Athena ihn zurück: »Ich komme vom Himmel, um deinem Ungestüm (μένος – mēnos, d.i. deinem leidenschaftlichen Drang) ein Ende zu machen, wenn du mir folgst... Hör auf mit dem Streit und zücke nicht das Schwert... Denn so sage ich dir und es wird sich erfüllen: dreimal so viel glänzende Geschenke wirst du bekommen wegen der Kränkung. Du aber halte an dich und gehorche uns.«

Zwar winkte Athena hier dem Achill so unbeschwert mit der dreifachen Geschenkgabe als Lohn für seine mögliche Besinnung, daß wir – spätestens nach Kant – diese Art des Moralbewußtseins als naiv und ihren Ausdruck als vormoralische Sprache bezeichnen müssen. Gleichwohl bereitete Homer das eigentlich sittliche Verständnis im Griechentum mit grundlegenden Einsichten vor. Er ließ mit seiner Schilderung so etwas wie »ein moralisches Urphänomen« ins damalige Bewußtsein treten[20]. Zu ihm gehörte zunächst die Erkenntnis, daß der Mensch sich nicht hemmungslos seinem leidenschaftlichen Ungestüm überlassen darf. »Mäßige dich«, rief der Ilias-Apoll dem Helden im Kampf zu[21], so wie der delphische Apoll den Besucher seines Tempels mahnte: »Erkenne dich selbst«. Diese Erkenntnis sollte dem Menschen vor allem vergegenwärtigen, »welcher Art« er sei: nicht ein Gott, aber auch nicht ein Tier.

Damit gehörte eine weitere Einsicht zu diesem Moralbewußtsein: das Innewerden dessen, was dem Menschen als Menschen gebührt. Was Achill mit Hektor tat, war »nicht mehr Menschenart«. Denn er ließ sich »roh und wild wie ein Löwe« von seinem leidenschaftlichen Ungestüm hinreißen.

Friedrich Nietzsche und Sigmund Freud – zum Beispiel – haben in unserer Epoche auf die Fragwürdigkeit verwiesen, Moral mit Triebversagung gleichzusetzen. Sie haben den sinnen- und lebensfeindlichen Charakter einer einseitig repressiv verstandenen Ethik angeprangert. »Frustration« ist seitdem geradezu der Inbegriff von Langeweile und Unbehagen geworden. Man darf jedoch nicht vergessen, in welche kultur- und gesellschaftsgeschichtliche Situation hinein sie sprachen und gegen welches Moralverständnis sie sich damit richteten. Eine Vereinseitigung ihrer Kritik muß in die Irre führen. Der kultur- und sozialgeschichtliche Kontext, in dem Homer stand, verlangte von ihm eine andere Akzentsetzung, die freilich auch für uns nichts an grundlegender Bedeutung eingebüßt hat. Dem großen griechischen Dichter ging es darum, die Menschlichkeit des

Menschen herauszustellen und sie gegen unmenschliche Irrationalität und Affektverfallenheit abzugrenzen. Er wollte zeigen, daß es unmöglich »Menschenart« sein könne, sich von aufbrechenden Emotionen einfach hinreißen zu lassen. Als Gegenbild für das, was dem Menschen gebührt, verwandte er das Verhalten eines Tieres, des Löwen, der sich »roh und wild auf die Herde stürzt«. Was Achill mit Hektor tat, nämlich sich einer urweltlichen Grausamkeit zu überlassen, »das ist nicht mehr Menschenart«. Die »Sophrosyne«, die weise Ausgewogenheit, das Maßhalten aus Einsicht, deutet sich schon hier als ein Merkmal hellenistischer Lebensphilosophie an.

Wohlgemerkt, Achill wurde nicht etwa grundsätzlich wegen seines leidenschaftlichen Zornes und seiner hinreißenden Trauer getadelt. Aber den spontanen Affekten freien Lauf zu lassen, wurde nicht einfach als »natürlich« für den Menschen angesehen. Zu dessen Natur gehöre es vielmehr, wenn nötig, diese Affekte zurückzuhalten und der Stimme der weisen Mäßigung zu folgen. Der Anspruch des Ethischen wurde somit nicht als Fremdgesetz für den Menschen betrachtet, sondern gerade umgekehrt als etwas, das dem Menschen mit seinem Menschsein zukommt. Nach diesem Verständnis kommt der Mensch erst dann zu seinem eigenen Wesen und damit zu dem, was ihm durch seine »Moira« (durch seinen Anteil im Weltganzen, sein Los, sein Geschick) bestimmt ist, wenn er sittlich wird. Die entelechiale Grundkonzeption der aristotelischen Ethik klingt schon an. Aristoteles sollte diese Spannung in uns zwischen Trieb, Natur und Kultur mit den Worten deuten: »Die sittlichen Trefflichkeiten (aretai) entstehen in uns weder durch Naturzwang noch gegen die Natur, sondern es ist unsere Natur, fähig zu sein, sie aufzunehmen, und dem vollkommenen Zustand nähern wir uns dann durch lange Übungen«[22].

Dabei gilt diese Einsicht nicht nur für Ausnahmesituationen der Art, wie Homer sie schilderte, sondern betrifft Grundbedingungen unserer allgemeinen Sozialisation und damit das Ethos des Alltags. Zur Entwicklung des Kleinkindes mag es gehören, daß es im Sandkasten die Burgen der größeren Spielkameraden zertritt oder die Sandkuchen seines Nachbarn nach Lust und Laune kaputtmacht. Aber bei dieser Umgangsart kann das Kind nicht bleiben, nicht um seinetwillen und nicht um der anderen willen. Der mitmenschliche Umgang ist uns nicht angeboren. Und doch erträgt kein sozialer Verband die unkontrollierte Zügellosigkeit seiner Mitglieder und das hemmungslose Ausleben ihrer Emotionen oder Triebbedürfnisse. Wir sind von Natur aus auf Erziehung zur Gesittung und durch sie auf Sittlichkeit angewiesen. Das betrifft das Leben in der Familie oder Schule genauso wie den Umgang im Staat und unter den Völkern.

In der Gestalt der Athena, durch die Homer dem Achill in seinem Zorn gegen Agamemnon Einhalt gebieten ließ, haben schon Sophokles und Demokrit eine mythologisch-bildhafte Einkleidung der »Phronesis«, der sittlichen Vernunft, gesehen[23]. Homer hatte den Begriff dafür noch nicht zur Verfügung, auch nicht den der »Sophrosyne« oder gar des Gewissens. Aber zu dem »moralischen Urphänomen«, das ihm gegenwärtig war und das er zur Sprache brachte, gehörten vorbereitende Vorstellungen davon. Die mythologische Projektion der inneren mahnenden Stimme in die Götterwelt weist auf die enge Beziehung, in der die Ansprüche der Moral und der Religion gesehen wurden. Dabei gehört es bereits hier zum griechischen Menschlichkeitsbewußtsein, daß Athena nicht einfach gebietet; sie droht nicht mit Fluch und Verderben. Es ist nichts Gewalttätiges an ihrem Anspruch. Achill soll vielmehr selbst erkennen, daß es besser für ihn ist, sich zu bändigen und ihrer Weisung zu folgen. Es wird also an die eigene Einsicht appelliert und auf die eigene Entscheidung abgestellt, nicht auf eine erzwungene Reaktion aus Angst oder einem Gottesschrecken heraus.

»Er hat das Erbarmen von sich getan und kennt keine Scheu – in ihm ist kein Sinn für die Billigkeit« – auch diese Erzählelemente des zitierten Iliastextes verdienen unsere

Beachtung. Zur Menschlichkeit, wie Homer sie sah, gehörte also einmal »der Sinn für Billigkeit«. »Phrenes enaisimoi« steht im Originaltext. »Schickliche Sinne«, »Sinne für das Schickliche« – die Worte sind in der späteren philosophischen Sprache nicht mehr unmittelbar zu finden, allenfalls der Wortstamm von »Phrenes« in »Phronesis«. Aber Dirlmeier trifft wohl mit seiner Übersetzung das Gemeinte[23a], wenn er diesen »Sinn für Billigkeit« dem starren Vergeltungsanspruch oder gar der blinden Rachsucht entgegensetzt. Menschlichkeit im homerischen Verständnis manifestierte sich nicht durch das »Aug' um Auge, Zahn um Zahn«, durch das »Talionsprinzip«, das nur mit gleicher Münze zurückzahlen will. Sie verlangte unter entsprechenden Umständen vielmehr, sich vom Erbarmen bewegen zu lassen. Darüber hinaus appellierte Homer mit seiner Erzählung über Achills Verhalten an das Empfinden der »Scheu« oder »Rücksicht« (»Aidos«). »Pietas« sagten später die Lateiner dazu. »Pietät« trifft kaum, »Ehrfurcht« nur annähernd das Gemeinte. Wir haben kennzeichnenderweise kein rechtes Wort mehr dafür. Vorandrängende Aufklärung hat – oft nur zu Recht – gegen die Macht der Tabus mit ihren irrationalen Wirkungen Front gemacht. Und doch sind »sittliche Vernunft« und »sittliches Empfinden« aufeinander verwiesen. Wenn dem Menschen nichts mehr »heilig« ist, wird er unmenschlich. Er braucht diese »Scheu« oder »Ehrfurcht«, um notwendige Hemmschwellen nicht zu überschreiten. Was uns »heilig« ist, ist letztlich rational nicht mehr aufzudecken.

Mag sein, daß der emotionale Charakter, der dem Erbarmen und der »heiligen Scheu« eigen ist, die spätere griechische Philosophie hinderte, ihre Wertschätzung durch Homer zu übernehmen. So war Aristoteles daran gelegen, Ethos und Logos, sittliche Trefflichkeit und vernünftige Besinnung, miteinander zu verbinden. Er wies der ehrfürchtigen Scheu nur einen bescheidenen Platz in seiner Ethik zu[24] und brachte das Erbarmen lediglich bei seinen Erwägungen zur Rhetorik zur Sprache[25]. Noch weniger griff er jenes Weltgefühl auf, das Homer durch Achills Wüten verletzt sah, »schändete« dieser doch dadurch »sogar die empfindungslose Erde«. Es soll hier dahingestellt bleiben, ob Aristoteles bereits eine rationalistische und menschenzentrierte Ethik eingeleitet hat. Jedenfalls hat diese später in Philosophie und Theologie nicht selten dazu geführt, ein Ehrfurchtsbewußtsein gegenüber der Erde und dem nicht-menschlichen Leben auf ihr als pantheistischen Mystizismus oder schwärmerische Romantik abzuqualifizieren. Erst jetzt werden wieder durch die ökologische Besinnung entscheidende Elemente des frühen griechischen Ethos entdeckt. Diese finden sich übrigens – wenn auch unter anderem Kontext – ähnlich in der Christentumsgeschichte, etwa bei Paulus (z. B. Rö 8, 19 ff.) oder bei Franz von Assisi.

Noch ein weiterer Zusammenhang ist uns weitgehend verlorengegangen: »Wahrhaftig, das ist nicht schön und nicht gut«, ließ Homer durch Apollon den Achill für seine Unmenschlichkeit tadeln. Unmenschlichkeit wurde somit nicht nur als schlecht angesehen, sondern auch als abscheulich empfunden. Danach machte sittliche Trefflichkeit den Menschen nicht nur gut, sondern auch schön. Ethik und Ästhetik griffen im frühgriechischen Verständnis eng ineinander. An dieses Element homerischer Menschen- und Weltsicht sollten Platon und Aristoteles eng anknüpfen.

Bei ihnen wurde die Verwirklichung der »Kallokagathia«, des »Schön- und des Gutseins«, geradezu sinngebender Bestandteil aller Lebenspraxis für den einzelnen und das Gemeinwesen.

Zieht man aus der Textanalyse eine erste Bilanz, so springen folgende Ergebnisse in die Augen: 1. Die homerischen Vorstellungen von Menschlichkeit und menschlichem Zusammenleben sind in die damalige archaische Wert- und Sprachwelt verwoben. Homers Schilderungen zielen unter anderem darauf ab, den Griechen vor Augen zu stellen, was für sie als einzelne und im Zusammenleben liebens- und lobenswert, gut und schön ist.

Aus unserer Sicht besaß Homer jedoch dabei vormoralische Begriffe von Gut und Böse. Agamemnon blieb für ihn ein »aner agathos« (ein »guter Mann«), auch wenn er sich – in unserem Sinn – unmoralisch verhielt. Diese archaische Vorstellungs- und Begriffswelt bedurfte also der kritischen Klärung. 2. Gleichwohl enthielt sie aber Erkenntniselemente, die in die Wirkungsgeschichte des späteren griechischen Menschen- und Weltbildes als tragende Perspektiven eingegangen sind und von dort auch unser Verständnis von Ethik geprägt haben. »Wir haben im Bereich des Ethischen gewiß mit reicher Entwicklung, aber nicht weniger mit starken Konstanten zu rechnen«, stellte Dirlmeier mit Recht fest[26].

1.3 Der Wortschatz des Ethischen bei den Vorsokratikern

Der Aufbruch des Denkens in Griechenland sowie in den hellenistischen Einflußgebieten Unteritaliens und Kleinasiens liegt weitgehend im Dunkeln. Man setzt ihn gewöhnlich in einer Spanne von etwa 250 Jahren vor Platon (428/27–348/47) an[27]. Er begann in einer Zeit, die noch mit zahlreichen Überlieferungen an die Herrschaftsepoche des sagenumwobenen Königsstammes von Mykene reichte. Er endete dort, wo die Stadtstaatenbildung in Griechenland zu hoher Blüte gelangt, ja, – wie etwa in Athen – schon vom Zerfall bedroht war. Man diskutierte bereits die verschiedenen Staatsformen, wie etwa die Tyrannis, die Monarchie und Oligarchie, die Aristokratie und Demokratie aufgrund erfahrener Entartungserscheinungen im politischen Leben. Diese erste Phase der griechischen Denkgeschichte wird inzwischen meist die Zeit der »Vorsokratiker« genannt. Die Bezeichnung verdeckt, daß sehr unterschiedliche Gruppierungen, wie etwa die »Naturphilosophen« oder die »Sophisten«, dazu zu rechnen sind. Diese Einteilung stellt ihrerseits wieder einen vereinfachenden Raster dar.

1.3.1 Die Theorie-Ansätze der »Naturphilosophen«

Die Aufbruchbewegung der »Naturphilosophen« ist in ihrem konkreten Geschehen von uns nur ganz bruchstückhaft nachzuvollziehen. Und doch bleibt es geradezu aufregend, in welchem Ausmaß Menschen sich in der damaligen von der Mündlichkeit zur Schriftlichkeit stattgefundenen Sprachentwicklung ihre Welt denkend zu erschließen versuchten. Man greift am besten zu den Fragmenten, die Hermann Diels aus den authentisch überlieferten Texten zusammengestellt hat, um einen Eindruck von dieser »Geburtsstunde griechischen Denkens« zu erhalten. Diels hat in der Erstauflage seiner Sammlung (1903) bereits »über vierhundert Namen vereinigt, von denen freilich die meisten für uns nur Namen bleiben. Aber«, fügte er hinzu, »sie alle haben doch ihren Anteil an dem Blühen und Überblühen des griechischen Geistesfrühlings«[28].

Die Ältesten unter den Vorsokratikern, die frühen »Naturphilosophen«, sind in ihren Vorstellungen von Ethik noch sehr wenig erforscht. Das gilt auch für die bekannteren unter ihnen, wie etwa für *Thales von Milet* (um 625 geboren), *Anaximenes von Milet, Anaximander, Heraklit von Ephesos* (um 500), *Empedokles von Akragas* (etwa 492–432), *Parmenides von Elea* (etwa 515 geboren)[29].

Eine Analyse des von ihnen verwandten Wortschatzes erweckt den Anschein, daß sie kein gezieltes Interesse für das Ethische an den Tag legten. Sie »philosophierten« über die »Natur«. Ihre Aufmerksamkeit galt vornehmlich dem All, seiner Entstehung und Entwicklung[29a], galt den Ursprüngen des Kosmos, den »Archai« des Naturgeschehens und den letzten Elementen, den »Atomoi«, auf die es zurückzuführen sei. Die Menschen, die Bedingungen ihrer Welterkenntnis und die Erfordernisse ihres Zusammenlebens rückten erst später, in der Zeit der attischen Philosophie, in die Mitte der Beachtung. Dieser Befund bietet einigen Aufschluß. Entwicklungsgeschichtlich tritt dem Menschen offenbar zuerst seine Objektwelt vor Augen. Die praktische Begegnung mit ihr steht am Anfang. Die Reflexion des Menschen auf sich selbst und auf sein soziales Miteinander erfordert einen weiteren Entwicklungsstand. Es scheint, daß auch der Sinn für das Ethische erst später in uns heranwächst, und zwar in historischer wie in entwicklungspsychologischer Hinsicht.

Dennoch war auch in der Sprache der »Naturphilosophen« die Frage nach Lebenssinn und sinnvoller Lebensgestaltung gegenwärtiger als es auf den ersten Blick erscheint. Man kann das bereits an ihrem Naturbegriff erkennen. Wir treffen mit unserem Wort »Natur« nur sehr ungenau das, was sie mit »φύσις« (Physis) meinten. »φύσις« bezeichnet bei ihnen noch ganz anschaulich den Akt des ›φῦναι‹ (phynai), d.h. das Wachsen und Hervorgehen als Prozeß, weshalb der Grieche gern einen Genitiv hinzufügt, wie ›φύσις τῶν ὄντων‹ (Phýsis tōn ónton). Dies meint den »Ursprung und das Wachstum der Dinge, die wir vorfinden. Es umfaßt aber auch den Ursprung, aus dem sie erwachsen sind und immer neu erwachsen, also die Realität, die den Dingen unserer Erfahrung zugrunde liegt«[30]. Die Beschäftigung mit der »Natur« war also die Beschäftigung mit der erfahrenen Wirklichkeit insgesamt.

Wenn daher zum Beispiel Parmenides bei seiner Suche nach dem Urgrund der vielfältigen Erscheinungsdinge auf das eine Sein (to on) stieß und im unveränderlichen Sein das letzthin Wichtige und Begründende sah[31], dagegen der Vielfalt der Dinge in ihrem Werden und Vergehen jede wesentliche Bedeutung absprach, dann ging es ihm keineswegs nur um eine theoretische Sicht der Erfahrungswirklichkeit. Vielmehr wollte er seinen Anhängern auch eine praktische Lebensdeutung vermitteln. Sie sollten sich auf die so geartete Wirklichkeit einstellen. Seine »Ontologie« war zugleich praktische Lebensphilosophie. So hat sie sich auch in ihrer Wirkungsgeschichte entfaltet. Entsprechendes gilt von Heraklit. Mit seinen entgegengesetzten Deutungen der Wirklichkeit, wonach »alles fließt«[32] oder »der Krieg der Vater und König aller Dinge«[33] sei, wurde er nicht nur als »Kosmologe«, sondern auch – nicht zuletzt – als »Lebensphilosoph« wirksam.

Entsprechendes gilt von ästhetischen oder ästhetisch besetzten Begriffen. So sind »etwa schön-häßlich nicht Gegensätze wie warm-kalt, sondern die eine Seite des Gegensatzpaares ist dadurch ausgezeichnet, daß sie die ›Norm‹ bezeichnet: ›schön‹ – während ›häßlich‹ die Fülle der Möglichkeiten dessen benennt, was den Anspruch des Schönen nicht erfüllt«[34]. Ähnlich ist es mit dem Begriff des »Kosmos«. Die Begriffsgeschichte ist vielverzweigt[35], führt dann aber zu einem umrissenen Bedeutungsgehalt. »›Kosmos‹ heißt zunächst soviel wie schmuckvolle Anordnung oder Gestaltung (...). ›Kosmos‹ auf die Welt angewandt, besagt, daß diese so, wie sie geordnet ist, gut geordnet ist. Eine solche Feststellung geht über den Charakter des rein Deskriptiven hinaus und bringt den Gedanken der Normativität ins Spiel. Dieses normative Moment des Sein-Sollens findet ihren Niederschlag in der politisch-rechtlichen Terminologie«[36]. Wenn man bedenkt, in welchem Ausmaß diese Vorstellung – nämlich daß unsere Lebenswelt kein Chaos, sondern ein Kosmos sei – das gesamte Weltgefühl der Griechen bestimmte, wird man die Präsenz des Ethischen in der Sprache der »Naturphilosophen« nicht mehr in Abrede stellen können.

Ja, diese Denker dehnten ihre moralische Sprache in einer Weise auf das Naturgeschehen aus, daß wir sie aus kritischem Verständnis von Moralität als unangebracht bezeichnen müssen. So hatte *Empedokles* erstmals die Geschehnisse in der »Natur« auf vier Grundelemente zurückzuführen versucht, auf Feuer, Wasser, Luft und Erde. Die Vielfalt der Veränderung schrieb er dabei zwei gegensätzlich wirkenden kosmischen Antriebskräften zu, der »Liebe« und dem »Streit/Haß« (Philóthes und Neíkos). Sie stünden in fortlaufendem Widerstreit miteinander: »Und dieser beständige Tauschwechsel hört nimmer auf: bald vereinigt sich alles durch Liebe zu Einem, bald trennen sich wieder die einzelnen Stoffe im Haß des Streites«[37]. Ein anderes Beispiel läßt sich bei *Anaximander* und seiner Lehre von der δίκη (Dike), der »Weltgerechtigkeit«, finden. Ein von ihm als authentisch überlieferter Satz lautet: »Anfang und Ursprung der seienden Dinge ist das Apeiron (das grenzenlos Unbestimmbare, d. Ref.). Woraus aber das Werden ist den seienden Dingen, in das hinein geschieht auch ihr Vergehen nach der Schuldigkeit; denn sie zahlen einander gerechte Strafe und Buße für ihre Ungerechtigkeit nach der Zeit Anordnung«[38].

Es soll nicht bestritten werden, daß eine derartige Sprache gerade aufgrund ihrer Unschärfe oder ihrer begrifflichen Komplexität zu immer neuen Reflexionen angeregt hat. Aber offenkundig hat Anaximander das »Ius talionis«, das Talionsrecht (»Aug' um Auge, Zahn um Zahn«) auf das Weltganze projiziert[39]. Diese Vorstellungen von Gerechtigkeit besaßen in frühen Phasen der jeweiligen Kulturen weite Verbreitung. Sie scheinen sich übrigens in der Entwicklung des moralischen Bewußtseins bei Kindern wiederzufinden[40]. Jedenfalls wurden in den frühen Stufen der griechischen Denkgeschichte moralische Inhalte, die aus der Eigenerfahrung des Menschen mit sich und seinesgleichen entstammten, auf kosmische Naturvorgänge projiziert. Der Wortschatz des Ethischen wurde also für Zusammenhänge verwandt, auf die er gar nicht zutrifft. Einerseits wurden kosmologische Vorgänge damit mythologisch ausgelegt; andererseits fehlte noch das Verständnis dessen, worum es in der Ethik eigentlich geht.

Kuhn hat auf die enge Beziehung hingewiesen, die in der Naturwissenschaftsgeschichte zwischen mythologischer Sprachweise und dem Fehlen eines wissenschaftlichen Paradigmas bestand[41]. Eine ähnliche Erscheinung haben wir in unserem Bereich der Geistesgeschichte. Erst Aristoteles konnte begründen, warum es falsch ist, auf kosmologische Abläufe den Wortschatz des Ethischen anzuwenden. Durch den von ihm herbeigeführten Paradigmenwechsel konnte er zeigen, daß ethische Sprache nicht zur qualitativen Bestimmung irgendwelcher nicht-menschlicher Vorgänge zu verwenden ist. Er deckte ein grundlegendes Merkmal der Ethik auf, indem er darauf verwies, daß es sich in ihr um das Gut-Sein *des Menschen* handelt, also um ein »*Anthropinon* Agathon« (ἀνθρώπινον ἀγαθόν)[42]. Ethik gehört wesentlich zum Menschen. Wie der Mensch nicht zu sich und wie die menschliche Gesellschaft nicht zu ihrer Bestimmung ohne Ethik kommt, so ist auch ethische Sprache nur dort angebracht, wo es um das Gut-Sein des Menschen und der menschlichen Gesellschaft geht. Deshalb konnte Aristoteles auch die Redeweise des Empedokles als irreführend bezeichnen: Es stimme, daß Liebe Menschen miteinander vereinige und Haß sie als Feinde auseinandertreibe. Aber »weil dieses Gesetz in gewissen Bereichen (nämlich der Menschen, d. Ref.) beobachtbar ist«, deshalb ist es noch nicht »ein auch im Weltganzen herrschendes Gesetz«[43].

1.3.2 Die Sophisten thematisieren den Menschen und sein Zusammenleben

Seit dem 5. Jahrh. v. Chr. entwickelten neben den »Naturphilosophen« auch die »Sophisten« ihre Aktivität, wobei es nicht nur zeitlich, sondern auch inhaltlich fließende Übergänge zwischen beiden gab. Mit »sophistisch« verknüpfen wir heute Wortverdrehung, Begriffsklopferei oder Spiegelfechterei. Diese abwertende Bedeutung geht auf Platon und seine Kennzeichnung sophistischer Zeitgenossen zurück[44]. Sie verdeckt den verdienstlichen Charakter, der zahlreichen Vertretern dieser Gruppe – von einer philosophischen Schule ist nicht zu reden – für die Entwicklung unseres Denkens zukommt. Ursprünglich meinte »Sophistes« einfach den »kundigen Mann«. Herodot bezeichnete noch Solon und Pythagoras als Sophisten. Androtion nannte die sieben Weisen und Sokrates, Lysias selbst Platon so[45]. Die Sophistik umgreift also sehr unterschiedliche geistige Bewegungen. Eines aber ist ihren Vertretern gegenüber den »Naturphilosophen« gemeinsam. Sie haben in ihrer denkerischen Suche erstmals den Menschen und die Forderungen menschlichen Zusammenlebens in den Mittelpunkt ihrer Aufmerksamkeit gestellt. Sie haben damit einen »Gegenstandsbereich« des Forschens und Denkens thematisiert, der für die Prägung des ethischen Bewußtseins im Laufe der weiteren Geschichte grundlegend bleiben und alle Paradigmenwechsel der ethischen Sprache überdauern sollte. Aristoteles freilich schrieb diesen Durchbruch zum Ethischen Sokrates zu[45a].

Die sozialen und politischen Bedingungen für die Entstehung der Sophistik waren durch die Ablösung der Adelsherrschaft durch neue Herrschaftsformen gegeben. Vor allem die Demokratien verlangten, mit der Beteiligung der Bürger an der Machtausübung auch über die Kunst des politischen Überzeugens nachzudenken und die dafür notwendigen Kenntnisse zu vermitteln. Der Bedarf an entsprechender Bildung und sprachlicher Vermittlungsfähigkeit führte zur Entwicklung der Rhetorik, der Grammatik, der Disputations- und der Stilkunst. Er sensibilisierte darüber hinaus beinahe von selbst das damalige öffentliche Bewußtsein für die Frage, ob denn alle Mittel und Ziele zur Wahrnehmung der eigenen Interessen rechtens seien oder ob hier Recht von Unrecht zu unterscheiden sind. Damit klang die ethische Problematik, und zwar im Rahmen der Politik, an. Man begann nach dem zu suchen, worin denn das gute als das wahrhaft menschliche Leben bestehe. Die Philosophie als praktische Lebensweisheit war geboren, die Frage begann nicht mehr loszulassen, wie wahres menschliches Leben sich verwirkliche und wie denn vorweg entsprechende Wahrheit zu erkennen sei. Mit der praktischen Lebensphilosophie wurde somit auch Erkenntnistheorie erforderlich. Sokrates, Platon und Aristoteles sind aus dieser philosophischen Aufbruchsbewegung erwachsen, besonders die beiden ersteren, freilich nicht zuletzt dadurch, daß sie sich durch Sophisten ihrer Zeit herausgefordert sahen.

Folgende sophistische Provokationen seien hier hervorgehoben: Erstens boten Sophisten ihren Bildungsdienst in der jeweiligen »Polis« – Athen war dabei zum Zentrum der philosophischen Bewegung geworden – für Entlöhnung an. Und es hatte sich eine ganze »Zunft« von ihnen gebildet. *Gorgias von Leontini*, der 427 nach Athen kam, soll dabei durch seine rhetorischen Lehrveranstaltungen ein ganzes Vermögen verdient haben. Diese Männer zogen sich nicht nur die Verachtung zu, die damals unter gebildeten Griechen gegenüber allem, was auf Gelderwerb abzielte, verbreitet war[46]. Sie setzten vor allem die Wahrheitssuche selbst aufs Spiel, indem sie sie ihren ökonomischen und politischen Interessen unterordneten. Der Opportunismus drohte zum steuernden Gesetz aller Orientierung, der eigene Nutzen zum obersten Prinzip des Handelns zu werden.

Zweitens erfuhren die meisten der Sophisten durch ihre Wandertätigkeit im hellenistischen Kulturraum, daß die Menschen in den verschiedenen Stadtstaaten oder anderweitigen Staatsgebilden nicht nur sehr unterschiedlichen Göttern huldigten, sondern sie erlebten auch sehr abweichende Auffassungen über das, was als lobens- und tadelnswert, als edel oder beschämend zu gelten hatte. Ebenso nahmen sie große Diskrepanzen in dem wahr, was die Gesetze als gerecht und als ungerecht hinstellten[47]. Daraus traten einige von ihnen nicht nur überlieferten Formen des jeweiligen Götterglaubens entgegen, sondern entwickelten auch die Auffassung, daß im Bereich von Recht und Unrecht oder im Verständnis von »schön und gut« alles von der Konvention abhinge[48]. Aus sich oder aus der »Natur der Sache« heraus sei nichts als Recht oder Unrecht anzusehen. Wurde damit Ethik nicht grundsätzlich relativiert? Wurde ihr innerer Anspruch nicht aufgehoben, bevor er überhaupt ins Licht trat? Was als moralisch zu gelten hatte, drohte Angelegenheit der Majorität und damit der Stärkeren zu werden. Recht – nicht nur im gesetzlichen, sondern auch im sittlichen Sinne – hätte damit seine Legitimation aus der Macht erhalten.

Schließlich stellten die Sophisten eine dritte Provokation in engem Zusammenhang mit der vorangehenden dar. Sie läßt sich am sogenannten Homo-mensura-Satz des *Protagoras* festmachen: »Der Mensch ist das Maß aller Dinge, der seienden, daß/wie sie sind, der nicht-seienden, daß/wie sie nicht sind«. »Sein *ist gleich* jemandem erscheinen«[49]. Eine derartige Sentenz enthielt in mehrfacher Hinsicht Gefahren des Mißverständnisses oder der Irreführung. Sie wurden in der Sophistenkritik oft mit den Stich-(oder Reiz-) Wörtern »Subjektivismus«, »Individualismus«, »Empirismus« und »Agnostizismus« benannt.

Die historische Forschung hat jedoch seit längerem darauf verwiesen, daß man den Sophisten mit der Klassifizierung im voranstehenden Sinne nicht wirklich gerecht wird[50]. Sie müssen offensichtlich viel differenzierter in ihren Positionen gesehen werden. Es spricht vieles dafür, daß etwa *Protagoras* dem Götterglauben nicht rundweg eine Absage erteilen, sondern eher einem verbreiteten religiösen Dogmatismus entgegentreten wollte. Entsprechendes dürfte für den Bereich der Naturphilosophie und der Sitten- und Gesetzesordnungen gelten. Der exakte Quellenbefund läßt jedenfalls vieles unklar; die authentischen Fragmente sind nur sehr spärlich. Der »Homo-mensura-Satz« des Protagoras ist bei genauerer Analyse unterschiedlich auslegbar[51]. Mit der Betonung der Phänomene und ihrer Wahrnehmung (des »Scheines«) für unser Erkennen wollte er wohl dem Einfluß des Parmenides mit seiner einseitigen Wertung dessen entgegentreten, was jenseits allen »Scheines« liegt. Und mit dem Hinweis auf den Menschen als dem »Maßgebenden« sollten möglicherweise lediglich verbreitete Auffassungen kritisiert werden, nach denen das, was in der eigenen Umwelt als gesetzlich und als gut galt, direkt auf urzeitlichen Götterwillen oder auf unumstößliche Naturgesetze zurückginge. In dieser Hinsicht dürfte die Sophistik paradigmatisch für die weitere Geschichte einen gewichtigen Beitrag geleistet haben: Sie hat kritisches Bewußtsein in ihrer damaligen philosophischen und politischen Welt mobilisiert; sie hat die Notwendigkeit der philosophischen Skepsis historisch erstmals verdeutlicht. Dabei dürften freilich einige Sophisten – Gorgias zum Beispiel – die Erschütterung der naiven Dogmatik bis zu nihilistischen oder anarchistischen Positionen hin radikalisiert haben[52]. Die Sophistik hat darüber hinaus auch nicht vermocht, anstelle der von ihr erschütterten Welt- und Lebenssicht einen besser begründeten Theorieentwurf mit der entsprechenden Praxisorientierung positiv anzubieten. Sie schuf ein Vakuum, das dringend dazu drängte, gefüllt zu werden. Aus unserer jetzigen geschichtlichen Erfahrung müssen wir sagen, daß die Sophisten nicht zur Sprache gebracht haben, worin denn Ethik für den einzelnen und für eine »Polis« eigentlich bestehe. Hier haben erst Sokrates, Platon und Aristoteles unsere Denk- und Sprachgeschichte in maßgeblicher Weise weiterentwickelt.

1.4 Die Entwicklung des sittlichen Bewußtseins durch Sokrates und Platon

1.4.1 Lebensgeschichtliches

Sokrates 470/69 v. Chr. in Athen als Sohn des Bildhauers Sophroniskos und der Painarete, »einer sehr wackeren und ehrwürdigen Hebamme«[53], geboren, hat seine Vaterstadt, abgesehen von seiner Teilnahme an drei Feldzügen, die Athen führte, nie verlassen. Er erhielt die in der Stadt gesetzlich vorgeschriebene Jugendbildung und geriet sehr bald in die durch die Sophistik ausgelöste geistige Auseinandersetzung. Obwohl er sich politisch nicht direkt betätigen wollte und auch nicht betätigt hat, gelangte er in Konflikt mit den politischen Kräften seines Stadtstaates. Verheiratet und Vater mehrerer Kinder, widmete er sich immer ausschließlicher der öffentlichen Wahrheitssuche. Dabei gewann er zahlreiche Anhänger, besonders unter der aufgeschlossenen Jugend, schuf sich aber auch persönliche Feinde. Denn er scheute sich nicht, alle, die er traf, auf ihr Tun und Denken zu befragen. Obwohl er ein äußerst bescheidenes, sittenstrenges und den Göttern in Frömmigkeit verbundenes Leben führte, erschütterte er ererbte Formen in Religion, Politik und Sitte. Daher wurde er 399 v. Chr. von der Athener Ratsversammlung zum Tode verurteilt. Die für zutreffend erkannte Anklage lautete: »Sokrates vergeht sich wider die Gesetze, indem er die Jugend verdirbt und nicht an die vaterländischen Götter glaubt, sondern einem Glauben an eine neue Art von Dämonentum huldigt«[54]. Als Siebzigjähriger nahm er im gleichen Jahr den Schierlingsbecher, trotz heftiger Fluchtvorschläge seiner Freunde. Er wollte seiner inneren Stimme, seinem göttlichen »Daimonion« nicht untreu werden, wollte nicht gegen das von ihm erkannte Gebot des Guten verstoßen, das ihn anwies, die Gesetze seiner Vaterstadt zu achten, auch wenn sie von seinen Feinden gegen ihn ungerecht ausgelegt waren. Wir besitzen keine authentische Schrift von ihm. Aber er hatte Anhänger und Schüler, darunter einen der Größten unserer Geistesgeschichte, Platon. Ihm dankt unsere Kultur die Vermittlung seines Erbes. Er war von seinem Leben so beeindruckt, daß er zu seinem Tode schrieb: »So starb, Echekrates, unser Freund, ein Mann, der, wie wir wohl sagen dürfen, von allen Zeitgenossen, die wir kennen, der beste war und an Einsicht und Gerechtigkeit überhaupt von niemand übertroffen«[55].

Über *Platons Lebensgeschichte* liegen nur spärliche Auskünfte vor. Er selbst machte wenig Anspielungen dazu. Aristoteles, zwanzig Jahre in seiner Akademie, schwieg ganz zu seiner Person. Xenophon schrieb über Sokrates, erwähnte Platon aber nur ein Mal[56]. Platon wurde 428/27 v. Chr. in Athen (oder Aigina) in einer wohlhabenden aristokratischen Familie geboren. Sein Vater Ariston führte sein Geschlecht auf mythische Könige und den Gott Poseidonius zurück, seine Mutter Periktione war möglicherweise mit Solon verwandt, jedenfalls mit dem Anführer der Radikalen unter den 30 Tyrannen. Schon in diesem »aristokratisch« orientierten Elternhaus dürfte der junge Platon Politisches in spannungsreicher Auseinandersetzung erfahren haben, einbezogen in das großartige Bildungsmilieu der attischen Blütezeit.

Er widmete sich zunächst der Dichtkunst. Als er aber mit zwanzig Jahren Sokrates begegnet, wechselt er in dessen Anhängerkreis über. Die Philosophie hatte ihn ergriffen. Das geschah in engster Beziehung zur Politik und den politischen Geschehnissen in seiner Welt. Zwar gab er seine Hoffnungen auf einen Dienst im »Staat« angesichts der zunehmenden Zerrüttung der politischen Kultur in Athen bald auf. Aber sein ganzes Sinnen galt doch zugleich dem Gelingen des individuellen Lebens und dem rechten Aufbau des »Staates«. Davon zeugen nicht nur seine großen Werke, die »Politeia« (der »Staat«) und später die »Nomoi« (»Gesetze«), sondern auch seine Bemühungen in Sizilien und Unteritalien. Drei Reisen dahin (388/87, 367/66 und 361/360) sind gut bezeugt. Er hatte sie nicht zuletzt deshalb unternommen, um mit seiner theoretischen Konzeption vom »Staat« auf die praktische Herrschaftsausübung Einfluß zu nehmen. Freundschaftliche Beziehungen zu Dion, dem Schwager des Tyrannen Dionysios I. von Syrakus, und zu Archytas von Tarent dürften derartige Erwartungen genährt haben. Sie erfüllten sich nicht. Dion fiel in Ungnade. Die Gunst wurde auch Platon entzogen. Er wurde gefangengenommen und als Sklave verkauft, ein Kyrenäer namens Annikeris konnte ihn jedoch freikaufen. Aber seine Reisen waren nicht nur politisch motiviert, sie standen im Zeichen zahlreicher wissenschaftlicher und persönlicher Kontakte. Nach Sokrates' Tod fuhr er mit einigen Anhängern desselben nach Megara zu dem Eleaten Euklid. Nach Auskunft von Diogenes Laërtios besuchte er den Mathematiker Theodoros in Kyrene, traf die Pytagoräer Philolaos und Eutyros in Italien und fuhr zu den »Propheten« nach Ägypten. Wenn man die damaligen Reisebedingungen bedenkt, kann man über eine derartige Vitalität in geistiger, politischer und persönlicher Hinsicht nur staunen.

Platon hat sich mit nahezu allen Wissensgebieten seiner Zeit befaßt. Dazu betrieb er die Gründung seiner Akademie, so benannt nach dem altattischen Heros Akademos, der in der Nähe – nordwestlich von Athen – sein Heiligtum hatte. Die Schule entstand wahrscheinlich um 385, vielleicht auch später. Ab 367 war Aristoteles jedenfalls dort Mitglied. Sie bot ein breites Fächerspektrum unter Beteiligung verschiedener Lehrer an. Lehrvorträge und Diskussionen gehörten von Anfang an zu den didaktischen Formen ihrer Bildungstätigkeit. Platon stand ihr bis zu seinem Tod 348/47 vor. Sie sollte als privater Kultverein eine fast tausendjährige Geschichte haben (Schließung durch Justinian 529 n. Chr.). Die Schriften, die Platon hinterlassen hat[57], sind alle, außer der Apologie, als Dialoge gefaßt. Von seinen Lehrvorträgen an der Akademie ist uns nur ein einziger, »Über das Gute«, als fragmentarische Nachschrift einiger seiner Hörer (darunter des Aristoteles) erhalten. Außerdem werden ihm 13 Briefe zugeschrieben, von denen freilich nur der sechste und der (wichtigste) siebte in ihrer Authentizität nicht mehr bestritten sind.

»Für eine absolute Chronologie der Schriften Platons gibt es nur geringe Anhaltspunkte«[58]. Dennoch hat man immer wieder mit Hilfe dieser Haltepunkte versucht, seine Werke unter zeitlichen Gesichtspunkten zu ordnen, die man mit Kriterien seiner Lehrentwicklung in Beziehung zu bringen trachtete[59]. So wurden zu Jugendschriften und Arbeiten der Übergangszeit etwa Laches, die Apologie, Kriton, Protagoras, Politeia I sowie Gorgias und Menon gezählt. Von ihrem Inhalt her bezeichnete man die ersteren als sokratische Schriften, die letzteren als Dialoge mit Schwerpunkt der Sophistenkritik. Aber schon hier sind die Einteilungsgrenzen fließend. Das gleiche gilt von den weiteren Ordnungsversuchen, die Werke der reiferen Mannesjahre von denen der Altersjahre zu unterscheiden. Dabei sollen die ersteren, wie etwa das Symposion, Phaidon, Politeia II–X und Phaidros systematisch mit der Entwicklung der Ideenlehre befaßt sein, die letzteren, wie Theaitet, Parmenides, Politikos, Timaios, Nomoi u. a. seien mit der Modifikation dieser Ideenlehre und der Entwicklung dessen beschäftigt, was in der Tradition als platonische Metaphysik bezeichnet wurde. Eine derartige Systematisierung hat jedoch nur bedingten Orientierungswert. Denn abgesehen von der ungesicherten Chronologie kannte Platon selbst – anders als Aristoteles nach ihm – noch keine methodisch deutliche Abgrenzung der Wissenschaftsfelder. Ethische Problematik war inhaltlich zwar auf intensivste Weise von ihm thematisiert, aber ins Ganze seines Philosophierens verwoben und begrifflich als ethische Thematik noch nicht gefaßt. Wo aber der Begriff von Ethik fehlt, kann auch von einer systematisch entworfenen Ethik noch nicht die Rede sein. Nachdem jedoch dieser Begriff und damit das Paradigma von »Ethos« durch Aristoteles ins Bewußtsein und zur Sprache gekommen war[60], wird im Rückblick auf den Erkennens- und Sprachprozeß bei Platon dessen geradezu unvergleichlicher Beitrag für das erkennbar, worum es in der Ethik geht. –

Es lohnt sich, einigen Elementen, die man als bleibende Bausteine unserer Ethikgeschichte bezeichnen kann, nachzugehen.

1.4.2 Zur ethischen Sprach- und Lehrentwicklung – Analyse eines Textes (Kriton)

Sokrates befindet sich nach seiner Verurteilung zum Tode durch die Ratsversammlung der Athener im Gefängnis. Kriton, sein Freund und Schüler, kommt zu ihm, um ihn zur Flucht zu bewegen. Zwischen beiden entwickelt sich ein Disput. Kriton bringt geradezu durchschlagend erscheinende Gründe für seine Absicht vor: die Ungerechtigkeit, die Sokrates durch den Urteilsspruch der Ratsversammlung widerfahren ist –, das wirtschaftliche und soziale Elend, das seine Frau und die Kinder durch seinen Tod ereilen würde –, die üble Nachrede, der er sich aussetzen würde, wenn er sein Leben so gering achten und nicht durch die leicht mögliche Flucht retten würde –, das Gute, das er seiner Familie, seinen Freunden und seiner Stadt Athen noch tun könnte, wenn er am Leben bliebe, selbst wenn er in die Verbannung gehen müsse. Sokrates lehnt dennoch ab. Ihn vermögen diese Gründe nicht zu überzeugen.

Im Hin und Her des Diskurses arbeitet er immer mehr seine Einsicht vom wahrhaft Guten heraus. Hier seine Beweisführung: »Aber, mein Bester, du mußt auch noch den folgenden Satz hinsichtlich seiner Geltung ins Auge fassen: ›Nicht das Leben ist das zu erstrebende höchste Gut, sondern das gute Leben‹. Steht dieser Satz noch in Geltung oder nicht?« Kriton darauf: »Ja, er steht noch in Geltung«. Sokrates: »›Gut‹ aber und ›schön‹ und ›gerecht‹ besagen dasselbe. Dieser Satz steht doch noch in Geltung. Oder nicht?« Kriton: »Ja«. Sokrates: »Auf Grund des Eingeräumten ist nun zu erwägen, ob mir ein Recht zusteht zu dem Versuche, von hier zu entweichen ohne Erlaubnis der Athener, oder ob ich kein Recht dazu habe. Und stellt es sich heraus, daß ich ein Recht dazu habe, dann wollen wir den Versuch machen; wo nicht, so muß er unterbleiben. Was aber die Rücksichten auf Geldaufwand, auf böse Nachrede und Kindererziehung anlangt, von denen du redest, so handelt es sich da vielleicht tatsächlich, mein Kriton, um Anschauungen von Leuten, die leichthin den Tod verhängen und den Toten dann wieder ins Leben zurückrufen möchten, wenn sie dazu nur imstande wären, Leute ohne eine Spur von Verstand, eben um echte Massenmenschen. Wir aber haben, im Einklang mit der Entscheidung der gesunden Vernunft, unser Augenmerk auf nichts anderes zu richten als auf die eben aufgeworfene Frage, ob wir gerecht handeln, wenn wir denen, die uns von hier fortschaffen wollen, Geld zahlen oder auch noch Dank hinzufügen und wenn wir beide das Entweichen betreiben, du als Befreiender und ich als Flüchtling; oder ob wir in Wahrheit wider das Recht handeln, wenn wir uns auf alles dies einlassen. Sollte es sich herausstellen, daß wir daran unrecht täten, dann darf es für uns, gegenüber der Versündigung durch Unrechttun, gar nicht in Betracht kommen, ob unser ruhiges Ausharren für uns den Tod oder sonst irgendwelches Leid mit sich bringt.« Kriton: »Du hast recht, Sokrates, wie mir scheint. Sieh nur zu, was wir zu tun haben.«[61]

Welche paradigmatischen Zusammenhänge für das Ethikverständnis bringt der Dialog zur Sprache? *An erster Stelle* ist *die Prioritätensetzung* zu beachten: *»Wir haben (...) unser Augenmerk auf nichts anderes zu richten als auf die Frage, ob wir gerecht handeln (...)«* Das also ist das zentrale Thema aller Philosophie im Sinne wahrer Lebensorientierung und Weisheit. Die eigentliche Dimension des Ethischen kann nicht begriffen werden, wenn man diesen Vorrang in Theorie und Praxis nicht erfaßt hat. Denn alles andere hieße etwa dem Machtgewinn oder dem Wissenschaftsfortschritt oder der Technologieentwicklung mehr Bedeutung zuzuerkennen als dem Anspruch, »gerecht zu handeln«. Die »Naturphilosophen« hatten ihren Schwerpunkt auf die Zusammenhänge der »Natur« gesetzt, die Sophisten den Menschen und sein Zusammenleben thematisiert. Sokrates und Platon stellten die Frage nach dem guten Leben des Individuums und der Gesellschaft in den Mittelpunkt aller Philosophie. Sie thematisierten damit als erste, worum es in der Ethik überhaupt geht[62].

Zweitens: Die Prioritätensetzung hat unmittelbar eine *inhaltliche Bestimmung des Guten* nach sich gezogen: *»›Gut‹ und ›schön‹ und ›gerecht‹ besagen dasselbe«.* Damit ist eine entscheidende Abgrenzung zwischen »gut« und »gut« gezogen. Die Sophisten hatten (nach ihrer Kennzeichnung durch Platon) ihren Schülern auch »ein gutes Leben« angepriesen und mit ihrer Rhetorik versucht, ihnen das geistige Instrumentarium zu seiner Durchsetzung zu vermitteln. Sie selbst hatten ihr Philosophie- und Bildungsangebot mit Gelderwerb verknüpft, hatten sich um ihrer Vorteile willen nach den Bedürfnissen der Menge oder der Mächtigen orientiert, also eine Interessenphilosophie betrieben. Wir haben bis auf den heutigen Tag im deutschen Sprachgebrauch den Doppelklang im Wort »gut«. »Der hat ein gutes Leben«, sagen wir und meinen jemanden, der ein Wohlleben führt. Oder wir weisen auf jemanden und sagen: »Er ist ein guter Mensch« und meinen, daß er ein wahrhaft gutes Leben zu führen bemüht ist. Diese Doppeldeutigkeit mußte in der ethischen Bewußtseinsentwicklung aber erst einmal aufgedeckt werden. Nur so war der Bedeutungsgehalt des *ethisch* Guten zu erfassen. Den Durchbruchsprozeß dieser Unterscheidung haben Sokrates und Platon vollzogen, auch wenn an diesem Thema in unserer Geistesgeschichte immer weiter gearbeitet werden muß. Von »gut« ist seitdem im eigentlichen oder wahren Sinn für den Menschen nicht mehr zu reden, wenn nicht zugleich damit »gerecht« gemeint ist. Und dies ist nach griechischer Auffassung zugleich auch »schön«; so klang es schon bei Homer an[63].

Drittens bringen Sokrates und Platon zur Sprache, daß *Ethos* etwas besagt, *was uns unbedingt angeht.* Denn in ihm steht »das höchste Gut« unseres Lebens auf dem Spiel: »Nicht das Leben ist das erstrebenswerte höchste Gut, sondern das gute Leben«. Die radikale Bedeutung dieses Verständnisses von »gutem Leben« wird aus der Richtigstellung sichtbar, die Sokrates mit Kritons Argumenten vornimmt: Nicht das, was »die Leute sagen werden«, nicht ökonomische Angebote, auch nicht die Rücksichten auf die eigene Familie, auf die Freunde und Interessen der eigenen Vaterstadt können letzte Kriterien für das gute Handeln sein. Das kritische Prinzip ethischen Urteilens ist von anderswoher zu nehmen, selbst nicht vom Wunsch des persönlichen Überlebens. Sonst könnten die genannten Interessen oder dieses Überleben das Ausschlaggebende werden, auch um den Preis der eigenen Charakterlosigkeit oder auf Kosten von anderen und ihrer Lebensrechte. Wo nicht die innere Bindung an das wahrhaft Gute waltet, »verhängen Leute leichthin den Tod« über andere, gilt das Leben der anderen nur wenig. Worum es im Anspruch des wahren Guten also geht, das wird an dem sichtbar, was unter Umständen dafür einzusetzen ist: das eigene Leben. Platon vergegenwärtigt die radikale Bedeutung seiner Einsicht im Kriton-Dialog, indem er Sokrates seine Alternative im Angesicht des Todes wählen läßt. Hieran wird deutlich, daß zum mindesten ein vulgäres Verständnis von Eudämonismus auf Platons Lehre ganz unzutreffend ist. Das wird auch an dem »einsamen Entschluß« erkennbar, den der sittlich Handelnde möglicherweise zu fassen und durchzustehen hat: Sokrates muß gegen seine Freunde und ihre Loyalitätserwartungen, muß gegen die öffentliche Mehrheitsmeinung und schließlich gegen die Ansichten der als »kundig« geltenden Männer, der »Sophisten«, entscheiden. Vor allem deren Opportunitätsgesinnung wollte Platon in ihrer inneren Unhaltbarkeit offenkundig machen.

Viertens: Wer dem unbedingten Anspruch des Guten gehorchen will, *darf auch nicht Böses mit Bösem vergelten.* Er muß *bereit sein, Böses zu erleiden*: »Sokrates: In keinem Fall also darf man unrecht tun? – Kriton: Gewiß nicht. – Sokrates: Also auch der, dem Unrecht widerfahren ist, darf nicht wieder unrecht tun, wie die meisten glauben; denn man darf ja unter keinen Umständen unrecht tun? – Kriton: Nein, das darf man gewiß nicht. – Sokrates: (...) Also *weder erlittenes Unrecht vergelten noch Böses zufügen darf man irgendeinem Menschen, mag man auch noch so schwer von ihm zu leiden haben.*« Im

Bewußtsein, das allgemein übliche Rechtsempfinden nun zu durchbrechen, fügt Sokrates hinzu: »Sieh dich wohl vor, Kriton, ehe du zustimmst, auf daß du nicht gegen deine Überzeugung einstimmst: denn ich weiß: *nur ganz wenige denken so und werden so denken*«[64]. Sollten die bisherigen Bestimmungen manchen heute noch als rein formale Kennzeichnungen erschienen sein, so kann spätestens jetzt an ihrem materialen ethischen Gehalt nicht mehr gezweifelt werden. Das neutestamentliche Ethos von Vergebung und Feindesliebe ist zwar nicht zur Sprache gebracht, wohl aber sein Imperativ, nicht Böses mit Bösem zu vergelten[65].

Ein *fünftes* paradigmatisches Element klingt in unserem Text nur an; es muß durch weitere Lehrzusammenhänge von Platon ergänzt werden. »Unser Augenmerk«, so sagte Sokrates, sei auf das wahrhaft Gute »im Einklang mit der Entscheidung der gesunden Vernunft« zu richten[66]. Zugleich griff er alle die an, die leichtfertig mit dem Leben von anderen umgingen, daß sie »Leute ohne eine Spur von Verstand« seien. *Die sittliche Urteilsfähigkeit* stand also zur Sprache. Damit trat Platon einer weiteren Grundposition der Sophisten entgegen; jedenfalls so, wie er sie z. B. bei Protagoras aufdecken zu müssen glaubte. Dieser habe nicht nur den Menschen zum Maß aller Dinge erklärt; er habe sogar den je einzelnen zum Maßstab dafür gemacht, »so, daß für mich alles so ist, wie es mir erscheint, und für dich hinwiederum so, wie es dir erscheint. Mensch aber bin ich ebenso wie du«[67]. Danach aber gäbe es für unsere Urteilsfindung keine wirkliche Verbindlichkeit und keine Vergewisserung, weil keine Wahrheitserkenntnis. Alles wäre nur relativ, je, wie es mir oder dir auf dieser oder jener Sicht erscheine. Dem korrespondiert die weitere dem Protagoras zugeschriebene These: »Über jede Sache gibt es zwei einander entgegengesetzte Aussagen (Meinungen, »Logoi«)[68]. Die Nähe verbreiteter heutiger Auffassungen in Sachen Ethik zu denen der genannten Sophisten ist offenkundig. Indem Sokrates das Äußerste für das von ihm erkannte Gute einzusetzen bereit ist, was ihm zur Verfügung steht, nämlich sein Leben, widerspricht er – und sein Interpret Platon – dem sophistischen Skeptizismus. Die beiden Philosophen halten ihm entgegen: *Unsere vernünftige Einsichtskraft kann scheiden, unterscheiden, entscheiden, zwischen Recht und Unrecht, zwischen dem guten und schlechten Handeln,* kann das gute, rechte und schöne Leben von dem bösen Leben trennen. *Es gibt also auch in dieser Hinsicht Erkenntnis von Wahrheit, gibt Vergewisserung darüber, was gut und was böse ist.* Im Sinne dieser paradigmatischen Perspektive Platons wird später Aristoteles zeigen, daß ethisches Handeln geradezu erst aus vernünftiger Einsicht erwächst und somit Ethik ohne vernünftige Vergewisserung gar nicht möglich ist[69]. Es reicht also nicht, das Gute als solches zu tun, blind oder schematisch, zufällig, unbewußt oder nach dem beliebigen Gutdünken. Das Gute will sehenden Auges getan sein, aus der Einsicht in das, was es hier und jetzt fordert, im inneren Gehorsam an diese Erkenntnis. Damit aber war Platon vor die Herausforderung geraten, erkenntnistheoretische Grundlagen für seine Ethik zu suchen; an ihnen hat er bis in seine Altersschriften hinein immer wieder gearbeitet.

1.4.3 Erkenntnistheoretisches und Didaktisches zur ethischen Urteilsfindung (Ideenlehre, Dialektik, Mäeutik)

Wie kommen wir zur Einsicht in das wahrhaft Gute, das für uns sowohl umfassend und allgemein als auch hier und jetzt – z. B. in einer Konfliktlage, in der Sokrates sich befand – gilt? War diese fundamentale Frage nicht beantwortet, hing alle Lebens- und Handlungslehre in der Luft. Dabei hatte Platon sich nicht nur mit der skeptischen Position der Sophisten auseinanderzusetzen, sondern mußte zugleich gegen den naiven Dogmatismus des archaischen Ordnungsverständnisses angehen. Diesem galt der ganze überkommene

Nomos in »Familie«, »Staat« und Religion undifferenziert als Ausdruck göttlicher Lebensordnung und deshalb als unantastbar. Die haus- und staatserhaltende »Eunomia« irgendwo in Frage zu stellen, wurde als Frevel angesehen. Man erinnere sich der Anklage gegen Sokrates. Platon ging es daher wesentlich darum, kritische Aufklärung zu vollziehen, dem »Skopeín« jedoch einen neuen Bedeutungsgehalt gegenüber den Sophisten zu geben. In seinen Dialogen werden »skopein«, »skepsis« und das Wortumfeld (»von einem hohen Ort Ausschau halten, sehen, besehen, ausspähen, beobachten, betrachten, nachdenken, prüfen...«) als tragende Begriffe verwandt[70]. – Aber wie ist zu sehen, wie Ausschau zu halten und zu prüfen?

Platon machte geltend, wer wahrhaft Durchschau erreichen will, muß von den »Phainomena« der Dinge, den »aufscheinenden Eindrücken«, zu ihrer eigentlichen Gestalt, ihrem »Eidos« (Idee), gelangen; er muß von ihrer »Aisthesis«, der sinnlichen Wahrnehmung, zu ihrer »Episteme«, der geistigen Wahrnehmung, und damit zu ihrem eigentlichen Erkennen oder Wissen kommen; er darf nicht den flüchtigen Erscheinungsbildern verhaftet bleiben, sondern muß zu dem durchdringen, wodurch sie sind, zu ihrem Seinsgrund, ihrem Sein. Deshalb hatte Platon die Ontologie des Parmenides für so wichtig gehalten und war nicht – wie die meisten Sophisten – Heraklit gefolgt. Deshalb hatte er seine *Ideenlehre* entfaltet, war der von Sokrates praktizierten *Mäeutik* gefolgt, hatte im Anschluß an ihn seine *Dialektik* entwickelt und hatte schließlich dessen Lehre von der inneren Stimme des *»Daimonion«* übermittelt. Alle vier Lehrelemente sollten in der Folgezeit eine fast unerschöpfliche Wirkungsgeschichte bis in unsere Zeit hinein entfalten und zu den Grundvarianten gehören, aus denen heraus immer wieder der Versuch unternommen wurde, Ethik zu deuten.

Die Ideenlehre war für Platon in seiner Suche nach wahrer Lebensweisheit deshalb so wichtig, weil für ihn – nicht anders als für die Sophisten – die Lebensphänomene in ihrer Unzahl und Widersprüchlichkeit das wahrhaft Gute, Gerechte und Schöne, die »Kallogathia«, nicht als wirkliches Sinnziel des menschlichen Lebens erweisen konnten. Die »Phainomena« als solche geben dieses eigentlich »Gute und Schöne« nicht her. Was das Gute für den Menschen ist, muß der Mensch selbst entdecken. Aber er muß seiner in sich selbst innewerden, um es dann in der Erscheinungswelt wiedererkennen zu können. Die alte »Homoiosis-Lehre« kam hier zur Geltung, wonach »Gleiches nur durch Gleiches erkannt« werden kann. Der Erkennende muß an Ähnliches in sich selbst, an ihm irgendwie Bekanntes anknüpfen können, will er des Anderen, Fremden erkennend innewerden. Was das Gute und Schöne in der Wirklichkeit und überhaupt sei, das könne der Mensch somit nur durch Rückbesinnung auf das erfassen, was ihm als »Eidos« (Idee) dieses Guten und Schönen bereits eingegeben sei. In der »Mnesis«, in der Besinnung, im Innewerden oder in der »Anamnesis«, in einem Ursprungserinnern, muß ihm der ursprüngliche Lebenssinn, der eben in der Verwirklichung des Guten und Schönen liege, gegenwärtig werden. Die Erkenntnis des Guten und Schönen als fundamentales kritisches Prinzip aller sittlichen Erkenntnis kommt dem Menschen somit nicht aus der äußeren Wahrnehmung als solcher. Sie erwächst ihm vielmehr von innen aus der ihm vor aller Erfahrung eingegebenen, der ihm angeborenen »Idee« davon[71]. Bis zu Kants »Metaphysik der Sitten«, nach der das Sittengesetz uns unabhängig von aller Erfahrung a priori innewohnt[72], wird es noch ein weiter Weg sein. Paradigmatisch aber ist diese Theorieentwicklung bei Platon eröffnet. Dabei darf man natürlich diesen nicht von Kant her lesen. Die sinnliche Erfahrung des Guten und Schönen hat für Platon eine grundlegende Bedeutung für das innere, geistige Begreifen desselben. Sein »Symposion« (Gastmahl) gibt darüber nachdrücklich Auskunft.

Desgleichen deutet man Platons Theorie der sittlichen Einsichtsgewinnung falsch, wollte man ihm ein Plädoyer für die einsame Inwendigkeit und für die gesellschaftlich isolierte Erweckungserfahrung zusprechen. Das Innewerden des wahrhaft Guten geschieht nach ihm in einem sozialen Prozeß. Seine *Dialektik* und seine *Mäeutik* bezeugen das hinreichend. Die dialogische Form seiner Schriften ist keineswegs nur formales Stilelement, sie ist vom Inhalt her bestimmt. Die Erkenntnis des wahrhaft Guten erwächst uns im Sinne Platons nur in einem Prozeß von Rede und Gegenrede. Die Größe der Sache, um die es geht, und unsere menschlichen Bedingungen erfordern diese Art ihrer Erschließung. Darum hatte Sokrates geradezu ein ganzes Leben auf Straßen und Plätzen Athens mit unzähligen Bürgern zugebracht und um die Erkenntnis des wahrhaft guten Lebens mit ihnen gerungen. In seiner Verteidigungsrede vor der Ratsversammlung hatte er geltend gemacht, »daß es das größte Glück für den Menschen ist, sich Tag für Tag über die Tugend zu unterhalten und über die weiteren Fragen, über die ihr mich reden hört als einen Prüfer und Erforscher sowohl meiner selbst wie anderer, und daß ein Leben ohne Prüfung und Erforschung nicht lebenswert sei«[73]. Ja, er hatte die Bedeutung dieser freien und öffentlichen Wahrheitssuche so hoch herausgestellt, daß er sogar ein mögliches Angebot der Ratsversammlung zurückwies, ihm die Todesstrafe zu ersparen, wenn er öffentlich nicht mehr reden dürfe[74].

Man wird darin noch nicht eine Entscheidung für die Freiheit des Wortes oder gar für das Recht auf Meinungsfreiheit im heutigen Sinn sehen dürfen. (Popper macht Platon sogar den Vorwurf, aus seinem Staat durch elitäre Sicht derartige Freiheiten wegorganisiert zu haben[75].) Aber der Charakter des offenen Denkens und Sprechens sowie der argumentativen öffentlichen Wahrheitssuche gehört zu den Grundelementen der Erkennensgewinnung Platons.

Seine Absage an den sophistischen Skeptizismus mit seiner Lehre zugunsten sittlicher Vergewisserung ist nicht mit einer dogmatischen oder gar gesetzlich-normativen Ethik zu verwechseln. Sokrates will »Tag für Tag über die Tugend und über die weiteren Fragen« im prüfenden Gespräch bleiben. Seine aporetische Haltung gegenüber der eigenen Erkenntnis (»Ich weiß, daß ich nichts weiß«[76]) fällt keineswegs in die sophistische Erkennensskepsis zurück. Sie artikuliert jedoch, daß wahres Philosophieren »Auf der Suche nach der Wahrheit sein« bedeutet, und zwar in einer Suche des dialogischen Austausches mit anderen, also in einem sozialen Erkennensprozeß. Anmaßende Selbstsicherheit, die vorgab, die Wahrheit definitiv erfaßt zu haben, hatte Sokrates allenthalben zur Genüge erfahren und bei näherer Prüfung als Scheinwissen entlarven müssen.

Auch die *Mäeutik* hebt den gesellschaftlichen Charakter sittlicher Einsichtsgewinnung – wie überhaupt jeder Erkenntnisentwicklung – hervor, stellt aber zugleich auf das Selbstfinden des Erkennenden ab. Sie ist eng mit Platons Vorstellung der uns bereits innewohnenden, weil »angeborenen Ideen« (Eide) verbunden. »Maieutiké« ist die Hebammenkunst. Sokrates versteht seinen Dienst an den anderen bei ihrer eigenen Wahrheitsfindung nach Art dieser Kunst[77]. Für den Lehrenden gilt es, durch helfendes, forschendes, nachdenklich machendes Fragen die Lernenden dessen innewerden zu lassen, was in ihnen selbst angelegt ist und als Erkennensfrucht ans Licht der Welt kommen will. Das Gute in seiner Ordnungskraft erweist sich so nicht als Fremdgesetz, sondern als das uns Entsprechende, weil immer schon uns Eingegebene. Gleichzeitig erschließt es sich im kommunikativen, gelegentlich auch korrektiven Prozeß zwischen dem erwachenden Geist und dem Erfahrenen, dem Lehrenden, ohne daß dieser jedoch seine eigene Antwort vorgäbe. Der platonische Sokrates dazu: »... ich selbst gebe keinerlei Antwort, weil ich über keine Weisheit gebiete... auch habe ich nicht irgendwelchen Fund aufzuweisen, der als Frucht meiner Seele gelten könnte. Diejenigen aber, die mit mir verkehren, erscheinen anfänglich zum Teil völlig unwissend, alle aber, denen der Gott es vergönnt, machen im Verlauf unseres Verkehrs wunderbare Fortschritte nach ihrem eigenen Zeugnis und dem anderer, und zwar offenbar ohne von mir je etwas gelernt zu haben; vielmehr haben sie selbst aus sich viel Schönes herausgefunden und halten es fest«[78]. Es würde sich lohnen, das Paradigmatische dieses Grundmusters von Lehre und Erziehung in seiner Wirkungsgeschichte zu verfolgen, und zwar nicht zuletzt in der neuzeitlichen Aufklärung oder in der Gegenwart. Dabei geht es nicht nur um ein didaktisches Konzept, sondern um erzieherisches Ethos als Fundament aller »Paideia«.

1.4.4 Das sokratisch-platonische »Daimonion«

Unter den erkenntnistheoretischen Bedingungen sittlicher Urteilsfindung und Vergewisserung verdient Platons Sprache über *das Daimonion* eine hervorgehobene Beachtung. Rein quantitativ nimmt sie zwar keine herausragende Stelle ein. Dazu ist sie fast ausschließlich in Platons sokratischen (Jugend-)Werken anzutreffen. Aber sie hat Anteil an einem herausragenden Zusammenhang unserer sittlichen Bewußtseinsentwicklung, nämlich am Gewissen. Zwar taucht das griechische Synonym dafür, die »syneidesis«, bei Platon noch nicht als herausragender Lehrbegriff auf. Aber ein vorbereitendes Bewußtsein dafür und eine entsprechende Sprache sind unverkennbar. Mit Recht hat Bruno Snell darauf verwiesen, daß man bei den Griechen in möglichster Breite suchen muß, will man die Spuren zu dem aufdecken, was später »Gewissen« sagen wollte[79]. Der Glaube an die Erinnyen, die Scheu oder Scham, heilige Schranken zu verletzen, die Stimme der Göttin Dike, auf die die Antigone des Sophokles sich beruft, wären derartige Spuren[80] – und das »Daimonion« des platonischen Sokrates[80a]. Aus seiner Verteidigungsrede hier ein wichtiger Text dazu: »Vielleicht könntet ihr es sonderbar finden, daß ich mit meinen Ratschlägen und meiner Vielgeschäftigkeit mich immer nur an einzelne wende, es aber nicht über mich gewinnen kann, öffentlich in der Volksversammlung vor euch aufzutreten als Beamter des Staates. Der Grund liegt in einer Erscheinung, über die ihr mich oft genug habt sprechen hören. Es ist dies ein gewisses göttliches und dämonisches Zeichen (ϑεῖον τι καὶ δαιμόνιον [φωνή]), das mir wird, was ja auch Meletos in seiner Klageschrift ins Lächerliche gezogen hat. Mich hat diese Erscheinung schon gleich von Kindheit auf begleitet, es ist eine Stimme, die sich immer nur in abmahnendem Sinne vernehmen läßt, um mich von einem Vorhaben abzubringen, niemals aber in zuredendem Sinne«[81].

Die Inhalte im einzelnen sind beachtlich. Zuerst fühlt Sokrates sich *persönlich* durch eine ihn *innerlich* treffende »Stimme« (oder eine Zeichengebung) angesprochen. Der »Anspruch« des Guten bleibt also nicht abstrakt, allgemein, unpersönlich, äußerlich. Er wird vielmehr als lebendige »Stimme« im eigenen Inneren vernommen. Sodann wird dieses Zeichen von Sokrates nicht als die des eigenen Ichs, sondern als die einer übergreifenden Macht erlebt, als *»etwas Göttliches und Dämonisches«*. Der letztere Begriff darf nicht in unserem heutigen negativen Sinn besetzt werden; wohl weist er auf das rational nicht Ergründbare des Erfahrenen hin, ist dann aber aus seiner Nähe zur »Eu-Daimonia« zu deuten. Es geht um einen »guten Dämon«, um eine lebensschützende Macht in ihrer wegweisenden Einwirkung, die zugleich als »etwas Göttliches« erlebt wird. Göttliche Einwirkung, nicht nur die Äußerung eines abstrakten Sittengesetzes, macht Platon also geltend. Bei ihm liegen religiöse und ethische Bindungen noch eng beieinander. Weiterhin erfährt Sokrates die »Stimme« als *Weisung zu ganz konkreten Fragen oder Situationskonflikten*. Sollte er ein öffentliches Amt annehmen oder nicht, in größerer Öffentlichkeit wirksam werden oder nur von Mensch zu Mensch? Bei anderer Gelegenheit macht sich sein »Daimonion« mitten im Satz einer Rede bemerkbar und hält ihn auf[82]. Vor allem glaubt er, ihm bei seiner Entscheidung folgen zu sollen, ob ihm Flucht oder Ausharren im Gefängnis mit der Annahme der Urteilsvollstreckung geboten sei. Die Wahrnehmung des Guten bleibt nach Platon also nicht auf das Innewerden seines

»Eidos« (Idee) beschränkt, macht sich also nicht nur als allgemeine Vorstellung oder als Gesinnung des Guten und Gerechten geltend. Im »Daimonion« wird sein Zuspruch konkret, erweist seine Orientierungskraft im Hier und Jetzt, angesichts dieser oder jener Entscheidungsalternative.

Aber – und das ist das letzte Lehrelement in unserem Text – die Stimme läßt sich nur »abmahnend«, warnend, zurückweisend vernehmen. Sie hielt Sokrates zurück, wenn er im Begriff war, das Rechte zu verfehlen[83], zeigte ihm aber nicht direkt an, was er positiv zu tun hätte. Das überließ sie somit seiner eigenen rational voranzutreibenden Suche. Platon wollte also offenbar weder die Eigeninitiative des Handelnden noch die Vielfalt und Freiheit der Handlungsmöglichkeiten durch das innere »Daimonion« aufgehoben wissen. Zugleich ging es ihm aber darum, auch zu zeigen, daß der einzelne gegenüber der unendlichen Vielzahl der Lebenssituationen nicht der totalen Orientierungslosigkeit ausgeliefert sei. Freilich schränkte er auch hier ein. In seiner Sicht ist es uns leichter, deutlich zu erkennen, wenn wir die Grenzen zum Unrecht überschreiten und unsere moralische Identität aufs Spiel setzen, als inhaltlich genau auszumachen, was wir positiv tun sollen.

Man mag sich heute fragen, ob es noch sinnvoll ist, über eine innere Weisungsstimme so oder ähnlich zu reden, wo es Auschwitz und den anderen Wahnsinn der politischen Verbrechen in unserer Geschichte gibt. Bis zur Stunde begehen ideologische Gesinnungstäter ebenso wie gesinnungslose Schergen Verbrechen gegen die Menschheit und suchen ihre Taten auch noch zu rechtfertigen. Dennoch kann das, was der platonische Sokrates hier von seinem »Daimonion« sagt, bis zur Stunde von unserer Rede über Existenz und Zuverlässigkeit des Gewissens gelten. Platon ist weit davon entfernt, das »Daimonion« als eine nachweisbare Tatsache bei allen Zeitgenossen darzustellen. Im Gegenteil, er hebt hervor, daß viele andere – hier Meletos als deren Repräsentant – sich darüber bei Sokrates lustig machten. Er läßt die »innere Stimme« nur im Selbstzeugnis des sittlich suchenden Menschen – hier Sokrates als dessen Beispiel – aufgrund seiner Icherfahrung in Erscheinung treten. Die Weisungserfahrung durch die »innere Stimme« wird also nicht als psychologisch oder soziologisch nachweisbare Tatsache bei allen behauptet. Dagegen wären unzählige andere Tatsachen geltend zu machen. Ethische Vergewisserung des sittlich Suchenden wird vielmehr als von ihm erfahrene Möglichkeit dargestellt, geradezu kontrafaktisch gegen die Auskunft reiner Tatsachen oder verbreiteter Meinungen.

Auch die anderen erörterten Theorieelemente platonischer Erkennenslehre in ihrem Bezug zu Anthropologie und Ethik sind durch die Jahrhunderte vielfach diskutiert und in Frage gestellt worden. Die Ideenlehre griff Aristoteles, sein größter »Schüler«, bereits an[84]. Der platonische »Idealismus« mit seinem utopischen Charakter, der nicht zuletzt in der Staatstheorie Ausdruck gefunden hatte, rief in der Geschichte immer wieder Widerspruch hervor. Aber er gab vielleicht noch mehr Impulse des denkerischen und praktischen Aufbruchs. Platons Bestimmung des gerechten Lebens als eines guten und glücklich machenden Lebens wurde spätestens seit Kant des Eudaimonismus bezichtigt. Sein Aufruf, von der Welt des sinnlichen Scheines (der »Phainomena«) zu der des nur geistig erkennbaren Seins als dem eigentlichen Grund von Wirklichkeit zu gelangen, hat ihm den Vorwurf einer dualistischen Welt- und Menschensicht eingebracht, die der Leibhaftigkeit unserer Existenz nicht gerecht zu werden vermochte. Diese Themen können hier nur angesprochen, nicht aber eingehender behandelt werden, besonders auch nicht hinsichtlich dessen, was Platon selbst in den Fragen an Lehrentwicklungen durchgemacht, was auf ihn selbst oder auf seine Schule bzw. auf die Wirkungsgeschichte des Platonismus zurückzuführen ist.

Wir können auch den Einwand gegen den von Platon vermittelten »sokratischen

Intellektualismus« nur noch kurz berühren. Sokrates war deshalb so sehr auf die Erkennensvermittlung des wahrhaft Guten bedacht, weil er überzeugt war, niemand würde schlecht handeln, wenn er das Gute nur wahrhaft erkannt hätte. Denn wer würde freiwillig sich selbst Schlechtes zufügen, wer sich absichtlich schädigen wollen? Tugend sei also wie alle Erkenntnis lehrbar[85]. Dies hat bereits Aristoteles als Charakteristikum sokratischer Ethik bezeichnet und als unzureichende Bestimmung zurückgewiesen. Aber er machte ebenfalls auf das Beachtenswerte im sokratischen Ansatz aufmerksam: »Daher identifizieren manche sittliche Trefflichkeit und sittliche Einsicht, und so war Sokrates einesteils auf der richtigen Spur, andernteils irrte er. Indem er meinte, daß sittliche Trefflichkeit gleich sittlicher Einsicht sei, irrte er. Aber daß sie ohne sittliche Einsicht nicht denkbar sei, war richtig«[86]. Damit wurde die Bedeutung von Aufklärung und Erkenntniserweiterung für alle sittliche Erziehung ein für alle Mal artikuliert.

1.4.5 Tugend- und Staatslehre

Die Bedeutung, die Sokrates und Platon dem rechten Erkennen für das gute Leben zuschrieben, darf nicht die Zielrichtung ihrer Theoriebemühung verdecken. Es ging ihnen nie allein um Theorie, sondern zugleich um die Verwirklichung des Erkannten im guten Leben, und zwar sowohl für den einzelnen als auch für ihr Gemeinwesen. Platons Bemühungen zur Sicherstellung der erkenntnistheoretischen und definitorischen Grundlagen sind somit praxisorientiert[87]. Sie gelten letztlich der praktischen Ethik und Politik. Der Niedergang der Sitten durch den Peloponnesischen Krieg (431–404) und die damit einhergehende Gefährdung der politischen Kultur drängten ihn dazu. Seine Reisen nach Sizilien und Unteritalien bezeugen seine Hoffnung auf politische Praxisgestaltung durch die philosophische Theorie. Vor allem aber gibt seine Tugendlehre und die enge Verflechtung, die er zwischen ihr und seiner Staatslehre vornimmt, davon Zeugnis.

Freilich ist Behutsamkeit bei der Verwendung unseres Begriffes von »Tugend« – griechisch »Arete« – erforderlich. Einerseits besetzen wir dieses Wort inzwischen mit verschiedenen abwertenden Inhalten[88]. Sie fehlen bei Platon ganz. Die Fülle seines sittlichen Arete-Begriffs beruht geradezu darin, daß er ihn in der »Arete« jeden Dinges verankert. Diese meint einfach die Kraft und treffliche Verfassung eines jeden Wirkenden, das ihm Naturgemäße gut verwirklichen zu können: zum Beispiel die »Arete« des Auges, des Ohres, eines Pferdes. Der aristotelische Entelechie-Gedanke ist hier bereits angelegt. Dieses Verständnis überträgt Platon auf die Verfassung des Menschen: »Eine Seele herrscht und waltet ohne ihre Trefflichkeit (Arete) notwendig schlecht, mit ihrer Trefflichkeit macht sie alles wohl/gut«[89]. Daraus folgt als nächstes, daß »die Gerechtigkeit eine Kraft der Seele ist, ein Übel aber die Ungerechtigkeit«. Denn »die gerechte Seele und der gerechte Mensch führen ein gutes/gedeihliches Leben, ein übles dagegen der ungerechte«[90]. Der Moralismus, der hinter unserem Tugendbegriff steht, hat uns die Einordnung von Sittlichkeit in ein umfassendes Lebensverständnis zwar verbaut. Andererseits wirkt in Platons Arete-Begriff noch jene Unschärfe weiter, die bei Homer in der Wortverwendung von »agathos« (gut) zu finden war[91]. Sie schwingt ebenso voll im Wort εὖ – »eu« mit seinen Wortkombinationen »eu prattein« (gut handeln), »eu zen« (gut leben), »eudaimonia« (Glück/Wohlergehen) etc. – mit. »Eu« meint in ungeschiedener Komplexität sowohl sittlich-gut als auch existentiell-gedeihlich[92]. Es besteht kaum ein Zweifel, daß Platon – und auch Aristoteles – auf eben diese Komplexität des Tugend- und Sittlichkeitsverständnisses gezielt verweisen wollten. Gleichzeitig aber ließ die Vieldeutigkeit Platon noch nicht zu einer hinreichend scharfen Begrifflichkeit von Ethik kommen. Es ist nicht zufällig, daß ihm das Wort dafür, also auch die begriffliche Bestimmungsmöglichkeit der »Arete« als »Arete *ethike*«, noch fehlt. Seine Theorievoraussetzungen erlauben daher letztlich auch noch nicht, bei ihm von ethischer Sprache im spezifischen Sinn oder von Ethik als eigener Wissenschaft zu sprechen[93].

Ob in der Entwicklung von Platon zu Aristoteles mehr eine evolutionäre Kontinuität oder eine revolutionäre Diskontinuität gesehen werden muß, hängt von dem Stellenwert ab, den man den Neuansätzen des Aristoteles vor allem in der Erkenntnistheorie und damit in der Neubegründung der Metaphysik sowie in der Entdeckung der Ethik als eigener Disziplin aufgrund einer neuen ethischen Sichtweise zuspricht. Denn zugleich ist zu bedenken, daß Aristoteles in zahlreichen Bausteinen seiner Anthropologie, seiner Politik und Ethik maßgeblich auf Platon fußt.

Dennoch, Platon hat im Anschluß an Sokrates die Sprache von den »Aretai«, die den Menschen gerecht machen und die zugleich allein ein gerechtes Staatswesen begründen, so sehr entfaltet, daß man ihn wohl den Begründer der Tugendlehre nennen muß. Dabei kommt der δικαιοσύνη (Dikaiosyne), der Gerechtigkeit, die größte Bedeutung zu[94]. Sie umfaßt nicht nur unser ganzes privates und öffentliches Leben, sondern ermöglicht erst allen anderen Tugenden, sich zu bilden[95]. Sie bewirkt, daß alle im Staat das erhalten und tun, was ihnen aufgrund ihres Standes zukommt; und sie tut das gleiche in der Seele in der Berücksichtigung ihrer »Teile«. So gäbe es für alle eine geordnete Entfaltung, für keinen dagegen Unterdrückung oder Verdrängung. Die Frucht der Gerechtigkeit ist Eintracht und Frieden im Staat, ist innere Einheit und Harmonie in der Seele; die Folge der Ungerechtigkeit dagegen Hader, Übervorteilungen und Feindseligkeiten im Staat, innere Zerrissenheit, Mangel an innerer Einmütigkeit und an Wohlbefinden (Eudaimonia) in der Seele.

Anthropologische Voraussetzung hierfür ist, daß es in uns einen Bereich (»meros« – Teil) gibt, durch den wir erkennen und urteilen können: den νοῦς (Nous) oder das λογίστικόν (Logistikón), die Vernunft. Ihm obliegt es kraft seiner Natur, zu lenken, zu ordnen und zu bestimmen. Und es gibt andere Bereiche, denen dies aus sich heraus nicht zukommt, die vielmehr auf anderes gerichtet sind: τὸ θυμοειδές (Thymoeides), das Mutartige, das die Selbstbehauptung in Angriff und Verteidigung zu sichern hat; und τὸ ἐπιθυμητικόν (Epithymetikon), das Begehrende, das sich in den elementaren Bedürfnissen nach Nahrung, Kleidung, Fortpflanzung usf. geltend macht. Diese letzteren Seelenbereiche müssen ihrerseits bekommen und tun dürfen, was ihnen entspricht, dürfen sich aber nicht anmaßen, die anderen Teile übervorteilen oder das Ganze leiten und bestimmen zu wollen. Das letztere ist Sache des Vernünftigen. »Gerechtigkeit ist das, daß jeder das Seine tue und sich nicht überall zu schaffen mache«[96].

Entsprechendes gilt für den Staat. Denn »unser Bedürfnis ist offenbar die Ursache seiner Entstehung« ... »weil kein Mensch sich selber genug ist; wir alle haben einander nötig«[97]. »Das erste und stärkste Bedürfnis ist die Beschaffung von Nahrungsmitteln, damit man leben und bestehen kann..., das zweite die Herstellung einer Wohnung, das dritte die der Kleider und ähnlicher Dinge«[98]. Für all das hat sich der auf Erwerb gerichtete Stand der Ackerbauern, Handwerker und Kaufleute entwickelt. Denn niemand kann in allem und zugleich das Beste leisten. Es bedarf der Arbeitsteilung und des Austausches der Arbeitsfrüchte. Dieser Stand nimmt das wahr, worauf sich in der Einzelseele der »begehrende« Teil richtet. Das »Mutartige« aber hat im Stand der »Wächter« oder »Krieger« seinen Ausdruck gefunden. Denn der Kampf um das eigene Lebensrecht ist gegen böswillige Aggressoren unerläßlich, gleichzeitig aber auch gerechtfertigt. Beide Stände jedoch müssen sich von dem dritten leiten und bestimmen lassen, nämlich von dem der Politiker als der Regierenden. In ihnen muß in hervorragendem Maß die Vernunft zur Reife der *Weisheit (Sophia)* gelangen, zugleich aber auch die *Gerechtigkeit* zur Geltung kommen. Denn sie haben für gerechte Beziehung aller untereinander und die gerechte Sicherung des Staatswesens nach außen einzustehen. Eigentlich müßten die Staaten daher von Philosophenkönigen geführt werden, da nur sie dieser umfassenden Aufgabe gewachsen wären. Platon vertritt das auch – oder gerade? – angesichts seiner entgegenstehenden Realitätserfahrung[98a].

Die Tugend (Arete), die die Wächter in hervorragender Weise ausbilden müssen, ist die ἀνδρεία (Andreia), *die Tapferkeit*. Sie besteht keineswegs nur in besonders durchsetzungsfähiger Aggressivität, sondern in der recht zum Einsatz gelangenden Angriffs- und Durchhaltekraft. Die Wächter müssen deshalb vorzugsweise gebildet werden, damit sie nur für das eintreten, was dem Recht und der rechten Auffassung über das entspricht, was wirklich zu fürchten ist und was nicht zu fürchten ist. Sie dürfen sich davon weder durch Angst noch durch Lustantriebe oder irgendetwas anderes abbringen lassen, auch wenn es sich um noch so radikal wirkende Affekte handelt[99]. »Tapfer heißt also ein Mensch, wenn dieser Teil der Seele, das Mutartige (Thymoeides), in Leid und in Lust an dem Begriff festhält, den ihm die Vernunft von den Dingen gibt, die zu fürchten und die nicht zu fürchten sind«[100].

Die σωφροσύνη (Sophrosyne), *die Besonnenheit*, ist die vierte grundlegende Trefflichkeit, durch die der einzelne und der Staat zu einem guten und gedeihlichen Leben gelangen. Platon konnte bei ihr besonders an frühes Erfahrungsgut im Griechentum anknüpfen[101]. Sie wird keinem einzelnen Stand oder Seelenbereich spezieller zugeordnet, sie muß in allen gleichermaßen wirken und sie einander zuordnen. Denn alle müssen dazu bereit und fähig sein, daß unter ihnen Vernunft herrscht und nicht einfach willkürliche Aggression und begierliche Leidenschaft alles regieren. »Besonnen heißt der Mensch, wenn die drei Teile Freunde und einmütig sind, wenn der herrschende Teil mit dem beherrschten eines Sinnes darin ist, daß die Vernunft herrschen muß; wenn sie sich also nicht gegen sie auflehnen«. Das gilt »ebenso beim Staat wie beim einzelnen Menschen«[102].

Damit ist die Tugendethik in ihrer Grundstruktur zugleich als Entwurf einer politischen Theorie erstmals zusammenhängend entworfen. Das Paradigma sollte zwar noch einige Abwandlungen – etwa durch Aristoteles oder durch die Stoa – erfahren, im ganzen aber über fast zweitausend Jahre in unserem Kulturraum bestimmend bleiben[103]. Durch das Buch Weisheit (8,7) gerät es in den Kreis der biblischen Schriften, was seine Rezeption im Bereich des frühen und mittelalterlichen Christentums förderte. Ambrosius von Mailand war es wohl erstmals, der die vier Haupttugenden dann *Kardinal*tugenden nannte[104]. Dabei beschränkte sich bereits Platon keinesfalls auf diese vier. Ausführliche Untersuchungen von ihm galten zum Beispiel der Frömmigkeit (im Dialog Euthyphron) und der Freundschaft (im Dialog Lysis). Später sollte es zu erheblich erweiterten Erhebungen kommen, die in ganzen Tugendkatalogen mündeten. Man wollte damit die Vielfalt der charakterlichen positiven Eigenschaften der Menschen näher in den Blick bringen, auch wenn es dabei bisweilen zu einer gewissen Einteilungsakrobatik kam. Platon zielte mehr auf die Grundhaltungen und ihre Verwirklichung ab. Denn wo zum Beispiel die Gerechtigkeit walte, werde sowohl beim einzelnen wie beim Staat Ehrlichkeit herrschen. Ebenso verbiete der Gerechtigkeitssinn Tempelraub und Diebstahl, Freundes- oder Landesverrat, gebiete Ehrfurcht vor den Eltern und Göttern wie die Einlösung von Versprechen, die Treue der Ehegatten und ähnliches[105]. Platons Theorie enthält damit nicht nur eine Reihe von Regeln der materialen Ethik, sondern hat auch Elemente der früheren Sippen- und Stammesethik bewahrt, die nach kritischer Reduktion als bewahrungswürdig angesehen wurden.

Man kann der Tugendethik daher auch nicht grundsätzlich den Vorwurf machen, die materialen ethischen Imperative zugunsten einer formalen Strukturethik aufgelöst zu haben. Der Mißbrauch tugendethischer Muster, der etwa im Aufforderungssatz der nationalsozialistischen Waffen-SS »meine Ehre heißt Treue« zur völligen Zerstörung von Humanität oder Ethik geführt hat, diskreditiert nicht das positive Potential dieses Paradigmas. Seine kritische Grenze erwächst ihm aus anderen Zusammenhängen als aus denen seines Mißverständnisses oder seiner Perversion. Das Ethos, das Platon in der Klarheit, Höhe und Vielfalt seiner Reflexion zur Sprache gebracht hat, macht die Bewunderung von A. N. Whitehead verständlich. Die weitere europäische Philosophie, so äußerte er, bestehe eigentlich nur »aus einer Reihe von Fußnoten zu Platon«[106].

Die Tugendethik war deshalb paradigmatisch zur Ausbildung in der Geschichte der Ethik gekommen, weil sich im damaligen griechischen Kulturraum eine besondere Fähigkeit zur Theorienbildung entwickelt hatte. Der damit gegebene Drang zum Erkennen verband sich mit einem besonderen Interesse am Menschen und dem menschlichen Zusammenleben. Die »Paideia« wurde thematisiert[106a]. Die Suche danach, was den Menschen eigentlich zum Menschen mache und ihn zur Fülle seiner Möglichkeiten führen könne, bildete eine maßgebliche inspiratorische Kraft dieser hellenistischen Epoche. Darüber hinaus läßt sich nicht übersehen, daß die Arete-Lehre den sozio-ökonomischen und -politischen Entwicklungen im damaligen Hellas in besonderer Weise korrespondierte. Sie wurde geradezu von der Lebenskultur der »Polis« gefordert. Denn sie entsprach als ethisches Paradigma jenem Menschen, den diese Kultur zu ihrer Entfaltung und zur Sicherung ihrer Kontinuität verlangte: dem »Polites«, dem »freien Bürger« in der Verbundenheit seines »städtischen« Gemeinwesens[106b].

I.2 Die Entfaltung des hellenistischen Ethik-Paradigmas durch Aristoteles

Stephan H. Pfürtner

2.1 Aristoteles' Lebensweg und -werk[107]

Ähnlich wie bei Platon besitzen wir auch für Aristoteles nur sehr spärliche authentische Informationen zu seiner *Lebensgeschichte*. Er wurde 384 v. Chr. in Stagira (Starro), einer kleineren Stadt in Thrakien, geboren. Sein Vater Nikomachos, der einem alten Arztgeschlecht entstammte, war Leibarzt von Amyntas II., dem König von Makedonien. Nach dem frühen Tod der Eltern übernahm Proxenos, ein Verwandter, seine Erziehung, der ihn schon mit 17 Jahren (367) nach Athen, den geistigen Mittelpunkt der damaligen Welt, schickte, und zwar an die neu gegründete Akademie. Platon, gut vierzig Jahre älter, erhielt damit seinen größten Schüler, der in seiner unmittelbaren Nähe innerhalb des dortigen Lehrgeschehens über zwanzig Jahre hinweg bis zum Tode des »Meisters« 347 v. Chr. verweilte. Warum nicht Aristoteles, sondern Seusipp (405–334 v. Chr.) danach die Leitung der Akademie übernahm, ist ungeklärt. Waren es Richtungskämpfe innerhalb der Akademie, die den ersteren unterlegen sein ließen, weil er Platon nicht einfach wiederholte, sondern in kritischer Auseinandersetzung weiterentwickelte? Waren es politische Umstände, die ihn zum Auszug nötigten, etwa daß er nicht Bürger Athens, sondern Metöke war, oder daß Seusipp, gut zwanzig Jahre älter als er, den »Platonismus« orthodoxer vertrat und zugleich Neffe und Erbe Platons war? Oder galt er damals schon den Athenern als politisches Risiko, da er Freund der die Unabhängigkeit der griechischen Stadtstaaten bedrohenden Makedonier war? Die Vermutung von seinem Bruch mit der Akademie gehört zu den inzwischen widerlegten Hypothesen. Gleichwohl verließ Aristoteles nach Platons Tod zusammen mit anderen Mitgliedern der Akademie die Stadt. Für ihn begann nun nach der zurückliegenden Zeit äußerer Stetigkeit eine zwölfjährige Wanderschaft.

Zunächst begab er sich zu Hermeias, dem Herrscher von Assos und Freund aus gemeinsamer Zeit in Athen. Dort traf er auf Theophrast von Eresos, der als sein Schüler und später als sein Nachfolger in der Leitung des Lykeions für die Erhaltung und Verbreitung seiner Lehre große Bedeutung erhalten sollte. Er heiratete Pythias, die Adoptivtochter von Hermeias; sie bekamen eine Tochter, ebenfalls Pythias genannt; später hatte er mit seiner zweiten Frau Herphyllis einen Sohn, Nikomachos. Schon 345 verließ Aristoteles Assos – Hermeias war gestorben –, ging mit Theophrast auf die Insel Lesbos und übernahm 343/42 die Erziehung des damals dreizehnjährigen Alexander am Hof des Makedonierkönigs Philipp. Obwohl er einen der größten Staatsmänner jener Epoche in den wichtigsten Jahren seiner Entwicklung begleitete, finden wir von diesem keine Erwähnung in seinem Werk. Als Alexander seine Asienfeldzüge vorbereitete, kehrte Aristoteles – 335 – nach Athen zurück.

Eine letzte etwa zwölfjährige Phase begann. Sie ist geprägt durch seine Lehrtätigkeit am Lykeion (Lyceum), einer von ihm selbst gegründeten und geleiteten Schule. Von den Diskussions- und Wandelhallen nannte man die Einrichtung auch »Peripatos«, seine Anhänger »Peripatetiker«. Platon war Athener und deshalb in dieser Stadt zuhause. Aristoteles ist in ihr nie recht heimisch geworden. Als Metöke durfte er für seine Schule keine Liegenschaften erwerben. Zu seinen Lebzeiten fand er nicht die überragende Anerkennung wie Platon, sondern galt mehr oder weniger als einer unter anderen ausländischen Philosophen. Deshalb wurden seine Schriften oder die Nachschriften seiner Lehrvorträge auch weniger sorgfältig bewahrt, wohl mit ein Grund dafür, daß uns nur etwa ein Viertel seines gesamten Werkes erhalten ist. Nach dem Tode Alexanders geriet er im Zuge makedonien-feindlicher Bewegungen in Athen unter politischen Verdacht. Er wurde – wie Sokrates – der Gottlosigkeit angeklagt –, verließ aber – anders als jener – die Stadt, um – wie er dabei geäußert haben soll – zu verhindern, daß die Athener sich ein zweites Mal an einem Philosophen vergingen. Er zog nach Chalkis auf Euböa. Dort starb er wenig später mit 62 Jahren.

Die Schriften des Aristoteles sind in ihrer Redaktionsgeschichte sehr vielschichtig und haben unter den Philologen daher zahlreiche Diskussionen ausgelöst. Denn einige stammen von ihm selbst, andere sind von ihm redigierte Nachschriften seiner Lehrvorträge und andere schließlich nur auf seine Lehrvorträge zurückgehende Darstellungen seiner Schüler. Weiterhin ist vielfach unsicher, ob einzelne Werke in ihren Teilen richtig zusammengestellt oder aus anderen (möglicherweise verlorengegangenen) Schriften stammen. Die Zusammenstellung seiner Werke in der uns überlieferten Anordnung geht nämlich weder auf Aristoteles selbst noch auf seine direkten Schüler oder zeitgenössische Anhänger, sondern auf Andronikos von Rhodos, den elften Leiter der aristotelischen Schule zurück. Er veranstaltete in Rom um 50 n. Chr. im Zuge einer Aristoteles-Renaissance die erste sorgfältigere Herausgabe der Werke. Er konnte sich zwar auf nach Rom gelangte Originalmanuskripte sowie auf einige Abschriften aus Rhodos und Kleinasien stützen, war aber über drei Jahrhunderte von seinem Autor entfernt. Seiner Strukturierung des »Corpus Aristotelicum« folgte in ihren Grundzügen auch noch Immanuel Becker, der Herausgeber der kritischen Gesamtausgabe, nach der inzwischen zitiert wird[108].

Andronikos hatte nach einem gedanklich durchsichtigen Strukturplan eingeteilt:

1. Die Schriften zur (Sprach-)Logik und Wissenschaftstheorie, auch das ›Organon‹ (= Instrument, Werkzeug für jede Wissenschaft) genannt; 2. Die Schriften zu den Naturdingen und -vorgängen: die »Naturphilosophie«, in der von der »Physik« und Meteorologie bis zur »Geschichte der Tiere« und Psychologie die Rede ist; 3. Die »Metaphysik«, die jene Inhalte erörtert, die »nach – meta – der Physik«, also jenseits von ihr kommen; sie wird auch »Erste Philosophie« genannt, weil in ihr das allen Dingen zugrundeliegende Sein und seine Erstursache erörtert, also Ontologie und philosophische Theologie betrieben wird; 4. Die Schriften zur Ethik und Politik, zur Rhetorik und Poetik: Die »praktische Philosophie«. Da das ganze Einteilungsschema nicht von Aristoteles stammt, ist darin auch nicht dessen authentische Ordnungssicht wiedergegeben. Immerhin, die inhaltliche Nähe der Ethik zu den anderen Gebieten der praktischen Philosophie kann im Sinne des Aristoteles nicht außer acht gelassen werden, ebenso nicht die enge Verzahnung mit seiner Psychologie[109].

Für uns werden die drei direkt ethischen Schriften von herausragender Bedeutung sein. Als Hauptwerk von ihnen, das zugleich die ausgereifte Sicht des Aristoteles wiedergibt, gilt die »Nikomachische Ethik«. Die »Eudemische Ethik« stellt eine Arbeit aus seinen jüngeren Jahren dar. Sie weist noch weniger die eigene Lehrentwicklung gegenüber Platon auf[110]. Das dritte Werk zur Ethik, die »Große Ethik« (Ethikā megala, Magna Moralia), geht auf ihn zurück, ist jedoch nicht von ihm selbst geschrieben. Ich werde weitgehend die Nikomachische Ethik zugrunde legen, da die folgende Untersuchung kaum auf die persönliche Lehrentwicklung von Aristoteles eingehen kann. Wer an dieser interessiert ist, sollte zu den Arbeiten von Werner Jaeger[111] greifen.

Inzwischen hat die Forschung Aristoteles in seinem unverwechselbaren Profil und seinem überragenden philosophischen Genius neu hervortreten lassen. Er kann als Initiator unserer europäischen Wissenschaftsentwicklung bezeichnet werden. Denn er hat als erster paradigmatisch die Wissenschaftseinteilung von den jeweiligen Wissensgebieten oder Objektfeldern her vorgenomen, auch wenn er dabei auf Anregungen von Platon zurückgreifen konnte. Er hat verlangt, die Ursachenforschung und Wissensqualität von den jeweiligen Forschungsbereichen oder -objekten her methodisch zu entwikkeln. Er hat demgemäß die begriffliche Prägnanz der Sprache als Grundthema aller wissenschaftlichen Genauigkeit thematisiert; und hat – im Gegenzug zu Platon – die von sinnlicher Wahrnehmung ausgehende Realitätserfahrung als unerläßliche Erkenntnisquelle für alle Natur- und Praxiswissenschaften sichergestellt, ohne dabei einem vordergründigen Empirismus zu verfallen.

Diese Leistungen treten nicht zuletzt in seinen ethischen Schriften deutlich zutage. Unsere Sprachgeschichte verdankt seiner philosophischen Intuition nicht nur den Grundbegriff »Ethik«[112]. Aus dem neu erkannten Bedeutungsinhalt von »Ethos«, der erst diese Wortprägung im ethischen Sinn ermöglichte, füllte er zahlreiche, ihm aus der philosophischen Tradition oder auch einfach aus der Umgangssprache überkommene Begriffe mit neuen Bedeutungsinhalten. Gleichzeitig ermöglichten die so »be-deuteten« Begriffe ihm, sein Paradigma von Ethik entsprechend auszulegen. Das läßt sich an Worten, wie etwa »Eudaimonia« (Glück), »Arete« (Tugend), »Phronesis« (Vernunft), »Mesotes« (Mitte/Maß), »Prohairesis« (freie Wahl/freier Wille) u. a., aufweisen. Sie sind durch ihn zu tragenden Begriffen unserer ethischen Sprachgeschichte geworden.

Dabei griff Aristoteles in einem außerordentlichen Maß auf das Bildungsgut seiner Zeit zurück und verwandte daraus zutage geförderte Erkenntnisse. Man hat ihn deshalb gelegentlich als »Sammelbecken« der damaligen Tradition bezeichnet. Aber er ist alles andere als ein enzyklopädischer Kompilator seiner Wissenschaftsepoche. Den Informationsstand, der ihn als hervorragenden Kenner nicht nur der Philosophie, sondern auch der Dichtkunst, der damaligen Naturwissenschaften, zumal der Medizin und der Mathematik, ausweist, verbindet er mit einer souveränen Fähigkeit zur Analyse und eigener dynamisch vorandrängender Theorienbildung. Insofern ist er der erste große Systematiker, der exemplarisch kraft seines theoretischen Instrumentariums aus der Fülle der überkommenen Materialien einzelne Bausteine auszuwählen und sie im Sinn seines theoretischen Grundkonzepts umzuarbeiten vermochte. Man zielt an ihm mit der Kennzeichnung des »Systematikers« jedoch gründlich vorbei, wenn man darunter einen Denker versteht, dem es zuerst und zuoberst um begriffliche Geschlossenheit und damit um sein Denk- oder Wissenschaftssystem geht. Ganz abgesehen davon, daß er den Systembegriff (»systema«) kaum verwendet, läßt sich bei ihm selbst kein äußerer Systembau seiner Werke nachweisen, läßt er oft – auch grundlegende – Begriffe ganz unsystematisch offen und bringt immer wieder Situationserfahrungen zur Bestimmung eines Problemzusammenhanges ein, die sich gegen eine vorschnelle Systematisierung gründlich sperren[113].

Er ist viel mehr ein offener Denker, als der spätere Aristotelismus mit seiner Neigung zur Systematisierung es vermuten läßt. Denn wissenschaftliches Denken muß sich in seinem Sinn von der Realitätswahrnehmung und ihrer nie abschließbaren Erfahrung immer neu bestimmen lassen. In seiner Sprache lautet es noch ursprünglicher: Ohne »Aisthesis«, ohne sinnliche Wahrnehmung, ist keine Wissenschaft möglich[114]. Also hat auch alle Wissenschaft dem offenen Prozeß unserer »Aisthesis« und den aus ihr erwachsenden Erfahrungen zu folgen.

2.2 Die Entdeckung der Ethik als Wissenschaft

Gleich zu Beginn der Nikomachischen Ethik stellte Aristoteles sich dem inhaltlichen und methodischen Fundamentalproblem. Es hing mit einer scheinbar äußerlichen oder didaktischen Frage zusammen: War es überhaupt sinnvoll, eine eigene Untersuchung über ethische Inhalte vorzunehmen? Platon hatte diese im ganzen seiner Philosophie behandelt, kannte also keine organisatorische Aufteilung in Wissenschaftsgebiete, wie er ja auch den Begriff von Ethik noch nicht hatte. Die Antwort mußte wesentlich davon abhängen, ob es überhaupt so etwas wie einen eigenen Gegenstandsbereich für Ethik gäbe. Hätte sie keine ihr eigentümlichen Untersuchungsinhalte, brauchte man keine Ethik als spezifische Reflexionsbemühung oder gesondertes Wissenschaftsgebiet. Dann würde es reichen, Politik, Psychologie, »Naturwissenschaften« oder Philosophie im allgemeinen zu betreiben. Hinter dem formal-methodischen Problem verbarg sich eine entscheidende Sachfrage: Konnte es überhaupt »Episteme« – »Wissenschaft« über Ethisches – geben? Alle Sprache darüber mußte ins Leere zielen, wenn es Ethik als inhaltlichen Zusammenhang und somit als menschlichen Wirklichkeitsbezug gar nicht gab. Daher galt es für Aristoteles zuerst und zuoberst festzustellen, *daß* es Ethisches überhaupt gibt. Weitere Erkennens- und Begründungsfragen waren dann zweitrangig[115].

Die Problemstellung war für Aristoteles wie für Sokrates und Platon inhaltlich durch die sophistische Skepsis gegeben. Sie hat an Aktualität bis auf den heutigen Tag nichts eingebüßt. Sie taucht im »Werturteilsstreit«, von Max Weber provoziert[116], oder im »Positivismusstreit« der Soziologie[117] in neuer Form wieder auf. Der jüngere Wittgenstein schränkte die Möglichkeit sinnvoller Sätze – und damit jeder Wissenschaft – auf die Naturwissenschaften ein und lehnte sie ausdrücklich für die Ethik ab[118]. In der sprachanalytischen Ethik wurde von verschiedenen Vertretern die sittlich völlig neutrale Metaethik gefordert, da jede normative Sprache dem Wissenschaftscharakter der Ethik widerspreche[118a]. Für den Rechtstheoretiker Theodor Geiger sind »gut« und »schlecht« imaginäre Begriffe, die einer mythischen Vorstellungswelt angehören. Bei näherer rationaler Analyse würden sie sich ins Nichts auflösen. Das allein greifbare Regulierungssystem menschlichen Verhaltens läge im positiven Recht[119]. Niklas Luhmann schlägt vor, nach einer moralfreien Moral zu suchen und die Frage nach der Moralität im gesellschaftlichen Ganzen durch die Prüfung der Funktionsleistung der je geltenden Moral für die Gesellschaft abzulösen. Die gesamte humanistische Tradition habe ihre Unfähigkeit zum Nachweis erhobener moralischer Wahrheitsansprüche erwiesen[120].

Zum Erweis dafür, daß es das Ethische gibt, dieses also für die Menschen eine Lebenswirklichkeit ausmacht, beruft Aristoteles sich zunächst auf Erfahrungs- und Sprachbefunde. Besonders denjenigen, die eine gesittete Lebensprägung gewonnen haben, wäre leicht zugänglich, worum es in der Ethik geht. »Ein Mensch mit sittlicher Grundhaltung kennt entweder schon Grundgegebenheiten (der Ethik, d. Ref.), oder er kann sie sich leicht geistig aneignen«[121]. Aber nicht nur er, jeder hat einen Zugang zu grundlegenden Befunden. Warum benutzen wir alle denn überhaupt die unterscheidenden Worte von »gut« und »schlecht«? Wir wollen doch damit etwas für uns Bedeutsames bezeichnen. Es ist offenkundig: Ob wir in irgendeiner Weise praktisch tätig sind oder geistig etwas erforschen, ob wir wählen oder handeln, alles steht für uns im Zeichen des Erstrebenswerten. Das Erstrebenswerte aber nennen wir das Gute: »Daher die richtige Bestimmung von ›Gut‹ als das, zu dem alles strebt«[122].

Damit ist natürlich noch nicht das sittlich Gute in den Blick gebracht. Denn was erstreben die Lebewesen, was erstreben wir nicht alles?! Es gilt, nach dem zu suchen, was für den Menschen das wahrhaft Erstrebenswerte ist. Die Erfahrung zeigt wiederum, daß es für uns eine Vielzahl von Wissens- und Tätigkeitsgebieten gibt. Diese haben ihre eigenen Ziele. Gemäß diesen Zielen sprechen wir bei ihnen von »gut« und »schlecht«: Es gibt die Schiffsbau- und die Reitkunst, es gibt die Heil- und die Kriegskunst. Wer die Heilkunst beherrscht, wird ein guter Arzt genannt, wer ein Gemeinwesen wirklich zum Wohlstand führen kann, ein guter Ökonom, wer den Sieg herbeizuführen vermag, ein guter Feldherr. Aber muß der Arzt, der Schiffsingenieur, der Feldherr schon deshalb, weil er sein »Handwerk« gut kann, ein guter Mensch sein? Offenbar doch nicht. Denn sie alle können ihre »Künste« auch schlecht einsetzen. Zum guten Menschen gehört somit noch ein »Mehr« als die gekonnte Bewältigung im »technischen« oder rein intellektuellen Bereich; er muß gut im umfassenderen Sinne sein, also auch einem umfassenderen Lebensziel zugewandt sein.

Mit der Unterscheidung zwischen den Zielen hatte Aristoteles nicht nur eine grundlegende Differenzierung zwischen »gut« und »gut« vorgenommen. Er hatte auch die Suchrichtung nach dem ethisch Guten freigemacht. Dieses war noch nicht mit den intellektuellen oder »technischen« Fertigkeiten als solchen gegeben. Es mußte in dem »Mehr« liegen, wodurch der Mensch befähigt würde, seine Fertigkeiten auch als Mensch und Bürger gut einzusetzen. Wer sich somit von dem umfassenderen Erkenntnis- und Handlungsziel des Guten leiten lassen wollte, durfte sich nicht nur von dem bestimmen lassen, was er technisch oder intelligenzmäßig kann. Wir dürfen also nicht alles, was wir können. Diese Einsicht, in der die Bedeutung von Ethik überhaupt grundgelegt ist, war damit zutage gefördert. In der Differenzierung zwischen den Zielen war zugleich auch die Unterscheidung zwischen »Poiesis« und »Techne« auf der einen und »Praxis« auf der anderen Seite, zwischen der »Arete dianoetike« und der »Arete ethike« (verstandesmäßige und moralische Trefflichkeit) vorbereitet.

Aber hiermit sind wir dem Untersuchungsgang bereits vorausgeeilt. Zunächst galt es für Aristoteles noch, das Fundament für alles weitere abzusichern und festzuhalten, nämlich daß es das »Mehr« der ethischen Orientierung gegenüber den Orientierungszielen der vielen einzelnen Künste und den ihnen zugeordneten Fertigkeiten überhaupt gebe. Zu diesem Zweck erörterte er die Frage: Wozu betreiben wir denn alle Teilziele oder einzelnen Fertigkeiten? Wozu tun wir überhaupt die vielen Dinge in unserem Leben? Bei genauerem Hinsehen läßt sich feststellen: Auf alle Teilziele richten wir uns nicht um ihrer selbst, sondern um eines über ihnen liegenden Zieles willen: Das Sattlerhandwerk richtet sich auf das Reitzeug, das Reitzeug auf die Reitkunst, die Reitkunst – damals – auf das Kriegswesen; das Kriegswesen ist auch nicht Selbstzweck, und so fort[123]. In dieser Zuordnung der einzelnen Teilziele können wir aber nicht immer weiter, ins Unendliche – ins Apeiron –, gehen. Das würde unser Leben – sowohl für uns als einzelne als auch im Staatswesen – der Ziellosigkeit überlassen. (Heute würden wir von Sinnlosigkeit sprechen.) So offen es in diesem Untersuchungsschritt noch ist, worin dieses umfassende Ziel besteht, es muß ein Endziel geben. Offenbar aber ist dieses Endziel das oberste Gut, dem wir – bewußt oder unbewußt – alle Teilziele und -güter zuordnen[124].

Aufschlußreich ist hier bereits die Art und Weise, also die Methode, durch die Aristoteles zu dieser Erkenntnis gelangt. Er artikuliert damit sein neues Verständnis von Wissenschaft. Er geht von den allgemein zugänglichen Erfahrungsbefunden, nämlich den Lebenstätigkeiten im Gemeinwesen und im Einzelleben, aus. Diese analysiert er auf ihre Strukturen und Zuordnungen hin und kommt in logischer Schlußfolgerung unter Anwendung des Ursächlichkeitsprinzips – hier vor allem der Zielursache – zu dem entscheidenden Sachverhalt des »obersten Gutes«. Dieses Gut muß damit auch nicht als solches gesondert »existieren«, wie etwa ein Schiff als Zielobjekt der Schiffsbaukunst oder der Sieg in einer Schlacht als Ziel der Kriegskunst »Tatsache« werden können. Das oberste Ziel wird vielmehr wirksam und als solches wirklich, indem der Mensch es durch seine umgreifende Einsichtsfähigkeit sich »vor-stellt« und auf das »Vor-Gestellte« seine gesamten Einzeltätigkeiten ausrichtet. Ganz anders Platon in seinem Zugang zu dem höchsten Gut! Für ihn war dieses den Menschen als Idee eingegeben, »angeboren«, und besaß auch eine eigene Wesenheit und Existenz. Aristoteles lehnte beides ab. In seinem Verständnis war das keine Wissenschaft und waren die Ergebnisse deshalb auch nicht wirklich begründet[125].

Es ist gegen den aristotelischen Beweisgang geltend gemacht, daß auch er von unbewiesenen Voraussetzungen ausgegangen sei. Woher ist denn erwiesen, daß unser Leben – unsere Geschichte – nicht im »Apeiron«, im schlechthin Unbestimmbaren, mündet? Hat Aristoteles sich hier nicht unausgesprochen vom »horror infiniti«, also vom »Schrecken des Unendlichen«, leiten lassen? Für die Griechen bedeutete das »Apeiron« die endlose Leere, die Grund- und Sinnlosigkeit der Welt und des Lebens[126]. Diesem unsinnigen Horror konnten und wollten sie sich nicht ausliefern. Daß Ethik irgendwie mit Erkenntniskriterien arbeitet, die sie ihrerseits nicht mehr strikt beweisen kann, disqualifiziert sie in den Augen des Aristoteles keineswegs als Wissenschaft. Denn das ist für alle Wissenschaften gegeben. *Gleichwohl verlangt gerade die Anwendung der Vernunft, das »oberste Gut« anzunehmen, um dessentwillen wir allen Teilzielen und -gütern nachgehen. Das Gegenteil zu behaupten, würde die Auslieferung an die Unvernunft und den Unsinn allen Lebens bedeuten.*

Im Hintergrund dieser Denkweise ist die teleologische oder näherhin die entelechiale Naturdeutung des Aristoteles zu suchen. Ein einfaches Beispiel dafür: In der Buchecker ist eine Buche keimhaft angelegt, nicht eine Eiche oder ein Kaninchen, auch nicht ein völlig Unbestimmbares, Gestaltloses. Die Buchecker ist nicht die ausgewachsene Buche, aber sie hat diese doch als »Telos« in sich. »En – telos – echein« – »in sich das Ziel haben« – »Entelechie« nennt Aristoteles daher das Gestaltungsprinzip der Dinge, vor allem der Lebewesen. Mit dieser Wortschöpfung bezeichnete er etwas, was direkt nicht in die sinnlich wahrnehmbare Erscheinung tritt. Es ist vielmehr nur durch seine Wirkungen vernünftigerweise zu erschließen. Gleichwohl trifft dieser Begriff eine Realität. Denn sollte es nicht eine Wirklichkeit sein, wodurch sich eine Buchecker von einer Eichel, ein Hund von einer Katze und schließlich ein Mensch von einem Tier unterscheiden? Die *Natur des Menschen zielt also kraft ihres entelechialen Prinzips auch nicht auf ein Unbestimmbares, Gestaltloses, unendliches Leeres, sondern ebenso wie auf die körperliche Reife auch auf ein gelungenes, erfülltes Menschenleben, offen dem ganzen Menschsein zugeordnet, nicht nur irgendwelchen Teilbereichen und -bedürfnissen.*

Die einzelnen Lebensbedürfnisse und Handlungs- oder Bildungsinteressen werden damit keineswegs als belanglos oder unberechtigt abgetan. Aber sie werden einem umfassenderen Lebenszusammenhang zu- und untergeordnet: »Wie nämlich für den Flötenkünstler und den Bildhauer und für jeden Handwerker oder Künstler, kurz überall da, wo Leistung und Tätigkeit gegeben ist, eben in der Leistung, wie man annehmen darf, der Wert und das Wohlgelungene beschlossen liegt, so ist das auch beim Menschen anzunehmen, wenn es überhaupt eine ihm eigentümliche Leistung gibt. Sollte es nun bestimmte Leistungen und Tätigkeiten für den Zimmermann oder Schuster geben, für den Menschen als Menschen aber keine, sondern sollte dieser zu stumpfer Trägheit geboren sein? Sollte nicht vielmehr so wie Auge, Hand, Fuß, kurz jeder Teil des Körpers seine besondere Funktion hat, auch für den Menschen über all diese Teilfunktionen hinaus eine bestimmte Leistung anzusetzen sein?«[127]. Es geht somit um das gute Leben als Ganzes, um das, warum wir die anderen Tätigkeiten alle praktizieren. Nachdem somit durch vernünftige Überlegung gesichert war, *daß* es ein umfassendes, *oberstes Gut* für unser Leben geben müsse, war auch durch Vernunftbetrachtung aufgedeckt, daß in uns *entsprechende Kräfte* für die Verwirklichung dieses Guten sowie ihre Entfaltung zu guter Tätigkeit anzunehmen sind. Damit war der Gegenstands- und Aufgabenbereich einer wissenschaftlichen Ethik umrissen: die Suche nach dem obersten Guten und die Untersuchung jener Kräfte nebst ihrer Ausbildung zu wahren Trefflichkeiten (Aretai) im einzelnen und im Gemeinwesen, durch die jenes Gute zu verwirklichen ist. Das gute Handeln selbst bildet den Abschluß des Inhaltsgebietes der Ethik.

2.3 Der eigene Wissenschaftscharakter der Ethik – Möglichkeiten und Grenzen ethischer Vergewisserung

Allein schon der Umfang dessen, worum es in der Ethik geht, läßt die Schwierigkeiten wissenschaftlicher Erkenntnisse und Aussagen für sie ahnen. Denn in der Ethik als Lebens- und Handlungslehre geht es nicht wie in Technik und anderen Wissenschaften um Teilgebiete, sondern um alles, was Leben und Handeln der Menschen betrifft, und zwar unter dem Gesichtspunkt des Guten für den Menschen als Menschen. Das aber heißt, Ethik muß die Sachbedingungen, denen die Menschen von außen her unterliegen, zur Kenntnis nehmen und prüfen. Sie muß aber auch die dem Menschen aus seiner Menschlichkeit erwachsenden Bedingungen einbeziehen, und zwar nicht nur, insofern er Einzelwesen, sondern auch insofern er Gemeinschaftswesen ist. Denn der Mensch ist seiner Natur nach »Zoon politikon« (ἄνθρωπος φύσει ζῷον πολιτικόν), ist »durch seine Physis ein auf Gesellung angelegtes Lebewesen«[128], zuallererst auf die Familiengemeinschaft, sodann auf den »Staat«, die »Politeia« zugeordnet[129]. Deshalb baut Aristoteles seine Ethik nicht nur auf psychologischen bzw. anthropologischen Grunderkenntnissen auf[130], sondern ordnet sie auch eng der »Staatslehre« zu. Umgekehrt ist für ihn

Politik als wirkliche Staatskunst ohne Ethik nicht möglich: »Wenn auch somit das Ziel (d.i. das gute Leben, d. Ref.) für den einzelnen und für das Gemeinwesen identisch ist, so tritt es doch am Gemeinwesen bedeutender und vollständiger in Erscheinung: im Moment des Erreichens sowohl wie bei seiner Sicherung. Es ist gewiß nicht wenig, wenn der einzelne für sich es erreicht; schöner noch und erhabener ist es, wenn Völkerschaften oder Polis-Gemeinden so weit kommen. Das also ist der Gegenstand unserer wissenschaftlichen Untersuchung. Wir sind damit, wenn man so will, in dem Bereich der Wissenschaft vom Staate«[131]. Dadurch wird die Unterscheidung zwischen Politik und Ethik nicht aufgehoben, wohl aber ihre enge Verknüpfung und gegenseitige Beziehung betont[132].

Aus diesen Bedingungen, die durch den Gegenstandsbereich und dementsprechend durch die methodischen Notwendigkeiten gegeben sind, erwachsen der Ethik im Hinblick auf die Vergewisserung ihrer Aussagen fundamentale Probleme. Die Sicht dafür ist uns durch den Exaktheitsanspruch der modernen Naturwissenschaften sowie vorweggehend durch Kants und Descartes' Wissenschaftskritik zwar in besonderer Weise geschärft worden; das substantielle Problem hatte jedoch Aristoteles bereits deutlich durch die Sophisten und ihre skeptischen oder sogar anarchistischen Positionen vor Augen. Aber nicht allein durch sie! Auch Platon hatte betont: »Die Ungleichmäßigkeit der Menschen und ihres Handelns, die ewige Ruhelosigkeit alles Menschlichen gestatten nicht, daß irgendeine autoritative Instanz etwas Einfach-Schlichtes für alle Einzelfälle und für die gesamte Dauer der Zeit festsetzt«[133]. Deshalb stellte er auch fest, daß der Philosoph in unserem Bereich auf »exaktes Wissen« verzichten müsse[134]. Aber welche Art von Wissen meinte er damit? Und bedeutete der eben genannte Verzicht auch, daß es keine andere Art der Erkenntnis und Vergewisserung gebe? Die Untragbarkeit dieser Konsequenz legt sich aus der einfachen Feststellung nahe, daß wir handeln müssen, und zwar als Menschen. Blindes Handeln ist kein menschliches Handeln. Wo aber sehend zu handeln ist, sind Erkenntnis und Urteil nötig. Im Einzelfall mögen herangezogene Gründe falsch oder unvollkommen sein. Es wäre jedoch ein seltsames Ding, sollte der Mensch zwar für Teilbereiche seines Lebens, wie etwa die der Technik und Naturwissenschaften, die Kraft seines Verstandes sinnvoll einsetzen können, dann aber, wenn es um ihn selbst und um das gute, wahrhaft menschliche Leben geht, zur völligen Blindheit verurteilt sein. »Wie die Dinge liegen, gibt es tatsächlich nur die Alternative: den Verzicht auf eine rationale Fundierung unserer moralischen Urteile (mit allen seinen Folgen!) oder die möglichst weitgehende Heranziehung rationaler Mittel bei der Bildung und Kritik dieser Urteile...«[135]. Mag der Rationalitätsbegriff, der hier in bezug auf die Bemühungen der analytischen Ethik von Norbert Hoerster herangezogen wurde, sich nur noch sehr entfernt mit dem Logos- oder Erkenntnisbegriff von Aristoteles decken, die Alternative, um die es geht, ist in ihrem Kern die gleiche geblieben.

Der griechische Philosoph gibt zur Begründung seiner Position eine deutliche und zugleich differenzierte Auskunft: Die Erkenntnis des Guten hat für unsere Lebensführung eine ebenso grundlegende Bedeutung wie die Erfassung des Zieles für den Bogenschützen. Alle Bemühungen des letzteren zu treffen, bleiben so lange fraglich, wie er das Ziel nicht erfaßt hat. Aber der herangezogene Vergleich darf nicht zu Fehlerwartungen führen. Der Schütze mag die Zielscheibe scharf vor das Visier bekommen. Das Gute aber, worin das menschliche Leben sein wahres Gelingen findet, ist unvergleichlich schwerer zu erfassen. Hier sind wir auf beständiges Suchen verwiesen. Wir müssen uns damit begnügen, »umrißhaft« das Wesentliche von ihm zu erfassen. Aristoteles bringt diese Argumentation in dem behutsamen und zugleich konzentrierten Satz ein: »Hat nun nicht auch für die Lebensführung die Erkenntnis dieses Guten ein entscheidendes Gewicht, und können wir dann nicht wie Bogenschützen, die ihr Ziel haben, leichter das

Richtige treffen? Wenn ja, so müssen wir versuchen, wenigstens umrißhaft (›Typo‹ – τύπῳ) das Wesen des obersten Guten zu erfassen ...«[136].

Damit hat Aristoteles grundlegende Linien seiner ethischen Wissenschaftstheorie abgesteckt. Einerseits lehnte er es ab, in Fragen der menschlichen Lebensführung und damit in der Ethik auf rationale Begründung zu verzichten. Es ging ihm darum, auch in der Ethik wahre Aussagen von falschen, hilfreiche von irreführenden zu trennen. Andererseits hielt er es für unangemessen, dabei einen Exaktheitsanspruch zu stellen, der vom Gegenstand der Ethik her schlechthin nicht erwartet werden darf. Für ihn wird eine Wissenschaft und deren Methode nicht von einem vorgefaßten Wissenschaftsbegriff her bestimmt, sondern jede Wissenschaftsdisziplin muß sich von dem ihr eigentümlichen Gegenstandsgebiet die eigene Methode abfordern lassen, diese also von dem zu erforschenden Erfahrungsgebiet her entwickeln. Dementsprechend ist auch die Exaktheitserwartung einzurichten: »Der logisch geschulte Hörer wird nur insoweit Genauigkeit auf den einzelnen Gebieten verlangen, als es die Natur des Gegenstandes zuläßt. Es ist nämlich genauso ungereimt, von Mathematikern Wahrscheinlichkeiten entgegenzunehmen wie vom Rhetor denknotwendige Beweise zu fordern«[137].

Die Beherzigung dieser Einsicht hätte uns in der modernen Wissenschaftsentwicklung unzählige Abwege erspart. Gibson Winter hat diese – exemplarisch für die positivistische Entwicklung insgesamt – anhand der Geschichte der amerikanischen Human- und Gesellschaftswissenschaften treffend analysiert. Diese hätten in ihrer positivistischen Phase aus lauter Interesse an der »wissenschaftlichen« Methode ihren eigenen Gegenstand aus den Augen verloren: »Nicht mehr der Mensch, sondern eine Karikatur vom Menschen (...) beherrschte die Szene«, nämlich die, die sich Pseudowissenschaftler entworfen hatten[138]. Eine ähnliche Situation gab es im deutschsprachigen Raum, ehe man mit Wilhelm Dilthey »eine bestimmte Art der Unvergleichbarkeit zwischen den Beziehungen geistiger Tatsachen und den Gleichförmigkeiten materieller Vorgänge« anerkannte[139] und sich seine Unterscheidung von Natur- und Geisteswissenschaften, jedenfalls im Prinzip, durchsetzte[140]. Freilich handelt es sich hier um eine Verhältnisbestimmung, die immer neu zu bedenken und zu vollziehen, also nie definitiv abgeschlossen ist[141].

Für Aristoteles bestand im Hinblick auf die Ethik keine Frage, daß ihre wissenschaftliche Methode und Möglichkeit durch ihr Ziel der Lebensorientierung geprägt werden muß. Daher hob er eine weitere fundamentale Eigenart hervor, die sie inhaltlich und methodisch zu bestimmen habe: »Der Teil der Philosophie, mit dem wir es hier zu tun haben, ist nicht wie die anderen, rein theoretisch – wir philosophieren nämlich nicht, um zu erfahren, was ethische Werthaftigkeit sei, sondern um wertvolle Menschen zu werden. Sonst wäre dieses Philosophieren ja nutzlos. Daher müssen wir unser Augenmerk auf das Gebiet des Handelns richten, auf die Frage, wie wir die einzelnen Handlungen gestalten sollen ...«[142]. Das eigentliche Ziel der Ethik als Lehre ist im Sinne des Aristoteles also nicht die exakte Theorie. Weder ihre sprachlogische Geschlossenheit noch irgend eine andere Form theoretischer Systematik bilden das oberste Kriterium ihrer wissenschaftlichen Qualität. Logik und Ursachenbeweise haben durchaus ihren Stellenwert in der ethischen Argumentation. Aber ebensowenig wie unser wirkliches Leben sich durch Logik und Kausalitätsbeweise allein einfangen läßt, darf die ethische Theorie sich auf sie reduzieren. Sprachlogische Gesichtspunkte allein können daher nicht die Erkenntniskriterien in der Ethik hergeben. Das Ziel der Ethik ist vielmehr, den Menschen und die Gesellschaft gut werden zu lassen und zu gutem Handeln zu befähigen. Die Qualität jeder ethischen Theorie ist davon zu bemessen, inwieweit sie diesem Ziel entspricht.

Der angezielte Gegenstandsbereich der Ethik schließt jene Art der Beweisführung und Erkenntnissicherheit, wie sie in den Tatsachenwissenschaften, in Mathematik oder Logik angestrebt wird, für die ethischen Aussagen und Urteile aus. Für sie ist eine andere Art von Gewißheit erforderlich. Denn was gehört alles zu einem guten Leben und zu guten Haltungen? Schon aus allgemein zugänglichen Erfahrungen läßt sich sagen, daß menschliches Leben im Kern bedroht wird, wenn nicht mehr aus Vertrauen gelebt werden kann[143]. Ebenso gehört zu unserem Leben, daß wir auf Zukunft hin handeln müssen, ohne die Folgen unserer Handlung in jeder Hinsicht absichern zu können. Leben als Wagnis ist so etwas wie eine Grundbedingung unserer Existenz. Der Wagnischarakter für Individuum und Gesellschaft bedeutet aber nicht nur existentielle Gefährdung, sondern auch Chance schöpferischer Gestaltung der persönlichen und gesellschaftlichen Welt, erwachsend aus den Freiheitsmöglichkeiten des Menschen. Vertrauen und Wagnisbereitschaft, schöpferische Weltgestaltung aus Freiheit: diese Bestimmungen allein lassen bereits erkennen, daß eine Theorie des guten menschlichen Lebens nicht von einem Wahrheitsbegriff der »exakten Wissenschaften« her einzuholen ist. Sie gründen ganz in Tatsachenbeweisen. Ethik dagegen muß sich von ihrem Gegenstandsbereich wesentlich als »offene Theorie« gestalten, offen für die Grundbedingungen unserer persönlichen und gesellschaftlichen Existenz. Dieses Postulat läßt sich der methodischen Aussage des Aristoteles entnehmen: »Die Darlegung wird dann befriedigen, wenn sie jenen Klarheitsgrad erreicht, den der gegebene Stoff gestattet. Der Exaktheitsanspruch darf nämlich nicht bei allen wissenschaftlichen Problemen in gleicher Weise erhoben werden, genauso wenig wie bei handwerklich-künstlerischer Produktion (...). Man muß sich also damit bescheiden, bei einem solchen Thema (der Ethik, d. Ref.) und bei solchen Prämissen die Wahrheit nur grob und umrißhaft anzudeuten sowie bei Gegenständen und Prämissen, die nur im großen und ganzen feststehen, in der Diskussion eben auch nur zu entsprechenden Schlüssen zu kommen«[144].

Aristoteles war somit jedem fanatischen Moralismus, auch dem religiös motivierten, abhold, indem er zur philosophischen Bescheidung in Fragen der ethischen Diskussion aufforderte. Hierin kommt griechische Lebensart zum Ausdruck. Mündet er damit aber nicht doch in die Grundhaltung sophistischer Skepsis? Man wird die Bedeutung seiner Phronesis-Lehre für die konkrete sittliche Urteilsbildung noch bedenken müssen, um hierauf eine sachgerechte Antwort geben zu können.

2.4 Die »Eudaimonia« als Lebensziel – Das Wohl des Menschen als Sinn der Ethik

Aristoteles hatte seine methodischen Überlegungen bei der Bestimmung des umfassend Guten, des »obersten Guten« vollzogen. Worin aber besteht dieses umfassende Gute, das unser individuelles und gesellschaftliches Leben prägen soll? Zu seiner näheren Bestimmung griff Aristoteles zunächst auf einen umgangssprachlichen Gebrauch zurück. Er nannte es einfach »εὖ ζῆν« (eu zèn)[145] – das gedeihliche, gelingende, erfüllende, wohltuende Leben. In dem »eu« – »gut, wohl, gedeihlich« – klingt im damaligen Sprachgebrauch eine Fülle von Bedeutungen an. Beim »guten Leben« geht es um das gesamte Wohl und Wohlbefinden des Menschen – als Mensch. Von daher spannt sich sprachlich wie inhaltlich eine enge Beziehung zu dem Hauptbegriff für die Sinnbestimmung menschlichen Lebens aus, nämlich zur εὐδαιμονία (Eu-daimonia), zum glücklichen Leben. Die umgangssprachliche Bestimmung verbindet Aristoteles mit einem offenkundigen Erfahrungsbefund bezüglich des »obersten Gutes«. In seiner Benennung stimmen fast alle überein: das Glück – so sagt die Menge der Leute, und so sagen die gebildeteren Geister«[146].

Würde man also die Menschen unvoreingenommen befragen, worum es ihnen ginge, würden die meisten wörtlich oder sinngemäß sagen, sie wollten glücklich werden. Der Hinweis auf die Übereinstimmung fast aller Menschen ist methodisch aufschlußreich. Aristoteles nimmt die Bestimmung eines so zentralen Begriffs seiner Ethik nicht – wie Platon – aus einer »angeborenen Idee« des Guten, nicht von einem gedanklichen Apriori und nicht aus einer rein logisch erfolgten Schlußfolgerung. Er gründet sie vielmehr in der Erfahrung der Menschen und ihrer sprachlichen Bekundung, das heißt in anthropologischen wie gesellschaftlichen Erfahrungsbefunden. Die Befunde analysiert er mit Hilfe kritischer Durchdringung und logischer Konsequenz, um dann das freizulegen, was im Sinne wahrer Philosophie mit der »Eudaimonia« eigentlich gemeint sein kann.

Ein derartiger Prozeß kritischer Ethik ist unerläßlich. Denn der Stagirite ist sich darüber im klaren, daß es nicht hinreicht, die »Eudaimonia« als umfassendstes Gut zu bezeichnen, wenn man nicht zugleich genauer sagt, worin dieses »Glücklichsein« oder das »gedeihliche Leben« bestehe. Was halten die Leute nicht alles für ihr Glück? »Was das Wesen des Glücks sei, darüber ist man unsicher, und die Antwort der Menge lautet anders als die des Denkers. Die Menge stellt sich etwas Handgreifliches und Augenfälliges darunter vor, z.B. Lust, Wohlstand, Ehre: jeder etwas anderes. Bisweilen wechselt sogar ein und derselbe Mensch seine Meinung: Wird er krank, so sieht er das Glück in der Gesundheit, ist er arm, dann im Reichtum...«[147]. Der philosophische Satz, daß die »Eudaimonia« das umfassende Sinnziel menschlichen Lebens ist, darf somit nicht einfach als statistisches Ergebnis sozialpsychologischer oder anderer tatsachenwissenschaftlicher Untersuchung gewertet werden. Das gilt noch mehr von der näheren Bestimmung dessen, worin denn die wahre »Eudaimonia« für die Menschen bestehen könne. Es ist somit nicht entscheidend, ob alle Menschen das gedeihlich-gute-glückliche Leben tatsächlich als umfassendstes Gut bezeichnen. (Deshalb spricht Aristoteles präzise nur von »den meisten« oder »fast allen«, die sich dahingehend äußern.) Erst die philosophische Analyse ihrer Erwartungen zeigt: »Alle tun alles wegen eines Guten, das ihnen das höchste Gut vorstellt«[148]. Und diese Analyse hat weiter freizulegen, worin das »höchste Gut« nicht nur der jeweiligen Vorstellung nach, sondern in Wahrheit für die Menschen bestehe.

Aufgabe des Philosophen ist es daher nicht, einfach öffentliche Meinung hochzurechnen, sondern das eigentliche Zutreffen aufzudecken und das verborgen Wahre ans Licht der Offenbarkeit zu bringen. Die sozialphilosophische Bestimmung dessen, worin die »Eudaimonia« wirklich bestehen könnte, ist daher ethische Theorie und nicht tatsachenwissenschaftlicher Befund. Dabei wird jedoch die Theorie bei Aristoteles aufs engste an Tatsachen- oder Erfahrungsbefunde geknüpft. Nehmen wir als Beispiel dafür eine schon erwähnte Aussage: »Es ist gewiß nicht wenig, wenn der einzelne für sich es (das glückliche Leben, d. Ref.) erreicht; es ist jedoch schöner und erhabener, wenn Völkerschaften oder Polis-Gemeinden so weit kommen«, es zu verwirklichen[149]. Wurde hier eigentlich eine Tatsache festgestellt oder eine Theorie aufgebaut? Beides greift doch wohl eng in einer Erfahrungsanalyse ineinander. Niemand wird daran zweifeln, daß in Gemeinschaft die »Eudaimonia bedeutender und vollständiger in Erscheinung tritt«, als wenn nur ein einzelner glücklich ist, und zwar »sowohl im Prozeß des Erreichens wie bei ihrer Sicherung«[150]. Das Sprichwort, geteilte Freude sei doppelte Freude, kann eine erste Begründung dafür geben. Die Erkenntnis vom Menschen als einem von Natur aus auf Gesellung angelegten Wesen (»Zoon physei politikon«)[151] eröffnet tiefere Zusammenhänge dafür, daß es durch Gemeinschaft einen Zuwachs an »Eudaimonia« gibt, diese also »schöner und erhabener« ist als das glückliche Leben im Alleingang. Durch den Austausch mit den anderen und durch gegenseitige Hilfe wachsen uns unvergleichlich mehr Chancen der »Eudaimonia« zu als im Alleingang. Ja, genau genommen ist weder ihr »Erreichen« noch ihre »Sicherung« für den einzelnen allein überhaupt möglich.

Vom »glücklichen Leben« als gemeinschaftsbezogenem Glück ergibt sich sowohl logisch wie sachlich die Konsequenz, daß »gutes Leben und gutes Handeln gleichbedeutend sind mit dem Glücklichsein«[152]. »Eudaimonia« muß somit auf seiten des einzelnen das gute Handeln für sich und die anderen einschließen, wie »der Staat« das gleiche Handlungsziel zu jedem einzelnen hin verfolgen muß. Die sokratisch-platonische Bestimmung von »Eudaimonia« ist vergegenwärtigt, aber zugleich neu erfahrungsanalytisch begründet: Glückliches Leben ist mit Unrechttun unvereinbar, sowohl für den »Staat« als auch für den einzelnen; es ist an das gute Tun als rechtes/gerechtes Tun wesentlich gebunden.

Wenn »glückliches Leben« gleichlautend mit »gutem Handeln« ist, entfällt eine Fehldeutung, die bei uns im Wort »Glück« weitgehend mitschwingt. Es kann nicht um ein Zufallsglück, um einen Glücksgewinn, nicht um das Leben von Glückskindern, nicht um »Fortune« oder ein schicksalhaftes Los, um »Tyche«, gehen. »Gerade das Erhabenste und Herrlichste dem Zufall anheimzustellen wäre ein arger Mißgriff«[152a]. »Eudaimonia« muß eine Seinsweise sein, die dem Menschen selbst aus seiner ihm innewohnenden Lebensdynamik, seiner entelechialen Kraft, erwächst. Sie muß zugleich eine Wirklichkeit seiner selbst werden, als erfülltes Leben seiner selbst. Sie darf daher nicht in einem äußeren Gut, in einem zufälligen Gewinn oder in einer Zuwendung liegen, die von den Launen des Schicksals oder den Schwankungen menschlicher Gunst abhängen. Das »glückliche Leben« muß daher als Lebenswirklichkeit und -ausprägung des Menschen selbst bestimmt werden, und zwar als eine feste, dauerhafte Lebensverwirklichung; nur die Augenblickserfüllung, für die man vielleicht mit späteren Schäden oder gar mit Zerstörung des Glücks zahlen muß, widerspricht der wahren »Eudaimonia«. Es geht also um das Glücklichsein »in einem vollen Menschenleben, nicht nur an einem Tag, denn eine Schwalbe macht noch keinen Sommer«[153].

Von daher wird deutlich, daß »Eudaimonia« als »glückliches Leben« letztlich auch nicht in einem augenblicklichen Glücks- oder Lusterlebnis, auch nicht in Reichtum oder materiellem Wohlstand als solchem und ebensowenig im Sozialprestige, in der »Ehre« liegen kann. All diese Güter sind von außen an den Menschen herangetragen oder aber zu großen Schwankungen des Kommens und Gehens unterworfen. »Eudaimonia« meint den Menschen in dem ihn selbst betreffenden Gutwerden und Gutsein. Sie ist Inbegriff des »ἀνθρώπινον ἀγαθόν«, ist das »eigentlich menschliche Gutsein«, nicht das Gutsein eines Produktes, äußerer Verhältnisse oder technischer Fertigkeiten[154]. Der eigentliche Inhaltsbereich der Ethik ist daher immer »die Sache des Menschen« und der menschlichen Gesellschaft. Von hierher kann Aristoteles in der Bestimmung des »glücklichen Lebens« oder des »Gutseins« als Inbegriff von Ethos weiter vorgehen: »Das eigentliche menschliche Gutsein ist die Verwirklichung der Seele (Enérgeia tēs psychēs) im Sinne ihrer Trefflichkeit (kat' aretēn). Gibt es aber mehrere solcher Trefflichkeiten, dann ihrer vorzüglichsten und vollendetsten«[155].

In einer ähnlich lautenden Bestimmung wird noch verdeutlicht, was mit den angesprochenen Trefflichkeiten gemeint ist. Kräfte des Auges, der Hand, überhaupt des Körpers gehören auch zu dem, wodurch wir Trefflichkeiten erlangen, ebenso der ganze Bereich des sinnlich-seelischen Affektlebens. Was aber steigert uns gegenüber den anderen Lebewesen eigentlich in den Rang des Menschseins? Seit Homer war die Antwort des Griechentums hierauf vorbereitet. Sie lautete: Unser Menschsein erwächst uns durch die Möglichkeit, vernünftig zu sein. Oder mit den Worten des Aristoteles: »Das dem Menschen eigene Wirken ist das Wirken der Seele gemäß der Vernunft oder zum mindesten nicht ohne Vernunft«[156]. Wahrhaft gutes/gedeihliches/glückliches Leben – »Eudaimonia« – kann somit nur durch »vernünftiges Leben« oder zumindest nicht gegen die Vernunft erwachsen.

Diese ebenso einfache wie fundamentale Feststellung der praktischen Philosophie wird – wie angedeutet – durch anthropologische Erhebungen untermauert, nämlich daß wir die Fähigkeit zur Vernunft unterscheiden müssen von Kräften in uns, die aus sich heraus nicht vernünftig sind. Die Grundentscheidung, die Aristoteles hier für das griechische Lebensverständnis artikuliert hat, geht ganz einfach dahin, daß das Vernünftige in uns die maßgebliche Handlungsorientierung wahrzunehmen hat und nicht die ihrer Natur nach nicht-vernünftigen Kräfte. Sonst hieße es, die Unvernunft regieren lassen. Die Begründung dafür wird nicht einfach einem moralischen Apriori, sondern einer individual- und sozialanthropologischen Erfahrungsanalyse entnommen. Sie wird in der Phronesis-Lehre weiter ausgeführt[157].

»Vernünftiges Leben« meint keineswegs eine ausschließliche Orientierung auf Nützlichkeit, Sicherheit oder Eigenerhaltung. Schon die Forderung zur Tapferkeit als Forderung der praktischen Vernunft schließt die einseitige Festlegung von »vernünftig« auf Selbsterhaltungsinteressen aus. Denn eben die »Phronesis« kann in bestimmten Lebenssituationen – im Sinne des Aristoteles ebenso wie des Sokrates und Platon – die Bereitschaft zum eigenen Lebenseinsatz für das Gute fordern. Mit dem Begriff des »Eudämonismus« trifft man daher die aristotelische Ethik ebensowenig wie die sokratische oder platonische[158].

Gleichwohl sind die Dimensionen des Nützlichen, Angenehmen, Beglückenden bis hin zu den Erfahrungen der »Hedone« (Lust/Freude) nicht aus dem aristotelischen Verständnis von »Eudaimonia« grundsätzlich ausgeschlossen. Sittlich zu leben ist in den Augen des Aristoteles »in sich freudevoll«[159], ja, »das Beglückendste«. Dabei geht es um das ganze Wohl und Gedeihen des menschlichen Lebens. Das macht den menschlichen Charakter dieses griechischen Paradigmas von Ethik mit aus. Der Radikalismus, wie er in bestimmten Formen politischer oder religiöser Ethik mit ihren Forderungen zum rücksichtslosen Selbstopfer im Namen eines »heiligen Krieges« ausgelegt ist, widerstreitet zutiefst dem philosophischen Lebensverständnis des Hellenen mit seinem Sinn für Besonnenheit.

Deshalb kann Aristoteles sich auch nicht entschließen, die »Eudaimonia« ausschließlich als inneren Zustand oder Verwirklichungsprozeß zu bestimmen und einfach alle gedeihlichen äußeren Bedingungen und Lebensverhältnisse als belanglos hinzustellen. Die leibliche wie die gesellschaftliche Wirklichkeit müssen einbezogen sein: »Zum glücklichen Leben gehören doch auch die äußeren Güter, wie wir gesagt haben. Denn es ist unmöglich, zum mindesten nicht leicht, Edles zu tun, wenn man über keine Hilfsmittel verfügt. Läßt sich doch vieles nur mit Hilfe von Freunden, von Geld und politischem Einfluß, also gleichsam durch Werkzeuge, erreichen. Ferner gibt es gewisse Güter, deren Fehlen das Glück trübt, zum Beispiel edle Geburt, prächtige Kinder, Schönheit; denn vollkommen glücklich kann man den nicht nennen, der ein ganz abstoßendes Äußeres oder eine niedrige Herkunft hat oder einsam und kinderlos ist. Noch weniger kann man von Glück sprechen, wenn jemand ganz schlechte Kinder oder Freunde besitzt oder gute durch den Tod verloren hat. Wie gesagt, gehören also zum Glück doch auch solch freundliche Umstände«[160].

Diese Zielvorstellung als sittliche Bestimmung zu bezeichnen, wird bei uns manchen Widerspruch provozieren. Hier geht es jedoch zunächst um den Hinweis, daß Aristoteles nicht darauf bedacht war, von einem ethischen Apriori konsequent schlußfolgernd ein Moralsystem aufzubauen, sondern eine Theorie der erfahrenen und zugleich der lebensfördernden Praxis zu entwickeln. Nicht die moralische Logik, sondern das menschliche Leben und sein Gedeihen sind für ihn die erste Quelle und zugleich das maßgebende Ziel für ethisch sinnvolle Sprache. Daß wir die »Eudaimonia« sowohl hinsichtlich ihrer äußeren Bedingungen als auch ihrer inneren sittlichen Reife nur allzu oft nicht – oder jedenfalls nie voll – erreichen, ändert in den Augen des Aristoteles nichts daran, daß wir alle auf sie angelegt sind; und zwar nicht als auf ein nie erreichbares Ideal, sondern als auf einen uns innewohnenden Gestaltungsgrund!

Man kann mit Joachim Ritter den so gewonnenen Begriff des Glücks das Resultat einer »hermeneutischen Hypolepsis« (eines erklärenden Umgreifens) nennen: »Er bringt zur Bestimmtheit, was in der Vielzahl der Glücksvorstellungen als ihr Gemeinsames unbestimmt und vieldeutig überlagert wirkt.«[161] Man kann auch Otfried Höffe folgen, nach dem »Glück« hier »nicht empirisch-pragmatisch der Begriff eines Maximums an Vergnügen, sondern transzendental der Vernunft- oder Totalitätsbegriff von Ziel (ist): der Begriff eines prinzipiell nicht überbietbaren, eines qualitativen, nicht eines quantitativen Maximums«[162]. Fraglich ist freilich, ob Höffe die aristotelische Vorstellung von »Eudaimonia« nicht zu sehr mit den Augen Kants sieht, wenn er vertritt, daß der Glücksbegriff »nicht mehr ein empirisches Ziel, sondern ein logisches Optimum, die Erfüllung von Neigung überhaupt« sei[163]. Die radikale Trennung (Kants) zwischen transzendentalen und empirischen Erkenntnissen hat Aristoteles weder begrifflich noch der Sache nach vorgenommen. Demgemäß muß in seinem Sinne zum mindesten daran festgehalten werden, daß »Eudaimonia« der psychologischen und sozialen Erfahrung als Begriff entnommen ist und seinen ganzen Sinn von daher nimmt, auf reale, erfahrbare Wirklichkeit von glücklicher Lebenserfüllung hin zu orientieren.

Die Wirkungsgeschichte dieser Theorie, nach der Ethik das sittliche gute Leben und zugleich auch die Verwirklichung menschlichen Lebensglückes meint, ist in ihrer Entfaltung und Verzweigung kaum zu überschauen. Was Thomas S. Kuhn von einem wissenschaftlichen Paradigma sagt, trifft hier zu: Das entworfene Ethikverständnis war herausfordernd genug, »um eine beständige Gruppe von Anhängern anzuziehen, die ihre Wissenschaft bisher auf andere Art betrieben hatten, und war gleichzeitig noch offen genug, um der neuen Gruppe von Fachleuten alle ungelösten möglichen Probleme zu stellen«[164]. Der Einfluß auf die griechische und römische Antike sowie auf das frühe Christentum kann hier nur angesprochen, nicht aber näher behandelt werden[165]. Entsprechendes ist zur arabischen Philosophie zu sagen. Im Mittelalter war es nach Albertus Magnus vor allem Thomas von Aquin, der das von Aristoteles zur Sprache gebrachte Ethik-Paradigma des griechischen Humanismus aufgriff und in eine christliche Lebenssicht zu integrieren versuchte[166]. Ebenso weist die Wirkungsgeschichte in die Aufklärung und Neuzeit hinein zahlreiche direkte und indirekte Verzweigungen auf. Man findet sie heute meist unter anderer Begrifflichkeit vielfach auch dort, wo sehr allgemein das Wohl der Menschen, ihr geordnetes Miteinander in Freiheit und Gerechtigkeit als Sinnziel aller Politik und Ethik angesetzt werden, so etwa in der sittlichen Grundlegung der Menschenrechte.

Zur Wirkungsgeschichte gehört aber auch der Widerspruch, den die Eudaimonia-Ethik des Aristoteles ausgelöst hat. Martin Luther[167] und Immanuel Kant[168] sind die bedeutendsten Sprecher dieser Opposition. Ebenso sind die Vertreter der deontologischen Ethik, wie J. Bentham oder in unserem Jahrhundert W. D. Ross, dazuzurechnen. Sie widerstreiten der teleologischen Deutung der Ethik mit ihrer Berücksichtigung der Handlungsfolgen und des menschlichen Wohlergehens. Sittliches Handeln müsse sich allein vom Geschuldeten (to deon), vom Verpflichtenden bestimmen lassen, das Gute also ohne jeden Zweck und ohne Rücksicht auf die Konsequenzen um seiner selbst willen tun.

2.5 Sittliches Leben als soziales Leben – Ethik und Politik

2.5.1 Zum Verhältnis von Haus, Dorf und Polis

Glückliches Leben als zugleich gutes und gelungenes Leben ist für Aristoteles nicht außerhalb menschlicher Lebensgemeinschaften und ihrer Ordnungen erreichbar. »Wer nicht in Gemeinschaft leben kann oder in seiner Autarkie ihrer nicht bedarf, der ist (...) entweder ein wildes Tier oder ein Gott«[168a]. Erfahrungen zeigten es damals wie heute, daß der Mensch weder als Säugling oder Kleinkind[168b] noch als Erwachsener wirklich allein leben und Mensch werden kann. Von daher erwuchs die grundlegende Bestimmung des Menschen als eines »von Natur aus ›politischen‹ Wesens«[169]. Die sozialen Gebilde waren für Aristoteles zunächst die Großfamilie, genauer die Hausgemeinschaft (Oikos), danach das Dorf (Kome) und danach der Stadt-Staat (Polis). Aus ihnen heraus kann sich das Leben zur »Eudaimonia« entfalten, freilich unterschiedlich nach Maßgabe ihrer Möglichkeiten, in vollem Sinn eigentlich erst in der »Polis«. Diese Aufzählung der Gemeinschaftsstrukturen darf nicht zu vereinfachenden Vorstellungen über die damalige gesellschaftliche Realität verleiten. Zwar war die archaische Adelsgesellschaft mit ihren Machtzentren weitgehend zerbrochen und hatte die städtische Siedlungsweise der »Polis« bereits seit Homers Zeiten begonnen, gekennzeichnet dadurch, daß in ihr ein gemeinsamer »Nomos« immer mehr zum Tragen kam. Aber auch im 4. Jahrh. v. Chr. ist noch von anderen Gemeinschaftsformen wie von »Stämmen« (Ethne), Kultgemeinschaften (Amphiktyonen) oder einfach von »Gemeinschaften« (Koinä) die Rede[169a].

Das »Haus« ist für Aristoteles die elementarste soziale Einheit, in diesem Sinn auch natürlicher und notwendiger als das Dorf und die Polis[170]. Denn die Hausgemeinschaft, mit der unsere Familie nur noch ganz entfernt vergleichbar ist, hat die menschlichen Grundbedürfnisse zu sichern, und zwar zuerst die der lebensnotwendigen Ökonomie, danach die der Fortpflanzung. Auf diese richtet sich ein Antrieb, »der dem Lebewesen in umfassender Weise eingepflanzt ist«[171]. Aber die »politische Natur« des Menschen drängt weiter. Es geht im menschlichen Leben nicht nur um Sicherung von Unterhalt und Fortpflanzung, um Arbeit und Sexualität. Auch die Entfaltungsmöglichkeiten im Dorf reichen noch nicht. Das Angebot der »Polis« macht deutlich, daß in der Natur des Menschen eine weitere Dimension von Erfüllung und gutem Leben angelegt ist. Dabei handelt es sich nicht nur um quantitative, sondern auch um qualitative Erweiterung, nämlich um die gegenseitige Bereicherung von Menschen durch Menschen im politischen, ästhetischen, sozialen, philosophischen oder kultisch-religiösen Austausch, und zwar um einen Austausch von Freien unter Freien in der »Polisgemeinschaft«. Wenn Aristoteles vom Menschen als einem »von Natur aus politischen Wesen« (»Zoon politikon«) redet, meint er die in ihm angelegte Dynamik zu dieser Art von »politischem« Leben.

Die »Polis« versteht er dabei als den griechischen Stadt-Staat. Sie ist also »nicht jeder als Stadt gebaute Ort, sondern die Stadtgemeinde und Gemeinschaft von Bürgern. Sie ist darin als Stadt ebenso von der Königsburg, vom Heerlager und von der Karawanerei verschieden, wie sie politisch nichts mit der Herrschaft des Großkönigs oder der Despotie zu tun hat«[171a]. Sie darf ebensowenig mit unseren heutigen Stadt- oder gar Staatsgebilden gleichgesetzt werden. Aufschlußreich ist allein schon die Größenordnung, auf die Aristoteles abstellte: »Zehn Menschen ergeben noch keine Polisgemeinschaft, zehn mal zehntausend aber sind keine Polis mehr«[171b]. Direktübertragungen aus damaligen Verhältnissen des »Politischen« auf die unsrigen erweisen sich schon von hierher als unangebracht. Allenfalls kann man aus der letzteren Größenbestimmung eine Warnung zugunsten der Überschaubarkeit städtischer Einheiten gegen die Anonymität von Großstädten in unserer Massengesellschaft entnehmen, freilich auch einen Hinweis auf ihre Chance für Lebensqualität bei Wahrung entsprechender Freiheitsbedingungen für die Bürger.

Eine Idealisierung des attischen Stadtstaates braucht man in der Hochschätzung des Aristoteles für die griechische Polis nicht zu sehen. Dazu befand sich schon Athen zu seiner Zeit zu sehr in einer politischen, ökonomischen und moralischen Verfallsentwicklung. Philosophisch war damit jedoch die Bedeutung der griechischen Polis nicht hinfällig geworden. Man kann Joachim Ritter beipflichten: »In der Partikularität und Kleinheit ihrer geschichtlichen Wirklichkeit verbirgt sich ein universales Prinzip; sie (die Polis, d. Ref.) ist Gesellschaft, die das Menschsein des Menschen – zum ersten Male in der Geschichte – zum Inhalt hat; die Philosophie hat ihre universale Substanz entdeckt; ihr Begriff hat den in der Schale des Besonderen und Geschichtlichen verborgenen Kern freigelegt«[171c].

Von hier wird noch einmal deutlich, warum Aristoteles die ethische Verwirklichung des Menschen nicht ohne seine gesellschaftliche Entfaltung und Einbindung gedacht hat. Individualität wird bei ihm erst durch Sozialität entwickelt. Damit ist auch Individualethik ohne soziale Ethik nicht möglich, desgleichen nicht Politik ohne Ethik oder Ethik ohne politische Verantwortung. Es ist nicht von ungefähr, daß seine ethischen und seine politischen Schriften eng miteinander verzahnt sind[171d].

2.5.2 Die Frau zwischen Achtung und Diskriminierung

Die anfallenden Tätigkeiten müssen bereits im Haus arbeitsteilig bewältigt werden. »Denn von vornherein sind die Aufgaben differenziert und verschieden bei Mann und Frau«[172]. Gemäß der androzentrischen (männer-vor-rechtlichen) Prägung des mediterranen Raumes einschließlich des Vorderen Orients war der Hausvater nach Würde und Recht das Oberhaupt des Hauses[173]. Frau, Kinder und Sklaven waren ihm je auf ihre Weise untergeordnet. Dabei will Aristoteles die griechische Hausgemeinschaft jedoch von derjenigen bei den Persern unterschieden sehen. »Bei den Persern gleicht die väterliche Gewalt einer Tyrannis.« Das aber ist falsch[174]. Eine geordnete Hausführung verlangt Leitung. Sie soll von den Tüchtigsten (»Aristoi«) wahrgenommen werden. In diesem Sinn hält der Stagirite nicht nur für das Haus, sondern auch für die »Polis« die »Aristokratie« für das Beste. Er versteht darunter die »Herrschaft der Tüchtigsten«. Er wehrt sich dagegen, daß »Herrschaft nicht von der Tüchtigkeit, sondern von Reichtum und Macht abgeleitet wird, wie in der Oligarchie«[175]. Auch die »Demokratie« erscheint ihm ungeeignet. Sie »besteht vor allem in den Häusern, wo kein Herr ist (denn da stehen alle gleich da) und wo der Regierende schwach ist und jeder machen kann, was er will«[176]. Wie sein Aristokratie- ist auch sein Demokratiebegriff nicht der unsrige, meldet für diesen jedoch auch kritische Gesichtspunkte an.

Wenn es im Haus recht zugeht, dann »ist die Gemeinschaft von Mann und Frau eine aristokratische«[177]. Das heißt für Aristoteles einerseits, dem Mann kommt die Führung im Haus zu. Es heißt aber zugleich andererseits, der Mann hat die Herrschaft nicht absolut und überall an sich zu reißen, sondern hat die Frau in ihrem Eigenbereich anzuerkennen und walten zu lassen. Er hat »auf politische Art« zu führen[178], so, wie freie Bürger in der »Polis« zu führen sind. Das »aristokratische« Modell des Miteinander bedeutet, daß »der Mann gemäß dem (ihm eigentümlichen) Rang und in den Dingen herrscht, in denen er zuständig ist; was aber in den Bereich der Frau gehört, das überläßt er ihr«[179]. Die männerrechtliche Tradition damals wird also nicht grundsätzlich kritisiert oder das Matriarchat als Alternative angesprochen, obwohl Aristoteles auch erwähnt, daß »zuweilen die Frauen herrschen«. Aber das geschieht in seinen Augen doch nur,

»wenn sie Erbtöchter sind« und nicht aufgrund größerer Tüchtigkeit[180]. Der Vorrang des Mannes darf jedoch nicht zur tyrannischen Herrschaft ausarten. Dieser muß ihren eigenen Zuständigkeits- und Achtungsbereich anerkennen und auf gegenseitige Hilfe bedacht sein: »Jeder hat unterschiedliche Trefflichkeiten (Aretai)... Die Arbeit des Mannes ist eine andere als die der Frau. Und so helfen sie sich gegenseitig, indem jeder das Seine zum Ganzen beisteuert«[181]. Damit ist ein Zweifaches hervorgehoben. Erstens ist die Frau – anders etwa als die Kinder oder die Sklaven – eigenes Rechtssubjekt gegenüber dem Mann, so, wie der freie Bürger gegenüber dem anderen freien Bürger. Zweitens ist sie in der Lage, zum Ganzen des Hauswesens einen ihr eigenen Beitrag zu erbringen. Mann und Frau werden sich so zur »gegenseitigen Hilfe«. Das »mutuum adiutorium« in seiner besonderen Möglichkeit sollte von da ab bis tief in die Christentumsgeschichte als kennzeichnendes Merkmal ehelicher Gemeinschaft verstanden werden.

Darüber hinaus geht Aristoteles noch zu einer dritten Verhältnisbestimmung über: Mann und Frau können miteinander auch Freunde im eigentlichen Sinne werden. Eine derartige Beziehung schließt keineswegs aus, daß die beiden aus ihrer Gemeinsamkeit Nutzen und Lebensfreude/-lust (τὸ ἡδύ) ziehen. Aber wahre Freundschaft erschöpft sich nicht darin. Sie gründet vielmehr in sittlicher Haltung (Tugend) der beiden füreinander und in der gemeinsamen Freude an dem wirklich guten Leben. »Schlechte Menschen können nicht Freunde sein«[182]. Wo schlechte Gesinnung waltet, kann keine wahre Freundschaft gedeihen, weil der eine den anderen nur als Mittel zum Zweck einzusetzen trachtet, mag er nun auf den eigenen Nutzen oder auf Lustgewinn bedacht sein. Von Freundschaft im eigentlichen Sinn kann nur dort die Rede sein, wo »der Freund dem Freund um seiner selbst willen Gutes wünscht«[183], das heißt, ihm wahrhaft wohlgesonnen ist. In dieser Weise von seinen eigenen Interessen abzusehen, vermag nur der sittliche Mensch. So ist Freundschaft entweder selbst eine Tugend oder hängt eng mit sittlicher Reife zusammen[184]. In ihr manifestiert sich lautere Gesinnung und Haltung. Deshalb »ist mancheiner überzeugt, daß sittlich sein und Freund sein dasselbe ist«[185].

Mit dieser Freundschaftsfähigkeit der Frau war eine Art Ebenbürtigkeit mit dem Mann deklariert. Und das in einem sozialen und kulturellen Umfeld der Antike, in dem die tatsächlichen Verhältnisse und die geltenden Ordnungen dem vielfach widersprachen. Wir werden sogleich noch gegenläufig klingende Aussagen hören. Man kann dennoch getrost die herangezogenen Texte aus der Nikomachischen Ethik als einen Höhepunkt der philosophischen Weltliteratur zu unserem Thema bezeichnen[186]. Ob sich in ihnen die theoretische Reflexion der persönlichen Familienerfahrungen des Aristoteles spiegelt, läßt sich nicht sagen. Die Sorgsamkeit, mit der er seine Töchter und Herphyllis, seine letzte Frau, in seinem Testament[187] bedacht haben soll, gibt allenfalls Hinweise dafür her.

Freilich ging Aristoteles nicht so weit wie Platon. Er trat mit seiner Deutung des Mann-Frau-Verhältnisses ausdrücklich seinem Lehrer entgegen[188]. Platon hatte in seinem »Staat« für eine radikale Gleichheit von »Wächtern« und »Wächterinnen« in sozialen, bildungsmäßigen und kriegerischen Aufgaben plädiert[189]. Vielleicht stellte sich Aristoteles dem platonischen Modell deshalb so scharf entgegen, weil er es in Sparta praktiziert glaubte – und durch die praktische Erfahrung dort als unhaltbar erwiesen ansah[190]. Jedenfalls widersprach er der Egalisierung zwischen Mann und Frau sowohl im Staat wie im Haus. Ein entscheidender Grund für seine Position lag für ihn in der Vielfalt der Menschen. Deshalb müßten Haus und Polis eine Einheit in der Vielfalt, nicht aber eine uniformierte Gleichheit bilden[191]. Auch die Vielfalt und damit die Unterschiede seien zu beachten, nicht zuletzt um der Gerechtigkeit willen. Das Gerechte müsse daher proportional und nicht einfach für alle gleich bestimmt werden[192].

So bedeutsam diese Theorie vom Gerechten als einem proportional Gleichen ist, sie hat möglicherweise dazu beigetragen, die in der Antike vorherrschende Rechtsbenachteiligung und Unterdrückung der Frau weiter festzuschreiben. In der Wirkungsgeschichte wurde dabei nicht zuletzt mit Aristoteles-Texten ausgesprochen selektiv zugunsten der vorherrschenden männerrechtlichen Ideologie und Praxis umgegangen. Die hohe Achtungszuweisung zugunsten der Frau, die wir in der Nikomachischen Ethik vorfanden, kam kaum zum Tragen. Gewichtet wurden vielmehr andere Auslassungen des Aristoteles, in denen er biologische Fakten oder sozialpsychologische Verhaltensweisen reichlich fragwürdig deutete. Ja, Begriffszusammenhänge aus unseren Texten wurden geradezu sinnwidrig verkehrt. Das trifft z. B. für die »gegenseitige Hilfe« (mutuum adjutorium) zu, indem besonders auf die Pflichtleistung der Frau für den Mann und nicht auch umgekehrt verwiesen wurde.

Unheilvoll sollte sich vor allem eine biologische Theorie auswirken. Das Fehlen der männlichen Genitalien bei der Frau führte Aristoteles auf einen Mangel an vollständiger Körperentwicklung zurück. die Frau sei ein »árren ágonos«[193] – »eine männliche Fehlgeburt« in dem Sinn, daß der Foetus nicht zu seinem männlichen Zeugungsziel gelangt sei, nämlich selbst zeugen zu können. Oder er behauptete später, sie sei ein »árren peperoménon« – »ein verstümmelter Mann«[194], was später im »Aristoteles latinus« zum »mas occasionatus«, zu einem defekten männlichen Wesen wurde[195].

Zu dieser biologischen Defizienz der Frau gesellte sich bei Aristoteles eine sozialpsychologische. Daher galt ihm das Männliche von Natur aus zur Leitung über das Weibliche bestimmt[196].

Die frühe christliche Epoche und das Mittelalter griffen – gestützt auf alt- und neutestamentliche Stellen zur Unterordnung der Frau unter den Mann – auf derartige Einstufungen zurück. Besonders Augustin dürfte hier für mehr als ein Jahrtausend Christentumsgeschichte besonders bestimmend geworden sein. Das wird nicht zuletzt an dessen Auslegung der »gegenseitigen Hilfe« deutlich: »Bei sorgfältiger, alles in Betracht ziehender Überlegung«, führte er aus, »ergibt sich keine andere Hilfeleistung, zu der dieses Geschlecht für den Mann erschaffen wurde, als die Erzeugung von Kindern«. Unterstützung für die Arbeit hätte der Mann besser durch einen Mann erhalten – und auch für die Überwindung des Alleinseins: »Wieviel entsprechender wären für Zusammenleben und Aussprache zwei Freunde gewesen als Mann und Weib«[197]. Von der Freundschaftsfähigkeit der Frau gegenüber dem Mann und einem entsprechenden Achtungsverhältnis, wie wir sie bei Aristoteles vertreten fanden, ist nicht mehr die Rede[198]. Aufschlußreich ist, daß dessen Theorien über die Defizienz der Frau gegenüber dem Mann eine viel größere Wirkungsgeschichte entfaltet haben als seine gegenläufige Lehre über deren Freundschaftsfähigkeit. Offenkundig fanden die ersteren in der öffentlichen Meinung aufgrund der bestehenden Herrschafts- und Unterdrückungsverhältnisse einen entsprechenden Resonanzboden, und zwar über Jahrtausende hinweg, die letztere aber nicht. Ähnliches wäre übrigens auch zu seiner Begründung der Sklaverei, die hier leider nicht weiter erörtert werden kann, zu sagen[199].

2.6 Tugend als Kraft zur Vernunft

So sehr Sittlichkeit und glückliches Leben auf das geordnete Haus- und Staatswesen abzielen, sie erschöpfen sich ihrem Wesen nach nicht in einer nach außen gerichteten Tätigkeit. Die »Eudaimonia« wird geradezu als »ψυχῆς ἐνέργεια κατ᾿ ἀρετήν« definiert[200] – als »Energeia der Seele gemäß ihrer Trefflichkeit«. Glück meint zuerst das Sein des Menschen in seiner Vollendung, nicht seine Leistung oder seinen Gewinn. Die Übersetzung für »psychēs enérgeia« mit »Tätigkeit der Seele«[201] ist mißverständlich. Denn wir verbinden mit »Tätigkeit« häufig eine Aktion nach außen. Doch diese ist hier nicht gemeint. Es geht vielmehr sinngemäß um eine »Verwirklichung des inneren Menschen in seiner ihm wesensgemäßen Trefflichkeit«. Es geht um das, was dem Menschen selbst an innerer »Energeia« zuwachsen soll zugunsten des ihm gemäßen Tuns. »Energeia« ist in zuordnender Gegenüberstellung zu »Dynamis« zu sehen, wie im Lateinischen »Actus« zu »Potentia«. Sie ist zuerst Vollendung im Sein.

Dann aber muß sich dieses zur »Energeia« gereifte Sein als Fähigkeit zum Leben in den »Aretai« auswirken. Diese sind die zu Trefflichkeiten gebildeten Fähigkeiten des Menschen zum guten Leben, und zwar so, daß ihr Tun gut herauskommt[202]. Der Mensch muß, will er wirklich Mensch werden, über seine körperlichen Fähigkeiten hinaus seine kognitiven und seine affektiven Kräfte bilden. Die Trefflichkeiten (Aretai), die wir brauchen, sind also doppelter Art, nämlich »Aretai dianoetikai« und »Aretai ethikai«[203]. Sie kommen uns nicht naturhaft zu. Wir sind nicht zwanghaft durch sie fixiert. Unsere Natur ist vielmehr darauf angelegt, sie frei zu entfalten[204], nicht aus sich allein, sondern im Austausch mit unserer mitmenschlichen Lebenswelt. Das Spannungsverhältnis, in dem sich der Mensch zwischen Natur und Kultur als Angebot und Entfremdungsgefahr findet, ist damit in knappen Zügen umrissen.

2.6.1 Unterscheidung von theoretischer, technischer und sittlicher Vernunft

Kulturwesen kann der Mensch nicht ohne Entfaltung seiner geistigen oder vernünftigen Fähigkeiten werden. Damit aber stehen wir vor der Notwendigkeit, näher zu sagen, was wir denn unter Geist oder Vernunft verstehen. Geht es etwa nur um »Rationalität« im Sinne von »Zweckrationalität«? Offenbar stehen dem Menschen mehr Möglichkeiten zur Verfügung. Wie sollte er sonst zum Spiel oder zur schöpferischen Wahrnehmung des Schönen, zur Musik, zur Philosophie oder Religion fähig sein?! Von den Wirkungsfeldern menschlichen Geistes her unterscheidet Aristoteles drei Arten von Vernunft: die »theoretische«, die »technische« und die »praktische«[205]. Die »Theoria« richtet sich auf das Erkennen um des Erkennens willen. Sie hat ihre eigene Erfüllung: das Voranschreiten im Erkennen, den Erkenntnisgewinn als solchen; sie ist aus sich heraus nicht dem Handeln zugeordnet[206]; sie bietet höchste Erfüllung an, wenn sie Höchstes erfassen kann, falls dieses Erkennen »ein Vollmaß des Lebens dauert«. Dies aber ist uns nicht möglich, denn wir müssen handeln, um leben zu können. Wir sind keine rein geistigen Wesen, die allein zur inneren Wahrheitsschau berufen wären[207]. Wir sind auch Leibwesen. Um die leiblichen Bedürfnisse abzusichern, müssen wir tätig werden, müssen wir etwas machen oder schaffen. »Poiein« lautet dafür das griechische Verb, »Poiesis« das Substantiv. Unsere »Arbeit« deckt sich weitgehend mit dem der »Poiesis«. Auch damals wußte man schon, daß sie nicht nur in Handarbeit besteht, wenn diese auch hauptsächlich damit gemeint war. Immer dann, wenn der Mensch in der »Poiesis« wirksam werden will, braucht er eine besondere Art von Vernunft: die »technische«. Aber auch für die »Poiesis« gilt, daß menschliches Leben nicht nur oder eigentlich in der Arbeit besteht. Wenn es um das gute und glückliche Leben geht, steht mehr auf dem Spiel, nämlich der Mensch selbst. Deshalb eine dritte Kennzeichnung: »Das menschliche Leben ist Praxis, nicht Poiesis«[208]. Jene Vernunft, die das wahrhaft gute Leben zu erkennen und anzuordnen vermag, ist die »praktische« Vernunft.

In dieser Bestimmung menschlicher »Praxis« zwischen »Theoria« und »Poiesis« macht

Aristoteles einmal mehr sein hellenistisches Paradigma von Lebensphilosophie und Menschlichkeit geltend. So sehr die Griechen »Weisheit« suchten, das Leben nur auf das »Theorein«, auf die »Schau« der (ewigen) Wahrheit festzulegen (wie es in anderen Kulturen Anachoreten oder Anhänger mystischer Bewegungen versuchten), überfordert danach unsere Menschennatur. Diese verlangt freilich ebenso die Unterordnung allen Schaffens unter unsere eigentliche Lebensbestimmung. Desgleichen darf schließlich wahrhaft menschliches Leben sich nicht als »Bios apolaustikós« verwirklichen, das heißt als ein Leben, das primär dem sinnlichen Lustgewinn gilt. »Zwar entscheiden sich die Leute in der Mehrzahl, d.h. die besonders grobschlächtigen Naturen, für die Lust und finden deshalb ihr Genüge am Leben des Genusses«[209]. Aber das kann für eine weise Lebensführung kein Maßstab sein.

Die skizzierte Lebensorientierung benennt Aristoteles nicht aus einem idealistischen Pathos oder einer moralisierenden Absicht. Sie wird von ihm vielmehr durch wissenschaftliche Beobachtungen und deren Deutung auf dem Feld seiner Anthropologie und Politologie gewonnen. Auf welchem Weg kann der Mensch denn seine größte »Energeia« entwickeln? Die Suche danach verlangt, nach seinen Fähigkeiten und Anlagen als Lebewesen zu sehen, und das, insofern er Mensch ist. Die vegetativen und die sinnlichen Lebensbereiche vermögen nicht die eigentlich menschliche und zugleich umfassendste »Energeia« von uns zu entfalten. Zwar sind sie für uns unerläßliche Lebensgrundlagen; ihre Entwicklungsbedingungen müssen also sichergestellt werden. Aber das Vegetative, das der Ernährung und dem Wachstum gilt, haben wir mit den Pflanzen, das sinnliche Leben »mit dem Pferd und Rind und überhaupt allen Tieren gemeinsam. Es bleibt also das Leben in der Betätigung des vernunftbegabten Teiles übrig«[210]. In ihm muß die dem Menschen eigene Möglichkeit von »Energeia« liegen.

2.6.2 Kein Gegeneinander von Sinnlichkeit und Sittlichkeit

Aus dem Gesagten ist bereits eines ersichtlich: Der Mensch kann die ihm mögliche »Energeia« nicht entfalten, wenn er sich einfach dem Irrationalen oder blind den Impulsen seiner Affekte überläßt. Er muß vielmehr Vernunft walten lassen. An diese bereits bei Homer[211] angeklungene Grundeinsicht bezüglich des Menschen, die Platon fortentwickelt hatte[212], knüpfte Aristoteles an. Er hielt auch die weitere platonische Analyse für hinreichend gesichert, daß es nämlich das »Vernünftige« (τὸ λόγον ἔχον), das »Begehrende« (ἐπιθυμητικόν) und das »Aufbegehrend-Mutartige« (θυμός) in unserer Psyche gebe. Für die ethische Bestimmung sei freilich die Unterscheidung zwischen dem vernünftigen und dem aus sich heraus nicht-vernünftigen (irrationalen) Seelenbereich wichtiger[213]. Welche Art der psychodynamischen Beziehungen zwischen den Bereichen bestehe, wollte Aristoteles dabei offenlassen, hielt es aber für unangebracht, sie wie einen Körperteil vom anderen oder überhaupt wie »Teile« gesondert zu sehen[214]. Denn es war ihm daran gelegen, zwischen dem Vernünftigen und dem ganzen Bereich der sinnlichen Affekte eine Austauschmöglichkeit herauszustellen. Der sinnliche Erlebnis- und Antriebsbereich kann nämlich am Leben des Vernünftigen »teilhaben«, ist seiner Natur nach ein »metéchon lógon«, ist »vernunftanteilig«. Ernährungs- und Wachstumsvorgänge dagegen vollziehen sich von selbst, z.B. auch im Schlaf; für sie sind wir nicht verantwortlich zu machen. Dieser vegetative Bereich (θρεπτικόν) kann somit nicht menschliches Ethos verwirklichen[215]. Das aber vermögen unsere sinnlichen Affektkräfte. Sie sind der Mahnung zugänglich. Wir loben den Beherrschten und tadeln den Unbeherrschten[216]. Lob und Tadel aber sind nur dort sinnvoll, wo es um Ethisches oder Unethisches geht.

Auf der Grundlage dieser Anthropologie ergibt sich für Aristoteles die nähere Bestimmung und Abgrenzung der Haupttugenden, wobei er im wesentlichen wiederum Platon folgt. Unsere natürliche Anlage, vernünftig zu leben, muß zur sittlichen Vernunft gebildet werden, zur φρόνησις (Phronesis). Das »Begehrende« in uns gelangt durch die σωφροσύνη (Sophrosyne), die Besonnenheit, zur sittlichen Trefflichkeit, zur Tugend. Das »Aufbegehrend-Mutartige« wird in der ἀνδρεῖα (Andreia), der Tapferkeit, zu einer lobenswerten Haltung. Die δικαιοσύνη (Dikaiosyne), die Gerechtigkeit, hat unsere Beziehungen zum anderen hin (πρὸς ἕτερον), also alle Affektkräfte im Hinblick auf das, was wir anderen schulden, sittlich zu prägen. – Zahlreiche weitere sittliche Haltungen finden sich im Umkreis dieser vier Haupttugenden und können ihnen zugeordnet werden, wie etwa die Beherrschung gegenüber bösem Luststreben, die Gelassenheit gegenüber der Todesangst, die Wahrhaftigkeit, die Hochherzigkeit, die Freigebigkeit, die Frömmigkeit und andere mehr[217].

So sehr Aristoteles sittliches Leben als vernünftiges Leben darzulegen bemüht war und darin der sokratisch-platonischen Tradition folgte, so sehr hat er dieser gegenüber in einem Zusammenhang die Perspektiven gründlich verändert. Von seiner Kritik an der sokratischen Auffassung, daß derjenige, der das Gute erkannt hat, es auch täte, hörten wir bereits[218]. Zum Erkennen muß auch das Wollen hinzukommen. Affektive Bereitschaft ist erforderlich, nicht nur Einsicht. Deshalb sind Wissen und Tugend zu unterscheiden[219]. Platon hatte die sokratische Akzentsetzung zum mindesten bereits dahingehend verändert, daß er außer der Vernunft auch die Affektkräfte beachtete und den entsprechenden Antriebskräften sowohl in der Psyche als auch im Staat ihre Rolle zuwies. Dennoch gelang ihm keine wirkliche Einordnung der Sinnlichkeit ins menschliche Ethos.

Für den jüngeren Platon war der menschliche Leib lediglich ein »Instrument« (χρώμενον)[220] oder ein »Gewand« (ἱμάτιον)[221] oder sogar ein »Kerker« (φρουρά)[222] der menschlichen Seele. Will diese zur Erkenntnis und inneren Verbundenheit mit dem wahrhaft Guten und Schönen kommen, muß sie versuchen, der ganzen irdischen Sinnenwelt zu entfliehen. Dadurch wird sie dem Göttlichen ähnlich[223]. Alle Sinneswahrnehmung vermag nur äußerlich Erscheinendes und Vergehendes zu erfassen, nicht das unvergänglich Gute und Schöne, das Göttliche. Auch der Eros muß sich von körperlicher Lust- und Liebeserfahrung lösen, will er zu höchster Liebe gelangen[224]. Der ältere Platon hat diese Leibfeindlichkeitstendenzen zwar gemildert, vermochte jedoch den dualistischen Ansatz seines Menschen- und Weltbildes aufgrund seiner Ontologie und Erkenntnistheorie nicht zu überwinden. Die neuplatonische Mystik und die stoische Ethik haben auf ihre Weise diesen Ansatz weiterentwickelt. Das Ideal des stoischen Weisen, von allen sinnlichen Impressionen, den »Leidenschaften«, unberührt zu bleiben und ἀπαθεία (Apatheia) zu üben sowie nur das vernünftige Ich in der »ἀταραξία« (Ataraxia), der (sprichwörtlich gewordenen) stoischen Ruhe, herrschen zu lassen, ist eine Variante der platonischen Vorstellungen.

Mit Aristoteles kam eine grundlegend andere paradigmatische Konzeption über das Verhältnis von Sittlichkeit und Sinnlichkeit, von Vernunft und »Leidenschaft«, von Rationalität und Gefühl in die Wirkungsgeschichte der Ethik[225]. Schon daß er auf anthropologischer Ebene so sehr an der Analyse interessiert war, das »Begehrende« und das »Mutartige« seien Vernunfteinflüssen zugänglich und damit als »metéchon lógon« zu bestimmen, ist dafür kennzeichnend. Dem entspricht die ethische Deutung. Die sinnlichen Leidenschaften, die »Pathe«, sind aus sich heraus zwar keine Tugenden[226]. Aber die sittlichen Haltungen im Bereich unseres Luststrebens und unserer Aggressionskräfte oder überhaupt der gesamten Emotionalität sind doch ohne diesen ihren vitalen Lebensgrund nicht möglich. Es ist falsch, wenn man »die Tugenden einfach als eine Art von

Leidenschaftslosigkeit und Stille bestimmt«[227]. Es geht vielmehr um die *rechte* Leidenschaftlichkeit. »So verhält es sich bei der Besonnenheit, Tapferkeit und den übrigen Tugenden. Wer alles flieht und nichts aushält, der wird feige; wer aber vor nichts Angst hat, sondern auf alles losgeht, der wird tollkühn; und wer jede Lust auskostet und sich keiner enthält, wird zügellos; wer aber alle Lust meidet, wird stumpf wie ein Tölpel. So gehen also Besonnenheit und Tapferkeit durch Übermaß und Mangel zugrunde, werden aber durch das Maß der rechten Mitte bewahrt«[228].

Daher darf es in der Moralerziehung auch nicht darum gehen, unsere sinnlichen Empfindungen und Gefühle zu unterdrücken oder ganz auszuschalten, damit Vernunft und Wille allein walten können. Unsere Sinnlichkeit ist dazu angelegt, »politisch oder fürstlich« von der Vernunft geführt zu werden[229], die »despotische« Disziplinierung wird ihrer menschlichen Natur nicht gerecht. Die sinnlichen Antriebe müssen sich also selbst mit eigener Spontaneität und Kraft ins sittliche Handeln einbringen können. Denn unsere moralischen Tugenden entstehen aus Lust und Schmerz, aus Angriffsimpulsen oder -ängsten oder anderen Affekten. Diese bilden die vitale Quelle und das »Material« der Tugenden, die ihrerseits die Affekte zu ordnen haben[230]. Das geschieht durch die Leitung der sittlichen Vernunft, die ihnen ihre humane Gestalt gibt[231]. Ohne sie und ihre soziale Ausrichtung ist der Mensch nicht etwa unverdorbene Natur, sondern ärger als ein Tier, »das ruchloseste und wildeste aller Wesen und in Liebeslust und Eßgier das schlimmste«[232]. Ohne sinnliche Eindrucks- und Ausdrucksfähigkeit aber fehlt menschlicher Sittlichkeit der Lebensgrund und der zu gestaltende Inhalt.

Hätte sich dieses paradigmatische Modell zum Verhältnis zwischen Sinnlichkeit und Sittlichkeit in unserer Geschichte breiter durchgesetzt, wäre ihr wahrscheinlich viel Elend des Moralismus und Puritanismus ebenso erspart geblieben wie entgegengesetzte Extreme eines hemmungslosen Hedonismus. Tatsächlich aber kamen in unserer europäischen Geschichte die stoischen und neuplatonischen Einflüsse sehr viel stärker zum Tragen. Vor allem Augustinus ist ein Beispiel für ihre Wirkungen in der antiken Kirche[233]. Nicht zuletzt seinem – anderweitig begründeten – Ansehen ist es zuzuschreiben, daß sich in der Christentumsgeschichte der »uralte Unfug« der Erosfeindschaft[234] bis in die Neuzeit ausbreitete. Die Moralkritik, die in diesem Zusammenhang etwa Ludwig Feuerbach, Friedrich Nietzsche oder Sigmund Freud als Gesellschaftskritik vorbrachten, entbehren nicht ihrer Berechtigung[235]. Freuds kritische Anfrage lautete, ob nicht »unsere sogenannte Kultur einen großen Teil der Schuld an unserem Elend trage« und ob es nicht »eine Rückkehr zu Glücksmöglichkeiten bedeutete, wenn die Anforderungen (dieser Kultur, d. Ref.) aufgehoben oder doch sehr herabgesetzt würden«[236].

2.6.3 Sittliche Urteilsbildung und Sprache

»Der Mensch ist das einzige Lebewesen, das Sprache besitzt. Die Stimme zeigt Schmerz und Lust an und ist darum auch den anderen Lebewesen eigen (denn bis zu diesem Punkte ist ihre Natur gelangt, daß sie Schmerz und Lust wahrnehmen und dies einander anzeigen können); die Sprache dagegen dient dazu, das Nützliche und Schädliche mitzuteilen und so auch das Gerechte und Ungerechte. Dies ist nämlich im Gegensatz zu den anderen Lebewesen dem Menschen eigentümlich, daß er allein die Wahrnehmung des Guten und Schlechten, des Gerechten und Ungerechten und so weiter besitzt. Die Gemeinschaft in diesen Dingen schafft das Haus und den Staat«[237].

Aristoteles stützt sich auf ein grundlegendes Phänomen zur Kennzeichnung des Menschen gegenüber allen anderen Lebewesen: auf die Sprache. Der Befund ist offenkundig. Nur der Mensch ist zu ihr fähig. Die Verbindung zur Tierwelt wird nicht übersehen, denn auch dort gibt es Lautmitteilung. Aber es gibt keine Sprache. Die vergleichende Verhaltensforschung – zumal unserer Tage – hat einen großen Nuancenreichtum auf dem Gebiet tierischer Signalvermittlung aufgedeckt. Der grundlegende Unterschied zur menschlichen Sprache ist damit nur noch deutlicher geworden[238]. Inzwischen ist zur Mündlichkeit auch die Schriftlichkeit der Sprache in ihrer Bedeutung als »gesellschaftliche Neuschöpfung« sichtbarer geworden[239]. Mag man in der Lautmitteilung zwischen Tier und Mensch – und damit in mündlicher Sprache – noch Vergleichbares zu den übrigen Sinnenwesen finden, die Schriftlichkeit macht das Unvergleichbare offenkundig. Bei genauerer Analyse verdeutlicht sie freilich nur das Unvergleichbare im Vergleichbaren zwischen tierischer Signalvermittlung und menschlicher Wortmitteilung. Der Text sagt es lapidar: Nur der Mensch ist »zur Wahrnehmung des Guten und Schlechten, des Gerechten und Ungerechten« fähig. Gleichzeitig hebt er die Praxisbedeutung der Sprache hervor. Sprache hat nicht zuletzt ihren Sinn darin, diese Wahrnehmung und mit ihr entsprechende Handlungsanweisungen zu vermitteln. Schließlich heißt es, erst »die Gemeinschaft in diesen Dingen schafft das Haus und den Staat«. Das besagt, ohne eine Urteils- und Sprachgemeinschaft in Fragen von Gut und Schlecht, von Recht und Unrecht sei menschliche Gesellung zu sozialem Gebilde nicht möglich. Es besagt aber auch, es gebe einen grundlegenden Unterschied zwischen menschlichen und allen anderen Formen von Gesellung.

Ein entscheidender Grund dafür liegt somit in der praktischen Urteils- und Sprachfähigkeit des Menschen im Deutungsfeld von Gut und Schlecht, von Recht und Unrecht. Durch die Kraft seiner Vernunft kann der Mensch sowohl zu seinen eigenen Emotionen oder Bedürfnissen als auch zu äußeren Reizschemata in Distanz treten. Er ist nicht einfach in den Strom der Impressionen eingetaucht, der auf ihn aus seiner Um- und Innenwelt zukommt. Er kann in gewissem Maß dazu auf Abstand gehen, kann sie prüfen und beurteilen, um sich dann aus eigener Entscheidung heraus zu verhalten. Natürlich gibt es hierin geradezu unendliche Variationsbreiten der mehr oder minder großen Abhängigkeiten. Das ändert jedoch nichts an unserer potentiellen Möglichkeit zur Scheidung und Entscheidung.

Die Sprache macht diese Vernunftfähigkeit offenbar. Die anderen entwickelten Lebewesen können auf Reizobjekte mit Lauten von Lust oder Schmerz, von Angst oder Angriffsimpulsen reagieren. Der Mensch kann seine Objektwelt »begreifen«, sich also Begriffe von ihnen bilden, sie unter dem Gesichtspunkt von nützlich und schädlich, gut und schlecht ordnen und sie sozial vermitteln. Jede Begriffsbildung ist eine Abstraktionsleistung. In ihr heben wir das hier und jetzt wahrgenommene Objekt – diesen Baum da, jene Katze, diese Blume zum Beispiel – von seiner konkreten Existenz ab, indem wir sie in ein umfassendes Sprachsymbol einbeziehen, nämlich in den Begriff. Das Auge, das Ohr oder die Nase können nur das hier und jetzt vorfindbare Objekt wahrnehmen. Unsere Sinne sind also auf das je einzelne begrenzt. Unsere Sprache weist aus, daß unsere Vernunft zu umgreifender Wahrnehmung fähig ist. In dem je einen Begriff Baum, Katze, Blume können wir alle Bäume, Katzen, Blumen umgreifen. Wir erweisen uns durch die Sprache in der Wahrnehmung nicht auf das je vorliegende Sinnfällige fixiert, sondern zum Allgemeinen, zum Universalen hin geöffnet. Die Kraft der Vernunft als Grund der Sprache zeigt sich als Kraft zur Offenheit. Wir sind zum Sein schlechthin geöffnet, nicht nur zu diesem oder jenem Seienden. Daß wir den Seins-Begriff bilden können, erweist diese Wahrnehmungs- und Urteilsoffenheit. »Die Seele ist in gewissem Sinn alles«, meinte Aristoteles aufgrund dieser universalen Unterscheidungs- und Erkennensfähigkeit des Menschen feststellen zu können[240]. Wir können die Dinge auf ihre spezifische Seins- und Wirkweise, auf ihre »οὐσία« (Ousia) überprüfen, auch wenn wir dabei nur gewisse allgemeine Kriterien über sie gewinnen[241]. Wir können zur Sprache bringen, was den Menschen – etwa gegenüber dem Tier oder der Pflanze – zum Menschen macht. Derartige Unterscheidungsfähigkeiten besitzen wir letztlich deshalb, weil wir aus dem konkreten Ding oder Vorgang das Allgemeine »abheben« – abstrahieren – können. Die denkerisch-sprachliche Fähigkeit zur Abstraktion ist die Voraussetzung aller Wissenschaft. Wenn wir Ursachen und Gesetze erforschen, abstrahieren wir immer Allgemeines aus Konkretem. Galilei hob aus der Beobachtung eines fallenden Körpers das Gesetz des freien Falles heraus, entdeckte also ein Allgemeines im Konkreten.

Etwas Entsprechendes zu dieser Erkenntnis- und Urteilsfähigkeit im Theoriebereich gibt es im praktischen Urteils- und Entscheidungsfeld. Wir können dieses Gut von jenem Gut unterscheiden, können eines als schädlich, das andere als nützlich bewerten und uns für das eine oder andere entscheiden. Wie selbstverständlich nehmen wir im Rahmen unserer Auswahlmöglichkeiten diese Fähigkeit alltäglich wahr, wenn wir z.B. entscheiden, was wir essen oder trinken, ob wir arbeiten oder ruhen, ob wir Freunde besuchen oder daheim bleiben usf. Natürlich ist für alle Variablen immer ein äußerer Angebotsrahmen und ein begrenzter Verhaltensspielraum des Handelnden gesetzt. An der Unterscheidungs- und Entscheidungsfähigkeit ist jedoch aufgrund unserer simpelsten Alltagserfahrungen nicht zu zweifeln. Dieser fundamentale Befund aber besagt, daß wir nicht auf dieses oder jenes Einzelgut festgelegt sind. Vielmehr haben wir »die Wahrnehmung« oder »den Begriff« von Gut überhaupt, sind durch unsere praktische Vernunft dem Guten schlechthin geöffnet. Entscheiden können wir, weil eben unsere Vernunftkraft uns befähigt, Abstand vom einzelnen Gut mit seinen Reizimpressionen zu nehmen sowie zwischen ihm und anderen Gütern unter dem universalen Gesichtspunkt des Guten zu wählen. Die sittlich reife Unterscheidungskraft nannte Aristoteles »φρόνησις« (Phronesis) – Klugheit oder Lebensweisheit. Die Entscheidung bezeichnete er als »προαίρεσις« (Prohairesis).

Für Bruno Snell ist es nicht zufällig, daß das antike Griechenland für unsere Kultur- und Geistesgeschichte das Ursprungsland aller Wissenschaft einschließlich der Ethik mit ihrer systematischen Suche nach dem Guten geworden sei. Die griechische Sprache habe in besonderer Weise die Bedingungen zur Abstraktion und damit zur wissenschaftlichen Begriffsbildung entfaltet. »Alle anderen Sprachen zehren hiervon, haben entlehnt, übersetzt oder hängen noch in lockerer Form vom Griechischen ab«[242].

2.6.4 Entscheidungsfreiheit und Autarkie – Ursprung und Ziel sittlichen Handelns

Mit der »προαίρεσις« (Prohairesis) entfaltete Aristoteles sein Paradigma von Ethik in einem entscheidenden Zusammenhang. Wie immer dieser später weiter reflektiert werden sollte, er hat die Geschichte unseres ethischen Bewußtseins und ethischer Sprache durchhaltend beschäftigt und geprägt, mag man nun in der Antike, im Mittelalter und in der Reformation vom »liberum arbitrium«, dem »freien Willen« oder der »Wahlfreiheit«, in der Aufklärung einfach von »Freiheit« oder vom »autonomen Willen« und in unserer Epoche von Selbstbestimmung oder (freiheitlicher) Verantwortung gesprochen haben[243]. Bei Aristoteles ist die Entscheidungsfreiheit (Prohairesis) dabei mit der »αὐτάρκεια« (Autarkeia), der Handlungsfreiheit des Bürgers, in enger Beziehung zu sehen. Die Autarkie »ist (daher) das Ziel und das Beste«[244]. Autark sein ist geradezu gleichbedeutend mit glücklich sein[245]. Die »Prohairesis« ist Aristoteles für die Ethik so wichtig, daß er ihr einen ausführlichen Abschnitt widmet[246]. Sie hat Wege und Mittel für die Erreichung der Autarkie oder überhaupt für das gute Leben zu wählen. »Auch ihr Name scheint anzudeuten, daß es sich um etwas handelt, das man vor dem anderen wählt«[247], dem man also den Vorzug vor einem anderen gibt. Wählen aber kann man nur, wenn man wenigstens zwischen zwei Möglichkeiten verglichen, über sie nachgedacht und sie abgewogen hat. »Denn die Entscheidung geht mit Denken und Überlegen zusammen«[248]. Damit kommt das mit »Prohairesis« Gemeinte, das nur schwer mit einem einzigen Begriff ins Deutsche übersetzt werden kann, immer deutlicher in den Blick. Dieser Vorgang des Vorzug-Gebens ist nicht einfach eine Sache der Neigung, des Wünschens, Wollens oder Bedürfens. Er setzt »Denken« (Logos) und »Überlegen« (Dianoia) voraus. Nur wo diese möglich sind, ist Entscheiden möglich. Je umsichtiger und kenntnisreicher sie geschehen, um so qualifizierter sind auch die Voraussetzungen der Entscheidung. Aber eben nur die Voraussetzungen! Denn die kognitive Tätigkeit allein ist noch kein Entscheidungsakt. Er wird nicht nur von Überlegungen gesteuert. Vielmehr gehen Affekte, Neigungen, Sympathien oder Interessen maßgeblich in ihn ein. Aristoteles hat für die emotionalen Impulse den Sammelbegriff der »ὄρεξις« (Órexis), des «Strebens«. Reflexion und Affektion durchdringen sich derart eng im Entscheidungsgeschehen, daß er es offen läßt, was darin den Vorrang hat: »Die Entscheidung ist entweder ein vom Streben gesteuerter Verstand oder ein vom Verstand gesteuertes Streben, und in solchem Sinne ist der Mensch Ursprung« des Handelns[249].

Von daher wird die rechte Bildung unseres gesamten Affekt- und Interessenbereichs für die rechte Urteils- und Entscheidungsfindung von grundlegender Bedeutung. Die Abhängigkeitsbeziehung zwischen »Erkenntnis und Interesse« in der Praxis[250] wurde also im Kern der Problematik sehr früh in unserer Geschichte thematisiert. Nur dort, wo Sittlichkeit der Gesinnung und der Affekte waltet, kann der Mensch nach Aristoteles das wahrhaft Gute erkennen. Der Ungerechte gibt dem Unrecht den Vorzug, weil er es für das Richtige hält[251]. »Wie jemand ist, so urteilt er.« Das sittliche Urteil im konkreten Leben offenbart den Charakter eines Menschen[252]. Das aber bedeutet, daß nur der sittliche Mensch kraft seiner Unabhängigkeit von pervertierenden Affekten und Interessen im konkreten Urteilskonflikt das wahrhaft Gute, also das sittlich Wahre erkennt. Denn »nur er sieht die Dinge so, wie sie sind. ... Für die meisten Menschen ist bekanntlich die Lockung des Genusses der Grund, warum sie sich täuschen«[253]. Was vom Individuum gilt, ist entsprechend auf Interessengruppen oder Gesellschaftssysteme anzuwenden.

In der Theologie wurde in diesem Zusammenhang die sittliche Urteilsfähigkeit des »natürlichen Menschen« und damit dessen Sittlichkeitsfähigkeit überhaupt problematisiert. Denn wer ist wirklich gut? So lautete die grundlegende Frage durch die Jahrhunderte hindurch. Bedeutendste theologische Denker haben die wirklich selbstlose und lautere Urteilsfähigkeit des Menschen in Abrede gestellt. Unsere sittliche Erkenntnis- und Urteilskraft sei seit unserer Urgeschichte durch das pervertierende Selbstinteresse, den »amor sui«, in der Wurzel getroffen. Deshalb wüßte der Mensch aus sich heraus letztlich auch nicht wirklich, was »gut und böse« ist[254]. In der Folge davon sei er auch nicht zu wahrer Freiheit fähig[255]. Aristoteles stellte die Frage jedoch nicht in den radikalen Prüfungshorizont, der der biblischen oder theologischen Tradition durch die Begegnung mit dem Gott des Evangeliums erwachsen war. Er suchte im Rahmen der menschlichen Erfahrungszusammenhänge und ihrer Annäherungswerte die Urteils- und Entscheidungsfähigkeit zu bestimmen. Ebenso war für ihn die »Eudaimonia«, »das gute und glückliche Leben«, kein ethisches Maß außerhalb menschlicher Möglichkeiten.

Deshalb vertrat er auch: »Die Entscheidung bezieht sich nicht auf Unmögliches, und wenn einer behauptet, sich für solches zu entscheiden, so müßte er als einfältig wirken«[256]. Ebenso ist die sittliche Urteilsfähigkeit im Rahmen des Menschlich-Vergleichbaren und -Möglichen zu sehen, nicht auf dem Hintergrund göttlicher Lauterkeit und Fehlerlosigkeit. In diesem Rahmen galt es für Aristoteles als erfahrungsmäßig bestätigt, daß pervertierte Lust- und Angstverfallenheit das sittliche Urteil trübt und daß es für eine rechte Urteilsfindung daher nötig ist, durch ethische Orientierung der Affekte und Interessen eine lautere sittliche Wahrnehmungs- und Urteilsfähigkeit zu gewinnen.

Damit wird die »Prohairesis«, die freie Entscheidung, als »Ursprung (›Arche‹) menschlichen Handelns« thematisiert. Hierin sind mehrere grundlegende Aspekte enthalten. Die Fähigkeit zur freien Entscheidung kennzeichnet uns als Menschen. »Die Entscheidung ist uns nicht mit den vernunftlosen Lebewesen gemein, wohl aber die Begierde und der Zorn«[257]. Nur durch die Entscheidung wird unser Handeln zum eigentlich menschlichen Handeln. Sie kann daher auch als Ursprung allen sittlichen Handelns bezeichnet werden[258]. Ohne diese Freiheit keine Sittlichkeit! Daher sind »Tugenden Entscheidungen oder nicht ohne Entscheidung«[259]. Daraus wurde seither gefolgert: Wo der Mensch nicht durch Überlegung und freies Abwägen sowie durch die darauffolgende freiheitliche Wahl tätig wird, kann er auch nicht im eigentlichen Sinn als verantwortlich für sein Tun bezeichnet werden. Dort jedoch, wo das Tun aus einer »Prohairesis« hervorgeht, erweist sich der Mensch selbst als »Arche« (Ursprung, Principium) des Handelns[260]. Er ist weder durch ein äußeres Reizobjekt noch durch »Begierde oder Zorn« zwangsbestimmt. Sonst könnte keine Entscheidung zum Zuge kommen. Die Selbstbestimmung des Menschen wurde damit ein fundamentaler Bestandteil des Paradigmas von Ethik, das Aristoteles im Rahmen seiner hellenistischen Tradition entworfen hat. Ohne diesen Anteil können wir nicht mehr von ethischem Handeln sprechen.

Ergänzend dazu ist die »Autarkeia« zu sehen. Sie vervollständigt die aristotelische Freiheitsvorstellung. Die Freiheit, die die »Prohairesis« darstellt und zugleich verwirklicht, ist noch nicht deren höchster Ausdruck. Sie ist vielmehr nur Weg dazu[261]. Eigentliches Ziel als das alle anderen Ziele umgreifende und vollendende Ganze ist die »Eudaimonia«. Sie hat nichts über sich, auf das sie noch ihrerseits gerichtet wäre. Sie ist »für sich Genüge«, sie besagt selbst »Autarkeia«. »Eudaimonia« und »Autarkeia« besagen dasselbe. Wie das Glück, so ist auch die Autarkie das »τέλειον ἀγαθόν« (téleion agathón), das in sich selbst sinnvolle und genügende Ziel, das nicht um eines andern willen mehr da ist[262]. Da aber im Sinne des Aristoteles nur der sittliche Mensch, der Mensch der Gerechtigkeit, wahrhaft glücklicher Mensch sein kann, wird auch deutlich, worin sich Freiheit als Ausdruck des Menschen allein realisiert: im sittlich guten Leben. Nur Sittlichkeit bedeutet Autarkie, wie umgekehrt Autarkie manifest macht, was Sittlichkeit eigentlich meint: Freiheit. Ob die innere Unabhängigkeit des Sokrates angesichts seines Todes durch den Schierlingsbecher Aristoteles in dieser seiner Freiheitsschau beeinflußt hat?

Gleichwohl enthält die Autarkie bei Aristoteles durchaus eine doppelte Dimension. Sie meint einmal jene innere Identität des Menschen, die ihm in Selbstbestimmung aus vernünftiger und frei gewählter Bindung an das Gute erwächst. Sie meint zum anderen aber auch die äußere Freiheit des Bürgers von Fremdbestimmung, meint sein äußerlich unabhängiges Leben. In beiden Richtungen blieb Aristoteles mit seinen Freiheitserwartungen seinen Vorstellungen vom Menschen und dessen Natur verbunden. Es ging ihm um die menschenmögliche Form von Freiheit. Die innere Freiheit bedeutete ihm keineswegs völlige Unberührbarkeit von Affekten. Seine »Autarkeia« ist nicht die stoische »Apatheia«[263]. Desgleichen ist auch die äußere Autarkie nicht unabhängig von unseren menschlichen Bedingungen zu verstehen, also von einem abstrakten oder radikalen Standpunkt aus. »Den Begriff des Autarken wenden wir aber nicht an auf das von allen Bindungen gelöste Ich, auf das Ich-beschränkte Leben, sondern auf das Leben in der Verflochtenheit mit Eltern, Kindern, der Frau, überhaupt den Freunden und Mitbürgern; denn der Mensch ist von Natur bestimmt für die Gemeinschaft... Unter dem Begriff des Autarken verstehen wir das, was rein für sich genommen das Leben begehrenswert macht und nirgends einen Mangel offen läßt«[264]. Freiheit wird hier somit nicht entworfen als Ergebnis einer radikalen Unabhängigkeitslogik, sondern als Größe menschlicher Lebensbeziehungen gemäß den Bedingungen unserer Menschlichkeit.

Dazu gehört für Aristoteles auch das notwendige Maß an ökonomischer und politischer Unabhängigkeit. Sklaven haben diese Unabhängigkeit nicht und sind daher auch nicht autark zu nennen[265].

Es gibt durchaus verschiedene Entwicklungsstufen des autarken Lebens etwa im Dorf oder in der Stadt[266]. Vor allem ist dem Irrtum zu wehren, als sei größere Macht- und Wirtschaftsfülle aus sich heraus schon mit größerer Autarkie verbunden: »Man darf, wenn man auch ohne äußere Güter nicht glücklich sein kann, darum nicht meinen, daß dazu viele und große Güter erforderlich wären. Denn die Autarkie und die Möglichkeit zu handeln liegen nicht am Überfluß; man kann auch, ohne über Land und Meer zu herrschen, edel handeln; auch mit bescheidenen Mitteln läßt sich der Tugend gemäß handeln. Man kann das deutlich daran sehen, daß einfache Bürger den Machthabern im rechten Handeln nicht nachstehen, sondern ihnen eher darin voraus zu sein scheinen. Es genügt also, wenn die nötigen Mittel vorhanden sind... Denn auch mit maßvollem Besitz kann man das tun, was sich gehört«[267].

Natürlich darf die Ethik, die hier vertreten wird, nicht einfach in unsere Epoche der Industriegesellschaft übertragen werden. Dennoch lassen sich ihr kritische Perspektiven für uns entnehmen. Gewinnmaximierung oder Erwerb um des Erwerbs willen, wie sie sich als bestimmende Leitmotive kapitalistischer Wirtschaftsentwicklung darstellen[268], erweisen sich danach als gründliche Fehlorientierungen. Sie produzieren Gesellschaftsverhältnisse in Richtung von Menschlichkeitsverlust statt Autarkie- und Menschlichkeitsgewinn. Ebenso ist dem aristotelischen Entwurf ein Korrektiv für jene Gesellschaftssystematik zu entnehmen, in der das Kollektiv zum alleinigen Maßstab erhoben und die Autarkie des Individuums als Grundübel für ein Gemeinwesen diskriminiert wird. Von Aristoteles wird ein Staatswesen entworfen, in dem dessen Autarkie die Garantie für die Freiheitssicherung der Bürger ist, wie umgekehrt nur der autarke Bürger in seiner Gemeinwesenspflichtigkeit den freien und gerechten Staat zu garantieren vermag.

2.7 Gerechtigkeit für alle

2.7.1 Zum Nutzen aller Bürger in Freiheit und Gleichheit

Ein solches Staatswesen ist nur zu erreichen, wenn zwei maßgebliche Grundsätze anerkannt und verwirklicht werden. Erstens müssen die »Nomoi« (das sind die öffentlichen Ordnungsregeln des »Staates«, angefangen von den ungeschriebenen Sitten bis zu den geschriebenen Gesetzen) dem Wohl aller seiner Bürger dienen: Das Ziel der Gesetze »ist der gemeinsame Vorteil für das ganze Volk... Wir bezeichnen also (in einer Hinsicht) als gerecht, was den Zweck hat, das glückliche Leben sowie dessen Komponenten für das Gemeinwesen hervorzubringen und zu erhalten«[269]. Die innere Zielsetzung von »Gesetzen« wird pervertiert, wenn diese für die Eigeninteressen der Herrschenden erlassen und durchgesetzt werden. Der gerechte Herrscher sucht deshalb nicht eigennützigen Vorteil. »Sein Mühen wird vielmehr zum Vorteil für andere«[270].

Zweitens müssen die Menschen »frei und gleich« sein, soll Gerechtigkeit im eigentlichen Sinn herrschen und Glück sowie Autarkie im gemeinsamen Staatswesen walten[271]. Nur wo die Anerkennung des anderen als eines gleichberechtigten Gegenübers besteht, ist die Voraussetzung für Recht und Gerechtigkeit gegeben. Wo das nicht der Fall ist wie etwa im Verhältnis zwischen Eltern und Kindern, kann von Rechten nur im übertragenen Sinn gesprochen werden. Daher darf der Gerechte dem anderen auch nicht nach eigenem Belieben oder Interesse die ihm zustehenden Rechte streitig machen[272]. Der andere und das ihm Geschuldete sind in der Gerechtigkeit das Maß-Gebende, nicht der Handelnde nach Maßgabe seiner subjektiven Bedingungen oder Wünsche. Daher ist auch »die Gerechtigkeit als einzige unter den Trefflichkeiten des Charakters ›des anderen Gut‹, weil sie auf den anderen bezogen ist«[273].

Die Gerechtigkeit ist es also, die unsere gesamten sozialen Beziehungen im sittlichen Sinn gestaltet. Die Maßhaltung (Sophrosyne) und die Tapferkeit (Andreia) dienen zunächst dem Subjekt in der Bemühung um eigene Ausgewogenheit seiner Lust- und Aggressionsimpulse. In der Folge davon werden sie sozial wirksam. In der Gerechtigkeit geht es immer um den anderen oder die anderen und das ihnen Geschuldete. Gerechtigkeit ist immer πρὸς ἕτερον (prós héteron) – zum anderen hin. Als Ergebnis seiner Suche nach der Bestimmung der Gerechtigkeit kann Aristoteles daher feststellen: »Als Ungerechter gilt der Gesetzeswidrige und ebenso der Unersättliche und der Ungleiche (d.i. der nicht auf Gleichheit, sondern auf Übervorteilung Bedachte; d.Ref.). Demgemäß wird gerecht sein, wer die Gesetze achtet und sich an die Gleichheit hält. Gerecht ist also das Gesetzliche und Gleiche, ungerecht das Widergesetzliche und Ungleiche«[274].

Mit den Gesetzen zielt auch die Gerechtigkeit auf das Wohl aller anderen. Sie ist – wie die »Eudaimonia« – zugunsten der eigenen Bürgerschaft, aber auch anderer Völkerschaften wirksam[275]. Von da her erhält die Gerechtigkeit als »Sittlichkeit für den anderen« ihren überragenden Rang. Dieser wird durch die noch grundlegendere Einsicht bestätigt, daß niemand überhaupt allein leben und Autarkie erreichen kann, auch nicht ein einzelnes Staatsgebilde[276]. Von hier her gilt, daß Sittlichkeit ohne Gerechtigkeit nicht möglich ist. Mit unseren Begriffen hieße das: Ohne soziale Verantwortung verfehlt der Mensch seine sittliche Bestimmung. Mit den Worten des Aristoteles: »Die Gerechtigkeit in diesem Sinn ist also nicht ein Teil der ethischen Trefflichkeit, sondern die Trefflichkeit in ihrem ganzen Umfang. Und ihr Gegensatz, die Ungerechtigkeit, ist nicht ein Teil der Schlechtigkeit, sondern die Schlechtigkeit in ganzem Umfang«[277]. Daher gibt es auch keine Tapferkeit, wenn es nicht um die Verwirklichung des Guten und der gerechten Sache geht. »Deshalb gilt die Gerechtigkeit oft als oberste unter den charakterlichen Trefflichkeiten, und ›weder Abend- noch Morgenstern sind so wundervoll‹. Und im Sprichwort sagen wir: ›In der Gerechtigkeit ist jeglicher Vorzug beschlossen‹. Und sie ist in ganz besonderem Sinn ›vollkommene Trefflichkeit‹, weil sie die unmittelbare Anwendung vollkommener Trefflichkeit ist«[278].

2.7.2 Zur wirkungsgeschichtlichen Bedeutung des Gleichheitsgedankens

Diese Theorie-Elemente müssen natürlich auf ihren »Sitz im Leben« untersucht werden, um ihren konkreten geschichtlichen Bedeutungszusammenhang zu vergegenwärtigen. Dazu gehört einerseits die besondere Entwicklung Athens zur attischen Demokratie und gehört unter anderem die unangefochtene Institution der Sklaverei in der damaligen Antike. Athen hatte schon vor dem Peloponnesischen Krieg (432–404 v. Chr.) als erster »Staat« so etwas wie eine Basisdemokratie gewagt. Jeder Bürger konnte sich an die Volksversammlung wenden und dort seine Interessen vorbringen. Die Volksversammlung war das maßgebliche Entscheidungsorgan, deren Vertreter jährlich neu gewählt wurden. Sie schuf sich den »Rat der Fünfhundert« und einen engeren Ausschuß, beide mit beratender Funktion[279]. Diese Verfassungsform nannte Aristoteles die »Politeia«, die »Gemeinschaft aller Bürger« (universitas civium), sofern freilich die Regierenden sich auch wirklich zum gemeinsamen Nutzen einsetzen. Wenn die Monarchie oder die Aristokratie wirklich dem Wohl aller dienten, hielt er auch sie für richtige Staatsformen. Alle drei Verfassungen galten ihm jedoch auch für pervertierbar! Maßgebliches Kriterium war ihm, ob der gemeinsame Nutzen oder die Eigeninteressen der Herrschenden (mögen sie einzelne oder Herrschaftsgruppen sein) bestimmend würden[280]. Der Demokratie-Begriff war bei Aristoteles negativ besetzt; sie war ihm die Fehlform der »Politeia«[281].

Im Peloponnesischen Krieg, in dem Athen schließlich unterlag, standen sich nicht zuletzt die kämpferischen Anhänger von zwei unterschiedlichen »Staatsverfassungen« gegenüber. Sparta und dessen Verbündete lehnten sich aus ihrer konservativ-aristokratischen Tradition gegen Athen auch deshalb auf, weil es mit seinem Modell der attischen Demokratie geradezu revolutionär in die politischen Gefüge des damaligen Griechenlands einbrach. Der Niedergang der politischen Kultur und Sitten in Athen (man denke an die ungerechte Verurteilung des Sokrates durch die Ratsversammlung!) gerade durch den Peloponnesischen Krieg mögen Aristoteles dazu bewogen haben, jener damaligen »Basisdemokratie« gegenüber in reichlich kritischer Distanz zu verbleiben. Er hielt es für schwierig, daß die Vielen sich derart zur politischen und sittlichen Reife entwickeln würden, daß sie nicht den Eigeninteressen nachjagten und wirklich dem gemeinsamen Nutzen dienten[282]. Dennoch dürfte er seine ethische Theorie über Recht und Gerechtigkeit im Staat[283] auf dem Hintergrund der damaligen Bemühungen um die attische Demokratie entworfen haben. Er hat mit seiner Sprache von den »freien und gleichen Bürgern« sowie von der Gerechtigkeit als »des anderen Gut« paradigmatisch ein kritisches Prinzip herausgestellt, an dem sich bis heute Unrechtsverhältnisse und Unrechtspraktiken entlarven lassen.

Politische Auseinandersetzungen unserer Tage, die von neokonservativer Seite unter dem Titel der Freiheitssicherung geführt werden[284] und Maßnahmen sozialer Gerechtigkeit zurückstellen oder sogar als Bestrebungen des Wohlfahrtsstaates diskriminieren[285], erweisen sich im Licht der aristotelischen Gerechtigkeitslehre als ideologiebefangene Unrechtsbemühungen. Das Gleiche gilt in umgekehrter Richtung für alle totalitären Tendenzen jedweder Herkunft, mögen sie die Freiheits- und Persönlichkeitsrechte von einzelnen oder Einzelgruppen nun unter dem Vorwand »nationaler Sicherheit« oder »des revolutionären Fortschritts« oder anderweitiger »gesellschaftlicher Notwendigkeiten« mißachten. Bis auf den heutigen Tag stellt die Forderung des Aristoteles nach dem Miteinander von Freiheit und Gleichheit unter dem Primat des gemeinsamen Nutzens ein Programm dar, an dem jedes auf Gerechtigkeit bedachte Staatswesen sich messen und immer neu bewähren muß. Leitsatz der politischen Ethik wäre danach: Die Freiheit der Bürger darf nicht auf Kosten ihrer Gleichheit gehen und die Gleichheit nicht ihre Freiheit aufheben. Für eine gerechte Verfassung bedeutet das heute, daß alle Grund- und Freiheitsrechte der Menschen der staatlichen oder gesellschaftlichen Manipulation entzogen bleiben müssen. Ebenso aber gilt, daß alle Freiheitsansprüche der einzelnen an den Rechten der anderen ihre Grenze finden. Innerhalb dieses Spannungsrahmens muß das auf Gerechtigkeit bedachte moderne Staatswesen seinen Weg suchen[286].

Zum »Sitz im Leben«, der historisch für Aristoteles beachtet werden muß, gehört nun freilich unter anderem auch seine eigene geschichtliche Befangenheit gegenüber der Sklaverei. Der Philosoph hat mit seiner Gerechtigkeitstheorie vor dieser Institution haltgemacht. Nur den freien Bürgern galt sein Gleichheitsethos, so menschlich er mit seinen eigenen Sklaven laut Ausweis seines Testaments auch umgegangen sein mag. Wie so oft haben wir hier das Phänomen, daß der Kern einer Einsicht im Feld gesellschaftlicher Ethik von seinen Entdeckern zwar zur Sprache gebracht, in ihrer realpolitischen Auswirkung jedoch keinesfalls hinreichend ausgelegt wurde. Ihre eigene Erkenntnis kann damit gleichsam gegen sie selbst geltend gemacht werden. Die Bedeutung ihrer Theorie wurde jedenfalls erst hinreichender durch deren Wirkungsgeschichte sichtbar. Auch Paulus hat die grundsätzliche Gleichheit von Juden und Heiden, von Sklaven und Freien, von Mann und Frau kraft Christi Erlösungstat und aus der Naherwartung seiner Wiederkunft für alle Menschen verkündet (Gal 3,26–29). Aber wie lange sollte es noch dauern, bis die Christenheit diese Erkenntnis zur gesellschaftlichen Wirklichkeit werden ließ, wenigstens in ihrem eigenen Einflußgebiet? Das realpolitische Defizit hebt jedoch weder die neutestamentliche Botschaft noch die sozialphilosophische Einsicht des Aristoteles in ihrer geschichtlichen Deutungskraft für uns auf.

2.7.3 Was ist das Gleiche? Grundformen von Gerechtigkeit

Das kritische Verhältnis zwischen Gleich und Ungleich bildet für Aristoteles ohne Zweifel die Grundlage für die Bestimmung des Gerechten: »Es steht fest, daß der Ungerechte die Gleichheit verletzt und daß die ungerechte Tat Ungleichheit bedeutet«[287]. Aber worin besteht das gerechte Gleiche? Zunächst ist als allgemeine Orientierung festzuhalten, daß mit dem Gleichen die »rechte Mitte« zu halten ist, nämlich die »rechte Mitte« zwischen einem »Zuviel« und einem »Zuwenig«. »Denn bei jeder Art von Handeln, wo es ein Mehr und ein Weniger gibt, gibt es auch das Gleiche«[288]. Das Finden der »rechten Mitte« ist nach Aristoteles überhaupt grundlegend für die sittliche Urteilsbildung und Praxis[289]. Schulde ich einem Kaufmann für eine Ware 10 DM, muß ich ihm nicht 15, darf ihm aber auch nicht nur 5 DM geben. Ich handle vielmehr gemäß meiner Rechtspflicht, wenn ich ihm 10 DM gebe. Sie muß ich »be-gleichen«. In der Gerechtigkeit geht es dabei nicht um eine rechte Mitte »im Hinblick auf uns« wie etwa in der Besonnenheit. Bei dieser wird das rechte Maß vom Handelnden und dem, was ihm bekömmlich ist, genommen, zum Beispiel im Essen und Trinken. Ein jeder muß hier ein rechtes Maß, seine rechte Mitte finden. In der Gerechtigkeit aber geht es »um die Mitte an sich«, nämlich um das, was ich dem anderen der Sache nach schulde[290].

Man geht nicht fehl, wenn man in dieser Forderung nach Gleichbehandlung den Kern dessen sieht, was die »goldene Regel« aufgibt. Dabei ist es unerheblich, ob man sie nun in der negativen Form unseres Sprichworts (»Was du nicht willst, daß man dir tu, das füg' auch keinem andern zu«) oder in der positiven Fassung nimmt, wie man sie z. B. Mt 7,12 und Lk 65,31 findet (»Alles, was ihr wollt, daß euch die Leute tun, das sollt auch ihr ihnen tun«). Diese Verhaltensorientierung gehört nicht nur zu den wenigen sozialen Grundregeln, die inhaltlich bei allen Völkern und Kulturen vorfindbar sind[291]. Sie scheint auch jene soziale Ordnungserkenntnis wiederzugeben, die für Kinder von einer frühen Stufe ihrer Moralentwicklung an einleuchtend und als Gegenseitigkeitsregel anerkannt wird[292].

So einfach und einleuchtend die »Goldene Regel« oder auch die »Gegenseitigkeitsregel« sich auf den ersten Blick dartun, so zeigt sich bei näherer Prüfung, daß sich darin schon sprachlogisch eine hohe Komplexität verbirgt[293], daß ihre Wahrnehmungsfähigkeit ein hohes Maß an sozialer Unterscheidungsfähigkeit verlangt und daß sie daher im Reifungsprozeß bei Kindern in sehr unterschiedlichen Stufen zum Durchbruch kommen[294].

Für die ethische Urteilsbildung steht dabei die Frage im Vordergrund, worin denn bei der Vielfalt der Wirtschaftsgüter und anderen Werte sowie bei der Unterschiedlichkeit der Menschen, denen wir etwas schulden können, das Gleiche als das recht Bemessene bestehe. Schon ein Blick auf den kleinsten Sozialverband, die Familie, macht die Komplexität der Zusammenhänge deutlich. Wann werden wir Eltern im Umgang mit ihren

Kindern gerecht und wann ungerecht nennen? Gerecht doch wohl, wenn sie alle Kinder gleich behandeln und ihnen Gleiches an Aufmerksamkeit, Achtung und Zuwendungen der verschiedenen Arten zukommen lassen – ungerecht, wenn sie eines willkürlich vorziehen und die anderen zurücksetzen. Wer Umgang mit Kindern hat, weiß aus den alltäglichen Vorgängen, welch hohe Sensibilität sie für gleiche Behandlung an den Tag legen. Der Grundsatz der Gleichheit ist also unbestritten. Aber worin besteht bei einer größeren Kinderzahl das gerechte Gleiche? Eltern handeln doch offenkundig nicht ungerecht, wenn sie bei der Verteilung einer Mahlzeit ihrem 16jährigen Jungen eine erheblich größere Ration zuteilen als ihrem 2jährigen. Denn der letztere braucht einfach nicht das gleiche Quantum an Nahrungsmitteln wie der erstere.

Aufgrund dieser offenkundigen Erfahrungsbefunde deckt Aristoteles eine maßgebende Unterscheidung im Gleichheitsbegriff auf. In sozialen Verhältnissen darf Gleichheit nicht einfach nur unter quantitativen Gesichtspunkten – Aristoteles spricht von arithmetischer Gleichheit – betrachtet und gewertet werden. Denn bei der Bemühung um Gerechtigkeit geht es nicht nur um den Ausgleich von Sachwerten, sondern immer auch um die angemessene Rücksicht auf die Personen, denen wir Gerechtigkeit schulden. Dadurch, daß diese nie einfach die gleichen sind, sondern unterschiedlich in dem, was ihnen gebührt, darf es auch nie nur um die Durchsetzung quantitativer Gleichheit gehen. Es muß vielmehr nach einer »angemessenen Gleichheit« gesucht werden. Aristoteles stellt deshalb dem arithmetisch Gleichen das angemessen oder proportional Gleiche gegenüber[295]. Nach dieser inneren Differenzierung im Gleichheitsbegriff unterscheidet er zwei Grundformen der Gerechtigkeit[296]: Die arithmetische Gleichheit bildet die Grundlage für die »Austauschgerechtigkeit« (oder auch »Vertragsgerechtigkeit« genannt, weil sie das maßgebliche Prinzip für alle Austauschvorgänge zwischen gleichberechtigten Vertragspartnern sein muß). Sie sollte in der lateinischen Aristotelestradition »justitia commutativa« heißen. Das angemessen oder proportional Gleiche bildet das Maß für die »Verteilungsgerechtigkeit« (»justitia distributiva« im Aristoteles latinus). »Sie muß wirksam werden bei der Verteilung von öffentlichen Anerkennungen, von Geld und sonstigen Werten, die den Bürgern eines geordneten Gemeinwesens zustehen. Hier ist nämlich möglich, daß der eine das Gleiche wie der andere oder nicht das Gleiche zugeteilt erhält«[297]. Es verstößt danach ebenso gegen die Gerechtigkeit, wenn Gleiche Ungleiches, wie wenn Ungleiche Gleiches erhalten[298]. Es gilt »κατ' ἀξίαν« (kat' axian) – nach dem »Gebührenden« zu verteilen[299].

Die Bedeutung dieser Unterscheidungen im Gleichheits- und im Gerechtigkeitsbegriff kann kaum überschätzt werden. Im Rahmen ihrer Wirkungsgeschichte hat sich in der Stoa die Kurzformel des »suum cuique« – »jedem das Seine« – herausgebildet. Ohne die Anwendung dieses Gerechtigkeitsgrundsatzes können wir uns bis auf den heutigen Tag ein geordnetes Zusammenleben nicht denken. Wohlgemerkt, dabei lautet der Regelsatz nicht »jedem das Gleiche«, sondern »jedem das Seine«. Man könnte anhand dieses Postulats – und zwar in seiner immer neuen Ordnungskraft ebenso wie in seiner ideologischen und politischen Gefährdung – wohl die ganze Geschichte unserer Rechtskultur und ihrer Bedrohung durchleuchten. Unsere kapitalistisch orientierten Gesellschaften würden mit ihrem nur allzu häufigen Verstoß gegen die Solidarität der Menschen damit das grundlegende Gleichheitsprinzip verletzen. Wo kollektivistische Systeme wirken, haben sie bei Übergriffen gegen die Freiheitsrechte der Person nicht begriffen, daß Gerechtigkeitsdenken auch verlangt, unterschiedlich »nach dem Gebührenden« zu verteilen. Dabei war sich bereits Aristoteles darüber im klaren, daß vorzugsweise die Perspektive der proportionalen Gleichheit besonders leicht der Verzerrung ausgesetzt sein kann: »Das Gerechte muß bei den Verteilungen nach einer bestimmten Angemessenheit in Erscheinung treten; darin stimmen alle überein. Aber gerade unter dieser

Angemessenheit verstehen nicht alle dasselbe: Die Vertreter des demokratischen Prinzips meinen die Freiheit, die des oligarchischen den Reichtum oder den Geburtsadel und die Aristokratie den hohen Manneswert«[300].

Dennoch stellt seine Feststellung z. B. gegenüber Platon eine maßgebende Weiterentwicklung der Rechts- und Gerechtigkeitstheorie dar, daß wir nämlich in unserem Gerechtigkeits- und Gleichheitsverständnis mehrdimensionale Beziehungen berücksichtigen müssen und deshalb nicht undifferenziert von »gerecht« und »ungerecht« sprechen dürfen[301]. Der Hinweis auf die Bedeutungsvielfalt im Begriff des »Gerechten« und die darin enthaltene Forderung, sie in der Praxis zu berücksichtigen, darf jedoch nicht den Umstand verschleiern, daß die Gleichheit das umfassendste Kriterium ist, an dem sich Recht vom Unrecht scheidet. Für Aristoteles bildet die Achtung der Gleichheit das Fundament aller Gerechtigkeit[302]. Die letzte kritische Grundlage in allen gesellschaftlichen Konflikten muß daher auch der Gleichheitsgrundsatz sein, nicht die Forderung nach proportionaler Gleichheit. Die Unterscheidung zwischen quantitativer und proportionaler Gleichheit ist erst die Folge des Gleichheitssatzes, dieser ist die Grundlage für jene. Gleiches Recht für alle muß daher auch das kritische Prinzip bleiben, an dem Personen- und Standesvorrechte auf ihre innere Berechtigung hin stets neu zu überprüfen sind.

2.7.4 Güte vollendet Gerechtigkeit

Man darf die Darlegungen zum Gleichheitsprinzip nicht beenden, ohne auf einen weiteren Zusammenhang der aristotelischen Ethik aufmerksam zu machen. Danach gibt es nämlich keine Reife in der Gerechtigkeitsgesinnung und -praxis, wenn sie nicht durch Güte erweitert und vollendet wird. Aristoteles hat dies in seiner Lehre von der ἐπιείκεια entwickelt[303]. »Epieikeia« meinte Güte, Milde oder Nachsicht.

Wer Nachsicht übt, scheint nicht dem Recht zu entsprechen. Er fordert nicht, was entweder das Gesetz oder die Forderung der Gleichheit verlangen. Aristoteles benennt das Problem, entscheidet sich aber dennoch zugunsten der Güte, und zwar deshalb, weil weder die Gesetze noch die strikte Gleichheitsforderung den inneren Sinn von Recht hinsichtlich dessen voll erschöpfen, was Gerechtigkeit eigentlich wirken soll. Die Gesetze vermögen dieses nicht, weil kein menschlicher Gesetzgeber alle Einzelfälle und -situationen durch seine Gesetze zu umfassen vermag; und weil auch jeder menschliche Gesetzgeber Fehler machen kann. Die Gleichheitsforderung vermag das nicht, weil sie zum Unrecht zu werden vermag, wenn jemand in kleinlicher Genauigkeit immer und bis zum letzten ohne Rücksicht auf die besonderen Verhältnisse des Schuldners sein Recht eintreibt. Daher manifestiert Güte oder Nachsicht in höherem Sinn Gerechtigkeit, als es die Rechtsforderung im strengen Sinn in einer solchen Lage tun würde. »Das Gütige ist (also) ein Gerechtes, aber nicht im Sinn der durch das Gesetz gewährleisteten Gerechtigkeit, sondern es ist eine Berichtigung der Gesetzes-Gerechtigkeit«[304].

Das Pochen auf die Gegenseitigkeitsregel im Sinne der Gleichheitsforderung oder auf die Gesetzeslage allein reichen daher nicht aus. Im Konfliktfall ist letztlich der konkrete Mensch mit seinem Gerechtigkeitssinn und seiner Rechtsvernunft gefordert. »Wenn das Gesetz eine allgemeine Bestimmung trifft und in diesem Umkreis ein Fall vorkommt, der durch die allgemeine Bestimmung nicht erfaßt wird, so ist es ganz in Ordnung, an der Stelle, wo uns der Gesetzgeber im Stich läßt und durch seine vereinfachende Bestimmung einen Fehler verursacht hat, das Versäumnis im Sinne des Gesetzgebers selbst zu berichtigen: so wie er selbst die Bestimmung getroffen hätte, wenn er im Lande gewesen wäre, und wie er sie, wenn ihm der Fall bewußt geworden wäre, in sein Gesetz aufgenommen hätte«[305]. In der Verwirklichung der »Epieikeia« wird jeder Mensch zum Bevollmächtigten; er wird zum Verantwortlichen für das Gesetz. Er muß dann bisweilen dieses zurückstellen im Sinn dessen, was es eigentlich will, und dadurch einer größeren Gerechtigkeit dienen. Das Thema »Vergebung« klingt hier an, das in der biblischen Lehre einen Schwerpunkt der Gerechtigkeitsvorstellung einnimmt. Deshalb hat diese Lehre von der »Epikie« auch in der christlichen Rezeption erhebliche Aufmerksamkeit gefunden. Das gilt in hervorragendem Maß von der griechisch-orthodoxen Theologie. Die »Epieikeia« bildet dort einen besonderen Topos im christlichen Ethos der Liebe aus Gnade.

2.8 Die sittliche Vernunft als kritisches Maß – Ethisches Handeln als schöpferisches Geschehen

2.8.1 Keine Ethik der Gesetzestafeln

Allein schon die Spannung, die zwischen den beiden Formen der Gerechtigkeit waltet, weist darauf hin, daß keine soziale oder politische Praxis ethisch zu begründen ist, wenn sie lediglich nach theoretischen Grundsätzen verläuft. Denn angesichts konkreter Verhältnisse und Konflikte muß beurteilt werden, welche Form von Gleichheit und in welchem Maß das Gleiche hier und jetzt zu beachten ist. Ein bleibendes Schema, das ein für alle Mal zutrifft, kann dafür nicht entworfen werden. Entsprechendes gilt von der sittlichen Urteilsbildung im Bereich der Besonnenheit und der Tapferkeit. Der Grundsatz der »rechten Mitte« kann benannt werden, nach dem ein »Zuviel« an Angriffsmut zum Draufgängertum und ein »Zuwenig« davon zur Feigheit führt, oder ein »Zuviel« an Lustverlangen jemandem zum Lüstling macht und ein »Zuwenig« davon ihn zu einem lustlosen Wesen werden läßt[306]. Diesen Grundsatz erfaßt zu haben, dürfte von hoher Wichtigkeit für die sittliche Urteilsbildung und Praxis sein. Wann aber und unter welchen Umständen und in welchem Ausmaß das »Zuviel« oder das »Zuwenig« zutrifft, ist durch keine allgemeinen Grundsätze so auszumachen, daß diese für alle Fälle und Situationen Geltung beanspruchen können.

Daher erinnert Aristoteles bei seiner Untersuchung zu den verschiedenen sittlichen Haltungen an seine wissenschaftstheoretische Einführung: »Wir haben ja eingangs schon ausgesprochen, daß die Form der Untersuchung, die wir verlangen dürfen, dem Erkenntnisgegenstand entsprechen muß. Im Bereiche des Handelns aber und des Förderlichen gibt es keine eigentliche Stabilität – übrigens auch nicht in Fragen der Gesundheit. Wenn dies aber schon bei übergreifenden Aussagen (in der Ethik, d. Ref.) zutrifft, so kann Exaktheit noch viel weniger bei der Darstellung von Einzelfällen des Handelns vorhanden sein: diese fallen weder unter eine bestimmte ›Technik‹ noch Fachtradition. Der Handelnde ist im Gegenteil jeweils auf sich selbst gestellt und muß sich nach den Erfordernissen des Augenblicks richten (πρὸς καιρὸν σκοπεῖν), man denke nur an die Kunst des Arztes und des Steuermanns«[307].

Der Vergleich zum ärztlichen Tun oder zu dem des Steuermanns ist nicht als leere Metapher zu werten. Menschliches Leben ist in vieler Hinsicht der Fahrt auf hoher See vergleichbar. Sein Gelingen ist durchaus nicht selbstverständlich, ebensowenig wie das Tun des Arztes im Kampf mit Krankheit und Tod. Arzt und Steuermann brauchen Kenntnisse für ihre Kunst. Sie müssen nach Kriterien vorgehen, die Einzelfälle beurteilen helfen, müssen Regeln des Verhaltens beachten, nach denen der eine die Therapie, der andere die Lenkung des Schiffes vornimmt. Kriterien und Regeln sind immer auf der Ebene des Allgemeinen; sie werden in »Grund-Sätzen« zur Sprache gebracht, weil sie Gemeinsames als Grund für die vielen Einzelfälle oder -situationen angeben.

An diesem Vergleich mit der Arzt- und Steuermannskunst wird deutlich, daß Aristoteles durchaus nicht die Möglichkeit und die Bedeutung allgemeiner Einsichten in der Ethik verneint. Er ist keineswegs geneigt, wie die Sophisten alles zu relativieren und sich Grundsätzlichem zu entziehen. Er sträubt sich dagegen, daß Unrecht nicht unmißverständlich als Unrecht bezeichnet wird, zum Beispiel Schadenfreude, Schamlosigkeit, Neid, Diebstahl, Ehebruch, Mord. »Alle diese und ähnliche Dinge werden getadelt, weil sie schon in sich selbst schlecht sind und nicht ihr Übermaß oder ihr Mangel... Sie sind in ihrem Namen schon verbunden mit der Schlechtigkeit«[308]. An diesen Hinweisen wird deutlich, daß bestimmte Inhalte der materiellen Ethik zum Eigentumsrecht, zur Ehe- und Sexualmoral, zum Schutz von Leib und Leben usf. in der damaligen hellenistischen Welt zum festen Regelbestand gehörten. Aristoteles stellte diese Ordnungen durchaus nicht grundsätzlich in Abrede, wenn er auch darauf verweist, daß es von den »Namen«, den Begriffen also abhängt, was mit »Mord«, »Ehebruch« usf. gemeint und damit verboten ist.

Aber er macht doch auf die besondere Art der »übergreifenden Aussagen« der Ethik, also ihrer »Grundsätze«, aufmerksam. Erstens bezeichnen sie keine Gesetze wie in der »Technik«. Zweitens reicht es nicht, sie einfach aufgrund geltender »Traditionen« anzuwenden. Ethik ist im Sinne des Aristoteles daher nie mit Sozialtechnologie einfach gleichzusetzen[309]; noch reicht es, sich zur Rechtfertigung sittlicher Urteile und Handlungen einfach auf das zu berufen, »was alle tun« oder taten. Die Traditionen geben keine absoluten Handlungssicherheiten her. Die gesellschaftliche Funktion der Ethik liegt nicht in unkritischer Systemstabilisierung. Die Unzulänglichkeit derartiger Konzeptionen wird von Aristoteles zunächst durch den Hinweis auf die »Einzelfälle des Handelns« benannt. Die Vielfalt dieser Fälle in menschlichen Lebenssituationen und geschichtlichen Verhältnissen ist so unendlich groß, daß sie unmöglich erschöpfend in allgemeinen Handlungsprinzipien erfaßt werden kann. Zwar haben alle jene Moralsysteme, die letztlich von der Gesetzesübereinstimmung die sittliche Legitimation des Handelns erwarteten, immer wieder den Versuch gemacht, Gesetze für möglichst alle Einzelfälle (»Casus«) zu entwickeln. Aber die daraus erwachsene Moralkasuistik führte nicht nur zu einer schier unüberschaubaren Gesetzesakrobatik, sondern auch zu einer unmenschlichen Vergesetzlichung der Moral, wobei der konkrete Mensch nur allzu leicht dem Gesetz geopfert wurde. Das gilt von kasuistischen oder gar rabulistischen Entwicklungen in der jüdischen Tradition ebenso wie in der islamischen oder christlichen.

Sodann hebt Aristoteles aber noch einen zweiten Grund für seine Ablehnung der gesetzlichen Moral an: Es ist »der Handelnde selbst«, der zu urteilen und zu entscheiden hat, was in der konkreten Situation zu tun ist. In ihr ist er »auf sich selbst gestellt«. Damit kommt sein Paradigma von Ethik zur Geltung, nach dem sittliches Tun nicht ohne »Prohairesis« geschehen kann. Der konkrete Mensch in seiner sittlichen Urteils- und Entscheidungskraft ist somit der eigentliche Träger und als solcher auch der eigentliche Handlungsgrund der ethischen Tat. Diese Sicht hat Aristoteles in der folgenden Aussage zusammengefaßt, in der man geradezu eine Definition seines Ethik-Verständnisses sehen kann: »So ist also sittliche Trefflichkeit eine feste, auf Entscheidung hin geordnete Haltung; sie liegt in jener Mitte, die die Mitte in bezug auf uns ist, jener Mitte, die durch Vernunft festgelegt ist, d.h. durch jene Vernunft, mit deren Hilfe der Einsichtige (die Mitte) festlegen würde. Sie ist Mitte zwischen den beiden falschen Weisen, die durch Übermaß und Unzulänglichkeit charakterisiert sind«[310].

Der sittliche Mensch in seiner Einsichts- und Entscheidungskraft erhält damit in dieser Ethik einen überragenden Rang. Aristoteles nennt ihn den »Phronimos«, den Menschen der »Phronesis«, der Lebensweisheit oder -klugheit. Oder er bezeichnet ihn auch als den »Spoudaios«, den sittlich wachen, dem Gemeinwohl zugewandten Menschen. Wie dieser einsichtige Mensch die Mitte festlegen würde, das wird als »Maß-gebend« für die konkrete Urteilsfindung benannt. Sein Maß wird dabei jedoch keineswegs seinem Belieben überlassen. Vielmehr ist die rechte Mitte von seiner sittlichen Vernunft im Hinblick auf uns und unser Wohl, unsere »Eudaimonia«, zu suchen. Das individuelle und gemeinsame Wohl wird damit zum Maß seiner maß-gebenden Vernunft, nicht sein Belieben. In seiner »Phronesis« ist er jedoch der letztlich Verantwortliche. Zwar kannte Aristoteles weder den Begriff der Verantwortung noch den des Gewissens. Beide sind mit seiner »Phronesis« also auch nicht einfach gleichzusetzen. Aber sein ethisches Paradigma war offen genug für jene Auslegung, in der der Mensch als zur Selbstverantwortung fähiges sittliches Wesen anerkannt wird. Kein Gesetzessystem und kein Lebenskollektiv sind für den sittlich reif gewordenen Menschen im Sinne dieser Ethik das letztlich Maßgebende seines Handelns, sondern die Bindung an das selbst erkannte Gute.

Gleichwohl unterstellt man Aristoteles hier ein falsches Elitedenken, als ob er die Fähigkeit zur »Phronesis« als wahrer Lebensklugkeit nur ein paar wenigen Heroen zuerkennen wollte. Die Anlage zur sittlichen Vernunft wohnt einem jeden Menschen »von Natur aus« inne, auch wenn sie in uns allen höchst unterschiedlich zu ihrer sittlichen Kultur kommt. Hans-Georg Gadamer hat mit Recht darauf hingewiesen, »daß die letzte Aussage des Aristoteles über das, was richtig ist, in der unbestimmten Formel des ›wie es sich gehört‹ (ὡς δεῖ) besteht. Nicht die großen Leitbegriffe einer heroischen Vorbildethik und ihre ›Tafeln der Werte‹ sind der eigentliche Inhalt der aristotelischen Ethik«, sondern der Anspruch des konkreten sittlichen Bewußtseins, das sich in der eben genannten unscheinbaren Formel ausdrückt[311]. Dieses »Wie es sich gehört« vermag jeder in seiner Lebenslage und -geschichte zu erkennen und sich zum sittlichen Imperativ zu machen.

Übrigens sollte der Hinweis des Aristoteles soeben auch beachtet werden, daß es sich bei der zu bestimmenden Mitte um jenes kritische Maß handele, »mit dessen Hilfe der Einsichtige – Phronimos – die Mitte festlegen *würde*«. Hier ist zwar nicht die Universalisierbarkeit benannt, die Kant in seinem kategorischen Imperativ fordert. Aber der in die Entscheidung Gerufene ist doch aufgefordert, sein eigenes Urteil in gedanklicher Überprüfung vor das Forum eines anderen zu tragen, und zwar desjenigen, der als Mensch der Lebensweisheit und Humanität gelten kann. Im damaligen Hellas mögen die Leser eines solchen Satzes an Solon oder Sokrates, an Perikles oder auch an Homer gedacht haben. Aber Aristoteles nannte offenbar mit Bedacht keine Namen. Es galt nicht nur, jeder Idealisierung einer konkreten Person zu wehren. Es ging mehr noch darum, den »Phronimos« im Handelnden selbst und damit die Vernunft in ihm anzusprechen. Ein so geartetes Menschenverständnis besagt, daß ein jeder von uns in irgendeiner Weise wissen kann, »was sich gehört« oder »was sein soll«. Aus ihm folgt, daß einem jeden das Vertrauen entgegengebracht werden kann, diese seine Einsichtsfähigkeit haltungsmäßig so zu bilden, daß es zu einer charakterlichen Konsistenz seines Verhaltens durch »Klugheit« (Phronesis) und dadurch zur gelebten Sittlichkeit kommt.

2.8.2 Kein Nützlichkeitsdenken der Sophisten – Das »natürlich Gerechte« als Beispiel

Diese aristotelische Theorie der Ethik läßt zahlreiche Fragen offen. Einige klangen bereits an, andere müßten hinzugefügt werden. Wo, so könnten wir aufgrund jüngster Geschichtserfahrungen einwenden, hat sich die sittliche Urteils- und Entscheidungskraft des Menschen im tatsächlichen Geschehen denn erwiesen? Kann man nach Auschwitz noch so »optimistisch« von der Spezies Mensch reden, wie Aristoteles es (vielleicht noch) tun konnte? Bleibt seine Tugend- und nicht zuletzt seine Gerechtigkeitstheorie nicht allzu sehr im Formalen? Was läßt sich denn alles mit seinem Gleichheits- oder seinem Proportionalitätssatz oder auch mit seiner Forderung nach Güte inhaltlich legitimieren? Solche Sätze sind doch scheinbar nach allen Seiten auslegbar. Sie sind daher leicht von Interessengruppen zu mißbrauchen, zumal wenn man sieht, wie wenig sie Aristoteles selbst zum Anwalt größerer materialer Gerechtigkeit für die Unterdrückten in seiner attischen Welt – für die Frauen und die Sklaven zum Beispiel – gemacht haben. Bleibt für denjenigen, der in konkreten Lebens- und Handlungskonflikten nach Orientierung sucht, nicht zu viel ungewiß, wenn er hört, er solle letztlich seiner eigenen sittlichen Urteilskraft folgen, und zwar in dem Sinn, wie der sittlich reife oder der weise Mensch, der »Phronimos«, es in seiner Lage täte?

Die Diskussion dieser oder ähnlicher Fragen müßte ausführlicher fortgesetzt werden, als es hier noch möglich ist. Dabei wäre immer neu zu beachten, daß wir unsere eigenen Problemanzeigen und die in ihnen sich meldenden ethischen Vorstellungen historisieren müssen, um dadurch auch den historischen Zusammenhängen gerechter werden zu können, aus denen heraus Aristoteles in seiner Epoche reflektierte. Zu den Bedingungen seiner eigenen Denkgeschichte gehörte, daß er sich einerseits mit Strömungen der Sophistik und andererseits mit Platons ontologischer Ethik auseinandersetzen mußte. Verschiedene Vertreter der Sophisten wirkten darauf hin, in der Ethik alles zu relativieren[312]. Platon deckte auf, daß dies die Auflösung des Guten und Gerechten bedeuten würde[313]. Er stellte im Gegenzug dazu auf die unverbrüchliche Geltung des Ethischen ab. Sein Bemühen war, Ethik im Sein selbst zu verankern und zwar in der seelischen Struktur des Menschen, in den Grundstrukturen des Staates, in der Teilhabe an der »Idee« des Guten und Schönen, die unabhängig von den »Phainomena« unserer Erscheinungswelt das eigentliche und ewig gültige Sein offenbare. Die beiden wissenschaftstheoretischen Alternativen zur Ethik, die in je neuen Modalitäten bis in unsere Zeit fortwirken, waren für Aristoteles unzureichend. Gleichzeitig enthielten sie für ihn jedoch wichtige Perspektiven der eigenen Theorienbildung, so daß er sie gleichsam dialektisch als Thesis und Antithesis verwendete.

Exemplarisch dafür ist seine Lehre vom »natürlich Gerechten«[314]. Die Diskussion darüber, ob es ein entsprechendes Recht gäbe oder alles nur von den »Nomoi«, den entwickelten Gesetzen und Ordnungen abhinge, war bereits am Ende des 5. Jahrh. v. Chr. im Gang. Archelaos, ein Schüler des Anaxagoras, hatte dazu geltend gemacht, was unter den Sophisten umging: Die Bestimmung, ob etwas »gerecht oder schändlich« sei, sei lediglich auf die verschiedenen Anschauungen der Völker und ihre »Nomoi« zurückzuführen, nicht aber auf Natürliches[315]. Hierauf spielte Aristoteles offenbar an, wenn er gleich zu Anfang seiner Ethik sagte: »Das Edle und das Gerechte ... zeigt solche Unterschiede und solche Unbeständigkeit, daß man vermuten könnte, es beruhe nur auf dem Herkommen (Nomos) und nicht auf der Natur (Physis)«[316]. »Nomos« meint dabei das Ganze von Tradition, Übereinkunft, Brauchtum, Sitte und Gesetz, meint also Konvention im weiten Wortsinn.

Der sophistischen Auffassung hielt Aristoteles seinerseits entgegen: »Das Polisrecht ist teils Natur-, teils Gesetzesrecht... bei uns gibt es manches, was von Natur aus gilt«[317]. Mit dieser Stellungnahme zugunsten eines »Naturrechts« wollte er zuerst und zuoberst der totalen Relativierung des menschlichen Ethos entgegentreten. Wo alles nur auf Konvention zurückgeführt wurde, war der Unterschied von »ἔθος« (éthos) und »ἦθος« (ēthos) nicht erfaßt. Das aber bedeutete zugleich die Verkennung dessen, was menschliches Ethos eigentlich besagt. Daraus folgte die Aufhebung der Ethik überhaupt. An der Einsicht, daß es über die »Nomoi« hinaus ein Mehr an Gerechtem gäbe, hing somit für Aristoteles das paradigmatisch Neue, auf dem er im Anschluß an Sokrates und Platon seine ethische Theorie aufgebaut hatte. Sollte überhaupt von Ethos im eigentlichen Sinn des Wortes die Rede sein können, konnte sein Anspruch nicht nur von demjenigen der »Nomoi« begründet werden. Das, was aufgrund von Herkommen oder Übereinkunft als Recht beansprucht wird, hat nur dort Geltung, wo eben diese Übereinkunftsgesetze gelten. Wo diese nicht bestehen, gibt es auch keinen Verstoß dagegen. Bei dem Natürlich-Gerechten ist dies jedoch nicht der Fall: »Das Naturrecht hat überall dieselbe Kraft und Geltung und ist unabhängig von der Zustimmung oder Nicht-Zustimmung der Menschen«[318]. Hängt Recht und Unrecht nicht ausschließlich vom Willen und der Übereinkunft der jeweiligen Menschen und ihrer Kulturen ab, dann gibt es etwas in den Rechten, das allen Menschen schon immer aufgrund ihres Menschseins zukommt. Dieses wird nicht erst Recht durch Zustimmung, kann nicht beseitigt werden durch Ablehnung. Es ist vorpositives Recht. Beim »Gesetzesrecht« ist es anders. Dieses existiert als solches gar nicht ohne die (entwickelten oder erlassenen) Nomoi/Gesetze[319].

Mit dieser Position trat Aristoteles nicht zuletzt dem sophistischen Verständnis von »Naturrecht« entgegen. Der Sophist Kallikles hatte das Recht des Stärkeren als »Recht der Natur« bezeichnet[320]. Denn zeigt sich in der Natur nicht überall, daß sich der Stärkere durchsetzt? Diese Naturrechtstheorie sollte in unserer Epoche – als Sozialdarwinismus bezeichnet – ihre schreckliche Ausprägung in der nationalsozialistischen Ideologie und Praxis finden. Ihre Unhaltbarkeit ist für uns damit offenkundig geworden.

Die antiken Philosophen mußten ihren inneren Unsinn jedoch aufzudecken versuchen. Platon hatte auf das unzulängliche Naturverständnis des Kallikles aufmerksam gemacht. Im Grunde waren die Sophisten einem biologistischen und damit einem statistischen Naturbegriff erlegen. Sie hatten das, was eigentlich »Menschenart« ist, nicht erfaßt und menschliche Natur auf das Naturhafte festlegen wollen, anstatt die Menschennatur von ihrer Möglichkeit übergreifender Vernunfteinsichten des Guten und Gerechten zu verstehen. Aber Platon hatte dieses Gute im ewigen Sein verankert. Ethik wurde bei ihm zur Seinslehre, ethisches Handeln zur Vergegenwärtigung der ewigen Gesetze.

Aristoteles setzte dem ein dynamisches Naturverständnis entgegen, ohne es jedoch dem sophistischen Nützlichkeits- oder Herrschaftsdenken zu opfern. Er machte das unter anderem in seiner Bestimmtheit der besten Staatsverfassung deutlich. Immer wieder diskutierte er die verschiedenen Staatsformen, die sich aus Herkommen oder Machtdurchsetzungen entwickelt hatten, und verglich sie untereinander[321]. Aber für ihn war z. B. die Tyrannis, die am deutlichsten das Recht des Stärkeren an den Tag legte, keineswegs »die natürlichste«. Im Gegenteil! Sie ist gar keine wirkliche Staatsverfassung, sondern deren Verkehrung[322]. Sie muß sich wie alle anderen tatsächlich vorgefundenen Staatsformen an derjenigen kritisch bemessen lassen, »die von Natur aus die beste ist«[323]. Weder das naturhafte Durchsetzungsvermögen noch irgend eine andere Form von »Über-Macht« bezeichnet das »Natürliche« für uns Menschen. Das aus unserer Natur hervorgehende Recht weist vielmehr auf jenes Gemeinwesen, in dem der Nutzen *aller* Bürger erstrebt wird und ihrer aller Wohl in Gerechtigkeit und Autarkie das maßgebende politische Ziel bildet[324]. Naturrecht »ist dem Ethischen immanent und so in ihm und mit ihm Richtmaß und Grund aller politischen und gesetzlichen Satzung«[325].

Das aber besagt zugleich, daß das Naturrecht nicht einfach zur Legitimation bestehender Verhältnisse heranzuziehen ist. Es ist nicht als statisches Naturgerüst der Ethik zu verstehen, sondern ist vielmehr kritisches Maß des tatsächlich Vorhandenen. Es zielt auf die Staats- und Lebensform hin, die »von Natur aus die beste ist«. Für Aristoteles ist diese in der »Politeia« zu suchen[326]. Gleichwohl ist diese nicht als Edelform im Sinne des platonischen Idealstaates zu sehen. Dagegen dürfte sich nicht zuletzt die Bemerkung richten: »Die meisten, die sich über Verfassungen geäußert haben, haben zwar ausgezeichnete Dinge gesagt, aber keine brauchbaren. Denn man darf nicht nur auf die beste Verfassung hinschauen, sondern auch auf die mögliche und diejenige, die verhältnismäßig leicht und überall zu verwirklichen ist«[327]. Also gilt es sowohl in der Politik als auch in der Ethik nicht, das geschaute Ideal des Guten oder der ewigen guten Ordnungen in den Wandel der Verhältnisse einzubringen und diese dadurch im Sinne dieses Ewig-Gültigen stets neu in gleicher Weise zu prägen. Ein so geartetes Verständnis würde dem Konkreten und damit dem geschichtlichen Geschehen keinen grundlegenden Belang zuerkennen. Von Belang wäre letztlich nur die Teilhabe am ewig vollkommenen Sein. In der Bemühung gegen jene Sophisten, die die Ethik total relativierten und dem Nützlichkeitsermessen des Menschen unterordnen wollten, war Platon in den Augen des Aristoteles in ein anderes unhaltbares Modell geraten. Er hatte verkannt, daß eben unsere Natur das Gestaltungsprinzip der Veränderlichkeit in sich birgt: »Bei den Göttern mag die Veränderlichkeit ausgeschlossen sein. Bei uns aber gibt es manches, was von Natur aus gilt, was jedoch zugleich durchaus ein Veränderliches ist«[328].

Von hier her wird erneut sichtbar, welchen Stellenwert im aristotelischen Paradigma von Ethik der »Phronimos«, d. i. der konkrete Mensch in seiner sittlich gereiften Urteils- und Entscheidungskraft, sowie die sittlich verantwortliche Bürgerschaft (Polis) haben. Nicht in ewigen Tafeln der Werte, nicht in der Anwendung eines ewigen Naturgesetzes oder in stringent schlüssigen ethischen Theorien liegt für Aristoteles die Garantie gegen den Verfall von Humanität und Sittlichkeit. Wenn hier überhaupt von Garantie zu sprechen ist, dann ist sie in konkreten, sittlich reif gewordenen Menschen zu suchen. Auf sie zielte daher seine gesamte ethische Untersuchung ab: »Die hier anstehende Untersuchung geschieht nämlich nicht um der Theorie willen, (...). Nicht um zu wissen, was die Sittlichkeit (Tugend) sei, forschen wir hier, sondern damit wir gute Menschen werden. Sonst wäre dieses Suchen nutzlos«[329]. Wie Ethos ein »Anthropinon agathon«[330], ein menschliches Gut ist, also die Sache der Menschen in ihrer Menschlichkeit betrifft, so kann das, was konkrete sittliche Wahrheit ist, auch nur von konkreten Menschen sowie von der konkreten menschlichen Gesellschaft eben als Sache ihrer Menschlichkeit erkannt und verwirklicht werden.

2.8.3 Ethik als Schöpfung einer humanen Welt

Damit aber wird noch einmal der fundamentale Unterschied aller Wissenssprache im Bereich der Ethik gegenüber allen anderen Wissensgebieten im Sinn des Aristoteles sichtbar. Ethisches Wissen ist letztlich nicht Wirklichkeits- oder Welterfassung als Objekterfassung. »Man hat mit Recht das Gute als das bezeichnet, wonach alles strebt«[331]. Das Gute der Menschen ist daher nie »objektiv« festzulegen. Es ist vielmehr immer in bezug zu ihrem Streben zu bestimmen. Es wird wesentlich von ihrem Subjekt-Sein und ihrem Selbstverständnis geprägt. Ethisches Erkennen beschränkt sich damit nicht auf das Ablesen des Vorgegebenen. Vielmehr deckt der Mensch schöpferisch das Humane in einer vor- oder sogar inhumanen Wirklichkeit auf, und zwar als das, worauf hin er angelegt ist. Durch ethisches Handeln bringt der Mensch seine Sache der Menschlichkeit in die Welt und bringt damit schöpferisch eine menschliche Welt hervor, die ohne diese seine Lebensschöpfung unmenschlich bleiben muß. Die Verwirklichung des menschlichen Ethos ist es, die aus einem Chaos einen Kosmos, aus der unbehausten Weltwüste eine bewohnbare Welt, eine »Oikumene« und damit eine bergende Heimstatt für die Menschen macht. Ob ethische Aussagen wahr oder unwahr sind, wird an diesem kritischen Maß gemessen, nämlich ob sie auf eine bergende Welt für die Menschen durch die Menschen zielen oder nicht. Von ethischen Urteilen jene beweisbare »Wahrheit« zu erwarten, die wir im gesamten Feld der Sach- und Objektforschung suchen, ist unangemessen und irreführend. In der Ethik geht es letztlich eben nicht um die Erhebung von

Tatsachenverhältnissen (Facts), sondern um die humane Gestaltung unseres Lebens und damit unserer gesamten Wirklichkeit. Es gehört somit immer auch zur Ethik, gegen bestehende Verhältnisse, wo sie unmenschlich sind, kontrafaktisch wirksam zu werden.

An dieser Stelle kommt die Nähe zwischen Ethik und Ästhetik, zwischen ethischer und dichterischer Sprache, aber auch zwischen ethischer und religiöser Weltvorstellung in den Blick. Es ist nicht zufällig, daß sich in unserer Kulturgeschichte von jeher enge Verbindungen zwischen den Belangen der Religion und der Moral vorfinden. Desgleichen ist es kennzeichnend, daß Platon vom »Kallon-Kagathon« als dem Inbegriff des Höchsten spricht, also von dem »Schönen und Guten«, und nicht nur von dem »höchsten Gut«.

Es lohnt sich, die großen Epen Homers als einen exemplarischen Ausdruck dieses Mit- und Ineinander von Dichtung und ethischer Rede, von Ästhetik und Religion in der Weltgestaltung zu betrachten. Gemeint ist nicht nur der Umstand, daß Homer in seinen »Geschichten« die Neigung des Griechentums zur »Paideia« deutlich erkennen ließ und seinen Hörern/Lesern ein verpflichtendes Menschenbild vorstellen wollte[331a]. Es geht noch um eine – wenn möglich tiefere – Verbindung zwischen der Wirkungskraft des Ästhetischen und des Ethischen. Was geschieht zum Beispiel in dem Sprachvorgang, in dem das Erleben der Penelope, der Frau des Odysseus, bei dessen Rückkehr geschildert wird[332]? Zehn Jahre war ihr Mann nach dem trojanischen Krieg verschollen, zehn Jahre hatte sie ohne jede Nachricht seiner geharrt, umgeben von gaukelnden Freiern, die ihr die Sinnlosigkeit ihrer Treue und ihres harrenden Lebens glauben machen wollten. Da kommt die erste Botschaft bevorstehender Rettung an ihr Ohr, die sie in den Worten des Dichters zu dem folgenden Bild werden läßt: »Die horchende Frau zerschmolz in fließenden Tränen./Wie der gelagerte Schnee am First erhabener Berge,/Welchen der Winter fallen gemacht, im lösenden Frühjahr/Strömend wird und füllet das Bett der rinnenden Flüsse,/Also zerschmolz in Tränen die Frau; ihr flossen die Wangen/Um den Mann, der neben ihr saß«[333].

Homers bildreiche Sprache wird gründlich verkannt, wenn man in ihr ein pathetisches Sprachspiel sieht. Sie setzt vielmehr den Menschen und seine Welt in eine Beziehung gegenseitiger Deutung. Schnee und Winter werden zum Gleichnis der erstarrten Öde erkalteter Jahre, denen Penelope ausgesetzt war. Schneeschmelze und einziehender Frühling lassen deren wieder aufglänzendes Leben aufscheinen. Homerische Dichtung setzte somit den Menschen und die ihn umgebende Welt in eine Beziehung gegenseitiger Deutung. Damit aber läßt er den Menschen zum »Be-Deuter« seiner Welt werden. Der Mensch ist es, der die Welt beseelt. Er macht sie zu einem Sprachsymbol menschlicher Wahrnehmung, Empfindungen und Erwartung. Die Welt allein ist – in ihren Facts – sprach- und bedeutungslos. Sie ist aus sich heraus sinnlos. Ihren Sinn erhält sie vom Menschen; er trägt ihn in sie ein.

In erstaunlicher Nähe zu diesem Sprach- und Deutungsgeschehen dürften die Gleichnisreden Jesu liegen. Diese neutestamentlichen Erzählungen »sind weit davon entfernt, das längst Bekannte auf ungewohnte Weise zu wiederholen«. Vielmehr zielt die darin verwandte »poetische Metapher auf *einen Sprachgewinn*, der sich in einer *unerhörten Mitteilung* manifestieren kann«[334]. Sprachgewinn und unerhörte Mitteilung zeigen auf das Neue, das in ihnen zum Ausdruck drängt. In der Gleichnisrede geht es eben nicht um die exakte Wiedergabe des Bekannten oder gar des Bestehenden. Es geht im Gegenteil um schöpferische Wirklichkeitsdeutung. »Die metaphorische Aussage beansprucht vielmehr, etwas *Neues* zu sagen, das anders nicht gesagt werden kann«[335]. Ja, dieses Neue zieht nirgendwo anders herauf als eben durch das im Gleichnis gesprochene Wort. »Die Metapher *stiftet* (also) neue Bezüge und bringt Ähnlichkeiten allererst zustande«[336].

Die ästhetische, die religiöse und die ethische (Sprach-)Symbolik kommen bei allen

Unterschieden darin überein, die Wirklichkeit, die sie benennen, durch eben ihre Sprache schöpferisch hervorzubringen. Ohne diese Sprache gibt es sie nicht als Wirklichkeit. Ethik als Sprache über menschliches Ethos wurde von Aristoteles daher aus der Kraft menschlichen Geistes zur Utopie geführt, sofern darunter nicht ein irrealer Traum, sondern ein Gestaltungsentwurf besserer Wirklichkeit verstanden wird. Wohlgemerkt, es geht um Wirklichkeit, aber doch immer um eine durch einzelne und die Gesellschaft stets neu hervorzubringende Wirklichkeit. Ethische Rede ist daher nicht als Beschreibung der vorgefundenen Gegebenheiten zu erfassen. In dieser Hinsicht ist sie den Gleichnisreden Jesu vergleichbar. Sie stiftet das Unerhörte, von dem sie spricht, in der Wahrnehmung des Neuen. Im Sinne des Aristoteles ist das Unerhört-Neue aus einer unausgesprochenen Zuversicht erwachsen. Sie wird von der Vorstellung getragen, der Unmenschlichkeit gebühre nicht die Übermacht in unserem individuellen und gesellschaftlichen Leben; vielmehr sei das eigentlich Bestimmende das zum gemeinsamen Wohlergehen befreiende Gute.

2.8.4 Kein Paradigma religiöser Ethik

Nur in dem letztgenannten Sinn hat die Ethik des Aristoteles einen transzendenten Charakter, wenn man darunter die Offenheit zu einem guten Leben versteht, zur »Eudaimonia« in der Gesamtheit der Bürger, und dieses gute und glückliche Leben in seiner Totalität stets seine konkrete Verwirklichung übersteigt. Eine direkte Beziehung der auf Praxis gründenden »Eudaimonia« zu einem göttlichen Untergrund allen Lebens und Seins wird jedoch von Aristoteles nicht hergestellt. Ebenso steht der »Bios praktikos«, das Leben der menschlichen Praxis, nicht unter direkter religiöser Verpflichtung, noch wird Ethik aus unmittelbarer oder hintergründiger religiöser Motivation heraus verwirklicht. Der freie Bürger übt Gerechtigkeit in der »Polis« nicht aus göttlichem Auftrag. Es gibt keine göttliche Stimme, kein »Daimonion«, das den Menschen in Lebenskonflikten lenkt wie bei Sokrates, sondern der Einsichtige selbst hat zu urteilen und zu entscheiden. Die »Philia«, die Freundschaft als Möglichkeit, Menschen menschlich und zugleich in Freiheit zu verbinden, ist nicht die Vergegenwärtigung göttlicher Liebe auf Erden im Geschenk von beglückender Brüderlichkeit, sondern ist Sache von Menschen als schönster Ausdruck ihrer sittlichen Reife.

Bei Platon war das noch ganz anders. Alles wahre Philosophieren hatte als Ziel, des ursprunghaft Schönen und Guten und damit des göttlichen Seinsgrundes durch sinnendes Erinnern neu innezuwerden. Die dadurch gewonnene Lebensweisheit war dazu bestimmt, das ganze praktische Leben zu lenken. Die so herangereiften Philosophen sollten die »Könige« des wahren und gerechten Staates werden. Auch der Aufstieg durch die Welten des Eros diente dazu, die Schönheit als solche, das Göttliche-Schöne, in den inneren Blick zu bekommen und mit den anderen Suchenden, »wenn es sein könnte, nicht zu essen, nicht zu trinken, sondern allein zu schauen und zusammen zu sein«[337]. Das sokratische »Daimonion« bildet bei Aristoteles keinen tragenden Lehrinhalt mehr. Eher wehrt er ab. Daß Anaxagoras, Thales und andere sich mit den »Daimonia«, dem Staunenerregenden oder dem Außerordentlichen, beschäftigt haben, mag ihnen zu Recht das Ansehen als Gelehrte eingebracht haben. Lebensklug jedoch könnten sie nicht genannt werden, denn sie hatten nicht das menschlich Gute (das »anthropinon agathon«) gesucht[338]. »Die Lebensklugheit (Phronesis) betrifft das Menschliche und jene Dinge, die man überlegen kann«, und zwar, um sie handelnd zu verwirklichen[339]. Ethik bezieht sich auf das, was der Mensch selbst handelnd zu verwirklichen vermag. Es muß ein durch Handeln Erreichbares und eben dadurch etwas zu Verwirklichendes, nicht aber etwas

Unmögliches oder den Menschen schlechthin Übersteigendes sein[340]. Das Göttliche aber übersteigt das Menschliche unendlich und ist das Gute aus sich heraus. Es wird nicht durch menschliches Tun bewirkt. Das ist der fundamentale Unterschied dieses göttlichen Urgrundes zu allem anderen: Er wird nicht von anderem bewegt, sondern bewegt seinerseits alles andere, unbewegt das All bewegend. »Er ist der Erst-Bewegende, selbst unbewegt«[341].

Von hier her ist es für Aristoteles aus logischer Notwendigkeit unmöglich, das praktische Leben des Menschen und damit die Ethik auf das Göttliche zu beziehen. Die Praxis ist wesentlich dadurch gekennzeichnet, daß der Mensch in ihr etwas verwirklicht und damit bewegt. Praktisches Erkennen wird vom »Theorein«, vom »schauenden Erkennen«, dadurch unterschieden, daß das erstere das Verlangen erweckt und zum Hervorbringen des Guten bewegt[342], also auf ein zu Tuendes gerichtet ist. Das »Theorein« ist Erkennen um des Erkennens und damit allein um des Erkannten willen. Das Göttliche gehört aber nicht zu der vom Menschen hervorzubringenden Wirklichkeit. Eine Beziehung zu ihm kann der Mensch nur durch das »Schauen« gewinnen, im »Bios theoretikos«, nicht im »Bios praktikos«[343]. Dieses »praktische Leben« ist das Aufgabenfeld des Menschen selbst, geht es doch ihn und die Belange seines eigenen Lebens an. Aristoteles hat damit nicht das Erbe bestimmter Sophisten übernommen, die die Götterwelt einfach zu Schöpfungen menschlicher Vorstellungen – Projektionen würde man mit der Psychoanalyse sagen – erklärten. Er hat vielmehr im Sinne der sokratisch-platonischen Bemühung so etwas wie religiöse Aufklärung geleistet, und das in doppelter Hinsicht.

Einmal wollte er die Größe des Göttlichen dadurch sichern, daß er die Sprache darüber der Lächerlichkeit menschlicher Gleichsetzungen entzog: »Von den Göttern glauben wir, daß sie die glücklichsten und seligsten Wesen sind. Aber was für Handlungen soll man ihnen beilegen? Etwa Handlungen der Gerechtigkeit? Wäre es nicht aber lächerlich, sie Verträge schließen und Depositen zurückerstatten zu lassen und dergleichen mehr? Oder Handlungen des Mutes, wobei sie vor Furchterregendem standzuhalten und Gefahren zu bestehen hätten, weil es schön ist, dergleichen zu tun? Oder Handlungen der Freigebigkeit? Aber wem sollten sie geben? Es wäre ja absurd, wenn sie Geld oder dergleichen zu vergeben hätten. Was hieße ferner Mäßigung bei den Göttern? Es wäre doch ein plumpes Lob, daß sie keine schlechten Begierden hätten. So mögen wir nehmen, was wir wollen, alles, was zur Tugendübung (und damit zur Ethik, d. Ref.) gehört, muß als klein und der Götter unwürdig erscheinen (...). So muß denn die Tätigkeit (›Energeia‹) Gottes, die an Seligkeit alles übertrifft, eine betrachtende (›theoretikē‹) sein«[344]. Vom Göttlichen läßt sich demnach nie anthropomorph – im gleichen Sinn wie vom Menschlichen –, sondern immer nur analog dazu reden. Analoges Reden hieß für Aristoteles, daß bei aller Gleichnissprache das grundlegend Unvergleichliche nicht aus dem Auge verloren werden darf.

Die religiöse Aufklärung zielte jedoch noch auf ein Weiteres, nämlich auf die Befreiung des Menschen von numinosen oder dämonischen Ängsten. Es galt, das persönliche und politische Wohlergehen der Bürger als deren eigene Sache und des von ihnen zu übenden Ethos sichtbar zu machen. Es sollte ihnen deutlich werden, daß ihre »Eudaimonia« nicht von »dämonischen« Mächten, nicht vom »Schicksal« (Moira) und nicht von der »Tyche« (glücklichen Zufällen) festgelegt wurde, sondern aus ihrer eigenen vernünftigen Lebensführung. Auf seine Weise hat der Philosoph in seiner Zeit das angezielt, was in der Neuzeit mit der sittlichen Autonomie und der Befreiung von selbstverschuldeter pseudoreligiöser Unmündigkeit erstrebt wurde.

Insofern hat er die Ethik von religiöser Bevormundung in der damaligen Vorstellungswelt und der Welt religiöser Kulte befreien wollen. Es ist nicht zufällig, daß seine ethische und politische Reflexion über das Leben in menschlicher Gemeinschaft überhaupt nicht Bezug zu den Amphiktyonien in Griechenland nimmt, jenen kultisch-politischen Verbänden, die sich um Delphi oder andere Heiligtümer gebildet hatten, sondern daß sie dem Leben in der »Polis« galten.

Dennoch geht man fehl, wenn man Aristoteles aus alledem insgesamt eine areligiöse Welt- und Lebenssicht unterstellen wollte. Schon sein Bemühen um die philosophisch zu verantwortende Sprache von Gott oder dem Göttlichen spricht dagegen. Desgleichen der folgende Kontext! Die »Eudaimonia« des Menschen ist in seinen Augen mehrschichtig oder vieldimensional. Diejenige, die die Menschen durch ihr ethisch-politisches Leben der Praxis verwirklichen, ist die dem Menschen mit seiner Leib-Seele-Natur entsprechende Form von Lebensglück. Sie muß »praktisch« sein, allein schon um die leiblichen Lebensbedürfnisse absichern zu können. Aber es gibt, wie bereits angesprochen[344a], noch eine andere Möglichkeit des erfüllten Glückes. Sie ist gegenüber dem erstgenannten sogar in viel höherem Grad Beglückung und Erfüllung. Und sie ereignet sich in der reinen Schau, der »Theoria«, am meisten in der innewerdenden Schau des Göttlichen. Denn hierin kommt das Beste in uns, die geistige Wesensmitte, zur Vergegenwärtigung seines ewigen Grundes. Aristoteles weist ausdrücklich jene Mahnung zurück, »die uns anweist, als Menschen nur an Menschliches und als Sterbliche nur an Sterbliches zu denken. Vielmehr sollen wir, soweit es möglich ist, uns bemühen, unsterblich zu sein und alles zu tun, um nach dem Besten, was in uns ist, zu leben«. Und er fügt hinzu: »Denn mag es auch klein an Umfang sein, so ist es doch an Kraft und Wert das bei weitem über alles Hervorragende. (...) Für den Menschen ist dies das Leben gemäß dem Geiste, da dieses am meisten der Mensch ist. Also ist dieses Leben auch das glücklichste«[345]. Es ist dem »des Gottes« am nächsten[346].

Gleichwohl hat Aristoteles damit nicht ein Paradigma religiöser Ethik angeboten. Denn die Erfahrungen dieser eben skizzierten philosophischen Religiosität – wenn man diesen Begriff dafür gelten lassen will – greifen nicht ins Leben der sittlichen Praxis ein. Der Unterschied zwischen dem »Bios theoretikos« und dem »Bios praktikos« ist zu grundlegend[347]. Weder beordert »der Gott« den Menschen zu einem bestimmten Leben, noch fordert er ihn auf, Gerechtigkeit und Milde im Umgang mit den Menschen walten zu lassen, nimmt ihn also nicht in die sittliche Pflicht, noch prüft er ihn »auf Herz und Nieren« oder lenkt ihn in seinem Inneren, entsprechend dem, was später »Gewissen« genannt werden sollte. Im Sinn dieser philosophischen Ethik gebietet dem sittlich Einsichtigen all das seine eigene sittliche Vernunft. Ebenso geht von der philosophischen Schau des Göttlichen keine gemeinschaftsbildende Kraft zur solidarisierenden oder gar menschheitsumgreifenden Liebe aus. In seiner gesamten Ethik ist – wie oft hervorgehoben – Aristoteles von der »Polis« her und zur »Polis« hin orientiert. Für ihn kann der Mensch nicht ethisch werden, ohne gemeinschaftsbezogen zu leben, und kann keine »politische« Gemeinschaft ohne Ethik ihre Kontinuität wahren. Im »Bios theoretikos«, im Leben der philosophischen Schau, jedoch genügt der Mensch sich selbst. Ja, dieses Leben ist sogar ein besonderes Zeichen seiner äußeren und inneren Unabhängigkeit, seiner »Autarkeia«: »Was zum Leben erforderlich ist, dessen bedarf der Weise wie der Gerechte und die übrigen. Sind sie aber mit dergleichen ausreichend versehen, so bedarf der Gerechte noch solcher, gegen die und mit denen er gerecht handeln kann, und dasselbe gilt von dem Mäßigen, dem Tapferen und jedem anderen; der Weise dagegen kann, auch wenn er für sich ist, betrachten, und je weiser er ist, desto mehr. Vielleicht kann er es besser, wenn er Mitarbeiter hat, aber immerhin ist er sich selbst am meisten genug«[348].

Frömmigkeit und Pietät gegenüber den Göttern kennt Aristoteles zwar. Sie bilden für ihn einen Teil der Gerechtigkeitspflicht[349]. Aber auch wenn er die geforderte Pietät den

Göttern gegenüber an die erste Stelle setzt – danach folgt die pietätvolle Haltung dem Vaterland, den Dämonen, den Eltern und den Verstorbenen gegenüber[350] –, so hat sich auch schon seine Aufmerksamkeit dafür mit diesen Hinweisen erschöpft. Grunderfahrungen religiöser Art, wie sie etwa Rudolf Otto als »Kreaturgefühl« oder als Erschütterung im Angesicht des Heiligen am Beispiel des Abraham, Moses oder Jesaja und als Antwort auf das »Mysterium tremendum et fascinans« gekennzeichnet hat[351], kommen bei Aristoteles nicht zur Sprache. Demut als angemessene Haltung gegenüber der Majestät Gottes kennt Aristoteles nicht als sittliche Trefflichkeit. Bei derartigen Voraussetzungen muß man darauf gespannt sein, wie das Christentum diesem philosophischen Ethik-Paradigma begegnete, traten mit der religiösen Welt von Juden- und Christentum doch erheblich andere Vorstellungen über das Leben »der Gerechten« in unsere Geschichte.

Anmerkungen

Die vollständigen Literaturangaben finden sich im Literaturverzeichnis. Zur Zitationsweise siehe die dortige Vorbemerkung.

1 Vgl. Apel 1973: 72–95.
2 Vgl. Wiggershaus 1975: 8ff.; Habermas 1975: 319ff.
3 Bülow 1984: 21 u. 53.
3a Vgl. Schelz 1979.
4 Dupré (1984) vermittelt dazu anhand seiner wenigen Beispiele einen treffenden Einblick.
5 Vgl. Schelsky 1958: 12, der hierin die Ergebnisse der kulturanthropologischen Forschungen von Plessner, Storch, Portmann u. a. zusammenfaßt.
5a Vgl. dazu die aufschlußreiche Studie von E. H. Erikson zur Identitätsbedrohung einiger Indianerstämme: Erikson 1950/1974: 107–184.
6 Vgl. Homer, Ilias Buch I; dazu die Analyse von MacIntyre 1984: 9f.
7 Vgl. Snell 1955: 223f.
8 Vgl. Kuhn 1962/1979 u. 1978.
9 Aristoteles, Eth. Nik. II, 1 1103 a 17f. – Weiteres zur Begriffsgeschichte von »Ethos« vgl. bei Thimme 1934 u. Schütrumpf 1970.
10 Eth. Nik. I, 1 1094 b 14; vgl. dazu Ritter 1972: Sp. 759.
11 Anal. post. 89 b 9.
12 Magna Mor. 1181 b 28.
13 Eth. Nik. I, 13 1103 a 4–10.
14 Pol. II, 2 1261 a 31.
15 Zum Verhältnis von geschichtlicher Kontinuität und Diskontinuität beim Paradigmenwechsel in der Naturwissenschaftsgeschichte vgl. Kuhn 1962/1979: 21; für die Geisteswissenschaften vgl. Pfürtner 1984: 170ff.; Jonas 1954: 4–26.
16 Auf die sogenannte Homerische Frage können wir hier nicht näher eingehen. Vgl. dazu Ebener 1983: XXV.
16a Vgl. Illich 1984, bes. S. 38ff.
16b Platon, Phaidros 274 b bis zum Schluß.
16c Vgl. Szlezák 1985.
17 Dirlmeier 1956: 245. Zur Verwendung des Begriffs »Ethik« für die Epoche vor Aristoteles vergleiche freilich das soeben in 1.1 Gesagte.
18 Homer, Ilias 24. Ges., Vers 33–54. Ich folge hier wie auch in der folgenden Textanalyse der Übersetzung von Dirlmeier (vgl. a. a. O., Anm. 17), die weniger wörtlich ist als andere, dafür aber mehr den Sinnzusammenhang erschließt. Natürlich vollzog der Übersetzer damit bereits ein Stück Interpretation. Gleichwohl waren auch andere, von mir verglichene Übertragungen, die wörtlicher klangen, keineswegs ohne Deutungsanteil der Übersetzer. Bei einem Text wie dem des Homer, dessen Begriffs- und Verständniswelt von der unsrigen durch fast 2800 Jahre getrennt ist, kommen die Schwierigkeiten jeder Übersetzung in unsere heutige Sprache besonders zum Vorschein. Der »garstige Graben«, der unsere Welt von derjenigen der damaligen Menschen trennt, ist nie völlig einzuebnen. Es wird also immer ein Problem bleiben, ob wir

nicht etwas in die Worte von damals hineinlegen, was Homer aus seiner Vorstellungswelt so nicht eingetragen hat.

19 A.a.O., 1. Ges. Vers 207ff.

20 So Snell 1955: 221.

21 A.a.O., 5. Ges. V. 440.

22 Eth. Nik. II, 1 1103 a 23–26.

23 Vgl. Snell 1955: 221.

23a Zu der Übersetzung vgl. oben Anm. 18.

24 Eth. Nik. IV, 15; zur Übersetzung des dort verwandten Begriffs »Aidos« mit »Scham« vgl. Dirlmeier a.a.O. 394ff.

25 Reth. II, 8; vgl. dazu Dirlmeier 1956: 246.

26 Dirlmeier 1956: 245.

27 Vgl. Jaeger 1953/1968: 55.

28 Diels/Kranz 1903/1974: Bd. 1, S. V.

29 Vgl. weiteres zu den Genannten bei Graeser 1981.

29a Vgl. Ueberweg/Praechter 1955: 31.

30 Jaeger 1953/1968: 53.

31 Vgl. Ueberweg/Praechter 1955: 80ff.

32 Vgl. Diels/Kranz 1903/1974: 12 A6; 12 A1, 8; B 12, 49 a 91.

33 A.a.O., 12 B 53.

34 Snell 1955: 312.

35 Vgl. Kerschensteiner 1962.

36 Graeser 1981: 18.

37 Diels/Kranz 1903/1974: B 17 6ff.

38 A.a.O., 12 B 1.

39 Vgl. Bröcker 1956/1968: 212.

40 Jean Piaget hat zeigen können, daß in einer frühjugendlichen Phase (er nennt das Alter zwischen 8 und 11 Jahren) das Gegenseitigkeitsgebot oder die Regel der strikten Reziprozität das kindliche Gerechtigkeitsgefühl bestimmen (Piaget 1953/1974: 356ff.). Weiteres zur Forschung über die Entwicklung jugendlichen Moralbewußtseins siehe bei Mokrosch 1980. Es dürfte reizvoll sein, der eben geäußerten Hypothese nachzugehen, daß es gewisse Parallelen zwischen der Genese des individuellen und des historisch entfalteten Moralbewußtseins gibt.

41 Vgl. Kuhn 1962/1979: 16f.

42 Eth. Nik. I, 6 1098 a 16 u.a.

43 Aristoteles, Phys. 252 a 28–30.

44 Zur Dokumentation des Wortgebrauchs vgl. Classen 1976: 1–4.

45 Nähere Angaben dazu bei Ueberweg/Praechter 1955: 112.

45a Met. I, 6 987 b 1 ff.

46 Vgl. Platon, Protagoras 312 a.

47 Vgl. Aristoteles, Nik. Eth. I, 1 1094 b 14ff.

48 Vgl. Aristoteles a.a.O.

49 Diels/Kranz 1903/1972: Fragm. 80 B 1.

50 Vgl. Classen 1976: 4; ebenso Ueberweg/Praechter 1955: 112 u. 114; Graeser 1981: 33ff.

51 Vgl. Graeser 1981: 34.

52 Vgl. Bignone 1938/1976: 495ff. Gorgias' skeptische Auffassung wird in drei Sätzen zusammengefaßt: 1. Es ist nichts; 2. wenn aber etwas wäre, so wäre es unerkennbar; 3. wenn auch etwas wäre und dieses erkennbar wäre, so wäre die Erkenntnis doch an andere nicht mitteilbar: vgl. Ueberweg-Praechter 1955: 120; Diels/Kranz 1903/1972: Fragm. 82 (75) A u. B.

53 Platon, Theait. 149. (Die Zitationszählung erfolgt, wie weitgehend üblich, nach der Stephanus-Ausgabe Paris 1578).

54 Platon, Apologie 24.

55 Platon, Phaidon 118.

56 Vgl. Mittelstraß 1981: 38. Ich folge in Teilen der biographischen Skizze der dortigen Darstellung.

57 Eine ausführliche Übersicht findet sich dazu bei Ueberweg/Praechter 1953: 222–328, eine knappe Darstellung unter Einbeziehung neuester Forschungsergebnisse bei Mittelstraß 1981: 41f. Für die kritischen Editionen von Platons Werken und die wichtigste Sekundärliteratur wird auf die kenntnisreiche Zusammenstellung bei O. Hoeffe 1981, Bd. 1: 459–465 verwiesen.

58 Mittelstraß 1981: 41.

59 Vgl. dazu Ueberweg/Praechter a.a.O. 199ff.; Mittelstraß a.a.O. (Anm. 57).

60 Vgl. oben Abs. I.1.1.

61 Platon. Kriton 48. Übersetzung von Otto Apelt, Hamburg 1951, S. 92. Ich habe die Überset-

zung von Apelt unverändert übernommen, verweise jedoch darauf, daß sie kritisch zu lesen ist. Drei Hinweise dazu: Wo Apelt »eben echte Massenmenschen« sagt, heißt es bei Platon lediglich »τούτων τῶν πολλῶν« (»toúton tōn pollōn«); wo Apelt vom »Einklang mit der Entscheidung der gesunden Vernunft« spricht, lautet der Urtext »ἐπειδὴ ὁ λόγος οὕτως αἱρεῖ« (»epeidē ho lógos hoútōs haireí«), und weiterhin ist »gegenüber der Versündigung durch Unrechttun« ein Einschub von Apelt, der im Urtext nicht zu finden ist. Er sollte den Sinnzusammenhang wohl verdeutlichen, bringt mit dem »Versündigen« aber einen Begriff ein, der bei uns vielfältig in einem Platon fernliegenden Sinn assoziiert werden kann. – Schließlich ist für unseren Platon-Text selbst auf die Schwierigkeit der Urheberschrift zu verweisen. Wer kommt in ihm eigentlich zu Wort, Sokrates oder der junge Platon? Da es sich bei dem »Kriton« ebenso wie bei der »Apologie des Sokrates« wohl um Jugendschriften Platons handelt, kann mit der engen zeitlichen Nähe zu Sokrates auch die unmittelbare Präsenz sokratischen Sprach- und Gedankengutes vorausgesetzt werden. Aber das hebt nicht die interpretatorische Gestaltung desjenigen auf, der dem Ganzen die sprachliche Fassung und ihre schriftliche Vermittlung gab.

62 Insofern kann man Ueberweg/Praechter (1953: 223) Recht geben, nach denen das »begriffliche Wissen hinsichtlich ethischer Grundfragen das eigentliche Ziel« der platonischen Jugendwerke ist. Platon in dieser Phase seiner Lehrentwicklung jedoch als »Begriffsethiker« zu kennzeichnen (ebenda), scheint mir irreführend. Damit wird der geschichtliche Bewußtseinsprozeß, in dem er sich im Anschluß an Sokrates befand, zu sehr außer acht gelassen. Er mußte überhaupt erst mit schöpferischer Denkkraft freilegen und mit vernünftiger Argumentation begründen, worin das Gute und worin damit Ethik überhaupt bestehe. Die beiden Philosophen hatten zudem ihre Erkenntnis kämpferisch in der Öffentlichkeit vertreten. Schon daran zeigt sich, daß es ihnen keineswegs nur um Theoriebildung, sondern zugleich auch um Praxisgestaltung und -orientierung ging. »Begriffsethik« erweckt den Eindruck, als habe Platon längst vorgegebene Begriffe von Ethik gehabt und als sei es bei ihm nur noch darum gegangen, diese zu systematisieren und mit Beispielen aus dem erfahrenen Leben zu exemplifizieren.

63 Vgl. oben S. 20.

64 Platon, Kriton 49; Apelt 1951: 94 (Hervorhebung vom Ref.).

65 Vgl. Rö 12, 17–21; 1 Thess 5,15.

66 »Ἡμῖν δ'ἐπειδὴ ὁ λόγος οὕτως αἱρεῖ, μὴ οὐδὲν ἄλλο σκεπτέον ᾖ ἤ (...) πότερον δίκαια πράξομεν (...)«. Platon, Kriton 48.

67 Platon, Theaitet 152; vgl. Diels/Kranz 80 (74) B.

68 Diels/Kranz 1972: 80 (74) B 6a.

69 Vgl. unten Abs. I.2.6.

70 Vgl. Astius 1836/1956 Bd. II: 249f., 251f., 254ff.

71 Vgl. Platon, Phaidon 75.

72 Vgl. Kant, Metaphysik der Sitten, Einleitung II. Ausg. 1968, Bd. 7: 320ff.

73 Platon, Apologie des Sokrates 38.

74 A. a. O. 37.

75 Vgl. Popper 1957.

76 Apologie 21–23.

77 Platon, Theaitet 149ff.

78 A. a. O. 150.

79 Snell 1930: 21.

80 Vgl. weiteres dazu bei Stelzenberger 1963: 21–34 u. Reiner 1971/1976: 286ff.

80a So bereits Kähler 1877/1967: 84ff.

81 Platon, Apologie 31.

82 A. a. O. 40.

83 A. a. O.

84 Aristoteles, Eth. Nik. Buch I, Kap. 4.

85 Platon, Protagoras 352 u. 361, Menon 87–89.

86 Aristoteles, Eth. Nik. VI, 13 1144b 18ff.

87 Vgl. Mittelstraß 1981: 49.

88 Ähnliches geschieht mit dem Moralbegriff: Vgl. Pfürtner 1978: 177.

89 Platon, Politeia I 353.

90 A. a. O.

91 Siehe oben Abs. I.1.1.

92 Deshalb wurde in den beiden vorangehend zitierten Texten das dort verwendete »eu« mit »wohl/gedeihlich/gut« übersetzt.

93 Insofern ist es berechtigt, daß J. Ritter seinen Artikel »Ethik« im »Histor. Wörterbuch der Philosophie« erst mit Aristoteles beginnt (vgl. Ritter 1972). Sieht man freilich auf die ungeheu-

re Bedeutung, die Platon im Anschluß an Sokrates für die Entwicklung des ethischen Bewußtseins und seines sprachlichen Ausdrucks in unserem Kulturraum zukommt, dann wird die Berechtigung von Ritters Ausgrenzung sehr eingeschränkt. Übrigens macht sich hier auch die begrenzte Verwendungsmöglichkeit der Kuhnschen Paradigmentheorie bemerkbar. Wenn Kuhn auch den evolutionären Charakter eines Paradigmenwechsels nicht außer acht läßt, so stellt er doch mehr auf den revolutionären Umbruch ab, der durch ein neueres Paradigma vollzogen würde (Kuhn 1962/1979: 20ff., und passim). Er betont, daß das neue Paradigma nicht zuletzt die Wahrnehmungsart der Wissenschaftler einschneidend verändere (a.a.O.: 124).

94 Zur Gerechtigkeit vgl. vornehmlich Platon, Politeia I und IV, bes. 432–445.

95 Platon, Politeia 433.

96 A.a.O. 433.

97 A.a.O. 369.

98 A.a.O. 499ff.

98a Vgl. oben seine Biographie S. 28.

99 Platon a.a.O. 430. Für »Recht« und »rechte Auffassung« hat Platon »Nomimon« und »orthodoxe« gesetzt. Das erstere mit dem »Gesetzlichen« zu übersetzen, würde ebenso irreführend sein, wie es falsch wäre, »Doxa« hier nur mit »Schein« oder »Meinung« zu benennen.

100 A.a.O. 442; weiteres zur Tapferkeit s. vor allem im Dialog Laches.

101 Vgl. oben z.B. bei Homer Abs. I.1.2.

102 Politeia IV, 442; weiteres zur Besonnenheit besonders im Dialog Charmides.

103 Weiteres dazu bei Pfürtner 1958: 295ff.

104 So z.B. in: Expos. Evang. sec. Luc. V, 49 PL 15/1734 u. De sacram. 3,2 PL 16/453; vgl. dazu Lottin 1949: 154.

105 Platon, Politeia 442f.

106 Whitehead 1929/1941: 38.

106a Vgl. weiteres dazu bei Jaeger 1933/1959: 5ff. – Jaegers Deutungskonzept bleibt beachtenswert, auch wenn man ihm in Einzelzusammenhängen nicht folgen will.

106b Zur Verwendung des Polis-Begriffs und anderer Worte (»Staat«, »Gemeinde«, »Stadt« etc.) vgl. unten Abs. I.2.5.1.

107 Ausführlicheres dazu bei Jaeger 1955: passim; Ueberweg/Praechter 1953: 348ff.; Höffe 1981a: 65ff.

108 Becker u. Gigon 1830/1961; diese Textausgabe enthält in Bd. I u. II 48 griechische Schriften des Philosophen auf 1462 zweispaltigen Seiten (a u. b) im Großformat.

109 Vgl. z.B. Eth. Nik. I, 13.

110 Vgl. Jaeger 1955: 237–370.

111 Vgl. Jaeger 1955 (1. Aufl. 1923) u. ders., 1912.

112 Vgl. oben Abs. I.1.1.

113 Vgl. Jaeger 1955: 399ff.

114 Aristoteles, Anal. post. 81a 37–40.

115 Eth. Nik. I, 4 1095b 7ff.

116 Vgl. Weber 1968; Werturteilsstreit 1971.

117 Vgl. Positivismusstreit 1972; J. Habermas/N. Luhmann 1974.

118 Satz 6.42 im »Tractatus logico-philosophicus«: Wittgenstein 1921/1960.

118a Vgl. dazu die Einführung von Höffe 1971: 11–31.

119 Geiger 1964: passim.

120 Luhmann, Soziologie der Moral, in: Theorietechnik und Moral 1978: 28–45. Weiteres zu diesen Tendenzen gegenüber der Ethik vgl. bei Pfürtner, Zur wissenschaftstheoretischen Begründung der Moral. In: Theorietechnik und Moral 1978: 185–203.

121 Eth. Nik. I, 2 1095b 7f.

122 A.a.O. I, 1 1094a 1f.

123 Vgl. Eth. Nik. I, 1 1094a 7ff.

124 »Wenn es nun wirklich für die verschiedenen Formen des Handelns ein Endziel gibt, das wir um seiner selbst willen erstreben, während das übrige nur in Richtung auf dieses Endziel gewollt wird, und wir nicht jede Wahl im Hinblick auf ein weiteres Ziel treffen – das gibt nämlich ein Schreiten ins Endlose (Apeiron), somit ein leeres und sinnloses Streben –, dann ist offenbar dieses Endziel das Gut, und zwar das oberste Gut.« (A.a.O. I, 1 1094a 18–22).

125 Eth. Nik. I, 3–4 1095a 26ff., 1096a 1ff.

126 Weiteres zur Bedeutung des »Horror infiniti« im aristotelischen und griechischen Denken siehe bei Dirlmeier 1956: 267f.

127 Eth. Nik. I, 6 1097b 25–33.

128 Pol. 1253a 2 u. a 8; 1278b 19; Eth. Nik. I, 5 1097b 11 u. IX, 9 1169b 18.

129 Eth. Nik. VIII, 14 1162a 17.

130 Vgl. z.B. Eth. Nik. I, 13.
131 A.a.O. I, 1 1094b 7–11.
132 Aristoteles hat hierin deutlich an Platons Theorie angeknüpft: vgl. oben Abs. I.1.4.5; ebenso Dirlmeier 1956: 269f.; dort auch Lit.-Hinweise zur weiteren Diskussion des Themas.
133 Vgl. Politeia 294b.
134 Timaios 29b–d.
135 Hoerster 1972: 12.
136 Eth. Nik. I, 1 1094a 22–24.
137 Eth. Nik. I, 1 1094b 23–27.
138 Winter 1970: 23.
139 Dilthey 1883: 14.
140 Vgl. Pfürtner 1958: 69–75.
141 Vgl. Gadamer 1972; Keller 1974.
142 Eth. Nik. II, 2 1103b 26–30.
143 Zur sozialanthropologischen Bedeutung des Vertrauens sei auf die Arbeiten von Erikson (1974 u. 1974b), zu seiner sozialethischen und -theologischen Relevanz auf die von Løgstrup (1968) verwiesen.
144 Eth. Nik. I, 1 1094b 10–22.
145 Z.B. Eth. Nik. I, 2 1095a 19.
146 A.a.O. a 18; zur Wortbedeutung vgl. Wilamowitz 1931: 369; zur Inhaltsbestimmung vgl. Bien 1982: 412–415 (Lit.!).
147 Eth. Nik. I, 2 1095a 20–25.
148 Pol. I, 1 1252a 2–3.
149 Eth. Nik. I, 1 1094b 7f.
150 A.a.O. 8f.
151 Vgl. oben Anm. 128.
152 Eth. Nik. I, 2 1095a 19f.
152a A.a.O. I, 10 1099b 24f.
153 A.a.O. I, 6 1098a 18ff.
154 A.a.O. I, 1 1094b 7.
155 »τὸ ἀνθρώπινον ἀγαθὸν ψυχῆς ἐνέργεια γίγνεται κατ' ἀρετήν, εἰ δὲ πλείους αἱ ἀρεταί, κατὰ τὴν ἀρίστην καὶ τελειοτάτην.« A.a.O. I, 6 1098a 16–18.
156 »Εἰ δὲ ἐστὶν ἔργον ἀνθρώπου ψυχῆς ἐνέργεια κατὰ λόγον ἢ μὴ ἄνευ λόγον.« A.a.O. I, 6 1098a 7f.
157 Vgl. Abs. I.2.6 u. I.2.8.
158 Vgl. Hartmann 1949: 73–88.
159 Eth. Nik. I, 9 1099a 21–24.
160 Eth. Nik. I, 9 1099a 31–b 7.
161 Ritter 1969/1977: 66.
162 Höffe 1979: 300.
163 A.a.O.
164 Kuhn 1962/1979: 25.
165 Vgl. dazu die bedeutende Studie von Thomas Graf (1934/1935).
166 Siehe unten S. 148ff.
167 Z.B. Vorlesung über den Römerbrief (1515/16), zu Rö 1,16–17 WA 56,172 (Sch) u. 364; An den christlichen Adel deutscher Nation (1520) WA 6,457ff.; vgl. Zur Mühlen 1980: 63ff., 160ff.; Oberman 1982: 167–171.
168 Vgl. z.B. Metaphysik der Sitten, Tugendlehre. Kant-Werke 1968 Bd. 7, 505f., 514–518; Reiner 1974: 15-47.
168a Pol. I, 2 1253a 27f.
168b Über die frühkindliche Erziehung in der Antike, die bisher weitgehend unbeachtet geblieben ist, sei auf die interessante Studie von Cornelia Löhmer (1986) verwiesen.
169 Vgl. oben Anm. 128.
169a Vgl. Margedant 1981: 4ff.
170 Eth. Nik. VIII, 14 1162a 17.
171 A.a.O. a 19.
171a Ritter 1979/1977: 71.
171b Eth. Nik. IX, 10 1170b 31f.
171c Ritter a.a.O.
171d Alexander Schwan kommt bei seiner ausführlichen Textanalyse zu dem Ergebnis, daß die Ethik-Schriften des Aristoteles »sich so als umgrenzte Teile einer sie zusammenfügenden einheitlichen Wissenschaft geben, der Wissenschaft vom Leben und Handeln des Menschen

auf dem Boden des Gemeinwesens, die ihrerseits Politik heißt, die wir aber auch ›Praktische Philosophie‹, das heißt Philosophie der menschlichen Praxis, nennen können« (Schwan 1963: 70).

172 Eth. Nik. VIII, 14 1162a 22. Mit seinem Begriff der »asymmetrischen Komplementarität« zwischen den beiden Geschlechtern setzt Ivan Illich die Deutungslinie von Aristoteles fort. Er kann in ihm einen Kronzeugen für die unterschiedlichen gesellschaftlichen Aufgabenzuweisungen für Mann und Frau in der Geschichte finden (vgl. Illich 1983: 9 u. 45ff.).

173 Eth. Nik. VIII, 12 1160b 33f.

174 A.a.O. b 27.

175 A.a.O. 1161 a 2f.

176 A.a.O. a 7–9.

177 A.a.O. 1160b 33f.

178 Pol. I, 12 1259a 39.

179 Eth. Nik. VIII, 12 1160b 32–35.

180 A.a.O. 1161 a 1.

181 A.a.O. VIII, 14 1162a 22–24.

182 Eth. Nik. VIII, 2 1155b 12.

183 A.a.O. VIII, 2 1155b 32.

184 A.a.O. VIII, 1 1155a 3ff.

185 A.a.O. VIII, 1 a 31.

186 Besonders VIII, 14: »Die Freundschaft zwischen Mann und Frau scheint auf der Natur zu beruhen. Denn der Mensch ist von Natur noch mehr zum Beisammensein zu zweien angelegt als zur staatlichen Gemeinschaft, sofern die Familie (Oikia) ursprünglicher und notwendiger ist als der Staat und das Kinderzeugen allen Lebewesen gemeinsam ist. Die andern freilich beschränken ihre Gemeinschaft gerade darauf, bei den Menschen besteht sie aber nicht nur um der Kinderzeugung willen, sondern wegen der Lebensgemeinschaft. Denn die Aufgaben sind von vornherein differenziert und verschieden bei Mann und Frau. Also helfen sie einander, indem jeder das Seinige zum Gemeinsamen beiträgt. Darum scheint sowohl das Nützliche wie auch das Angenehme in dieser Freundschaft vorhanden zu sein. Sie wird auch auf Tugend begründet sein, wenn sie beide tugendhaft sind. Denn jeder von beiden hat seine Tugend, und sie werden sich dann daran freuen. Die Kinder scheinen das Band zu sein, darum lösen sich die kinderlosen Ehen rascher auf. Denn die Kinder sind das gemeinsame Gut beider, und das Gemeinsame hält zusammen. Zu fragen, wie Mann und Frau und überhaupt als Freund und Freund zusammenleben sollen, bedeutet nichts anderes, als zu fragen, wie das Gerechte sei. Denn dieses scheint nicht dasselbe zu sein zwischen Freunden, zwischen Fremden, Kameraden und Mitschülern.« Eth. Nik. VIII, 14 1162a 16–33.

187 Das Testament liegt uns in der Überlieferung des Diogenes Laërtios (3. Jahrh. n. Chr.) vor: Diog. Laert, Leben und Meinungen berühmter Philosophen V, 1 abgedruckt bei: Apelt 1921, Bd. 1: 212–214; ebenso Zemp 1984: 14–16; griech.-engl. Textausgabe bei Hicks 1972: 454–458.

188 Vgl. Pol. II, 2 1261 a 10ff–31.

189 Platon, Staat V, 3–4.

190 Pol. II, 9 1268a 34–1270b 6; vgl. Jaeger 1933/1959: 330.

191 Pol. II, 2 1261 a 18–24.

192 Eth. Nik. VIII, 14 1162a 32f. (zitiert oben Anm. 186); weiteres zur Bedeutung des proportional Gleichen unten Abs. I.2.7.3.

193 Gen. anim. I, 20 728a 17.

194 A.a.O. II, 3 737a 27f.

195 So Albertus Magnus (De animalibus 1, 250) und Thomas von Aquin (II Sent. 20,2,1,1; De Veritate 5,9 Zu 9).

196 Aristoteles, Pol. I, 12 1259b 1ff.

197 Augustin, De Gen. ad. litt. 9,11.5.9 CSEL 28,280.273.278.

198 Weiteres zu der Wirkungsgeschichte in der christlichen Antike und im Mittelalter siehe bei Michael Müller 1954: 239, 255 u. 260; ders., 1968: 56–75.

199 Vgl. besonders Pol. I, 5–7 u. 12–13; dazu Gigon 1965: 247–283 u. Baruzzi 1970.

200 Eth. Nik. I, 10 1099b 26; vgl. 1098a 16.

201 So Dirlmeier 1956: 19; und auch Gigon 1984: 67.

202 Eth. Nik. II, 5 1106a 22 u. 15.

203 A.a.O. II, 1 1103a 14f.

204 A.a.O. 18–25.

205 Vgl. Met. 1025b 25; Top. 145a 16.

206 Eth. Nik. X, 7 1177b 20. 26–32; X, 8 1178a 22.

207 A.a.O. b 24–27.
208 Pol. 1254a 7; Eth. Eud. 1333a 31.
209 Eth. Nik. I, 3 1095b 16.
210 Eth. Nik. I, 6 1098a 1–3.
211 Siehe oben Abs. I.1.2.
212 Siehe oben Abs. I.1.4.5.
213 Eth. Nik. I, 13 1102a 27.
214 A.a.O. a 29–31.
215 A.a.O. 1102b 2–3.
216 A.a.O. b 14–15.
217 Am kürzesten hat Aristoteles diese Tugenden und die ihnen entgegengesetzten schimpflichen Haltungen in der kleinen Schrift »Über die Tugenden und Laster« geschildert (Ed. Bekker 1249–1251; Schmidt 1965), ausführlich in der Nikomachischen Ethik Buch II–VII.
218 Eth. Nik. VI, 13 1144b 18ff.; siehe oben Anm. 86.
219 A.a.O. V, 1 1129a 11.
220 Platon, Alkib. 129c.
221 Phaidon 87b.
222 A.a.O. 62b.
223 Theait. 176a.
224 So die Argumentationsentwicklung im »Gastmahl«; vgl. auch die Erzählung des Höhlengleichnisses Pol. VII, 1–17.
225 Vgl. weiteres zur Wirkungsgeschichte bei Pfürtner 1958: 236–243.
226 Eth. Nik. II, 4 1105b 29–1106a 13.
227 A.a.O. II, 2 1104b 23f.
228 A.a.O. 1104a 19–26.
229 Pol. I, 5 1254b 30f.
230 Eth. Nik. II, 2 1105a 14–17.
231 Eth. Nik. VI, 13 1144b 17; 27.
232 Pol. I, 2 1253a 36f.
233 Vgl. M. Müller 1954: passim.
234 So K. Barth 1951: 138.
235 Weiteres zu den kirchen- und kulturgeschichtlichen Auswirkungen der Geschlechtsfeindlichkeit bei Pfürtner 1972: 20–45.
236 S. Freud, Das Unbehagen der Kultur S. 445f.
237 Pol. I, 2 1253a 9–18.
238 In dieser Hinsicht hat die Analyse von Ph. Lersch (1954: 379–402) nichts an Aktualität eingebüßt.
239 Vgl. Illich 1984: 13.
240 De anima III, 7 431b 21.
241 Vgl. Met. XII, Einl.
242 So Snell (1955: 299) als Ergebnis einer aufschlußreichen sprachgeschichtlichen Studie.
243 Vgl. die kurze bedeutungsgeschichtliche Skizze bei Weischedel 1967: 60ff.
244 Pol. I, 2 1253a 1; vgl. Eth. Nik. I, 5 1097b 8.
245 Eth. Nik. IX, 9 1169b 3–5.
246 Eth. Nik. III, 4–7.
247 Eth. Nik. III, 4 1112a 16f.
248 A.a.O. a 15. Eine gewisse Ähnlichkeit zum menschlichen Überlegen und Nachdenken angesichts einer Handlungssituation sah Aristoteles auch im tierischen Verhalten, dem er damit auch eine gewisse Ähnlichkeit zur »Prohairesis« zuschrieb. Im eigentlichen Sinn beschränkte er diese und auch das überlegende Nachdenken jedoch auf den Menschen (Eth. Nik. III, 4 1111b 12f.; vgl. Dirlmeier 1956: 327).
249 Eth. Nik. VI, 2 1139b 4–5.
250 Vgl. Habermas 1973.
251 Rhet. I, 5 1382a 35.
252 »Ob wir angesichts der konkreten Entscheidung dem Guten oder dem Schlechten den Vorzug geben – daran wird offenbar, wie (welcher Art) wir sind« – das ist die sinngemäße Übersetzung der einschlägigen Stelle Eth. Nik. III, 4 1112a 2. Die mittelalterliche Aristotelesrezeption ist dem Sachproblem sehr ausführlich nachgegangen: vgl. z.B. Thomas von Aquin. In Eth. Nik. Expos. II, lect. 5; ders., Sum. theol. II—II 47,13; 49,2; 51,3.
253 Eth. Nik. III, 6 1113a 32–b 2.
254 So etwa Dietrich Bonhoeffer in der Einleitung seiner Ethik (Bonhoeffer 1949/1984: 19ff.). Bonhoeffer steht damit ganz in der reformatorischen Tradition Martin Luthers, der eben

diesen Zusammenhang an den Anfang seiner berühmten Römerbrief-Vorlesung 1516/17 stellte (Luther WA 56, 3ff. u. 157ff.). Auch in der mittelalterlichen Theologie findet sich Entsprechendes. Für Thomas von Aquin ist der Mensch durch die Sünde nicht nur in seinem Willen, sondern auch in seiner Urteilskraft in der Wurzel pervertiert (vgl. Sum. theol. I–II 83, 2–4 u. 85,3). Deshalb braucht er sowohl für die Erkenntnis als auch für die Verwirklichung des Guten eine Hilfe, die von außen, aus der gnädigen Zuwendung Gottes, kommt, also nicht in seiner eigenen Natur zu suchen ist (a. a. O. 109,2; II–II 47,13–14). Das gilt nicht nur für allgemeine sittliche Einsichten, sondern auch für die Wahrnehmungs- und Urteilsfähigkeit in konkreten Entscheidungsprozessen (II–II 51,3 Zu 1).

255 So z. B. Luther, Vom Unfreien Willen 1525.
256 Eth. Nik. III, 4 1111 b 21–23.
257 Eth. Nik. III, 4 1111 b 12f.
258 Eth. Nik. VI, 2 1139 a 31 f. Vgl. Met. IV,2 1013 a 21 u. 1018 b 25.
259 Eth. Nik. II, 4 1106 a 3.
260 A. a. O. III, 3 1111 a 23; vgl. VI, 2 1139 a 15 – b 5.
261 A. a. O. VI, 2 1139 a 31.
262 A. a. O. I, 5 1097 b 8
263 Vgl. oben Abs. I.2.6.2.
264 A. a. O. I, 5 1097 b 7–15.
265 Pol. IV, 4 1291 a 10.
266 Vgl. Pol. I, 2 1252 b 227f.
267 Eth. Nik. X, 9 1179 a 1–13.
268 Vgl. die Analyse des Kapitalismus durch Max Weber (1920/72, bes. S. 30–43), dem auch Marxismus-Gegner schwerlich eine marxistische Voreingenommenheit unterstellen können.
269 Eth. Nik. V, 3 1129 b 14–19.
270 A. a. O. V, 10 1134 b 1–4.
271 Eth. Nik. V, 10 1134 a 25–29.
272 A. a. O. 9, 1134 a 1–12.
273 A. a. O. V, 3 1130 a 3–4.
274 Eth. Nik. V, 2 1129 a 32 – b 1.
275 Eth. Nik. I, 1 1094 b 8–10.
276 Vgl. a. a. O. I, 5 1097 b 7–13 u. Pol. I, 1 1253 a 3. »Kein Land ist autark und so ist auch kein Mensch als einzelner autark«, sagte Solon zu Kroisos (Herodot I, 32; vgl. Platon, Pol. 369 b 6).
277 A. a. O. V, 3 1130 a 8–10.
278 Eth. Nik. V, 3 1129 b 27–31.
279 Vgl. weiteres dazu bei Margedant 1981.
280 Vgl. Pol. III, 7 1279 a 25 – b 10.
281 A. a. O. 1279 b 6ff. Was wir heute positiv unter Demokratie verstehen, war bei Aristoteles also eher die »Politeia«.
282 Pol. III, 7 1279 a 40f.
283 Weiteres dazu bei Trude 1955.
284 Vgl. Leisner 1980.
285 Zum Hintergrund der geistigen Situation dieser Entwicklung vgl. Habermas 1979; zur Auswirkung der »Wende« auf die konkrete Familienpolitik vgl. S. Keil 1985: 59–62.
286 Vgl. weiteres dazu bei Fleiner-Gerster 1980: 87–117.
287 Eth. Nik. V, 6 1131 a 10f.
288 A. a. O. a 13.
289 Eth. Nik. II, 5 1106 b 27ff.; 7 1108 e 31; 9 1109 a 20 u. a.
290 Vgl. a. a. O. II, 5 1106 a 24 – b 7.
291 Vgl. Reiner 1974: 248—379.
292 Vgl. Piaget 1954/1973: 232–368; auch Reiner spricht von der »Goldenen Regel« als »Gegenseitigkeitsregel« a. a. O.: 269.283.
293 Vgl. Reiner 1974: 353ff.
294 Vgl. Piaget 1954/1973: 223ff., 334–368.
295 Eth. Nik. V, 2.3 1130b 29ff.; 1131 a 29ff., 1131 b 13. Aristoteles verwendet hier für das »proportional Gerechte« den Begriff »dikaion analogon«.
296 A. a. O. 1130 b 30ff.
297 A. a. O. 31–33.
298 A. a. O. V, 6 1131 a 22ff.
299 Eth. Nik. V, 6 1131 a 24ff. Der Begriff »Axia« meint dabei das natürlich und das sozial Gebührende, meint also auch Würde, Leistung oder Verdienst und die damit verknüpfte Wertschätzung.

300 A.a.O. 1131a 24–29.
301 Eth. Nik. V, 1–2 1129a 23–32.
302 A.a.O. 1129b 1 u. 1131a 13; s. oben Anm. 287.
303 Vgl. a.a.O. V, 14; zur Lehrentwicklung bezüglich der »Epieikeia« in der Antike und bei Aristoteles vgl. Trude 1955: 115–138.
304 A.a.O. 1137b 10.
305 A.a.O. 1137b 19–24.
306 Eth. Nik. II, 2 1104a 24–26.
307 A.a.O. 1103b 34–1104a 10.
308 Eth. Nik. II, 6 1107a 9–13.
309 Vgl. dazu meine Diskussion mit Niklas Luhmann (Theorietechnik und Moral 1978).
310 Eth. Nik. II, 6 1106b 36–1107a 2.
311 Gadamer 1963: 20.
312 Siehe oben Abs. I.1.3.2.
313 Siehe Abs. I.1.4.2 und Anm. 66–68.
314 Vgl. Eth. Nik. V, 10.
315 Heinimann 1945/65: 113.
316 Eth. Nik. I, 1 1094b 14–16.
317 A.a.O. V, 10 1134b 18.
318 Eth. Nik. V, 10 1134b 18f.
319 A.a.O. 20.
320 Vgl. Platon, Gorgias 482c–484a; Aristoteles, Soph. Elench. 173a 8ff.
321 Vgl. besonders Pol. III–V.
322 Pol. V, 8 1293b 29f.
323 Eth. Nik. V, 10 1135a 5.
324 Vgl. Eth. Nik. I, 1; oben Anm. 269f.; Pol. VII, 2 1324a 23.
325 J. Ritter 1977: 166.
326 Pol. III, 7 u. IV, 11; siehe oben Abs. I.2.7.2.
327 Pol. IV, 1 1288b 35–39.
328 Eth. Nik. V, 10 2234b 228–30.
329 Eth. Nik. II, 2 1103b 26–28.
330 A.a.O. I, 1 1094b 7.
331 Eth. Nik. I, 1 1094a 3.
331a Vgl. Jaeger 1933/1959: 26ff., 38–88.
332 Kurt Riezler hat in seiner kleinen beachtenswerten Studie »Das homerische Gleichnis und der Anfang der Philosophie« dazu Erstaunliches aufgedeckt (Riezler 1936/1968).
333 Übersetzung nach R. A. Schröder; vgl. Riezler 1936/68: 3.
334 Harnisch 1985: 139. Harnisch kommt zu diesem Ergebnis nach gründlichen Untersuchungen im Rahmen der modernen Gleichnisforschung (siehe Harnisch 1982 und 1982a).
335 Harnisch 1985: 138.
336 A.a.O.
337 Platon, Gastmahl 211.
338 Eth. Nik. VI, 7f. 1141b 4ff.
339 A.a.O. 1141b 7.
340 A.a.O. b 4–14.
341 »τὸ πρῶτον κινοῦν ἀκινητὸν αὐτό« – Met. III, 8 1012b 30f.
342 De anima III, 10 433a 14.
343 Met. III, 3 1005a 35; Eth. Nik. X, 8 1178b 8 u. 22f.
344 Eth. Nik. X, 8 1178b 8–23.
344a Vgl. oben Abs. I.2.6.1.
345 Eth. Nik. a.a.O. X, 7 1177b 32–1178a 8.
346 A.a.O. 1178b 23.
347 A.a.O. 1177b 26–32 u. 1178a 23. Der spätere Versuch des Thomas von Aquin, für die Verknüpfung zwischen »vita contemplativa« (dem beschaulichen Leben) und der »vita activa« (dem praktisch-aktiven Leben) Aristoteles als Kronzeugen heranzuziehen, muß als eine christliche Neuinterpretation der aristotelischen Lehre bezeichnet werden. Thomas hielt einerseits zwar präzise daran fest, daß »der spekulative Intellekt nichts aussagt über das, was zu tun ist« (Sum. theol. I 19,3 Zu 4). Anderseits fügte er selbstinterpretierend unter Berufung auf De Anima III, 10 433a 14 hinzu, »quod intellectus speculativus extensione fit practicus« – »daß der schauende Intellekt durch Ausdehnung ein praktischer wird« – (Sum. theol. I 79, 11 sed contra). Hierdurch versuchte er zu begründen, warum das, was im beschaulichen Leben erkannt war, im aktiven Leben wirksam werden konnte und sollte. Er wollte damit eine

Verbindung zwischen religiöser Verinnerlichung und öffentlicher Wirksamkeit der Christen aus ihrem Glauben heraus schaffen.

348 Eth. Nik. X, 7 1177a 28 – b 1.

349 De virt. 5 1250b 19–22.

350 A.a.O.

351 »Das zugleich schauererregende und in Bann ziehende Mysterium« des Heiligen, für das Otto den Begriff des »Numinosen« prägte: vgl. Otto, Rudolf 1936.

Literaturverzeichnis

Die Zitationen in den Anmerkungen nehmen auf dieses Verzeichnis Bezug. Bei Mehrfachveröffentlichungen eines Autors in einem Jahr ist nach a, b, c etc. gestaffelt. Die Ziffern nach dem Doppelpunkt benennen die Seitenzahl. Zitationen aus Quellenwerken sind davon ausgenommen. Auf ihre Art wird gesondert hingewiesen.

Antes, Peter (Hrsg.), 1984: Ethik in nichtchristlichen Kulturen. Stuttgart/Berlin/Köln/Mainz.

Apel, Karl-Otto, 1973: Die Entfaltung der »sprachanalytischen« Philosophie und das Problem der »Geisteswissenschaften«. (Erstabdruck in: Philos. Jahrb. 1965). In: ders., Transformation der Philosophie. Bd. II, Frankfurt.

Apelt, Otto, 1921: Diogenes Laërtius, Leben und Meinungen berühmter Philosophen. Übersetzt und erläutert. 2 Bde. Hamburg.

– *1968:* Diogenes Laërtius. Griech.-deutsch, hrsg. mit Einl. u. Anm. von K. Reich u. G. Zekl. Hamburg.

Astius, Fridericus, 1836/1956: Lexicon Platonicum. 2 Bde. Nachdruck der Erstausgabe 1836. Darmstadt.

Barth, Karl, 1951: Kirchliche Dogmatik. Bd. III, 4. Zollikon-Zürich.

Baruzzi, Arno, 1970: Der Freie und der Sklave in Ethik und Politik des Aristoteles. In: Philos. Jahrb. 77 (1970) 15–28.

Becker u. Gigon, 1831/1960: Becker, I. (Hrsg.): Aristotelis Opera, 5 Bde., Berlin 1831–1870 (Bde. I–II: griech. Text, Bd. III: lat. Renaissance-Übersetzung, Bd. IV: Scholia, Bd. V: Fragmente u. H. Bonitz, Index Aristotelicus), Neuausgabe besorgt von *O. Gigon*, Berlin 1960, Einzelausgabe des Index Aristotelicus: Graz [2]1955 (ein hervorragendes Hilfsmittel). Die Zitationen in der Darstellung erfolgen nach der griech. Textausgabe, die Abkürzungssiglen nach der lat. Übersetzung der Buchtitel.

Bien, Günther, 1973: Die Grundlegung der politischen Philosophie bei Aristoteles. Freiburg i. Br./München.

– *1982:* Ethik – II. Griechisch-römische Antike. In: Theol. Realenzyklopädie (TRE) Bd. X, S. 408–423, Berlin u. New York.

Bignone, Ettore, 1938/1976: Die ethischen Vorstellungen des Sophisten Antiphon. In: C. J. Classen (Hrsg.), Sophistik, S. 493–518, Darmstadt.

Bloch, Ernst, 1959/1968: Das Prinzip Hoffnung. Erstaufl. 1959. 3 Bde. (durchgehende Seitenzählung), Frankfurt a. M.

Bollnow, Otto Friedrich, 1947/1968: Einfache Sittlichkeit. Kleine philosophische Aufsätze. 1. Aufl. 1947, 4. Aufl. Göttingen.

Bonhoeffer, Dietrich, 1949/1984: Ethik. Zusammengestellt u. herausgegeben von Eberhard Bethge. 1. Aufl. 1949. 10. Aufl. München.

Bröcker, Walter, 1956/1968: Heraklit zitiert Anaximander. In: Heimes Bd. 84, 1956, S. 382–384; abgedruckt bei H.-G. Gadamer (Hrsg.), Um die Begriffswelt der Vorsokratiker, Darmstadt 1968, S. 209–213.

Bülow, Edeltraud, 1984: Der Wortschatz des Ethischen und die Grundwerte-Diskussion. Tübingen.

Classen, C. J. (Hrsg.), 1976: Sophistik. Darmstadt.

Diels, Hermann u. Walther Kranz, 1903/1972: Die Fragmente der Vorsokratiker, griech./deutsch, Nachdr. d. 6. Aufl., 2 Bde. u. 1 Registerband, hrsg. v. W. Kranz, Dublin/Zürich.

Dilthey, Wilhelm, 1883: Einleitung in die Geisteswissenschaften. Leipzig.

Dirlmeier, Franz, 1956: Aristoteles. Nikomachische Ethik. Übersetzung, Einleitung, Anmerkungen. Berlin.

– *1958:* Aristoteles. Magna Moralia. Übersetzung mit Einleitung u. Anmerkungen. Darmstadt.

– *1962:* Aristoteles. Eudemische Ethik. Übersetzung mit Einleitung u. Anmerkungen. (Berlin u.) Darmstadt.
Dupré, Wilhelm, 1984: Ethik und Religion in schriftlosen Kulturen. In: P. Antes u. a., Ethik in nichtchristlichen Kulturen, S. 168–212, Stuttgart/Berlin/Köln/Mainz.
Ebener, Dietrich, 1983: Einleitung zu Homer, Ilias; siehe Homer.
Engelhardt, Paulus (Hrsg.), 1963: Sein und Ethos. Untersuchungen zur Grundlegung der Ethik. Mainz.
Erikson, Erik Homburger 1959/1974a: Kindheit und Gesellschaft. (Amerik. Erstausgabe 1950). 4. Aufl. Stuttgart.
– *1974b:* Identität und Lebenszyklus. Drei Aufsätze. Frankfurt a. M.
Fleiner-Gerster, Thomas, 1980: Allgemeine Staatslehre. Berlin/Heidelberg/New York.
Freud, Sigmund, 1955: Das Unbehagen der Kultur. Ges. Werke Bd. XIV, S. 419–506, London.
Gadamer, Hans-Georg, 1963: Über die Möglichkeit einer philosophischen Ethik. In: Engelhardt, P. (Hrsg.), 1963: 11–24.
– *(Hrsg.), 1968:* Um die Begriffswelt der Vorsokratiker. Darmstadt.
– *1972:* Theorie, Technik, Praxis – die Aufgabe einer neuen Anthropologie. In: Neue Anthropologie Bd. 1, IX—XXXVII, Stuttgart u. München.
Geiger, Theodor, 1964: Vorstudien zu einer Soziologie des Rechts. Mit einer Einleitung und internationalen Bibliographie zur Rechtssoziologie von Paul Trappe. Neuwied.
Gigon, Olof, 1965: La ›Politique‹ d'Aristote. Genf.
– *1984:* Aristoteles. Die Nikomachische Ethik. Übersetzt und herausgegeben. 5. Aufl., München.
– *1984a:* Aristoteles. Politik. Übersetzt und herausgegeben. 5. Aufl., München.
Graf, Thomas, 1934/1935: Die Subjecto psychico gratiae et virtutum. 2 Vol., Roma.
Graeser, Andreas, 1981: Die Vorsokratiker. In: Otfried Höffe (Hrsg.), Klassiker der Philosophie. Bd. I, S. 13–37, München.
Habermas, Jürgen, 1973: Erkenntnis und Interesse. 3. Aufl., Frankfurt a. M.
– *u. Niklas Luhmann, 1974:* Theorie der Gesellschaft oder Sozialtechnologie – Was leistet die Systemforschung? Frankfurt a. M.
– *1975:* Sprachspiel, Intention und Bedeutung. Zu Motiven bei Sellars und Wittgenstein. In: Rolf Wiggershaus, Sprachanalyse und Soziologie. S. 319–340, Frankfurt a. M.
– *(Hrsg.), 1979:* Stichworte zur geistigen Situation der Zeit. Frankfurt a. M.
Hager, Fritz-Peter (Hrsg.), 1972: Ethik und Politik des Aristoteles. Darmstadt.
Harnisch, Wolfgang (Hrsg.), 1982: Die neutestamentliche Gleichnisforschung im Horizont von Hermeneutik und Literaturwissenschaft. Darmstadt.
– *(Hrsg.), 1982a:* Gleichnisse Jesu. Positionen der Auslegung von Adolf Jülicher bis zur Formgeschichte. Darmstadt.
– *1985:* Die Gleichniserzählungen Jesu. Eine hermeneutische Einführung. Göttingen.
Hartmann, Nicolai, 1949: Ethik. 3. Aufl., Berlin.
Heinimann, Felix, 1945/1965: Nomos und Physis. 1. Aufl. 1945. 2. Aufl. Basel.
Hicks, R. D., 1972: Diogenes Laertius. Lives of eminent Philosophers. 2 Vol., Cambridge (Mass.) und London.
Historisches Wörterbuch der Philosophie, Bd. 2, 1972: Hrsg. von Joachim Ritter. Darmstadt.
Höffe, Otfried, 1971: Praktische Philosophie – Das Modell des Aristoteles. München/Salzburg.
– *1979:* Ethik und Politik. Grundmodelle und Probleme der praktischen Philosophie. Frankfurt a. M.
– *(Hrsg.), 1981:* Klassiker der Philosophie. 2 Bde., München.
– *1981a:* Aristoteles. In: O. Höffe (Hrsg.), Klassiker d. Philosophie 1981, S. 63–94.
Hoerster, Norbert, 1972: Einleitung zu: William K. Frankena, Analytische Ethik. München.
Homer: Ilias, griech. u. dtsch. Übertragen von Hans Rupé, 2. Aufl. München 1962.
– Odyssee, griech. u. dtsch. Übertragen von Anton Weiher, 2. Aufl. München 1962.
– Ilias. In: Homer Werke. Bd. I. Bibliothek der Antike. Hrsg. v. Dietrich Ebener. 3. Aufl. Berlin-Weimar 1983.
Illich, Ivan, 1972: Schulen helfen nicht. Über das mythenbildende Ritual der Industrie-Gesellschaft. Einleitung von Erich Fromm. Reinbek bei Hamburg.
– *1974:* Die sogenannte Energiekrise – oder – Die Lähmung der Gesellschaft. Das sozialkritische Quantum der Energie. Reinbek bei Hamburg.
– *1981:* Die Nemesis der Medizin. Von den Grenzen des Gesundheitswesens. Reinbek bei Hamburg.
– *1983:* Genus. Zu einer historischen Kritik der Gleichheit. Reinbek bei Hamburg.
– *1984:* Schule ins Museum. Phaidros und die Folgen. Bad Heilbrunn/Obb.
Jaeger, Werner, 1912: Studien zur Entstehungsgeschichte der Metaphysik des Aristoteles. Berlin.

– *1933/1959:* Paideia. Die Formung des griechischen Menschen. Bd. 1–3, 1. Aufl. 1933, 4. Aufl. Berlin 1959.
– *1953:* Die Theologie der frühen griechischen Denker. Stuttgart.
– *1953/1968:* Die Theologie der Milesischen Naturphilosophen. In: H.-G. Gadamer, Um die Begriffswelt der Vorsokratiker. Darmstadt 1968, S. 49–87.
– *1955:* Aristoteles. Grundlegung einer Geschichte seiner Entwicklung. 2. Aufl. Berlin.
Jodl, Friedrich, 1906/1929: Geschichte der Ethik als philosophischer Wissenschaft. 2. Aufl. (vom Verf. selbst erweitert) 1906; 4. Aufl., hrsg. von Wilhelm Börner, 2 Bde., Stuttgart.
Jonas, Hans, 1954: Gnosis und spätantiker Geist. Teil 1: Die mythologische Gnosis. Mit einer Einleitung zur Geschichte und Methodologie der Forschung. 1. Aufl. 1934. 2. Aufl. Göttingen.
Kähler, Martin, 1877/1967: Das Gewissen. Ethische Untersuchung. Die Entwicklung seiner Namen und seines Begriffes. 1. Aufl. 1877. Reprint Darmstadt.
Kant, Immanuel; Ausgabe 1968: Werke in zehn Bänden, hrsg. von Wilhelm Weischedel. Darmstadt.
Keil, Siegfried, 1985: Familienpolitik und Kirche – Rückblick auf 40 Jahre. In: Informationspapier Nr. 57–58, hrsg. von der Deutschen Evang. Arbeitsgemeinschaft für Erwachsenenbildung, S. 49–62. Karlsruhe.
Keller, W., 1974: Philosophische Anthropologie – Psychologie – Transzendenz. In: Neue Anthropologie Bd. 6, S. 3–43. Stuttgart u. München.
Kerschensteiner, Jula, 1962: Kosmos. Quellenkritische Untersuchungen zu den Vorsokratikern. München.
Kube, Jörg, 1969: TEXNH und APETH. Sophistisches und platonisches Tugendwissen. Berlin.
Kuhn, Thomas S., 1962/1979: Die Struktur wissenschaftlicher Revolutionen. Amerik. Erstausgabe 1962. 4. Aufl. der deutschen Ausgabe 1979. Frankfurt a. M.
– *1978:* Die Entstehung des Neuen. Studien zur Struktur der Wissenschaftsgeschichte. Hrsg. von Lorenz Krüger. Frankfurt a. M.
Küng, Hans u. David Tracy (Hrsg.), 1984: Theologie – wohin? Auf dem Weg zu einem neuen Paradigma. Zürich/Köln/Gütersloh.
Leisner, Walter, 1980: Der Gleichheitsstaat. Macht durch Nivellierung. Berlin.
Lersch, Philipp, 1954: Aufbau der Person. 6. Aufl. München.
Lienemann, Wolfgang u. Ilse Tödt (Hrsg.), 1983: Fortschrittsglaube und Wirklichkeit. Arbeiten zu einer Frage unserer Zeit. München.
Løgstrup, Knud E., 1968: Die ethische Forderung. 2. Aufl. Tübingen.
Löhmer, Cornelia, 1986: Frühkindliche Erziehung in der griechischen Antike. Über den Umgang mit Kindern, ihre gesellschaftliche Stellung und erste Theorienbildung zur Früherziehung. Als Manuskript (im Fachbereich der Erziehungswissenschaften der Univ. Gießen) Marburg.
Lottin, Odon, 1949: Psychologie et Morale aux XIIe et XIIIe siecles. Bd. III. Louvain u. Gembloux.
Luhmann, Niklas, 1978: Soziologie der Moral. In: Theorietechnik und Moral. Frankfurt a. M. 1978, S. 8–116.
– *und Stephan Pfürtner (Hrsg.), 1978:* Theorietechnik und Moral, Frankfurt a. M.
Luther, Martin: Vorlesungen über den Römerbrief (1515/16): WA (= Weimarer Ausgabe) 56,3–528 u. 57,5–232.
– An den christlichen Adel deutscher Nation von des christlichen Standes Besserung (1520) WA 6,404–469.
– Vom unfreien Willen (De servo arbitrio) (1525): WA 18,600–787.
MacIntyre, Alasdair, 1966/1984: Geschichte der Ethik im Überblick. Vom Zeitalter Homers bis zum 20. Jahrhundert. Amerik. Erstausgabe 1966. Deutsche Ausgabe Meisenheim 1984.
Margedant, Udo, 1981: Die attische Demokratie (I. Lehrerheft). Frankfurt a. M.
– *(Hrsg.), 1984:* Die attische Demokratie (II. Materialien für den Unterricht). Frankfurt a. M.
Martin, Gottfried, 1960: Platon in Selbstzeugnissen und Bilddokumenten. Reinbek bei Hamburg.
– *1967/1985:* Sokrates in Selbstzeugnissen und Bilddokumenten. Reinbek bei Hamburg.
Mittelstraß, Jürgen, 1981: Platon. In: O. Höffe, Klassiker der Philosophie Bd. I, S. 39–62. München.
Mokrosch, Reinhold, 1980: Stufen kognitiv-moralischer Entwicklung – Die Relevanz Piagets und Kohlbergs für die Friedens- und Konflikterziehung. In: R. Mokrosch, H. P. Schmidt, D. Stoodt, Ethik und religiöse Erziehung. Thema Frieden. Stuttgart/Berlin/Köln/Mainz, S. 63–100.
Mühlen, s. Zur Mühlen
Müller, Michael, 1954: Die Lehre des hl. Augustinus von der Paradiesesehe und ihre Auswirkung in der Sexualethik des 12. und 13. Jahrhunderts bis Thomas von Aquin. Regensburg.
– *1968:* Grundlagen der katholischen Sexualethik. Regensburg.
Neue Anthropologie 1972–1974: Hrsg. von Hans-Georg Gadamer und Paul Vogler, 7 Bde. München u. Stuttgart.

Oberman, Heiko A., 1982: Luther: Mensch zwischen Gott und Teufel. Berlin.

Otto, Rudolf, 1917/1936: Das Heilige. Über das Irrationale in der Idee des Göttlichen und sein Verhältnis zum Rationalen. 1. Aufl. 1917. 30. Aufl. München.

Pfürtner, Stephan H., 1958: Triebleben und sittliche Vollendung. Eine moralpsychologische Untersuchung nach Thomas von Aquin. Freiburg/Schweiz.

– *1972:* Kirche und Sexualität. Reinbek bei Hamburg.

– *1978:* Zur wissenschaftstheoretischen Begründung der Moral. In: Luhmann, Niklas und Stephan Pfürtner (Hrsg.), Theorietechnik und Moral, Frankfurt a. M. 1978, S. 176–267.

– *1984:* Die Paradigma von Thomas und Luther. Bedeutet Luthers Rechtfertigungsbotschaft einen Paradigmenwechsel? In: Küng u. Tracy, Theologie – wohin? S. 168–192.

– *(Hrsg.), 1985:* Wider den Turmbau zu Babel. Disput mit Ivan Illich. Reinbek bei Hamburg.

Piaget, Jean, 1954/1973: Das moralische Urteil beim Kinde. Deutsche Erstausgabe 1954. 2. Ausg. Frankfurt a. M.

Platon: Platonis Opera, V Bde., hrsg. von Ioannes Burnet. Oxford 1899–1906. Kritische Ausgabe des griechischen Textes. Zahlreiche Neuauflagen.

–*:* Sämtliche Werke. 6 Bde. Hrsg. von W. F. Otto, E. Grassi u. G. Plamböck. Reinbek bei Hamburg. 2. Aufl. 1983. Die Zitation erfolgt nach der Stephanus-Ausgabe (Paris 1578).

Popper, Karl Raimund, 1957: Die offene Gesellschaft und ihre Feinde. Bd. I: Der Zauber Platons. Bern.

Positivismusstreit, 1972: Der Positivismusstreit in der deutschen Soziologie, mit Beiträgen von Th. W. Adorno, R. Darendorf, H. Pilot, H. Albert, J. Habermas, K. R. Popper. Neuwied u. Berlin.

Ratschow, Carl Hainz, 1980: Ethik der Religionen. Ein Handbuch. Primitive, Hinduismus, Buddhismus, Islam. Stuttgart/Berlin/Köln/Mainz.

Reiner, Hans, 1971/1976: Die Funktionen des Gewissens. Erstveröffentlichung 1971. Abdruck in: Das Gewissen in der Diskussion, hrsg. v. Jürgen Blühdorn. Darmstadt 1976, S. 285–316.

Riezler, Kurt, 1936/1968: Das homerische Gleichnis und der Anfang der Philosophie, 1936, Neuabdruck in: H.-G. Gadamer, Um die Begriffswelt der Vorsokratiker, S. 1–20. Darmstadt.

Ritter, Joachim, 1972: Ethik, I–VI, in: Histor. Wörterbuch der Philosophie, hrsg. von Joachim Ritter. Bd. 2, S. 759–795. Darmstadt.

– *1969/1977:* Metaphysik und Politik. Studien zu Aristoteles und Hegel. 1. Aufl. 1969. Frankfurt a. M.

Röd, Wolfgang, 1976: Geschichte der Philosophie I: Die Philosophie der Antike. Von Thales bis Demokrit. München.

Schelsky, Helmut, 1958: Soziologie der Sexualität. Reinbek bei Hamburg.

Schelz, Sepp (Hrsg.), 1979: Die Tyrannei der Werte. Mit Beiträgen von Carl Schmitt, Eberhard Jüngel u. Sepp Schelz. Hamburg.

Schmidt, Ernst A., 1965: Aristoteles. Über die Tugend. Übersetzt und erläutert. Darmstadt.

Schütrumpf, Eckart, 1970: Die Bedeutung des Wortes èthos in der Poetik des Aristoteles. Zetemata Heft 49, München.

Schwan, Alexander, 1963: Politik als »Werk der Wahrheit«. Einheit und Differenz von Ethik und Politik bei Aristoteles. In: Paulus Engelhardt, Hrsg., Sein und Ethos, S. 69–110. Mainz.

Snell, Bruno, 1930: Rezension über F. Zucker, in: Gnomon 6 (1930), S. 21–30.

– *1955:* Die Entdeckung des Geistes, Göttingen 1975; zitiert nach 3. Aufl. Hamburg.

Stelzenberger, Johannes, 1963: Syneidesis, conscientia, Gewissen. Studie zum Bedeutungswandel eines moraltheologischen Begriffes. Paderborn.

Szlezák, Thomas Alexander, 1985: Platon und die Schriftlichkeit der Philosophie. Berlin u. New York.

Theologische Realenzyklopädie (TRE) Bd. X, 1982: Haupt-Hrsg. Gerhard Krause u. Gerhard Müller. Berlin u. New York (Art. »Ethik«, S. 396–517).

Theorietechnik und Moral, 1978: Hrsg. von Niklas Luhmann u. Stephan H. Pfürtner, Frankfurt a. M.

Thimme, O., 1934: Φυσις, Τροπος, Ηθος. Göttingen (Diss.).

Thomas von Aquin: Summa theologiae (1267–1273). Vollständige lateinische Ausgabe: Alba – Editiones Paulinae – Roma 1962. Deutsch-lateinische Ausg. (mit Anmerkungen und Kommentaren): Die Deutsche Thomas-Ausgabe 1933 ff. Die Ausgabe liegt noch nicht in allen Bänden vor. Zur Zitationsweise: s. die dortigen Hinweise am Anfang jeden Bandes. Weitere Angaben s. u. S. 180.

Trude, P., 1955: Der Begriff der Gerechtigkeit in der aristotelischen Staats- und Rechtsphilosophie. Berlin.

Ueberweg/Praechter, 1955: Friedrich Ueberweg, Grundriß der Geschichte der Philosophie. Hrsg. von Karl Praechter. Erster Teil: Die Philosophie des Altertums. 13. Aufl. Basel.

Weber, Max, 1968: Die Objektivität sozialwissenschaftlicher und sozialpolitischer Erkenntnis. In: Ders., Ges. Aufsätze zur Wissenschaftslehre. 3. Aufl. Tübingen.
– *1920/1972:* Die protestantische Ethik und der Geist des Kapitalismus. In: Ders., Ges. Aufsätze zur Religionssoziologie. Bd. I, S. 17–236. Tübingen.
Weischedel, Wilhelm, 1976: Skeptische Ethik, Frankfurt a. M.
Werturteilsstreit, 1971: Hrsg. von Hans Albert und Ernst Topitsch. Darmstadt.
Whitehead, A. N., 1929/1941: Process and Reality. An Essay in Cosmology. New York/London (Macmillan) 1929; Nachdruck 1941.
Wiggershaus, Rolf, 1975: Sprachanalyse und Soziologie. Die sozialwissenschaftliche Relevanz von Wittgensteins Sprachphilosophie. Hrsg. u. eingeleitet von R. Wiggershaus. Frankfurt a. M.
Wilamowitz-Moellendorf, Ulrich v., 1931: Der Glaube der Hellenen. Bd. I, Berlin.
– *1959/1962:* Platon. Sein Leben und seine Werke, hrsg. von Bruno Snell. 5. Aufl. Bd. I, Berlin 1959. 3. Aufl. Bd. II, Berlin 1962.
Winter, Gibson, 1966/1970: Grundlegung einer Ethik der Gesellschaft. Sozialwissenschaft, Ethik und Gesellschaftspolitik. Amerik. Erstausg. 1966. Deutsche Ausg. München-Mainz.
Wittgenstein, Ludwig, 1921/1960: Tractatus logico-philosophicus. 1. Aufl. 1921, in: Schriften Bd. 1 Frankfurt a. M.
Zeller, Eduard, 1919ff./1963: Die Philosophie der Griechen in ihrer geschichtlichen Entwicklung. T. 1–3. 4.–6. Aufl. 1919–1922. Neudruck Hildesheim.
Zemb, J.-M., 1984: Aristoteles in Selbstzeugnissen und Bilddokumenten. Reinbek bei Hamburg.
Zur Mühlen, Karl-Heinz, 1980: Reformatorische Vernunftkritik und neuzeitliches Denken. Tübingen.

Lektüre-Hinweise

Die folgenden Angaben sollen dem Leser den ersten bibliographischen Zugang für seine eigene Lektüre erleichtern und ihm bei der Fülle der Fachliteratur eine Anfangsorientierung geben. Die Verweise beziehen sich auf das vorangehende Literaturverzeichnis. Eine ausführliche Übersicht (bis 1981) in klarer Gliederung und fachkundiger Auswahl findet sich bei Otfried Höffe (Hrsg.), Klassiker der Philosophie Bd. I, München 1981: 457–476.

1. Textausgaben

Homer
- Homer Werke. Bd. I: Ilias, Bd. II: Odyssee. Dtsch. hrsg. von Dietrich Ebener. 3. Aufl. Berlin u. Weimar 1983.

Vorsokratiker
- Die Fragmente der Vorsokratiker griech. u. dtsch.: s. Diels/Kranz 1903/1972.

Platon
- Gesamtausgabe griech: s. Platon, hrsg. v. I. Burnet 1899–1906.
- Sämtliche Werke dtsch.: s. Platon, hrsg. v. W. F. Otto u. a. 1983 ff.
- Jubiläumsausgabe sämtlicher Werke zum 2400. Geburtstag. 7 Bde. Übers. v. R. Rufener, hrsg. v. Olof Gigon. Zürich/München 1974.

Aristoteles
- Gesamtausgabe griech. u. lat.: s. Becker u. Gigon 1831/1960.
- Nikomachische Ethik, dtsch.: s. Dirlmeier 1956; Gigon 1984.
- Eudemische Ethik, dtsch.: s. Dirlmeier 1962.
- Magna Moralia, dtsch.: s. Dirlmeier 1958.
- Über die Tugend, dtsch.: s. Schmidt 1965.

2. Literatur

Zur allgemeinen Einführung – Lexikalisches
- Ethik, griech.-röm. Antike: s. Bien 1982; Ritter 1972.
- Ethik, griech. Antike: s. MacIntyre 1984: 7–107.

- Philosophie der Antike: s. Röd 1976; Ueberweg/Praechter 1953; Zeller 1919/1963.
- Theologie der frühen griech. Denker: s. Jaeger 1953.
- Politikgeschichte: s. Margedant 1981 u. 1984.

Zu Homer

- Homer als Anfang der Philosophie: s. Riezler 1936/1968.
- Homers Auffassung vom Menschen: s. Snell 1955: 17–42.
- Homer als Erzieher: s. Jaeger 1933/1959: 63–88.

Zu den Vorsokratikern

- Um die Begriffswelt der Vorsokratiker: s. Gadamer 1968.
- Sophistik: s. Classen 1976.
- Vorsokratiker: s. Gräser 1981.

Zu Sokrates und Platon

- Sokrates, Leben u. Lehre: s. Zeller 1919/1963: T.2, S. 44–191; Martin 1967/1985; Jaeger 1933/1959, Bd. II, S. 59–129.
- Platon, Leben u. Werk: s. Wilamowitz-Moellendorf 1959/1962; Mittelstraß 1981; Jaeger 1933/1959: Bd. II u. III passim.

Zu Aristoteles

- Leben u. Werk: s. Jaeger 1955; Höffe 1981 a; Zemb 1984.
- Ethik/praktische Philosophie u. Politik: s. Trude 1955; Ritter 1969/1977: 9–182; Höffe 1971; Hager 1972; Bien 1973; Höffe 1979: 13–83.

II. Ethik in der Bibel und im frühen Christentum

II.1 Altes Testament – Neues Testament

Dieter Lührmann

1.1 Der historische Rahmen

Die Bibel enthält Texte aus einem Zeitraum von insgesamt über eintausend Jahren. Zwar geht die Endredaktion der Bücher des Alten Testaments nicht hinter die Zeit der Zerstörung Jerusalems (587 v. Chr.) und des sich daran anschließenden babylonischen Exils zurück, doch sind in diesen Büchern Texte aufgenommen, die einige Jahrhunderte älter sind. Die jüngsten Schriften des Neuen Testaments hingegen sind im ersten Drittel des 2. Jahrh.s n. Chr. entstanden. In den Büchern der Bibel spiegeln sich aber nicht nur unterschiedliche historische Epochen, sondern ebenso unterschiedliche soziale und ökonomische Verhältnisse.

Die Geschichten der Genesis von den Vätern Abraham, Isaak und Jakob spielen im Rahmen eines zeit- und geschichtslosen Nomadentums, für das es keinen Landbesitz gibt, sondern Kleinviehherden die ökonomische Grundlage bilden. Hier zeigen sich Gruppen von Familien, die untereinander verbunden sind, aber je für sich selbständig leben, und zwar im Umkreis von Städten, mit deren Bevölkerung man kaum kulturelle oder religiöse Gemeinsamkeiten hat. Die Stadt erscheint z. B. in Gen 19 als ein Ort, an dem Gastfreundschaft nicht geachtet wird. Diese Vorgeschichte Israels läßt sich historisch kaum genauer bestimmen, außer daß sie weit vor der Wende vom 2. zum 1. vorchristlichen Jahrtausend liegen muß.

Als eigentliches Datum der Formierung Israels gilt in der alttestamentlichen Überlieferung die kriegerische Eroberung des Landes durch die aus Ägypten zurückkehrenden zwölf Stämme, deren Ursprung über die zwölf Söhne Jakobs, der auch den Namen Israel trägt (Gen 32,28), mit den Vätergeschichten verknüpft wird. Die Erzählungen von der Wanderung durch die Wüste in den Büchern Exodus bis Numeri und das Deuteronomium als Rede des Mose vor Einzug in das Land bieten zugleich die Grundlage für die Rechtsordnung, auf die Israel verpflichtet wird, nicht zuletzt den Dekalog. Doch täuscht dieses Bild ein wenig, denn gerade die hier aufgenommenen Rechtscorpora spiegeln deutlich eine spätere Zeit und verraten damit das Bemühen, spätere Ordnungen durch einen Rekurs auf die Zeit vor den Anfängen zu legitimieren. So setzen die Schlußkapitel des Dtn mit der Ankündigung von Segen und Fluch (28–30) deutlich voraus, daß nicht der Segen, sondern der Fluch eingetreten ist und Israel nun nach der Katastrophe von 587 noch einmal die Chance zu einem Neuanfang haben soll. Dennoch ist natürlich auch in diesen Büchern manches als älteres Material zu bestimmen, das in diesen Rahmen aufgenommen ist.

Die Epoche des Übergangs vom Nomadentum zur Seßhaftigkeit, damit ökonomisch des Übergangs zum Ackerbau und kulturell zur Ansiedlung in Dörfern oder kleinen Städten, spiegelt sich in den Büchern Josua und Richter. Was hier als einheitliche kriegerische Eroberung dargestellt wird, ist offenbar ein längerer Prozeß des Überganges gewesen, teils langsames Eindringen, teils sich aus Kontakten mit der ansässigen Bevölkerung ergebende Ansiedlung, teils wohl auch militärische Auseinandersetzung. Hier zeigen sich nun größere soziale Einheiten als in den Geschichten der Genesis, damit aber auch größere soziale Differenzierungen innerhalb dieser Einheiten, Probleme schließlich weiterhin gegenüber der Bevölkerung der Städte in den Küstengebieten.

Inwieweit es in dieser Zeit so etwas wie eine politische oder religiöse Einheit Israel gegeben hat, ist kaum zu erkennen; jedenfalls sind an den militärischen Auseinandersetzungen kaum mehr als die direkt betroffenen Gruppen beteiligt. Eine übergreifende staatliche Einheit tritt nach dem gescheiterten Versuch des Königtums Sauls (1. Sam 8–31) erst zu Beginn des 10. Jahrh.s v. Chr. unter dem König David hervor, der wie nach ihm sein Sohn Salomo in Personalunion König des kleineren Südreichs Juda und des größeren Reichs im Norden, das den Namen Israel trägt, war (2. Sam 2,1–7 und 5,1–5) und als seinen eigenen Besitz Jerusalem, die »Stadt Davids«, hinzugewann (2. Sam 5,6–17). In diesem Gebiet, das immer Zankapfel zwischen Ägypten und Mesopotamien gewesen war, einen unabhängigen Staat zu etablieren, war nur möglich in einer Zeit eines relativen Machtvakuums zwischen beiden Großmächten, und deren Interessen führten dann später auch wieder zum Ende der Selbständigkeit.

Nach dem Tode Salomos (ca. 925 v. Chr.) wurden die beiden Teilreiche Juda und Israel getrennt (1. Kön 12). Das Nordreich mit seiner später erbauten Hauptstadt Samaria unterliegt 722/21 v. Chr. den Assyrern (2. Kön 17); das Südreich Juda, in dem bis zuletzt die Daviddynastie regiert, hält sich bis 587, ehe es von dem neubabylonischen Herrscher Nebukadnezar erobert wird (2. Kön 25). Für diese Jahrhunderte der staatlichen Unabhängigkeit zeigen sich in den Geschichten der beiden Bücher der Könige sowie in den in diese Zeit weisenden Büchern der Propheten Amos, Hosea, Jesaja (1–39), Micha und Jeremia weitere soziale Differenzierungen, nicht zuletzt durch die Entstehung einer königlichen Verwaltung und eines Heeres mit fremden Söldnern, und Probleme der Behauptung der eigenen Identität gegenüber ausländischen Einflüssen, und dies nicht zuletzt auf dem Gebiet der Rechtsordnung. Die in diese Zeit gehörenden Propheten treten auf als Vertreter traditioneller, religiös begründeter Ordnungen, insbesondere Elia gegenüber dem König Ahab und seiner Frau Isebel, einer Prinzessin aus Sidon (1. Kön 17–2. Kön 2).

Das Nordreich Israel hatte mit seiner staatlichen Existenz auch seine Identität verloren; die nach Assyrien verschleppte Oberschicht ist dort in der Bevölkerung aufgegangen und hat keine Spuren hinterlassen. Für die nach Babylon Deportierten aus Juda hingegen setzt im Exil die Rückbesinnung auf die Traditionen religiöser und rechtlicher Art ein, und dem verdanken wir, daß uns in den damals begonnenen Sammlungen von Überlieferungen so viel über die Geschichte Israels erhalten ist. Die Israeliten im Exil behielten auch ohne einen Tempel ihre Identität als religiöse und kulturelle Gemeinschaft, da die Katastrophe nicht als Beweis für die Ohnmacht des eigenen Gottes gewertet wurde, der sein Volk nicht hatte bewahren können, sondern als Ergebnis des Ungehorsams Israels gegenüber seinem Gott. Dies nachzuweisen ist das Ziel des großen Werkes, das in den Büchern Deuteronomium bis 2. Kön die Geschichte Israels darstellt unter dem Kriterium der Einzigkeit Gottes und des Jerusalemer Tempels. Gehorsam bzw. Ungehorsam ist hier also religiös interpretiert. Genannt wird dieses Werk das »deuteronomistische Geschichtswerk«, da es sich vor allem auf das im Deuteronomium formulierte *zweite* Gesetz (gegenüber dem Gesetz am Sinai) bezieht. In die Zeit des Exils gehören die Bücher der Propheten Jeremia, Ezechiel und Deuterojesaja (Jes 40–55), wobei die beiden letzteren vor allem die Rückkehr ins Land ankündigen.

Der Sieg der Perser über das neubabylonische Reich (539 v. Chr.) bringt die Erlaubnis zur Rückkehr, zum Wiederaufbau des Jerusalemer Tempels und zur Befestigung der Stadt. Davon handeln die Bücher Esra und Nehemia sowie die Bücher der Propheten Haggai und Sacharja. Wichtig ist dabei, daß das »Gesetz des Mose«, nun wohl in der Form, wie wir es aus dem Pentateuch kennen, zur grundlegenden Rechtsordnung für das Territorium um Jerusalem wird, in der Frage der Kultvorschriften, aber auch im Rechtswesen. Das blieb es auch, nachdem Alexander d. Gr. 332 v. Chr. dieses Gebiet erobert hatte und als es von 312–198 zum Reich Ägypten der Ptolemäer gehörte, danach zum Reich Syrien der Seleukiden; und es blieb das erst recht während der Phase relativer Unabhängigkeit unter den Hasmonäern (ab etwa 128 v. Chr.), während des Vasallenkönigtums von römischen Gnaden unter Herodes (37–4 v. Chr.) und schließlich in der römischen Provinz Judäa (6 n. Chr. bis 41, und dann nach dem Intermezzo des Königtums des Herodes Agrippa wieder ab 44). Immer wieder ist diese Rechtsgrundlage gerade von den fremden Herrschern bestätigt worden, und die Römer z. B. respektierten sie, indem sie wegen des Bilderverbots nicht ihre Legionsadler mit nach Jerusalem hineinnahmen.

Es gibt in dieser Zeit aber auch einen grundsätzlichen Versuch, das »Gesetz des Mose« abzuschaffen zugunsten einer größeren Öffnung für die hellenistische Kultur, und zwar aus einer innerjüdischen Reformbewegung heraus. Man richtete in Jerusalem ein Gymnasium ein, machte 168 v. Chr. mit syrischer Hilfe den Tempelstaat zu einer Polis mit hellenistischem Recht, wodurch die umliegenden Dörfer Besitz der Stadt wurden, gestaltete 167 v. Chr. den Jerusalemer Tempel um nach dem Muster hellenistischer Tempel, verbot die Beschneidung, verbrannte Torarollen und demonstrierte den Wandel damit, daß man Schweinefleisch aß. Dies alles führte zu einem langwierigen Bürgerkrieg mit Einmischung der syrischen Regierung, die nominell noch die Oberhoheit besaß, auf die Dauer aber, im Westen durch die Römer und im Osten durch die Parther geschwächt, ihren Einfluß verlor. Es siegten die gesetzestreuen Kreise unter Führung der aus dem Landpriestertum stammenden Makkabäer über die städtischen Reformer, und Nachkommen dieser Makkabäer, auch Hasmonäer genannt nach einem Ahnherrn, übernahmen das Hohepriestertum, und später trugen sie den Königstitel als Zeichen der vollen Unabhängigkeit.

Seit der Zeit solcher Reformversuche, deren Erinnerung bis heute im jüdischen Chanukka-Fest zur Wiederherstellung des Tempels im alten Sinne weiterlebt, muß jedes Rütteln am Gesetz schmerzliche Wunden aufreißen, und die Frage der Auslegung und Anwendung des Gesetzes wird zum Kriterium der sich aus den gesetzestreuen Kreisen herausbildenden Gruppen der Pharisäer und der Essener, aber auch die Sadduzäer als Angehörige der weltoffeneren Priesterfamilien sind nun um so mehr auf das Gesetz verpflichtet, und auch für das frühe Christentum spielt diese Frage eine entscheidende Rolle.

Soweit wir für unseren Zusammenhang diese Geschichte verfolgen müssen, steht am Ende, in der Zeit, als es schon das frühe Christentum gibt, der jüdische Aufstand gegen die römische Herrschaft unter Führung der Zeloten in den Jahren 66–70 mit der erneuten Zerstörung der Stadt und des Tempels und als Nachspiel der ebenso erfolglose Aufstand unter Führung des Simon bar Kosiba (Bar Kochba) in den Jahren 132–135. Für das Judentum beginnt wie im babylonischen Exil erneut die Sammlung der überlieferten Traditionen in Mischna und Talmud, und zwar wieder in kultischer und rechtlicher Hinsicht.

Das frühe Christentum ist zunächst als innerjüdische Reformbewegung zu begreifen, sowohl in Palästina selber als auch in dem vor allem mit dem Namen Paulus verbundenen Missionswerk außerhalb des eigentlichen jüdischen Gebietes. Seit dem babylonischen Exil, aus dem längst nicht alle Israeliten nach Judäa zurückkehrten, gab es Juden in der

Diaspora außerhalb Palästinas, eine starke Gruppe in Mesopotamien, eine starke Gruppe später auch in Ägypten, besonders in der Hauptstadt Alexandrien, aber Juden gab es auch sonst überall in den Städten des Römischen Reiches.

Man schätzt, daß sie einen Anteil von etwas unter 10% der Gesamtbevölkerung des Römischen Reiches ausmachten, davon wiederum etwa ein Viertel im Mutterland selber, die anderen verteilt über das ganze Reich, im Osten mehr, im Westen weniger. Solche jüdischen Gemeinschaften besaßen auch in der Diaspora gewisse Sonderrechte, z. B. die Befreiung vom Staatskult, aber auch das Recht, interne Rechtsangelegenheiten selbständig zu regeln. Grundlage solcher weiter Verbreitung war nicht zuletzt jüdische Mission mit dem Ziel, Nichtjuden zu Proselyten zu machen, die das Gesetz einschließlich der Beschneidung voll und ganz für sich übernahmen. Daneben gab es aber auch einen weiten Kreis von sog. »Gottesfürchtigen«, die sich zur Synagoge hielten, ohne ganz zum Judentum überzutreten.

Die jüdische Synagoge als offene Stätte des Gottesdienstes bot dem frühen Christentum den natürlichen Anknüpfungspunkt für seine Verkündigung. Zwar mag das Bild der stets hier ansetzenden Mission, wie es die Apostelgeschichte vermittelt, etwas schematisch sein; dennoch versteht sich das frühe Christentum nicht als neue Religion. Es ist derselbe Gott, der verkündigt wird, wenn auch nun als der, der Jesus als den Christus von den Toten auferweckt hat. Die darin implizierten Konsequenzen der Relativierung des Gesetzes, indem nun nicht mehr die Beschneidung Voraussetzung der Zugehörigkeit zum Gottesvolk war und die das Alltagsleben normierende Funktion des Gesetzes aufgeweicht wurde, konnten das frühe Christentum als liberale Spielart des Judentums erscheinen lassen. Erst am Ende des 1. Jahrh.s jedoch gehen die Wege von Judentum und Christentum unter gegenseitiger Abgrenzung grundsätzlich auseinander, und erst hier begegnet »Christen« als Eigenbezeichnung, auch wenn Lukas diese in Apg 11,26 bereits auf die Frühzeit zurückführen will.

In der Theologie wie in der Ethik ist das frühe Christentum nicht zu verstehen ohne einen Bezug auf das gleichzeitige Judentum und auf die beiden gemeinsamen Traditionen, insbesondere die zu dieser Zeit bereits weitgehend kanonisierten Schriften, die im christlichen Sprachgebrauch später gemessen am »Neuen« das »Alte Testament« heißen. Zugleich hat dieses Judentum der damaligen Zeit bereits seit mehreren Jahrhunderten Kontakt zur griechischen Kultur und auch seine Überlieferung heiliger Schriften in der »Septuaginta« in die griechische Sprache übersetzt. Daher erklärt sich, daß das frühe Christentum so schnell das, was in den agrarisch geprägten Verhältnissen Galiläas und in einer regional begrenzten Sprache, dem Aramäischen, begann, in den Zentren hellenistischer Stadtkultur und in griechischer Sprache verbreiten konnte.

Dennoch bleibt es erstaunlich, daß bereits eine Generation nach Jesu Tod das Christentum in Syrien, Kleinasien, Griechenland, ja in der Hauptstadt Rom Fuß gefaßt hat, und zwar dauerhaft. Durch die Apostelgeschichte und die Paulusbriefe sind wir über diese Gebiete recht gut unterrichtet. Es fehlen uns Quellen für die Anfänge in Ägypten und Mesopotamien; es spricht aber alles dafür, daß auch dorthin das Christentum zumindest nicht sehr viel später gekommen ist, und zwar wohl unter ähnlicher Anknüpfung an jüdische Gemeinden. Die rasche Ausbreitung bewirkte aber, daß das frühe Christentum in Theologie wie Ethik nicht als homogene Gruppe erscheint, denn hinter all dem stand ja kein die Entwicklung planendes und kontrollierendes Zentrum.

1.2 Die kulturellen und ökonomischen Bedingungen

So weit die einzelnen Texte der Bibel zeitlich auseinanderliegen und so unterschiedlichen historischen Situationen sie zugeordnet werden müssen, so zeigt sich soziologisch gesehen als Konstante wie bei allen vorindustriellen Kulturen das »Haus«, der »Haushalt«, die »Familie« unter wechselnden Bedingungen, und darauf sind die ethischen Aussagen bezogen. Zu einem solchen »Haus« gehört an der Spitze der »Hausvater« mit seiner Frau und seinen Kindern, aber auch mit den im Hause lebenden Knechten und Mägden oder Sklaven und Sklavinnen; hinzu kommt ein weiterer Kreis von zur Familie gehörenden Abhängigen. Ökonomisch gesehen sind für das »Haus« in diesem Sinne kennzeichnend Einheit von Produktion und Konsum und weitgehende Autarkie; gemeinsam wird erwirtschaftet, wovon man lebt, nur weniges muß bei anderen im Tausch oder gegen Geld erworben werden.

Das ist die patriarchalische Gesellschaftsstruktur, die sich in allerletzten Rudimenten in unserer Erfahrungswelt noch bei Bauern und Handwerkern erhalten hat, nun aber endgültig abgelöst ist durch die arbeitsteilige Gesellschaft, für die nicht mehr der Besitz, sondern das Einkommen die ökonomische Lebensgrundlage bedeutet und in der Arbeitsplatz und Privatsphäre auseinanderfallen, so daß »Haus« oder »Familie« es nur mit letzterer zu tun haben.

Bei der Frage nach der Vermittlung der ethischen Traditionen der Bibel ist dieser grundsätzliche Wandel zu bedenken, da diese sich auf solche kulturellen und ökonomischen Bedingungen beziehen. Grundlage war der Besitz, unter nomadischen Verhältnissen die Herde, sonst auch noch in der hellenistischen Stadtkultur der Acker, auf dem der ganz überwiegende Teil des Lebensunterhalts produziert wurde. Handel und Handwerk basieren erst darauf; Geldwirtschaft z.B. in Form von Zinserträgen aus Kapitalanlagen spielt eine ganz geringe Rolle. Solche Verhältnisse sind heute noch in den sog. »Entwicklungsländern« anzutreffen, wo weit mehr als die Hälfte der Bevölkerung in der Landwirtschaft tätig ist und dennoch die Ernährung nicht sichern kann, während in den industrialisierten Gesellschaften weniger als 5% zu viel an Nahrungsmitteln produzieren. Daraus ergibt sich für uns eine sehr viel geringere Abhängigkeit von den in Gen 8,22 genannten, Leben ermöglichenden Größen: »Solange die Erde steht, soll nicht aufhören Saat und Ernte, Frost und Hitze, Sommer und Winter, Tag und Nacht«.

Ist die konstante soziale Einheit all diese Zeit hindurch das »Haus« im genannten Sinn, dann ist auch das, was wir als »Staat« bezeichnen, zunächst nichts anderes als das »Haus« des Königs oder Kaisers, wenn auch mit zusätzlichen Ressourcen und zusätzlichen Personen. Eine Größe »Staat« begegnet jedoch bis in die industrielle Zeit hinein nicht als in der Weise umfassend das Leben bestimmend wie heute; Ausbildung oder Sozial- und Familienpolitik z.B. hatten nichts mit dem Staat zu tun. Auch im Blick auf Staat und Politik ist also ein grundsätzlicher Wandel zu berücksichtigen, fragt man nach den ethischen Traditionen der Bibel.

Die Binnenbeziehungen innerhalb dieser sozialen Größe »Haus« werden in der Überlieferung des Alten und Neuen Testaments selten reflektiert. Hierhin gehören Normen der Kindererziehung und des Umgangs mit Abhängigen, die in der alttestamentlichen Weisheitsliteratur entwickelt werden. Hierhin gehören sexuelle Tabus wie Inzest und auch Homosexualität als Schutzbestimmungen für Abhängige. Dafür gibt es gesetzliche Regelungen im Alten Testament mit entsprechenden juristischen Sanktionen (vgl. Lev 18). Sie werden aber auch übernommen von dem Judentum, das in der hellenistischen Welt durchaus anderen Normen begegnete, wie dann auch vom frühen Christentum. Diese Binnenbeziehungen innerhalb des Hauses sind im Neuen Testament erörtert in bezug auf die Frage, ob Bekehrung zum Christentum nicht zwangsläufig auch Herauslösung aus der Familie bedeuten muß (z.B. Mk 10,29f. oder 1. Kor 7,10–17), und in Aufnahme der Tradition der Schriften »Über die Ökonomie« in den Haustafeln (Kol 3,18–4,1 Eph 5,22–6,9 1. Petr 2,13–3,7, hier unter Einbeziehung des Staates), die ihre Fortsetzung finden in den Gemeindeordnungen der Pastoralbriefe, wo Gemeinde nach dem Modell des »Hauses« verstanden ist und z.B. vom Bischof ökonomisches Können verlangt wird (1. Tim 3,4f.).

Mehr als diese Binnenbeziehungen, deren Regelung ja auch vor allem im privaten Bereich erfolgt und sich aus Übernahme von Erfahrungen über die Generationen hinweg ergibt, sind die Außenbeziehungen das Thema ethischer Reflexion. Dabei ist in der biblischen Überlieferung nicht anders als sonst auch Grundlage jeden ethischen Verhaltens Freiheit als ein wie groß oder klein auch immer bemessener Verhaltensspielraum, innerhalb dessen man sich so oder so bewegen könnte; nur der Freie hat eine Ethik bzw. benötigt sie, andernfalls gibt es bloß eine »Sklavenmoral«, die auf Unterwerfung beruht. Die Größe des Verhaltensspielraums hängt an dem Maße individueller oder kollektiver Freiheit, und der ethische Anspruch hat es mit der Begründung dieser Freiheit zu tun.

Solche Freiheit hängt zunächst weitgehend ab von ökonomischen Bedingungen. Das angeredete »Du« ist in den Rechtstraditionen des Alten Testaments der freie israelitische Bauer, der allein einen gewissen Freiraum des Verhaltens besitzt. Und auch der Plural »Ihr« meint primär eine Führungsschicht israelitischer Freier in der Stadt oder auf dem Lande. Dieses als »Du« oder »Ihr« angesprochene ethische Subjekt wird verpflichtet auf die Ermöglichung solcher Freiheit durch die Befreiung aus der ägyptischen Versklavung. Damit beginnt der Dekalog in seinen beiden Fassungen (Ex 20,2–17 und Dtn 5,6–21), und die Folgerung daraus sind die Gebote, die als Forderung, allein diesen Gott zu verehren und seinen Willen zu tun, den Verhaltensspielraum eingrenzen. Das Gebot der Sabbatruhe zeigt, wer dieses »Du« ist, eben der »Hausvater«, und es zeigt die ausschließliche Setzung im Willen Gottes, in der Dtn-Fassung ergänzt um die Ermöglichung der Freiheit in der Erinnerung an die Befreiung aus Ägypten. Die weiteren Gebote verbieten Übergriffe auf die Freiheit anderer, und das letzte Gebot zeigt sehr schön die Sozialstruktur des »Hauses« als Bezugsrahmen solcher Ethik; es fehlen im übrigen im Dekalog die Binnenbeziehungen des »Hauses«. Als Verbote sind diese Gebote apodiktisch formuliert; die Frage »warum (nicht)?« verbietet sich durch den Verweis auf die Grundlage der Freiheit des angesprochenen »Du«. Die Verbote sind begründet in dem Verweis auf eine der sozialen Ordnung zugrundeliegende Geschichte, die als solche auch die jeweilige Gegenwart konstituiert.

Ergibt sich hier die Freiheit des ethischen Subjekts aus seinem sozialen Status, so differenziert sich in anderen Schichten des Alten Testaments und des Neuen Testaments diese Voraussetzung. Durchaus vergleichbar dem, was in der griechischen Tradition als Popularphilosophie gilt, verbindet sich Freiheit mit der Weisheit, die nicht ausschließlich vom sozialen Status abhängig ist. Wird in der Weisheitsüberlieferung (Sprüche, Prediger, Hiob, dann Jesus Sirach und Weisheit Salomos unter den »Apokryphen«) der Weise schlechthin zum ethischen Subjekt, kommt es bezeichnenderweise gerade zum Ideal des Armen, der aus Einsicht klüger handeln kann als der Reiche.

Solche Einsicht richtet sich vor allem auf den Zusammenhang zwischen Tun und Ergehen des Menschen, einen Zusammenhang, der zwar nie empirisch voll und ganz verifiziert werden kann, wohl aber als Möglichkeit beim Handeln ständig in Rechnung zu stellen ist und davor warnt, den eigenen Verhaltensspielraum zu überziehen. Er liegt nicht nur dem rechtlichen Bereich zugrunde, in dem ja Delikt und Strafe in dieser Weise aufeinander bezogen sind, sondern gilt auch für das Alltagsverhalten, z. B. Sprüche 17,5:

»Wer des Armen spottet, der schmäht dessen Schöpfer,
und wer sich an Unglück freut, bleibt nicht ungestraft.«

Vermittelt werden derartige Einsichten in der Erziehung, und nicht zufällig ist vieles davon auch in unserem Sprichwortschatz als zeitlos gültig erhalten.

Mit den Büchern Hiob und Prediger enthält das Alte Testament jedoch auch gerade Dokumente der Krise solcher auf Lebensgestaltung ausgerichteten Weisheit. Gerade für Krisen erweist sich ein einfacher Zusammenhang zwischen Tun und Ergehen als nicht tragfähig genug. Das Problem Hiobs wird denn auch nicht gelöst durch die Reden seiner Freunde, die ihn zu solcher Einsicht bringen wollen, sondern durch die Rede Gottes selber und durch Hiobs Unterwerfung unter Gottes Allmacht (Hiob 38–42); und die Resignation des Predigers wird am Schluß, vielleicht von späterer Hand, aufgefangen in der Warnung vor zu vielem Bücherlesen und in der einfachen Summe: »Fürchte Gott, und halte seine Gebote« (12,13).

Eine Möglichkeit, die am Ende dieses Buches bereits anklingt (12,14), ist der Verweis auf die Einlösung des Zusammenhangs zwischen Tun und Ergehen nicht innerhalb dieser Welt, sondern im Gericht Gottes. Diese Möglichkeit wird in der dualistischen Weisheit des Buches Weisheit Salomo (bes. 2–5) aufgenommen und bestimmt vor allem die Apokalyptik, die im Alten Testament nur durch das Buch Daniel vertreten ist (vgl. etwa 12,1–3). Treue gegenüber dem Willen Gottes wird hier in der Hoffnung ethisch begründet; der Verweis auf die Geschichte ist allein nicht mehr tragfähig genug.

Auch im Neuen Testament ist die Freiheit des ethischen Subjekts nicht durch die ökonomische Grundlage bestimmt, sondern in durchaus unterschiedlicher Weise mit Jesus und seinem Schicksal verbunden. Unterschiedlich ist dabei auch, wie das zunächst als normativ vorgegebene »Gesetz des Mose« in Beziehung zu dieser Freiheit gestellt wird. Das ist nicht nur ein Thema programmatischer Aussagen, sondern z.B. ganz elementar das im Neuen Testament am häufigsten erörterte ethische Problem der Speisevorschriften, wie bzw. was man essen darf, inwiefern also die genau gefaßten Gebote und Verbote des Alten Testaments und der jüdischen Überlieferung für Christen noch Gültigkeit haben (vgl. dazu Mk 7,1–23 Mt 15,1–20 Apg 10,11–16 11,5–9 15,29 Röm 14,1–15,6 1.Kor 8,1–13 10,23–33 Kol 2,20–23 1.Tim 4,3f. Tit 1,14f. Offbg 2,14.20 u.a.).

Als ethisches Subjekt wird der angesprochen, der seine Freiheit aus Christus hat, und das ist – jedenfalls in den paulinischen Gemeinden (vgl. Gal 3,28) – Jude wie Grieche, Sklave wie Freier, Mann wie Frau. Zwar setzt das Verbot der Ehescheidung entsprechend der jüdischen Tradition in Mt 5,32 und 19,9 das Recht dazu allein beim Mann voraus, der Paralleltext Mk 10,11ff. sowie 1.Kor 7,10f. jedoch gehen entsprechend griechischer Tradition von einem beiderseitigen Recht aus. Und wie immer 1.Kor 7,21 zu verstehen ist, ob als Aufruf, Sklave zu bleiben oder nicht, jedenfalls wird auch dem Sklaven, nicht nur dem ökonomisch Freien ein Entscheidungsspielraum zugestanden.

1.3 Die ethische Überlieferung der Bibel

Die bisher verfolgte historische und sozialgeschichtliche Darstellung zeigt die ethische Überlieferung der Bibel im Rahmen der Bedingungen ihrer Entstehung. Sie hat aber auch abgesehen davon durch die Geschichte hindurch normative Bedeutung für Verhaltensweisen in jeweiliger Gegenwart besessen. Je ähnlicher die sozialen und ökonomischen Bedingungen den in der Bibel vorausgesetzten waren, desto einfacher war das möglich, doch bedurfte es auch damals immer schon der Übersetzung und Umsetzung, vor allem aber der Vermittlung mit jeweils gegenwärtig anerkannten Wertvorgaben, sei es in Angleichung an sie, sei es in Abwehr gegen sie.

Das zeigt sich z.B. in Versuchen, sie insgesamt auf ein allgemeines und anerkanntes Prinzip zurückzuführen, als Gesinnungsethik, als Gewissensethik u.a. Das zeigt sich umgekehrt aber auch bei Versuchen einer dezidierten Abkehr von diesen Traditionen, z.B. im Bereich von Ehe- und Familienrecht, die ja über Jahrhunderte weithin von biblischen Traditionen geprägt waren. Unter den Bedingungen der Moderne, die sich in erheblichem Maße in Absetzung von der christlichen Tradition und gegen den Widerstand der Hüter dieser Tradition entwickelt haben, kommt auch der ethischen Überlieferung der Bibel nicht mehr eine allgemein akzeptierte, direkte, handlungsorientierende Normfunktion zu.

Wohl aber erweisen sich auch in der Moderne noch Impulse dieser Tradition als ansprechend, die ausgehen von der engen Verknüpfung von Religion und Ethik bei den alttestamentlichen Propheten, von der unbedingten Forderung des Reiches Gottes bei Jesus und von der Konzeption des Paulus, Ethik als Verhalten des vorgängig durch Christus und nicht erst durch sein eigenes Handeln Gerechtfertigten zu verstehen. Diese drei Momente sollen in diesem Teil nachgezeichnet werden. Im anschließenden vierten Teil wird dann das Altes Testament und Neues Testament verbindende und weithin mit Christentum überhaupt identifizierte Liebesgebot als eine mögliche Summe der ethischen Überlieferung der Bibel dargestellt werden.

1.3.1 Religion und Ethik bei den Propheten

Ein sehr später Text des Alten Testaments, Sach 7,9f., faßt die Verkündigung aller früheren Propheten (Vers 8 ist ein späterer sinnentstellender Zusatz) so zusammen: »Pflegt wahrhaftiges Recht, und übt Güte und Barmherzigkeit gegeneinander! Bedrückt nicht Witwen und Waisen, Fremdlinge und Arme, und sinnt nicht auf Arges widereinander in euren Herzen!« Damit ist in der Tat ein zentrales Motiv der alttestamentlichen Prophetenüberlieferung getroffen, das sich z.B. Amos 5,1–27 und Jes 1,10–17, aber noch weit häufiger findet, gerade auch darin, daß das ethische Verhalten zum Kriterium des Gehorsams gegen Gott gemacht wird, nicht allein das kultische.

Freilich bedeutet dies nicht die Alternative Religion oder Ethik, da das Recht gerade gebunden ist an den im Kultus verehrten Gott, wohl aber wird der ethische Bereich so stark in die Religion hereingenommen. Das hängt zusammen mit dem Monotheismus Israels; der eine Gott ist zuständig für alle Lebensbereiche, es gibt nicht Götter für einzelne Teilbereiche, seien sie sozialer oder ökonomischer oder kultischer Art. Insofern bezieht sich der Anspruch Gottes auf das gesamte Verhalten gegenüber jedem.

Zuständig für diesen Anspruch sind aber nicht nur die Priester, die im Kultus die Ordnung der Welt aufrechterhalten (vgl. Ps 15), und der König, der den Rechtsanspruch durchzusetzen und zu sichern hat (vgl. Ps 72), sondern auch die Propheten, die die Gerechtigkeit einklagen. Damit stehen weder die Priester noch der König über dem Gesetz, und von Konflikten zwischen ihnen und Propheten erzählen viele der Prophetengeschichten (in den Prophetenbüchern selber wie in den Büchern Samuel und Könige). Besonders prägnant ist hier das Eingreifen von Propheten gegenüber Rechtsverletzungen durch Könige, exemplarisch etwa die Geschichte von Nathans Auftreten gegenüber David nach dessen Ehebruch mit Bathseba und der anschließenden heimtückischen Ermordung ihres Mannes Uria (2. Sam 11,1–12,25) oder die Geschichte von Naboths Weinberg (1. Kön 21).

Die Propheten verweisen auf das, was Recht ist, und gehen davon aus, daß solches Recht bekannt und in sich eindeutig ist. Das bedeutet einmal, daß Israel als Ganzes seine Existenz nicht sich selbst verdankt, auch der König nicht, sondern seinem Gott, der damit einen Anspruch auf ganz Israel hat (vgl. Amos 3,2). Das bedeutet weiterhin aber auch für die Sozialordnung, daß alles Land Gott selber gehört, und das heißt konkret, daß es nicht dem König oder Großgrundbesitzern zu eigen, sondern von Gott den kleinen freien Bauern überlassen ist. Und das bedeutet schließlich, daß alle, die zu diesem Israel gehören, einen Anspruch auf Recht haben, auch die sozial schlecht Gestellten, Witwen, Waisen, Arme und auch Fremde, die in Israel ihren Wohnsitz haben. Insgesamt hat damit die Sozialkritik der Propheten einen durchaus konservativ bewahrenden Zug gegenüber sozialen und ökonomischen Neuerungen.

Während Priester und König und auch dessen Beamte durch ein Amt legitimiert sind, waren die Propheten Charismatiker, die nichts anderes vorzubringen hatten, als im Namen Gottes zu reden und auf ihn als Richter zu verweisen. So gibt es denn auch Prophet gegen Prophet (vgl. vor allem Jer 23,9–40 und 28,1–17), und es gibt auch das Risiko des Scheiterns des Propheten an seiner Botschaft (vgl. die Geschichte vom Propheten Jona und tiefgründiger Jer 20,7–18).

1.3.2 Die unbedingte Forderung des Reiches Gottes bei Jesus

Im Zentrum der Verkündigung Jesu steht die Nähe des Reiches Gottes in seinem Lehren und Handeln. »Reich Gottes« (bei Matthäus »Himmelreich«) meint von der alttestamentlichen und jüdischen Tradition her die Königsherrschaft Gottes selber, den Anspruch des Schöpfers der Welt auf seine Schöpfung und damit die Hoffnung auf Recht und Gerechtigkeit in der Welt (vgl. Ps 99). Diese Hoffnung rechnet weder mit einem irdischen König noch mit einem Messias als Repräsentanten Gottes in der Welt, sondern erwartet, daß Gott selber seine Gerechtigkeit durchsetzt, und als Hoffnung richtet sie sich auf die Zukunft, in der Gottes Gerechtigkeit offenbar werden wird.

Diese Hoffnung findet sich auch in der zweiten Bitte des Vaterunsers (Mt 6,10 und Lk 11,2): »Dein Reich komme!«, in der uns vertrauten Langfassung des Vaterunsers bei Matthäus interpretiert durch die Bitte: »Dein Wille geschehe, wie im Himmel so auf Erden«. Diese Hoffnung ist innerweltlich nicht einlösbar, sondern ist im Himmel präsent und wird am Ende dieser Welt offenbar werden. Biblische Apokalyptik hat es also nicht mit Angst vor dem Ende der Welt zu tun, sondern mit der Hoffnung darauf.

Kennzeichnend für Jesu Verkündigung ist nun aber, daß daneben Aussagen über die Gegenwart des Reiches Gottes stehen, ohne daß man den einen Aspekt gegen den anderen ausspielen kann: »Wenn ich mit dem Finger Gottes die Dämonen austreibe, so ist das Reich Gottes zu euch gekommen« (Lk 11,20 und Mt 12,28). So kann denn auch Mk 1,15 als Zusammenfassung der Verkündigung Jesu nennen: »Die Zeit ist erfüllt, und das Reich Gottes ist genaht; kehrt um, und glaubt an das Evangelium!«

Von diesem Reich Gottes redet Jesus in Gleichnissen, in denen die alltäglichen Erfahrungen des Menschen zu Metaphern des Reiches Gottes werden (vgl. bes. die Gleichnisse in Mk 4,1–34), jener für die Apokalyptik so fundamentale Unterschied zwischen Himmel und Erde also merkwürdig aufgehoben ist. Diese Gleichnisse dienen nämlich nicht in pädagogischer Absicht der Illustration eines abstrakten Gedankens, sondern reden selber vom Reich Gottes und stellen den Hörer (und Leser) vor die Frage: So geht es in der Welt zu (z. B. auch wie in Lk 18,2–5) – aber was hat das mit Gott und seinem Reich zu tun? Die Erfahrungen des Hörers und seine Deutungen dieser Erfahrungen in den Kategorien von Gerechtigkeit und Sünde werden geradezu auf den Kopf gestellt (vgl. das Gleichnis vom Pharisäer und Zöllner Lk 18,10–14).

Selbstverständlicher Bezugsrahmen der Verkündigung Jesu ist das Gesetz als Dokument des Willens Gottes. Versuche, Jesu Gesetzesverständnis auf einen Begriff zu bringen, scheitern daran, daß man einerseits Texte findet, die alttestamentliche Gebote aufzuheben oder zu ersetzen scheinen (z.B. Mt 5,33–37), andererseits solche, die alttestamentliche Gebote radikalisieren (z.B. Mt 5,21–26). Weder mit »Aufhebung« noch mit »Radikalisierung« läßt sich demnach Jesu Gesetzesverständnis fassen; es geht vielmehr um den aktuellen Umgang mit dem Gesetz, sich seiner Forderung zu entziehen bzw. sie nur anderen gegenüber geltend zu machen. Man kann das vielleicht so formulieren: Jesus weist darauf hin, daß das Gesetz nicht mich vor der Ungerechtigkeit der anderen schützt, sondern die anderen vor der Ungerechtigkeit, deren ich fähig bin (vgl. etwa Mk 7,15 oder die »Antithesen« Mt 5,21–48). So gilt die unbedingte Forderung des Willens Gottes zunächst und vor allem mir selber, nicht dem anderen. Damit sind die irdischen Maßstäbe von Gerechtigkeit und Ungerechtigkeit in Frage gestellt, und das wird konkret in der Zuwendung Jesu auch zu denen, die nach irdischem Maßstab Sünder sind (vgl. Mk 2,13–17 Mt 11,19/Lk 7,34). So setzt sich die Gerechtigkeit Gottes hinweg über die Gerechtigkeit der Welt, die sich dann aber nicht mehr einfach aus dem Gesetz als dem Willen Gottes legitimieren kann.

Auf den Begriff der »Gerechtigkeit« bringt die Jesusüberlieferung erst der Evangelist Matthäus, vor allem in der Bergpredigt Mt 5–7 (5,6.10.20 6,1.33). Diese Gerechtigkeit ist aber nicht die ausgleichende oder vergeltende Gerechtigkeit, sondern ihr Inhalt ist aus dem Gesetz gewonnen die Liebe und die Barmherzigkeit. Der so stark hervortretende Gedanke des Lohns, spätestens seit Kant verpönt, da ethisches Handeln nur um seiner selbst willen geschehen soll, weist darauf hin, daß es nur einmal Lohn gibt, entweder von Menschen oder von Gott (vgl. bes. Mt 6,1–18); man kann ihn nicht zweimal haben wollen. Auch damit ist das Verhältnis von Himmel und Erde irritierend neu bestimmt.

Das Tun der Gerechtigkeit ist nach der Bergpredigt also Präsenz des Reiches Gottes in der Welt; gebunden ist es an Gottes Gerechtigkeit, die sich als sein Wille am Ende der Zeiten offenbaren wird. Deshalb ist sie unbedingte Forderung, die sich nicht arrangiert mit den Maßstäben dieser Welt.

1.3.3 Das Verhalten des nicht erst durch sein Handeln Gerechtfertigten bei Paulus

Paulus knüpft nicht in der Weise bei Jesus an, daß das Wort Jesu die entscheidende Norm für ethische Entscheidungen wäre. Selten zitiert er Jesusworte, und in den beiden Fällen, in denen es dabei um ethische Probleme geht, bilden sie gerade nicht das letzt-gültige Kriterium: in 1. Kor 7,10f. rechnet er im Zwischensatz doch mit Ehescheidungen, in 1. Kor 9,14 richtet er sich selber nicht nach dem ausdrücklich als solches gekennzeichneten Gebot Jesu.

Norm für ethische Entscheidungen ist aber auch nicht das »Gesetz des Mose«, das z.B. für alle in 1. Kor 5–11 behandelten Probleme eindeutige Entscheidungen bieten könnte, sei es im Pentateuch selber, sei es in der Paulus als ehemaligem Pharisäer vertrauten Fortschreibung in der jüdischen Tradition. Das Gesetz scheidet nicht nur in seiner Funktion als Heilsweg aus, sondern auch als primäre Lebensorientierung. Vom Gesetz bleibt das Liebesgebot, gerade als Gebot des Gesetzes (Gal 5,14 und Röm 13,8–10), nicht aber die konkreten Gebote z. B. der Beschneidung oder der Reinheit der Speisen.

Was sich inhaltlich an ethischen Aussagen findet, ist gewonnen aus jüdischen und griechischen Traditionen, die jüdischen am deutlichsten in der herausragenden Stellung der Sexualität (»Hurerei«), die griechischen in der Übernahme von Allgemeinbegriffen wie »Tugend« (Phil 4,8). Aufgenommen werden Traditionen, die sich unter den Bedingungen der damaligen Zeit als »human« charakterisieren lassen, z.B. in bezug auf die Behandlung von Sklaven, ohne daß Sklaverei als Teil der Sozialordnung in Frage gestellt wird (vgl. dazu den Brief an Philemon). Zentralbegriff der Ethik ist im übrigen nicht »Gerechtigkeit«, trotz deren hervorragender Stellung in den Aussagen über die Erlösung, sondern »Liebe« gerade als Korrektiv von Gerechtigkeit.

Auszugehen ist von der Spannung zwischen Heilszusage und dennoch erhobener ethischer Forderung. Die Aussagen über die schon geschehene Rechtfertigung sind nämlich nicht als schwärmerische Aussagen zu verstehen, die sich erst im Verhalten des Glaubenden realisieren müssen, sondern bedeuten, daß der Glaubende nicht erst durch sein Verhalten zu sich selber und zu seiner Identität kommt. Seine Identität ist vielmehr vorgegeben und wird durch sein Wirken auch nicht in Frage gestellt.

Sein Verhalten kann also frei sein von dem Ziel der Identitätssicherung, sei es, und das ist der Sinn der »Lasterkataloge« (z.B. Gal 5,19–21), durch orgiastische Lebenssteigerung (daher die Betonung der Sexualität), sei es durch ein Leben auf Kosten anderer. Die ethische Differenz zwischen dem, was man tun will, und dem, was tatsächlich dabei herauskommt (vgl. Gal 5,17 Röm 7,15), wird nicht mit dem Rückzug auf den »guten Willen« gelöst, sondern auch der Glaubende ist Rechenschaft schuldig für das, was er getan hat (vgl. 2. Kor 5,10), und das ist, so gut es gemeint sein mag, nicht das eindeutig Gute. Aus dieser ethischen Differenz führt nach Paulus das Gesetz nicht heraus, vielmehr in sie hinein, indem es die Sünde durch ihr Verbot erst provoziert (Röm 7,7ff.). Die ethische Differenz zwischen Gerechtigkeit und Sünde ist jedoch aufgehoben in Christus (2. Kor 5,21).

Durch den Bezug auf diesen Christus erhält Ethik einen neuen Stellenwert, nicht mehr als Verwirklichung und Erprobung eigener Identität, sondern als davon freies Verhalten, im Tun und Lassen, das die Mehrdeutigkeit dieses Verhaltens nicht zu leugnen braucht und nicht angewiesen ist auf den Vergleich mit anderen (Gal 6,4f.), vor allem aber auch Konsequenzen des eigenen Verhaltens mit verantworten kann, die dem ursprünglichen Willen nicht entsprechen.

Der Einwand gegen Paulus, der sich schon im Jakobusbrief findet (2,14–26), Glaube ohne Werke sei doch tot, trifft diesen Ansatz gar nicht, da der Glaubende ja immer derjenige ist, zu dessen Menschsein gehört, daß er sich verhält und daß er handelt. Der paulinische Ansatz der Ethik ist hingegen sehr viel tiefgründiger, indem Paulus das ethische Problem anthropologisch reflektiert; wie die Rechtfertigung nur geglaubt werden kann, so kann die Identität ohne eindeutigen Ausweis durch das Tun nur eine geglaubte sein, und d.h., daß dies Mut zum ethischen Risiko ermöglicht.

Inhaltlich ist diese Ethik überaus behutsam. Sie verzichtet auf die direkte Autorität des Wortes Jesu oder des Gesetzes; und in der Situation sich erst formierender Gemeinden mit auch in ethischer Hinsicht durchaus unterschiedlichen Traditionen normiert sie nicht eindeutig. Mit Ausnahme der für Paulus klaren Fälle in 5,11–13 und 11,2–16 bietet er im 1. Korintherbrief jeweils mehrere Möglichkeiten an, gerade ohne eine oder gar seine eigene Lebensweise zum verbindlichen Maßstab zu erklären. Das frühe Christentum dieser Prägung ist offen für unterschiedliche Lebensformen, hart jedoch gegenüber Versuchen, eine bestimmte Lebensform absolut zu setzen (vgl. Gal 2,11–14). Das hängt natürlich zunächst zusammen mit der Offenheit der Missionssituation, und schon in den nächsten Generationen bildet sich so etwas heraus wie eine christliche Sitte. Es zeigt aber, daß das frühe Christentum gerade nicht auf eine ethische Eindeutigkeit der Lebensweise zielt, wenn es auch bestimmte Formen der Lebensgestaltung ausschließt.

1.3.4 Zum Beispiel: Das Liebesgebot

Das Liebesgebot gilt mit Recht als eine Art Zusammenfassung der ethischen Traditionen des Christentums, sowohl positiv in dessen Eigenaussagen als auch negativ, wo man Ethik in Abgrenzung vom Christentum formulieren will.

Das Liebesgebot findet sich im Alten Testament in Lev 19,18 als Gebot der Nächstenliebe: »Du sollst deinen Nächsten lieben wie dich selbst«, und zwar als ein Gebot unter anderen, nicht besonders hervorgehoben. Vor allen Problematisierungen, ob man denn Liebe gebieten könne und wie sich Selbstliebe und Nächstenliebe zueinander verhalten, ist dieser Grundtext leicht zu verstehen, sieht man ihn in seinem freilich etwas komplizierten Kontext, der offenbar in verschiedenen Schichten gewachsen ist. Nimmt man die Verse 9–18 und 32–36 heraus, erhält man einen Text, der sich auf soziale Beziehungen innerhalb einer überschaubaren kleinen Gemeinschaft, etwa eines Dorfes, bezieht. Das angeredete »du« ist entsprechend dem im ersten Teil Dargestellten der freie israelitische Bauer, der ein Feld oder einen Weinberg besitzt (9f.), der Tagelöhner beschäftigt (13), der im örtlichen Gericht mit Recht spricht (15), der es mit Fremden zu tun hat (33f.). Damit ist auch das »wie dich selbst« klar: anderen dasselbe Recht zugestehen, das man selber hat, auch wenn diese nicht über dieselbe Freiheit verfügen.

Das »ich«, das dieses »du« anredet, ist der Gott Israels, »der euch aus dem Lande Ägypten herausgeführt hat« (36), der damit dem »du« seinen Verhaltensspielraum ermöglicht hat und in dessen Namen er an diese Grundlage erinnert wird. »Der Nächste« (der hebräische Text hat hier verschiedene Wörter, die Septuaginta vereinheitlicht) ist jeder, mit dem es dieser freie Mann außerhalb seines eigenen »Hauses« zu tun hat: der Arme, der Fremdling, der Tagelöhner, der Behinderte, der Geringe im Gerichtsverfahren, die Alten, die Käufer. Was »lieben« heißt, ist dann auch sehr einfach: den eigenen Freiraum des Verhaltens nicht ausnützen, sondern solchen »Nächsten« Recht zukommen lassen, auch über deren Rechtsanspruch hinaus. Am hintergründigsten ist Vers 14: Der Taube kann einen Fluch nicht abwehren, weil er ihn nicht hört, ebenso wie ein Blinder nicht sieht, was man ihm in den Weg legt.

Daß in der Jesusüberlieferung der synoptischen Evangelien dieses Gebot der Nächstenliebe mit dem Gebot der Gottesliebe aus Dtn 6,5 verbunden wird (Mk 12,38–42 Mt 22,34–40 Lk 10,25–28), hat zwei Voraussetzungen. Die eine ist, daß schon in der nachalttestamentlichen Tradition Frömmigkeit und Gerechtigkeit als Pflichten gegenüber Gott und den Menschen zusammengestellt worden sind; das entspricht im übrigen griechischer Tradition. Zum andern steht nun aber ganz elementar in Frage, wer das »du« eigentlich ist. Dtn 6,5 ist Teil des täglichen jüdischen Gebets, des »Schma Israel« 6,4f., das ins Herz geschrieben sein, den Kindern eingeschärft, an Hand und Stirn getragen werden und über die Türen und Tore geschrieben werden soll. Es dient also der Vergewisserung der eigenen Identität. Das angeredete »du« wird total auf den einen Gott bezogen und durch seine Liebe zu dem einen Gott konstituiert, von ganzem Herzen, von ganzer Seele und mit aller Kraft und, so fügen unsere in griechischer Sprache geschriebenen Evangelien hinzu, »mit all deinem Verstand«. Mit diesen grundlegenden anthropologischen Begriffen ist der Mensch ganz und gar durch das Gottesverhältnis bestimmt.

Eine solche Vergewisserung aber ist nötig, wenn die Welt nicht mehr wie in Lev 19,18 als in sich differenzierte, aber doch geordnete Sozialordnung wahrgenommen wird, in der das »du« seinen ihm von Gott gewiesenen Platz hat. Das wird deutlich, wenn in Lk 10,29 der Gesetzeskundige, der dort selber seine eigene Frage richtig zu beantworten wußte, Jesus fragt, wer denn der Nächste sei, und Jesus ihm darauf das Gleichnis vom barmherzigen Samariter erzählt. In der Welt dieses Gleichnisses gibt es Räuber, da gibt es einen Wirt, der Barmherzigkeit offenbar nur gegen Barzahlung leistet, da gibt es den

Samaritaner, der entgegen der zu erwartenden Rollenverteilung überraschenderweise das tut, was Priester und Levit versäumen. Das »du« des Liebesgebots ist also nicht mehr einfach in seiner Beziehung zum »Nächsten« vorausgesetzt, sondern muß erst verpflichtet werden auf seine grundlegende Lebensmöglichkeit, und die verfehlen Priester und Levit. Der »Nächste« ist dann jeder, der am Wege liegt; »lieben« heißt Barmherzigkeit tun (Vers 37). Das »ich« schließlich, das dieses »du« anredet, ist Gott selber, dessen im Gesetz gefordertem Willen man sich nicht entziehen darf, trotz des Zustandes der Welt. So meint das Doppelgebot gerade nicht zwei verschiedene Gebote, sondern ein und dasselbe: Gott lieben heißt Barmherzigkeit tun. Das entspricht der Verbindung von Religion und Ethik bei den Propheten.

Eine ebenso als gestört erfahrene Welt begegnet auch dort, wo Jesus dieses Gebot der Nächstenliebe als Gebot der Feindesliebe formuliert Lk 6,27–35, sowie in der Bergpredigt Mt 5,38–48, hier als ausdrückliche Antithese zum alttestamentlichen Gebot der Nächstenliebe und zu dem diesem als Konsequenz unterstellten Gebot des Hasses gegen die Feinde (Vers 43). Auffälligerweise fehlt an beiden Stellen beim Gebot der Feindesliebe das »wie dich selbst«, wie es auch im Zitat des alttestamentlichen Liebesgebots Mt 5,43 fehlt; damit erhält das Gebot einen noch unbedingteren Ton.

Hier gibt es Feindschaft, Beleidigung, hier gibt es Schläger, Prozeßhanseln, Räuber, Schnorrer. Aber eine solche Erfahrung von Welt erlaubt dem angeredeten »ihr« nicht, das Liebesgebot zu beschränken auf die eigenen Freunde, da Gott, in dessen Namen Jesus gebietet, sich nicht identifiziert mit den innerweltlichen Kategorien von gut und böse, von gerecht und ungerecht. Der »Nächste« ist dann gerade und erst recht der, den ich als böse, als ungerecht, ja als meinen Feind erlebe oder mir zum Feind gemacht habe. In Frage gestellt ist also die eigene ethische Deutung der Welt, die zwischen den »Kindern Gottes« und den Sündern und Heiden unterscheidet. Der unbedingte Anspruch des Liebesgebots kann nicht suspendiert oder eingeschränkt werden.

Als Interpretation des Liebesgebots dient hier die »Goldene Regel«: »Und wie ihr wollt, daß euch die Leute tun, ebenso sollt auch ihr ihnen tun«, so Lk 6,31 im direkten Zusammenhang. Mt bietet sie in 7,12 als grundsätzliche Zusammenfassung: »denn darin besteht das Gesetz und die Propheten«, und dem entspricht die parallele Aussage über das Doppelgebot der Liebe in 22,40: »An diesen beiden Geboten hängt das ganze Gesetz und die Propheten«. Diese »Goldene Regel« stammt aus der griechischen Popularphilosophie; sie wurde aber bereits im Judentum als zutreffende Interpretation des Liebesgebots angesehen, enthält sie doch gerade das »wie dich selbst« und bietet sie als Klugheitsregel eine allgemein einsichtige Begründung.

Nicht als Gebot des Alten Testaments, sondern als neues Gebot Jesu ist das Liebesgebot im Johannesevangelium bezeichnet; er spricht es hier in der Situation des Abschieds von seinen Jüngern als sein Vermächtnis: »Ein neues Gebot gebe ich euch, daß ihr einander liebt, wie ich euch geliebt habe, damit auch ihr einander liebt. Daran werden alle erkennen, daß ihr meine Jünger seid, wenn ihr Liebe untereinander habt« (13,34f.). Wieder aufgenommen wird dieses Gebot in 15,9–17: »Wie mich der Vater geliebt hat, so habe auch ich euch geliebt. Bleibt in meiner Liebe! Wenn ihr meine Gebote haltet, bleibt ihr in meiner Liebe, wie ich die Gebote meines Vaters gehalten habe und in seiner Liebe bleibe. Dies habe ich euch gesagt, damit meine Freude in euch sei und eure Freude erfüllt wird. Dies ist mein Gebot, daß ihr einander liebt, wie ich euch geliebt habe. Eine größere Liebe als diese hat niemand, daß er sein Leben gibt für seine Freunde. Ihr seid meine Freunde, wenn ihr tut, was ich euch gebiete. Ich nenne euch nicht mehr Sklaven, denn der Sklave weiß nicht, was sein Herr tut. Euch aber habe ich Freunde genannt, weil ich euch alles kundgetan habe, was ich von meinem Vater gehört habe. Nicht ihr habt mich erwählt, sondern ich habe euch erwählt, und ich habe euch dazu bestimmt, daß ihr hingeht und Frucht bringt und eure Frucht bleibt, damit, worum immer ihr den Vater in meinem Namen bittet, er euch gibt. Dies gebiete ich euch, daß ihr einander liebt.«

Der Kontext beschreibt sehr schroff, was die Jünger erwartet: eine Welt, die mit Haß bis hin zum Tod reagieren wird (16,2). Zu dieser Außenwelt gibt es für die Jünger keine Beziehung; nach innen hin aber werden sie verpflichtet auf Liebe untereinander. Ihre Identität gewinnen sie nicht wie beim Doppelgebot durch ihre Liebe zu Gott, sondern durch Gottes Liebe zu ihnen, die vermittelt ist durch Jesu Liebe, die sich erfüllt hat in seinem Tod für sie. Und so ist denn auch Liebe sein einziges Gebot an sie, das er als sein Vermächtnis hinterläßt. Sie haben Freiheit gewonnen als seine Freunde, und so meint Liebe Freundschaft untereinander. Gegenüber Haß und Verfolgung von außen gibt es also untereinander gegenseitige Zuneigung. Inhaltlich braucht deshalb auch die Liebe nicht weiter gefüllt zu werden, da in der Freundschaft unmittelbar klar ist, wie Liebe sich realisiert.

Breit ausgeführt ist dieses Thema der Liebe zueinander im 1. Johannesbrief, wo das neue Gebot nun schon das »alte« ist, weil es von Anfang an gegolten hat (2,7 3,11 vgl. 2. Joh 5). Gestört sind hier aber die Beziehungen innerhalb der Gemeinde selber, der Haß kommt nicht nur von außen (2,18f 4,1–6). Auch die Differenz von Sünde und Gerechtigkeit ist in der Gemeinde wieder aufgebrochen, obwohl sie doch im Sohn Gottes aufgehoben ist (4,10). Zum Kriterium für das Verhältnis zu Gott wird das Bekenntnis, da aber Gott selber Liebe ist (4,8.16), gehören Glaube und Liebe zusammen (3,23).

Sowohl im Johannesevangelium als auch im 1. Johannesbrief geht es also um Liebe untereinander im Kreis der Gemeinde; der »Nächste« ist der Mitchrist, wobei im Brief aber zwischen echten und falschen Christen unterschieden wird. Als Gebot Jesu ist es begründet in seiner eigenen Liebe. Die Außenwelt erscheint nur als passiv erfahrene, und zwar bedrohlich. Diesen Haß zu erwidern, ist freilich nicht geboten; es geht allein um Stabilisierung dieser Gemeinde durch gegenseitige Freundschaft.

Nicht als Gebot Jesu, sondern des Gesetzes, ja als Zusammenfassung des ganzen Gesetzes erscheint das Gebot der Nächstenliebe bei Paulus (Gal 5,13f. Röm 13,8–10). Es bleibt gültig gerade für die, die frei geworden sind von der Versklavung durch das Gesetz, in der paradoxen Gestalt des gegenseitigen Dienens. Der »Nächste« ist zunächst und vor allem der Bruder (vgl. 1. Thess 4,9 und Röm 12,10), ohne daß die Liebe jedoch auf ihn beschränkt wird. Das angesprochene »du« hat seine Freiheit durch Christus (Gal 5,1.13); auch Paulus begründet wie das Johannesevangelium die Identität in der Liebe Christi, nämlich seiner Dahingabe (Gal 2,19f.): An die Stelle des mit Christus gestorbenen »ich« tritt eine neue mit »Christus« bezeichnete Identität. »Lieben« heißt einander dienen, und hinter dieser Forderung in ihrer Unbedingtheit bleibt auch der Christ ständig zurück (Röm 13,8). Als Auswirkung des Glaubens (Gal 5,6) ist die Liebe beschrieben in der Liste Gal 5,23, die Verhaltensweisen meint, nicht bloße Befindlichkeiten oder Einstellungen; der steht gegenüber die Liste falscher Verhaltensweisen in 5,19–21.

Das »hohe Lied der Liebe« 1. Kor 13 nennt sie neben Glaube und Hoffnung als nicht nur vorläufig und vergehend, sondern sich durchhaltend über die Zeit hinweg, und zwar noch über Glaube und Hoffnung. Insofern ist sie auch Präsenz des Ewigen in der Zeit.

Ebenfalls als Gebot des Gesetzes erscheint das Liebesgebot im Jakobusbrief (2,1–13), nun aber des Gesetzes, das Freiheit bedeutet (2,12), nicht Sklaverei wie bei Paulus. Das Liebesgebot wird entgegengestellt der Bevorzugung von Personen auf Grund ihres sozialen Status. Das angesprochene »du« ist die christliche Gemeinde, der »Nächste« der Arme in der Gemeinde. »Lieben« heißt dann, ihn nicht zu benachteiligen, und inhaltlich ist Liebe bestimmt als Barmherzigkeit.

Findet sich also das Liebesgebot in durchaus unterschiedlichen Schichten des Neuen Testaments als Charakteristikum dessen, was christliche Ethik ist, so sind auch die jeweiligen Fassungen des Liebesgebots durchaus unterschiedlich. Zwar sind überall diejenigen mit »du« oder »ihr« angeredet, die sich zu Christus bekennen; wie aber deren Identität bestimmt wird, ist verschieden. Vor allem aber differieren die Texte darin, wer dieses Gebot spricht, Gott selber, Jesus oder das Gesetz. Und unterschiedlich ist auch, wer mit dem Nächsten gemeint ist, der Mitchrist oder, so in der Jesusüberlieferung, jeder, der am Weg liegt, ja auch der als Feind begegnende. Schließlich ist jener vom Grundtext vorgegebene Ton der juristisch nicht einklagbaren »Barmherzigkeit« aufgenommen im Doppelgebot wie im Johannesevangelium, nicht so ausdrücklich bei Paulus und Johannes.

Das im Griechischen hier verwendete Wort für »lieben« *(agapan)* ist unter möglichen Synonyma übrigens das am wenigsten emotional besetzte. Es wird nie im Sinne einer Liebesbeziehung zwischen Mann und Frau verwendet. Im Liebesgebot ist also nicht eine solche Haltung gemeint, die sich ja nur ergeben und nicht gefordert werden kann; vielmehr zeigte schon der Grundtext sehr sachliche Konkretionen von Liebe bis hin zu »zurechtweisen«, und dies bleibt auch erhalten, wo das Liebesgebot im Neuen Testament aufgenommen wird.

Trotz der aufgezeigten Differenzen zwischen den einzelnen Fassungen ist überall das Liebesgebot unbedingte Forderung, die auch nirgends durch eine parallele Aufforderung zum Haß ergänzt wird. Und es bleibt in allen Fassungen bestimmend, daß Glaube sich realisiert in Gemeinschaften, die einer ethischen Verpflichtung unterliegen. Es zeigt sich aber auch, daß das Neue Testament nicht ein Buch ist, das auf eindeutige ethische Handlungsorientierungen abzielt, sondern solche nur in geschichtlichen Situationen aufzeigt.

1.3.5 Rezeption biblischer Ethik in der protestantischen Exegese des 20. Jahrhunderts

Die Ethik hat in den letzten Jahrzehnten in der deutschen protestantischen Theologie nicht im Zentrum gestanden, und damit auch nicht im Zentrum ihrer Bibelauslegung. Was sich an Literatur nennen läßt, ist zumeist, mit wenigen Ausnahmen in der neueren Zeit, nicht eigenständigem Interesse entsprungen, sondern steht im Zusammenhang von Sammelwerken. Das hängt zusammen mit der grundsätzlichen Abkehr von der den Inhalt der Theologie wie der Bibel primär als Ethik bestimmenden liberalen Theologie, die sich in der dialektischen Theologie vollzogen hat. Sowohl Karl Barth als auch Rudolf Bultmann haben immer wieder dies als einen der entscheidenden Differenzpunkte benannt, und zwar in der Weise des Vorwurfs, daß die liberale Theologie Christentum mit bürgerlichen Verhaltensnormen identifiziert habe, das Reich Gottes mit der Kultur des 19. Jahrh.s. Sahen andere, auch in der Theologie, das Jahr 1918 als Katastrophe, so wurde hier das Ende des Kaiserreiches als Freiheitsgewinn erfahren.

Klassisches Dokument einer aus der Bibel begründeten Handlungsorientierung für die Gegenwart waren Adolf von Harnacks Vorlesungen über »Das Wesen des Christentums« aus dem Wintersemester 1899/1900. Er versuchte, das Christentum darzustellen, indem er »das Evangelium« historisch als die Verkündigung Jesu nahm, die er dann von einem liberalen Standpunkt direkt auf ethische Fragen der Jahrhundertwende bezog, z.B. die soziale Frage oder die Frage nach Staat und Politik. In die gleiche Zeit fällt der Versuch von Ernst Troeltsch, das Christentum, vorbereitet bei den Propheten, zu bestimmen als den in der Verkündigung Jesu sich vollziehenden und endgültigen Schritt des Menschen aus seiner Naturgebundenheit zur naturüberlegenen Kultur; Christentum hat dann wesentlich zu tun mit der Gestaltung der Gesellschaft. Welchen Beitrag gerade das protestantische Christentum zur Entstehung des neuzeitlichen Ethos geleistet habe, zeigte der Soziologe Max Weber.

Die Kritik dieser primär ethischen Bestimmung des Christentums geschah von außen in der prinzipiellen Religionskritik des 19. Jahrh.s, in der die christliche Normierung der gesellschaftlichen Verhältnisse als Übel denunziert wurde. Sie geschah aber auch in der Bibelauslegung selber, indem aufgezeigt wurde, daß »Reich Gottes« für Jesus nicht den Übergang von der Natur zur Kultur bedeutete, sondern die Negation dieser Welt durch die kommende, nicht innerweltlich zu verwirklichende. Dafür steht u.a. der Name Albert Schweitzers, der Jesu Ethik als »Interimsethik« interpretierte, also als eine Ethik, die in ihrer Unbedingtheit nur Sinn gebe unter der Voraussetzung, daß bis zum Ende der Welt nur noch eine kurze Zwischenzeit gelassen sei. Da diese Voraussetzung nicht mehr bestehe, habe sie ihre Verbindlichkeit verloren, da sie unter den Bedingungen der bestehenden Welt nicht praktikabel sei. Was für Schweitzer bleibt, sind im einzelnen nicht kontrollierbare Impulse der Humanität, die auch bis in die Gegenwart weiterwirken, nicht aber das Programm einer in Jesus zu legitimierenden christlichen Ethik.

Hinzu kam, vor allem in den formgeschichtlichen Arbeiten von Martin Dibelius, die These, nicht nur Jesus, sondern das ganze frühe Christentum habe zunächst so intensiv unter der Erwartung des Endes der Welt gestanden, daß es Fragen der Gestaltung der bestehenden Welt gar nicht zu bedenken brauchte. Unter dem Eindruck des Ausbleibens des Endes habe man dann aus der Umwelt an ethischem Gut übernommen, was als positiv erschien, und dies christlich verstärkt. Damit aber erscheint Ethik historisch als einer sekundären Phase zugehörend, und auch sachlich wird Christentum nicht primär als Ethik verstanden, sondern als Verkündigung.

Wirksam für die Interpretation der Ethik des Neuen Testaments wurde vor allem Rudolf Bultmanns Bestimmung des Verhältnisses von Indikativ (Heilszusage) und Imperativ (ethische Forderung): Nicht die Erfüllung ethischer Normen macht den Christen zum Christen, er ist es vielmehr vorgängig durch die Rechtfertigung. Sein ethisches Handeln ist dann nur die Realisierung dessen, was er schon ist, ohne daß diese Ethik spezifisch christliche Inhalte hat. Das Handeln des Christen ist aber nicht als solches eindeutig gut, sondern steht wie die ganze Existenz des Glaubenden unter der Spannung von Sünde und Gerechtigkeit.

Das Handeln des Gerechtfertigten ist Gehorsam, ohne daß die Inhalte der Gehorsamsforderung sich unterschieden von allgemein geltenden. Der Christ hat nichts anderes zu tun als jeder andere Mensch auch, nur hat er es zu tun. Auch das Liebesgebot, und hier rekurriert Bultmann besonders auf dessen johanneische Fassung, fordert nur Liebe; was die inhaltlich bedeuten kann, ergibt sich aus der konkreten Situation.

Auch die alttestamentliche Forschung, die ja in ihren Texten sehr viel stärker ethischen Fragestellungen begegnet, sah nicht in der ethischen Verkündigung das Zentrum des Alten Testaments, sondern in der sie begründenden Heilszusage. Bestimmend ist hier einmal die ebenso historische wie sachliche Zweitrangigkeit dessen, was zumal in der protestantischen Forschung als »Gesetz« verstanden wird, zum anderen die Betonung der Erwählungstraditionen insbesondere in der »Theologie des Alten Testaments« von Gerhard von Rad (1956/60).

Gegenüber diesen Entwicklungen ist nun seit längerem zu beobachten, wie stark ethische Fragen in der Theologie überhaupt wieder hervortreten und, da christliche Theologie, welcher Prägung auch immer, sich an den grundlegenden Schriften des Christentums auszuweisen hat, auch den Bereich der Bibelinterpretation bestimmen, fast ein wenig an den Fachwissenschaften vorbei. Dies abschließend darzustellen, ist nicht möglich; daher einige Beobachtungen dazu, mehr zurückhaltend reflektierend als direkt folgernd.

1) Während Schweitzer die von ihm als unerfüllbar interpretierte Ethik Jesu als »Interimsethik« bestimmt und ihr eine mögliche direkte Verbindlichkeit für die Gegenwart bestritten hatte, treten in der heutigen Diskussion unter dem Stichwort »Bergpredigt« diese Züge neu hervor. Angesichts eines drohenden Endes der Welt, sei es durch die militärische Katastrophe, sei es auf ökologischem Gebiet, werden außergewöhnliche ethische Entscheidungen gefordert, die eine völlige Abkehr von gewohnten praktikablen Verhaltensweisen bedeuten. Aufgenommen wird dabei gerade das biblische Thema der »Umkehr«.

Der Unterschied zur Bergpredigt besteht darin, daß die Begründung nicht mehr in dem erhofften Eingreifen Gottes zur Beendigung der Welt liegt, sondern in dem befürchteten Ende der Welt, das durch die Menschen selber herbeigeführt wird. Dann läßt sich diese Ethik aber nur dann fordern, wenn sie als plausibel erscheint auch abgesehen von der theologischen Vorgabe. »Die Bergpredigt« enthält in dieser Interpretation, was ohnehin dem Vernünftigen einsichtig sein sollte. Damit werden aber gerade andere unbedingte Forderungen, z.B. sich nicht um den nächsten Tag zu sorgen, ausgeschieden, weil sie dem nicht entsprechen.

2) Die Konzeption von Dibelius und auch Bultmann, christliche Ethik nicht als eigenständig zu interpretieren, sondern als christliche Verstärkung allgemein geltender positiver Normen, setzte Ethik an eine zweite Stelle. In weiten Bereichen der heutigen gesellschaftlichen Diskussion um ethische Fragen erscheint nun christliche Ethik als eine Themen dieser Diskussion aufgreifende Ethik, die darauf abzielt, daß gerade auch Christen sich für eine der in der Diskussion vertretenen Normen einzusetzen hätten. Der Unterschied liegt freilich in dem Stellenwert, der der Ethik zukommt, denn hier wird die ethische Stellungnahme zum Kriterium für Glauben gemacht und ist gerade nicht sekundär.

Unklar ist dabei auch der Begriff einer »christlichen Ethik« überhaupt: Ist sie gemeint als eine für Christen im Unterschied zu anderen verpflichtende oder als eine allgemein verbindliche? Dieser Unterschied wird verwischt durch die faktische volkskirchliche Situation, in der gerade Politiker auf Christlichkeit angesprochen werden können. Es hängt aber doch sehr viel an dieser Unterscheidung, da das Maß der Zumutbarkeit der ethischen Forderung verschieden wäre; gilt sie für Christen allein, kann dieses höher sein, gilt sie allgemein, muß sie ihren Anspruch begründen in Konkurrenz zu anderen Normen.

3) Bultmanns Bestimmung christlicher Ethik als Gehorsam gegenüber der Forderung der konkreten Situation geht davon aus, daß der Mensch weiß, was er zu tun habe; das ethische Problem liegt darin, es auch tatsächlich zu tun und sich der Forderung nicht zu entziehen. Gerade dies erscheint heute fraglicher, wo das Problem mehr darin liegt, was denn unter mehreren Möglichkeiten das Richtige sei. Für Bultmann wie für eine lange Tradition protestantischer Ethik ergibt sich der Inhalt der ethischen Forderung aus dem Gewissen, in dem der Mensch weiß, was gefordert ist, Gewissen dabei verstanden als direkte Stimme Gottes oder, so auch die dialektische Theologie, als Wissen um die Forderung als solche, das zum Menschsein des Menschen gehört. Und Bultmann selber z.B. wußte ja, wie 1933 die Forderung des Augenblicks war. Das aber war für ihn keine spezifisch christliche Entscheidung, sondern ein Handeln entsprechend dem, wie jeder zu handeln hätte aus dem Wissen darum heraus, was man tut und was nicht.

Dieser Begriff des Gewissens ist offenbar aus den ethischen Diskussionen heute fast ganz verschwunden. Er begegnet eigentlich nur noch dort, wo er vom Wortlaut des Grundgesetzes her vorgegeben ist, bei der Verantwortung der Abgeordneten allein vor ihrem Gewissen und bei der Kriegsdienstverweigerung aus Gewissensgründen. Aber hier zeigt die inzwischen weithin akzeptierte These, das Gewissen sei nicht überprüfbar, die sich aus der Prüfungspraxis ergeben hat, die Krise des Gewissensbegriffs in der Ethik allgemein wie in der protestantischen zumal. Ist nämlich das Gewissen nicht die individuell verpflichtende Stimme Gottes, sondern das Wissen um die Forderung des Augenblicks schlechthin, muß die individuelle Gewissensentscheidung den Anspruch auf Allgemeinverbindlichkeit haben, den in diesem Fall die staatlichen Prüfungsinstanzen nicht akzeptieren können.

Abgesehen von diesem speziellen Zusammenhang begegnet das Gewissen kaum noch als ethische Instanz; an seine Stelle scheint das Wissen des Experten getreten zu sein, das sich aber gerade als manipulierbar erweist. Psychologie und Soziologie haben das Gewissen, das einst als transzendente Instanz galt, bestimmt als auf Erziehung und Sozialisation beruhende Konvention; die weithin als ethischer Leitbegriff verstandene Emanzipation muß demgegenüber als Aufhebung solcher Konvention erscheinen.

4) Das Liebesgebot auch in der im vierten Teil vorgelegten Interpretation steht unter dem Verdacht des Patriarchalismus und damit unter dem Vorwurf der Stabilisierung bestehender Verhältnisse statt ihrer Veränderung. Gemessen an einem ethischen Leitbegriff Emanzipation ist die Freiheit, die hier in den verschiedenen Fassungen als Grundlage bestimmt wurde, nicht auf grundsätzliche Veränderung, sondern auf Ausgleich bezogen. Es wäre an dieser Stelle ein großes Stück historischer Arbeit zu leisten im Sinne einer »sozialen Hermeneutik«. Es scheint nämlich, daß für alle vorindustriellen Gesellschaften wie die Natur so auch die Gesellschaftsordnung etwas im Prinzip Unveränderbares ist; Veränderung ist nur vorstellbar als Aufstieg und Abstieg verschiedener Gruppen, vorgegeben bleibt die patriarchalische Struktur. Eine hermeneutisch nicht reflektierte einfache Wiederholung des soziologischen Bedingungsrahmens der biblischen Texte führt dann in der Tat zu einem patriarchalischen Leitbild für heutige Gesellschaft; charakteristisch dafür ist z. B. der elitäre Begriff der »Verantwortung«.

Grundsätzlich andere Gesellschaftsformen werden aber erst in der Moderne denkbar und unter den Normen der allen Menschen von Natur aus zukommenden Freiheit und Gleichheit in Revolutionen gegen Monarchie und Oligarchie auch durchgesetzt, und zwar unter Rückgriff nicht primär auf christliche Traditionen, sondern auf antike philosophische, insbesondere die Stoa. Stärker aus der christlichen Tradition aber kommt der dritte Leitbegriff »Brüderlichkeit«, der die Menschen in ihrer Freiheit und Gleichheit festlegt auf eine ethische Verpflichtung im Sinne des Liebesgebots, auch wenn die Freiheit als Voraussetzung ethischen Handelns und die Gleichheit des »wie dich selbst« dort anders bestimmt sind. Die Realisierung dieser drei als ethische Normen in den Menschenrechten akzeptierten und durchaus auch in Gesetzesvorschriften umgesetzten Voraussetzungen steht jedoch immer wieder in Spannung zu gesellschaftlichen Strukturen, die sie dann als bloße Postulate erscheinen lassen, weshalb gerade die Forderung der Brüderlichkeit uneingelöst bleibt, die doch Voraussetzung der Gewährung von Freiheit und Gleichheit gegenüber anderen ist.

5) Ein Programm grundsätzlicher politischer Neugestaltung bieten weder die alttestamentlichen Propheten noch Jesus. Die Propheten erscheinen eher als Vertreter herkömmlicher Ordnungen gegenüber neuen Entwicklungen; bei Jesus geht es eher um die Kritik der Legitimation bestehender Ordnung im Gesetz. Damit ist christliche Ethik nicht als unpolitisch bestimmt. Es ist bezeichnend, daß gerade ein Christentum, das auf das Gebot des Gehorsams gegenüber der Obrigkeit verweisen konnte (Röm 13,1 ff.) und auf das Wort Jesu, dem Kaiser zu geben, was des Kaisers ist, vom römischen Staat nicht akzeptiert wurde. Selbst der römische Statthalter Plinius, der sich von der moralischen Unschuld der Christen überzeugt hatte, empfahl seinem Kaiser Trajan Milde nur gegenüber solchen, die eindeutig dem Christentum abgeschworen hatten.

Unter den Bedingungen der Moderne stellt sich das Problem, ob bzw. inwieweit

Politik auf ethische Fragen ansprechbar ist über den Bereich von Sozial- und Familienpolitik hinaus, nachdem sich die Politik wie übrigens auch die Ökonomie seit dem 19. Jahrh. aus der philosophischen Ethik ausgegliedert und als eigene Wissenschaft etabliert hat, sich damit aber auch dem direkten ethischen Anspruch entzogen und dem Prinzip der Zweckmäßigkeit unterstellt hat.

6) Mehr noch als in den bisher angesprochenen Fragen wurde christliche Ethik und mit ihr Ethik allgemein getroffen von den Fragen des Verhältnisses zu der Natur und nicht zuletzt zu den Tieren. Auch hier ist noch einmal zu verweisen auf den Unterschied zwischen der vorindustriellen Welt, in der die Natur weitgehend als Feind des Menschen erfahren wurde, das Schicksal des Menschen vom unberechenbaren Verhalten der Natur abhing (Mißernten, Naturkatastrophen), und unserer Welt, in der zwar durch die Technik die Gefahren der Natur weitgehend eingedämmt sind, wir nun aber merken, daß die vom Menschen gestaltete Natur sich gerade nicht mehr als Lebensmöglichkeit des Menschen erweist, sondern erneut als seine Bedrohung.

Diese Frage könnte zum Paradigma werden für eine Ethik, die in die Diskussion mit denen eintritt, denen sie einst mit Gründen die Natur überlassen hat im Konflikt mit der Naturwissenschaft des 19. Jahrh.s, wenn sie nicht voreilig wieder nur anderswo gewonnene Normen als christlich auszuweisen sucht, wie sie schon den Übergang von der Natur zur vom Menschen gestalteten Kultur legitimiert hat.

Literatur

Becker, J., Das Problem der Schriftgemäßheit der christlichen Ethik, in: Handbuch der christlichen Ethik. Wien/Gütersloh 1978: 243–269; ders., Feindesliebe – Nächstenliebe – Bruderliebe, ZEE 25. 1981: 5–17.

Berger, K., Die Gesetzesauslegung Jesu, WMANT 40. Neukirchen 1972.

Bornkamm, G., Das Doppelgebot der Liebe, in: *ders.*, Geschichte und Glaube I, BEvTh 48. München 1968: 37–45.

Bultmann, R., Das Problem der Ethik bei Paulus (1924), in: *ders.*: Exegetica. Tübingen 1967: 36–54; *ders.*, Das christliche Gebot der Nächstenliebe (1930), in: *ders.*: Glauben und Verstehen I. Tübingen 1933: 229–244.

Dibelius, M., Die Formgeschichte des Evangeliums. Tübingen [3]1959, Kap. IX: Die Paränese.

von Harnack, A., Das Wesen des Christentums, GTB 227, 1977.

Hoffmann, P., Zur »Verbindlichkeit« des Gebots der Feindesliebe in der synoptischen Überlieferung und in der gegenwärtigen Friedensdiskussion, in: Ethik im Neuen Testament, hg. von K. Kertelge. Freiburg 1984: 50–118.

Hoffmann, P./Eid, V., Jesus von Nazareth und eine christliche Moral, QD 66. Freiburg 1975.

Hübner, H., Das Gesetz in der synoptischen Tradition. Witten 1973.

Lührmann, D., Liebet eure Feinde (Lk 6,27–36/Mt 5,39–48), ZThK 69. 1972: 412–438.

Merk, O., Handeln aus Glauben, MThSt 5. 1968.

Nissen, A., Gott und der Nächste im antiken Judentum, WUNT 15. Tübingen 1974.

van Oyen, H., Ethik des Alten Testaments. Gütersloh 1967.

von Rad, G., Weisheit in Israel. Neukirchen 1970.

Schrage, W., Die konkreten Einzelgebote in der paulinischen Paränese. Gütersloh 1961; *ders.*, Art. »Ethik IV. Neues Testament«, TRE X: 435–462; *ders.*, Ethik des Neuen Testaments, GNT 4. 1982.

Smend, R., Art. »Ethik III. Altes Testament«, TRE X: 423–435.

Troeltsch, E., Die Soziallehren der christlichen Kirchen und Gruppen, GS I. Tübingen 1922.

Weber, M., Gesammelte Aufsätze zur Religionssoziologie I–III. Tübingen 1920/21.

Wolff, H. W., Anthropologie des Alten Testaments. München 1973.

Würthwein, E./Merk, O., Verantwortung, Biblische Konfrontationen/Kohlhammer Taschenbücher 1009. Stuttgart 1982.

II.2 Frühes Christentum – Das Beispiel der Eigentumsfrage

Adolf Martin Ritter

Für Albrecht Dihle
zum 65. Geburtstag in Dankbarkeit

Noch um die Jahrhundertwende wird man sich mit der Mehrzahl der Europäer, selbst wenn diese dem offiziellen Christen- und Kirchentum ablehnend gegenüberstanden, relativ mühelos darüber haben verständigen können, daß die vom Christentum im Laufe seiner Geschichte ausgegangenen Wirkungen, insbesondere auch seine sozialen Folgen, überwiegend positiv zu beurteilen seien. Ja, selbst in den Jahren nach Ende des 2. Weltkrieges konnten hierzulande noch mit vollmundigem Pathos die »unaufgebbaren christlichen Kultur- und Sittlichkeitswerte« beschworen werden. Inzwischen mehren sich jedoch auch bei uns längst die Stimmen, die in der Kirchen- und Christentumsgeschichte nichts anderes als ein einziges umfangreiches Sündenregister zu entdecken vermögen, die beste Schule des Atheismus, wie bereits F. Overbeck (1837–1905), selbst Kirchenhistoriker vom Fach und bis heute der große Aporetiker der kirchenhistorischen Disziplin, geurteilt hat[1]. Das bekannteste Beispiel ist vermutlich noch immer J. Kahls Abrechnung unter dem Titel: »Das Elend des Christentums oder Plädoyer für eine Humanität ohne Gott«[2]. Darin kommt der Verfasser zu dem Schluß, daß die »Realbilanz« der Kirchengeschichte eine mehr oder weniger totale »Anarchie im Ethos« sei. Denn »die Religion, die mit der Nächstenliebe hausieren« gehe, habe nachweislich »seit ihren Anfängen bis heute im Namen Gottes, im Namen Jesu Christi und unter Berufung auf die Bibel die ungeheuerlichsten Unmenschlichkeiten und Bluttaten geduldet, begünstigt und selbst begangen«, und zwar »mit jeweils gutem Gewissen und einem detaillierten theologischen Alibi«[3].

Wir wollen im folgenden aus einer Mehrzahl in Frage kommender Beispiele nur eines näher betrachten, das bei sozialistischen Kritikern des Christentums seit jeher eine dominierende Rolle spielt. Es ist das Problem »Christentum und Eigentum«. An der Art und Weise, wie man mit diesem Problem in den ersten Jahrhunderten nach Christi Geburt umgegangen ist, wollen wir uns einiges Prinzipielle in bezug auf die Grundlagen und Grundfragen der Ethik in altkirchlicher Zeit zu verdeutlichen versuchen. Dabei sind wir, dank dem uns vorgegebenen engen Rahmen, wiederum auf ein exemplarisches Vorgehen angewiesen.

1. Nach klassisch-marxistischer Auffassung, wie sie nach und neben F. Engels am geschlossensten wohl K. Kautsky in seiner weitausgreifenden Monographie »Der Ursprung des Christentums«[4] dargelegt hat, ist das Christentum aus einer ursprünglich sozialrevolutionären, proletarisch-kommunistischen Bewegung spätestens seit seiner Anerkennung durch den römischen Staat unter Konstantin (Kaiser von 305/306–337) zu einer Stütze von Unterdrückung und Ausbeutung geworden. Damit gilt im übrigen auch als erwiesen, daß es – wie jede Religion – von Anfang an nicht etwa eine selbständige geistige und materielle Kraft, sondern lediglich eine Funktion der jeweiligen politisch-ökonomischen Verhältnisse war.

Ist diese These, jedenfalls für eine nicht-marxistische, dem »historischen Materialismus« weder verpflichtete noch sich ihm von vornherein und grundsätzlich verschließende Geschichtsbetrachtung nur noch von historischem Interesse? Oder muß sie wenigstens in der Form aufgenommen werden, daß die evangelische Botschaft in erster Linie den Armen galt und auf die Umwandlung auch der empirischen Verhältnisse gerichtet war, daß aber über kurz oder lang »das Schockierende der Botschaft des Jesus von Nazareth... zu einer gedämpften ›Kleinen Nachtmusik‹ der Seele wurde«, wenn sie nicht sogar ganz »im neuplatonischen Spiritualismus menschlicher Innerlichkeit« versank, so daß der »Widerspruch der Mächtigen und Reichen... sich in das beruhigte Lächeln von solchen« verwandeln konnte, »die von dieser Seite nichts mehr zu fürchten haben?«[5] Über diese vieldiskutierte Frage können die Akten wohl noch immer nicht geschlossen werden, obschon mit Befriedigung festgestellt werden kann, daß sich in der Fachliteratur seit geraumer Zeit eine differenziertere Betrachtungsweise geltend macht, die endlich auch über sattsam bekannte und seit mehr als einem Jahrhundert ständig wiederholte Abgrenzungen hinauszuführen verspricht[6].

2. Wir können hier die Anfänge nur eben streifen, da über die »Ethik in den neutestamentlichen Gemeinden« bereits an anderer Stelle informiert worden ist[7]. Aber so viel sei doch festgehalten: Es besteht unter heutigen Exegeten des Neuen Testaments ein weitgehender Konsens darüber, daß, entgegen der marxistischen Theorie vom proletarischen Ursprung und revolutionären Charakter des Urchristentums, weder Jesu »Evangelium für die Armen« und erst recht die paulinische und johanneische Verkündigung noch auch die das lukanische Schrifttum (Lukasevangelium und Apostelgeschichte) und den Jakobusbrief in jeweils verschiedener Weise und Intensität bestimmende »Armenfrömmigkeit« ein sozialrevolutionäres Programm enthält. Das ist schon durch die Naherwartung, d.h. die (durch Fremdherrschaft, soziale Mißstände und vielfältige Not gesteigerte) Erwartung einer baldigen Weltenwende, ausgeschlossen. Es ist dies der Horizont und Rahmen, in dem *Jesus* und das Urchristentum leben und denken. Das Maß ist voll; die »Zeit ist erfüllt und die Gottesherrschaft nahe herbeigekommen« (Mk 1,15).

Jesus propagiert kein Programm. Wohl aber ermutigt er u.a. dazu, neue Möglichkeiten für ein situationsgerechtes, veränderndes gemeinsames Handeln zu entdecken und zu erproben (vgl. bes. Mt 5–7 mit Parallelen). Diese erscheinen nur so lange als unmöglich, ja absurd, solange man von seinen bisherigen Lebenserfahrungen ausgeht. Dafür aber sind sie – vielleicht – geeignet, den Mechanismus von Haß und Vergeltung aufzubrechen! Und indem Jesus den »Armen«, Hungernden, Unglücklichen, vergebens ihr Recht Fordernden den nahegekommenen Gott verkündigt, sucht er glaubhaft zu machen, daß dieser nicht vor dem Scheitern des Menschen kapituliert, sondern will, daß das Scheitern der Schwachen nicht länger unausweichlich und irreparabel sei. So lädt denn auch Jesu Vertrauen auf Gottes »Zuvorkommenheit« und Unermüdlichkeit gerade nicht zur Passivität ein, sondern versucht den, der sich darauf einläßt, angesichts unübersehbarer Widerstände, Mißerfolge und Gebundenheiten gerade auch dadurch zu befreien, daß es ihn vor verhängnisvoller Selbstüberschätzung zu bewahren hilft. Gottes Herrschaft kommt, und zwar »von selbst«, sagt Jesus darum, und das unscheinbar und »ganz anders«, als man denkt (Mk 4,26–29). Wer das in seinem Handeln einkalkuliert, ist in Jesu Augen davor geschützt, sich die übermenschliche Aufgabe der Vollstreckung des göttlichen Gerichts an der ungerechten Welt aufzubürden. Er kann statt dessen seine – in jedem Falle begrenzte – Kraft darauf konzentrieren, der Hoffnung auf Gottes kommendes Reich (und damit auch auf die Erneuerung der menschlichen Verhältnisse) praktisch-»politischen« Ausdruck zu verleihen.

Ähnlich unprogrammatisch, ähnlich »dialektisch« ist auch die paulinische Sicht. Für den Weltbegriff und das Weltverhältnis des *Paulus* ist letzten Endes nicht der Schöpfungsglaube konstitutiv, sondern der Glaube an die im Christusgeschehen erfolgte Weltwende, an den Anbruch einer »neuen Schöpfung«, in die der Glaubende durch die

Taufe bereits eingegliedert ist (II. Kor 5,17). M. a. W. heißt Kosmos für Paulus zunächst unerlöste Schöpfung, erst »in Christus« wieder als Schöpfung Gottes erkennbar gewordene Welt; nicht ein »neutrales« Ordnungsgefüge, sondern Epoche und Sphäre der »Weltlichkeit«, Zeit und Ort des Verfallenseins an die »Mächte« und Elemente der »Welt« oder doch der Anfechtung der Glaubenden durch sie[8].

Diese komplexe Sicht hat u. a. zur Folge, daß die Ethik des Paulus (wie des Neuen Testaments überhaupt) primär ekklesiologischen Charakter hat. D. h., die Weisungen hinsichtlich des Verhaltens des einzelnen (in Kirche *und* Welt) »sind wesentlich auf den *glaubenden* Menschen zugeschnitten«[8a]. Dabei will freilich bedacht werden, daß *Kirche* bei Paulus nicht als *civitas Platonica* jenseits von Raum und Zeit, sondern als der Bereich der »Welt« begriffen ist, in dem die Herrschaft Christi als des Kosmokrator schon anerkannt, ausgerufen und im Glaubensgehorsam bezeugt wird. So verschlingen sich, bei Jesus *wie* bei Paulus, auf eigentümliche Weise »konservative« und »revolutionäre« Impulse. Diese »revolutionären« Impulse aber sind geeignet, auch die selbstgesetzten Schranken neutestamentlicher Ethik zu sprengen und über damals gefällte materialethische Urteile, z. B. über die Sklaverei (I. Kor 7,24), hinauszuweisen (s. u.)[9].

3. »Revolutionäre« Ungeduld, die eine Änderung der bestehenden Verhältnisse als solcher erstrebte und an eine Selbsthilfe der Unterdrückten dächte, ist nicht einmal dort im Spiel, wo eine radikale Eigentumskritik laut wird. So etwa in dem (deutlich an alttestamentlich-jüdische Weherufe über die Reichen erinnernden) Drohwort Jak 5,1 ff. »Nun, wohlan, ihr Reichen, weinet und jammert ob der Drangsale, die über euch hereinbrechen...« (vgl. auch 2,1 ff.). Es ist auch hier *Gottes* »Gerechtigkeit«, deren Durchbruch in Bälde erwartet wird, von der man sich das Ende aller Ungerechtigkeit und die Sühne allen Frevels verspricht.

Im übrigen herrscht im *Jakobusbrief* wie in den anderen Dokumenten frühchristlicher »Armenfrömmigkeit« die Überzeugung vor: Es sind die »Armen in dieser Welt«, für die Gott Partei ergriffen und die er »auserwählt« hat, »daß sie Reiche im Glauben seien« (Jak 2,5; vgl. auch Lk 1,46 ff.). Reichtum dagegen und Habsucht fesseln an die »Welt«. Entsprechend lautet im sog. »Hirten des *Hermas*«, einer als Apokalypse stilisierten Bußpredigt aus der Zeit um 130/140 n. Chr., die Konsequenz, daß alle, die »an dieser Welt Reichtum« teilhaben, erst dann für Gott »brauchbar« sein werden, wenn »ihr Reichtum, der sie an sich fesselt, abgehauen wird«[10]. Und im gleichen Sinne kann noch ein halbes Jahrhundert später der große Nordafrikaner *Tertullian* Gott einen »Verächter der Reichen« und einen »Helfer der Bettelarmen« nennen, welcher »immerfort die Armen für gerecht erklärt, die Reichen hingegen von vornherein verdammt«[11].

4. Verglichen mit dieser »ebionitischen«[12] Tradition ist beim Zeitgenossen Tertullians, dem Alexandriner *Clemens* (gest. vor 215 n. Chr.), ein Sichtwechsel festzustellen, wie er scheinbar radikaler nicht gedacht werden kann. Kein Wunder, wenn sich an dieser Stelle beim ungeübten (und erst recht natürlich beim voreingenommenen) Leser der Eindruck von »Anarchie im Ethos« ergibt. Schaut man jedoch näher zu und isoliert nicht Einzelaussagen von ihrem Kontext, so sind die Gegensätze weit weniger unversöhnlich, als es auf den ersten Blick den Anschein hat.

Doch bleiben wir bei Clemens. Daß er über »Armut« und »Reichtum« anders denkt als der Verfasser des Jakobusbriefes, als Hermas und auch als Tertullian, ist unbestreitbar. Und das hat nicht nur damit zu tun oder erschöpft sich gar darin, daß die Naherwartung bei ihm so gut wie keine Rolle mehr spielt. Trotzdem wäre es wohl ganz falsch, das Anliegen, das er in seiner Schrift »Welcher Reiche gerettet werden kann« behandelt (der ersten uns bekannten ausführlichen und zusammenhängenden christlichen Stellungnahme zum Problem »Christentum und Eigentum« immerhin), »ideologiekritisch« als Versuch einer theologischen Legitimierung der Vereinbarkeit von Christsein und

Reichsein zu deuten, etwa nach folgender Melodie: »Wenn die Gebildeten der Weltstadt Alexandrien durch seine apologetische Theologie für das Christentum gewonnen werden sollen, dann können sie auf der anderen Seite doch nicht durch ein ebionitisch-rigoristisches Konzept zur Eigentumsfrage verprellt werden. Man bedenke die für jene Zeit in der Regel geltende Abhängigkeit der Bildung vom Besitz, vom Vermögen, und bedenke ferner, daß die christlichen Gemeinden zur Zeit des Clemens noch immer überwiegend aus kleinen Leuten bestanden. Sollte die christliche Theologie Eingang in die Welt der Gebildeten finden (und damit eine ›wissenschaftliche Theologie‹ werden), dann mußte auch eine Versöhnung zwischen Christentum und Vermögen erstrebt werden. So fand die programmatische Synthese von christlicher Theologie und griechischem Denken, also die ›Hellenisierung‹ des Christentums, bei Clemens denn zwangsläufig ihr Korrelat in der ebenso programmatischen Öffnung der kleinbürgerlich-pauperistischen Kirche für die Reichen«[13].

Nun, wir lassen hier dahingestellt sein, ob die »Apologetik«, also die (literarische) »Verteidigung« des Christentums, wie sie Clemens betreibt, mit »hellenisierender« Anpassung an griechisches Denken zureichend gekennzeichnet ist – sowohl ihrer Zielrichtung wie ihrem Ergebnis nach[14]. Wohl aber ist an dieser Stelle einer solchen Deutung entgegenzuhalten: Sie ignoriert zum einen, daß es Clemens in dem fraglichen Traktat »Welcher Reiche gerettet werden kann«, wie schon der Titel zur Genüge zu erkennen gibt, um ein spezifisch »seelsorgerisches« (nicht sozio-ökonomisches oder auch sozial-*philosophisches*) Problem geht. Zum andern läßt sie unberücksichtigt, daß die Eigentumstheorie des Clemens bei näherem Zusehen tiefgreifende Divergenzen zur Stoa als der, im Hinblick auf die Ethik zumindest, (bis zu ihrem Aufgehen im Neuplatonismus) einflußreichsten philosophischen Strömung der Zeit aufweist.

Clemens hat nicht etwa nur am »Ebionitismus« Kritik geübt, zwischen den Zeilen wenigstens. An diesem scheint ihn nicht zuletzt die Enge der Gebotsethik, die auf tausend Rückfragen nicht eine zu beantworten weiß, gestört zu haben. Für ihn dagegen darf die christliche Morallehre gerade nicht »gesetzlich«, nicht als Summe von Forderungen verstanden werden, welche als solche, ohne auf ihre Gründe hin befragt zu werden, erfüllt werden müßten. Das von ihr geforderte »Gute« muß vielmehr »evident« sein, wenn anders die Christen nicht als »stumme Hunde« dastehen und sich, wie das liebe Vieh, zwar »abmühen« sollen, »doch nur getrieben vom Zwang der Furcht«, ohne zu wissen, was sie tun und warum sie es tun[15].

Stimmt er in diesem Insistieren auf der »Evidenz des Ethischen« auch beispielsweise mit dem Philosophen Seneca dem Jüngeren (ca. 4 v.–65 n. Chr.) weitgehend überein[16], so ist auf der anderen Seite nicht zu übersehen, daß er sich – bei aller begrifflichen Angleichung der christlichen Lehre an die Philosophie – auch dem »Hellenismus« nicht einfach unkritisch anpaßt. Ein Vergleich mit Senecas Reflexionen über den rechten Gebrauch des Reichtums, zumal in der Spätschrift »Über das glückselige Leben«, mit der der Traktat »Welcher Reiche gerettet werden kann« nach so gut wie einhelliger Auffassung der Forschung die stärksten Berührungen aufweist, ist dafür besonders aufschlußreich[17].

Es ergibt sich dabei, daß in der Eigentumsauffassung des Clemens – ähnlich wie übrigens in seiner Willenslehre[18] – eher ein Stück schöpferischer Auseinandersetzung mit dem »Hellenismus« als programmatischer Anpassung an ihn zu erblicken ist. Das meint vor allem, daß die Eigentumsproblematik für Clemens nicht einfach im Streben nach »innerer« Distanz und Freiheit gegenüber allem Welthaften verschwimmt, wie sie in der Tat allermeist nur das schlechte Komplement äußerer Unfreiheit war und ist. Denn so wichtig und fruchtbar ihm das Insistieren des Stoikers auf Verinnerlichung, das überall vom äußeren Tun auf den inwendigen Menschen, auf seine Absichten, seine Gesinnung zurückgreift und diese allein moralisch bewertet wissen will, auch zu sein scheint: er ist beileibe nicht der Meinung, daß an der Tat nichts mehr gelegen sei und nur mehr die »Gesinnung« zähle. Vielmehr bringt er mit keineswegs geringerem Nachdruck als die Bedeutung des »Wie« menschlichen Tuns gegenüber dem »Was« beispielsweise die Worte des Weltenrichters aus Mt 25,31 ff. mit ihrer abschließenden Warnung zur Geltung: »Was ihr nicht *getan* habt einem unter diesen Geringsten, das habt ihr *mir* auch nicht getan«[19].

Des weiteren verschiebt sich bei Clemens gegenüber Seneca und dessen z. T. gekünstelt wirkenden Versuchen, seinen eigenen weltmännischen Lebensstil mit seinen stoischen Idealen in Einklang zu bringen[20], der Gesichtspunkt, indem der »Nächste« zum Maßstab wird! So fällt denn in unserem Text beispielsweise kein Wort darüber, daß ein gewisser Komfort für den »Weisen« (bzw. den »vollkommenen« Christen) nicht unschicklich sei und er sich seiner ebenso unbefangen freuen dürfe wie der Seemann des günstigen Fahrtwinds[21]; geschweige denn davon, daß sich »der Weise der Gaben des Glücks in keinem Falle unwert« erachten werde[22]. Vielmehr lautet hier die Hauptbegründung dafür, weshalb man sein Vermögen nicht einfach – um etwa »Zeit für die Philosophie zu haben« oder »aus törichter Ruhmesliebe und Eitelkeit«[23]: zur Demonstration seiner eigenen »Freiheit«, »Apathie« und Bedürfnislosigkeit – »ins Meer werfen« dürfe[24], regelmäßig: daß es »auch unserem Nächsten nützlich sein« könne, daß der »Besitz«, recht gebraucht, tatsächlich »besitzenswert« sei und »Vermögen« heiße, »weil er etwas vermag« und »nützt und zum Nutzen des Menschen von Gott geschaffen ist[25]. Dieser rechte Gebrauch aber bemißt sich für Clemens offenbar im wesentlichen danach, inwieweit die Nächstenliebe in die Tat umgesetzt wird. Oder um es mit seinen eigenen Worten zu sagen: Wer sein »Vermögen« als »Gottes Gabe besitzt und Gott, der es gegeben, damit zum Wohle der Menschen dient und sich dessen bewußt ist, daß er all dies mehr seiner Brüder als seiner selbst wegen besitzt..., der wird vom Herrn selig gepriesen und ›arm am Geiste‹ genannt (Mt 5,3), würdig, ein Erbe des Himmelreiches zu heißen...«[26].

Damit ist, wenn nicht alles täuscht, der entscheidende Differenzpunkt zwischen Clemens und Seneca, ja der Stoa überhaupt[27] zu Gesicht gekommen, ein Unterschied, der sich auch von anderen philosophischen Einflüssen her: denen des Mittelplatonismus etwa oder der jüdisch-alexandrinischen Philosophie, eines Philo (ca. 25 v.–40 n. Chr.) vor allem, denen Clemens ohne Zweifel viel verdankte[28], kaum ausreichend wird erklären lassen. Vielmehr dürfte sich hier jene grundlegende Neuorientierung der Ethik bemerkbar machen, wie sie das Neue Testament, wie sie vor allem die Verkündigung Jesu und das paulinische Kerygma gegenüber der antiken Tradition vollzogen haben, mit der wichtigsten Konsequenz, daß nunmehr Gottes- und Menschenliebe in eines gesehen werden, daß die »Freiheit« des Christen in der dienstwilligen »Unterordnung« unter den Nächsten ihren »notwendigen Komplementärbegriff« findet[29] und nicht länger »Selbstvervollkommnung«, sondern »Auferbauung«, Nutzen für den Nächsten, Sinn und Ziel der ethischen Ermahnung ist.

In der Literatur findet man die Ansicht vertreten, Clemens' ethische Prinzipien seien zwar »wesentlich identisch« mit denen »der vorherrschenden Philosophie der Zeit« – was, wie sich gezeigt hat, allenfalls bedingt richtig ist –; speziell für sein Eigentumskonzept aber sei charakteristisch eine Kombination aus stoischer Vergleichgültigung der Problematik von »Reichtum« und »Armut« und jüdischer Almosenfrömmigkeit[30]. Gemeint ist der weisheitlich-jüdische Gedanke vom Almosen als einer gottgefälligen, sündentilgenden Frömmigkeitsübung (vgl. Sir 3,30; Tob 12,9), der in der Tat nicht ohne Entsprechungen bei Clemens ist. Aber: Darf man deshalb seine Auffassung vom rechten Gebrauch des Reichtums schon als »Almosentheorie« bezeichnen[31]? Mit dieser Charakterisierung kann ja alles mögliche gemeint sein. Sie läßt dagegen im dunkeln, daß Almosen im heute üblichen abwertenden Sinne für Clemens allenfalls ein Anfang und nicht bereits die rechte Verwendung des Reichtums selbst wäre[32]. Auch läßt sie nicht ohne weiteres darauf schließen, daß für ihn jedes »Sondereigentum«, über das man eine unbeschränkte Verfügungsgewalt zu besitzen glaubt, ein »Unrecht« ist und Gottes erklärtem Willen stracks zuwiderläuft[33]; daß er es ferner, genau genommen, nicht in das Belieben des Reichen stellt, ob er – über das »Lebensnotwendige« hinaus – dem Luxus frönt oder nicht[34]; und schließlich, daß er dem Wohltäter zwar ein »Teilen« mit Diskretion anraten kann, aber nicht im strengen Sinne ein Ermessens*recht* über die Bedürftigkeit und »Würdigkeit« des Empfängers seiner Wohltat einräumt, das im Zweifelsfall einen Hilfsbedürftigen leer ausgehen zu lassen erlaubte, sondern mahnt: »Entscheide *nicht* selbst, wer würdig und unwürdig ist; denn es kann sein, daß du in deiner Entscheidung ganz fehlgehst«[35].

Es bleibt allerdings festzuhalten, daß Clemens Reichtum und Eigentum nicht als ein ökonomisches, sondern als ethisch-religiöses Problem behandelt. Dementsprechend zielen seine diesbezüglichen Reflexionen nicht auf strukturelle Änderungen, nicht auf ein Wirtschaftsprogramm, wohl gar ein »kommunistisches«, für diese Welt ab, sondern auf die persönliche Entscheidung und Verantwortung des Einzelnen. Dieser Einzelne wird jedoch bei ihm nicht in seiner Vereinzelung belassen, sondern inmitten der Kirche, inmitten der Gemeinschaft derer wahrgenommen, »die die Macht des Heilandes und der in ihm erschienenen Erlösung... kennengelernt haben«[36]. D.h. daß Clemens auf seine Weise die *Gemeinde* als ethisches Subjekt in den Blick bekommen und damit etwas vom ekklesiologischen Charakter biblisch-christlicher Ethik wiederentdeckt hat, von dem oben gesprochen wurde[37].

5. Blickt man von Clemens von Alexandrien zu *Johannes Chrysostomus* (ca. 347–407) hinüber, so zeigt sich, daß die eigentumskritischen Tendenzen oder, allgemeiner gesprochen, die Impulse zur Verwandlung statt zur Anpassung an die Lebensverhältnisse in der spätantiken Gesellschaft mit ihren teilweise eklatanten Mißständen und ihrem Massenelend sich in der Kirche nach der »Konstantinischen Wende«, der Kirche des christianisierten Imperium Romanum, eher verstärkt als abgeschwächt haben! Von Chrysostomus jedenfalls gilt, daß er all die Jahre hindurch als Presbyter in Antiochien, der drittgrößten Stadt der Ökumene, und später als Bischof der Reichshauptstadt Konstantinopel so beständig, eindringlich und unerschrocken wie kaum ein anderer altkirchlicher Theologe, sei er »rechtgläubig« oder ein »Ketzer«[38], zu den Fragen der sozialen Gerechtigkeit Stellung bezogen hat. Manche Forscher haben in ihm deshalb gar einen Vorläufer sozialistischer Ideen sehen wollen[39]. Mit mehr Recht indes hat ihn wohl Dante Alighieri (1265–1321) im 12. Gesang seines »Paradiso« zwischen den Propheten Nathan einerseits und Anselm von Canterbury (1033/34–1109) andererseits eingeordnet, wobei er vermutlich in erster Linie an Nathans Strafrede gegen König David ob seines Verbrechens an Bathseba und Uria (II. Sam 12) und Anselms mutiges Eintreten gegen die Sklaverei dachte[40].

In diesem Zusammenhang hat der »Goldmund« auch die »Herrschaft von Menschen über Menschen«, wie wir heute sagen würden, statt sie als »Schöpfungsordnung« zu glorifizieren, unverblümt als Sünde oder vielmehr als Sündenfolge anprangern können[41]. Nur eine Form der Über- und Unterordnung gebe es, die nicht in der menschlichen Sünde, sondern in der Naturordnung selbst begründet sei, nämlich die »Herrschaft« der Eltern über ihre Kinder. »Wie dich nämlich«, führt er zur Begründung an, »die Eltern geboren haben, so kannst du sie nicht gebären«. Von der Sklaverei dagegen gelte, daß sie zu den »drei Arten von Knechtschaft« gehöre, die »die Sünde eingeführt« hat. Die beiden anderen »Knechtschaften« sind die Unterjochung der Frau unter den Mann anstelle der ihr ursprünglich zugedachten »Gehilfenschaft« und die Zwangsherrschaft des Staates, die Chrysostomus, was ein bezeichnendes Licht auf seine Staatsauffassung und -erfahrung wirft, als die drückendste Knechtschaft empfindet[42].

Darüber hinaus hat er gelegentlich konkret dazu auffordern können, seine Sklaven, wenn anders man sie wirklich liebe »wie sich selbst« (vgl. Lev 19,18 u.ö.), in eine handwerkliche Lehre zu geben oder ihnen eine andere Ausbildung zuteil werden zu lassen, die ihnen erlaube, auf eigenen Füßen zu stehen, und sie dann freizulassen[43]. Eine »einschneidende Veränderung der sozialen Institution Sklaverei« hat er sich allerdings nur von einer »innere(n) Wandlung von Herren und Sklaven in der Gemeinde zu Knechten Gottes« zu versprechen vermocht, »da die Sklaverei eben durch die innere Abwendung der Menschen von Gott entstanden« sei[44]. Durch die Erniedrigung Jesu Christi zum Sklaven bis zum Schandtod am Kreuz hingegen sei die Macht der Sündenknechtschaft gebrochen und stehe die Gottesknechtschaft als Schöpfungs- und Heilsordnung wieder allen Menschen offen, seien sie Freie oder Sklaven[45].

Endlich hat sich Chrysostomus zu Fragen des Eigentums in einem Sinne äußern können, als hielte er Eigentum schlechthin für »Diebstahl«[46]. Doch ist das nur die spektakuläre Seite seines sozialen Engagements. Die andere, für ihn wohl charakteristischere Seite ist, daß er sich in seinen Predigten geradezu bei jeder sich bietenden Gelegenheit zum Anwalt und Bittsteller des »armen Christus« (Mt 25,31–46) gemacht hat, um auf diese Weise die Verantwortung für die sozial Deklassierten bei seinen Hörern wachzurufen und -zuhalten[47].

Oft genug hat man in Chrysostomus gleichwohl nur den »Moralisten« in den Spuren der kynisch-stoischen Diatribe gesehen. Und in der Tat: wer seine Predigten liest, gewinnt leicht den Eindruck, als gehe es in ihnen hauptsächlich darum, die Laster zu geißeln und die Tugenden zu preisen, ganz in der Art, wie Jahrhunderte zuvor kynisch-stoische Wander- und Bettelphilosophen, Männer wie Dio von Prusa (ca. 40–112 n.Chr.) z.B. – auch er mit dem Beinamen Chrysostomus (»Goldmund«) ausgezeichnet –, jung und alt um sich zu versammeln trachteten, »bis sie weise und Liebhaber der Gerechtigkeit geworden« wären, bis sie das »Gold und Silber verachten gelernt« hätten »und es gering« achteten, »ebenso die reiche Tafel, wohlriechende Salben und geschlechtliche Liebe«; denn dann lebten sie »als Herren über sich selbst und schließlich auch als Herrn über die anderen Menschen«[48]. Bei genauerem Hinsehen indes erweist sich dieser Eindruck als zu oberflächlich. Und das aus vielerlei Gründen; nicht zuletzt dem, daß der Prediger mit dem Hinweis auf den »sozialen« Charakter des Christentums etwa immer wieder auch die Grenze zur Popularphilosophie, ja zur antiken Ethik überhaupt, sehr deutlich zu ziehen weiß. Ist doch das für ihn der entscheidende »Maßstab vollkommenen Christentums, das dessen exakte Definition und höchste, durch nichts zu überbietende Verwirklichung: zu suchen, was dem Wohl der Gemeinschaft dient«[49], zu wissen, daß das eigene Heil auf Gedeih und Verderb mit dem des Nächsten verknüpft ist[50].

Dann aber kann es auch nicht mehr damit sein Bewenden haben, den Einzelnen von seiner Habsucht, der Bindung an die Dinge zu befreien, ohne daß über die Weise der Verwendung des Besitzes gesprochen werden müßte. Und Chrysostomus *hat* es, wie wir sahen, wieder und wieder zur Sprache gebracht! Dabei haben ihn ein klarer Blick für die sozialen Realitäten und ein Verständnis von christlicher »Vollkommenheit«, wonach diese wesentlich auch mit sozialer Gerechtigkeit zu tun hat, schließlich zu der Einsicht geführt, daß mit den Mitteln privaten Almosengebens auch nur der drückendsten Armut kaum beizukommen sei. Vielmehr müsse allen Ernstes nach anderen Lösungsmöglichkeiten Ausschau gehalten werden. So ist er denn zu einer umfassenden gesellschaftlichen Utopie vorgestoßen[51], die sich vom Grundsatz leiten läßt: »Gott hat im Anfang nicht den einen reich, den anderen arm erschaffen, …sondern allen dieselbe Erde zum Besitz übergeben«. Wo von »Mein« und »Dein« nichts zu hören ist, »da entsteht auch kein Kampf und Streit. Also ist die Gütergemeinschaft die in höherem Grade angemessene«, weil von Gott uns offensichtlich zugedachte, »Lebensform als das Privateigentum, und sie ist unserer Natur gemäß«; überdies ist sie, so ist Chrysostomus überzeugt, die effektivste Form der Nutzung der Güter[52].

Für ihn war das *omnia omnibus communia* ersichtlich kein *pium desiderium*, keine »gehätschelte Lieblingsidee«, »von deren Undurchführbarkeit« er »innerlich überzeugt gewesen« (L. Stein) wäre[53]. Es ist auch mehr als fraglich, ob man wirklich sagen kann, seine »Lösung der sozialen Frage« erscheine »im nachhinein« als »naiv«[54]: sie berücksichtige weder allgemeine wirtschaftliche Gesichtspunkte – was mit Sicherheit falsch ist[55] – noch die damaligen konkreten Gegebenheiten. Mit letzterem kann nur gemeint sein, daß Chrysostomus eine Inanspruchnahme des »christlichen Staates« für eine Sozialpolitik im Sinne seiner »religiös-sozialistischen« Utopie niemals auch nur in Erwägung gezogen zu haben scheint. Die Frage ist aber, ob ein solcher Versuch nach Lage der Dinge, über die wir doch auch »im nachhinein« recht gut im Bilde sind, auch nur die geringste Chance gehabt hätte; ob es nicht einzig »realistisch« war und den damaligen konkreten Gegebenheiten allein entsprechend, sich auf die eigenen Kräfte und Wirkungsmöglichkeiten der Kirche zu besinnen!

6. Bei alle dem ist Chrysostomus, was festgehalten zu werden verdient, weder ein Ketzer noch ein völliger Einzelgänger in seiner Zeit gewesen. Vielmehr ist er – trotz seiner Absetzung und Verbannung oder gerade wegen ihrer! – alsbald zum wohl meistgefeierten und -gelesenen unter den griechischen Kirchenvätern geworden. Auch bei seinem Prozeß auf der sog. »Eichensynode« (403), der schließlich aufgrund eines geradezu tollen Gemischs aus Verleumdung, kindischem oder gewolltem Mißverstehen und politisch-kirchenpolitischen Anklagen zu seiner Katastrophe führte, haben seine eigentumskritischen, um nicht zu sagen »sozialistischen« Ideen, soweit bekannt, keine (entscheidende) Rolle gespielt[56].

Genausowenig kann allerdings davon die Rede sein, daß sich die damalige Kirche die scharfe Kritik an den bestehenden Zuständen, auch und gerade an den herrschenden Eigentumsverhältnissen, wie sie außer von Chrysostomus etwa noch von Basilius von Caesarea und im Westen vor allem von Ambrosius von Mailand, Hieronymus, Pelagius und Salvian von Massilia (Marseille) geübt wurde[57], offiziell zueigen gemacht hätte. Vielmehr blieb – zumal im Westen – Raum für einen vergleichsweise »gemäßigten« Standpunkt wie denjenigen *Augustins* (354–430).

In Augustins Augen war – zumindest für alle diejenigen Glieder der Kirche, die sich nicht zur »ruhmreichsten Vollkommenheit« der Mönche aufzuschwingen vermochten[58] – das Almosengeben, die freiwillige Wohltätigkeit, das Mitteilen vom Überfluß an die Armen, so daß diese wenigstens nicht Hungers sterben müssen, die einzige Betätigung des in der Urgemeinde ideal verwirklichten »Liebeskommunismus«[59]. Dagegen ließ er die geltende Privateigentumsordnung, wiewohl sie ihm nur als Zugeständnis an die Unvollkommenheit und Vorläufigkeit des irdischen Daseins erschien, unangetastet[60].

Ja, Augustin war in seiner Weigerung, den Eigentumsverzicht als beispielhafte Betätigung christlicher Gesinnung für alle verbindlich zu erklären[61], unerbittlich. Da hatte es z.B. einen Aufsehen erregenden Fall gegeben, den er prompt in einer Gemeindepredigt zur Sprache brachte. Ein Presbyter hatte in seinem Testament Augustins eigene Kirche als Universalerbin eingesetzt. Zugleich hatte er seine beiden minderjährigen Kinder, beide als Novizen in Klöstern lebend, ausdrücklich enterbt. Augustin nun lehnte die Erbschaft ab und begründete das gegen heftigen Widerspruch so: Wenn jemand, der

Kinder habe, Christus einen »Sohneskopfteil« hinterlasse (d.h. wenn er zur Zahl der erbberechtigten Kinder Christus hinzuzähle und dann das Erbe gleichmäßig verteile), dann heiße er dies gut und nehme als Bischof das Erbteil an. Allein, »wer immer einen Sohn enterbt und dafür die Kirche als Erben einsetzen will, der suche einen anderen, der das annimmt, nicht Augustinus. So Gott will, soll er keinen finden«[62]. Entsprechend tadelte er gelegentlich eine verheiratete Frau, die aus übertriebener Frömmigkeit einen großen Teil ihres Vermögens zwei durchreisenden Mönchen geschenkt hatte[63].

Der so redete, lebte immerhin seit seiner Bekehrung zum katholischen Glauben selbst arm und sollte dann auch als Armer Gottes sterben, nichts besitzend, worüber er hätte ein Testament aufstellen können, außer seiner Bibliothek, die aber großenteils aus eigenen Werken bestand[64]. Auch fehlte es ihm durchaus nicht an einem Bewußtsein für die sozialen Unterschiede seiner Zeit und die Notwendigkeit eines Ausgleichs[65]. Trotzdem blieb er dabei, daß der volle Verzicht auf Sondereigentum denen vorbehalten sei, »deren hoher Sinn sie für den Rat zur Vollkommenheit empfänglich gemacht hat«[66]. Augustin unterschied also bereits, der Sache nach, wie die mittelalterliche Tradition zwischen dem allen geltenden »Gebot« und dem »evangelischen Rat« zur Vollkommenheit, der nur denjenigen gelte, die eben den Weg der christlichen Vollkommenheit beschreiten wollten und könnten. Teils waren das zu seiner Zeit Kleriker, die freiwillig Verzicht leisteten und in die von ihm begründete Klerikergemeinschaft eintraten[67]; teils Klostermönche und -nonnen, die dort lebten, »wo niemand sagt, daß irgendetwas sein Eigentum ist, sondern wo ihnen alle Dinge gemeinsam sind« (Act 4,32)[68].

Wir fragen: Wie ist dieser im deutlichen Unterschied zu den Anschauungen der griechischen Mönchstheologen Basilius und Johannes Chrysostomus, aber auch eines Ambrosius und nicht zuletzt eines Pelagius »gemäßigte« Standpunkt zu verstehen? Nun, es reicht bei einer geistigen Gestalt von den Ausmaßen Augustins schwerlich aus, nach bestimmten Einflüssen Ausschau zu halten, also in diesem Falle etwa auf das römische Erbe[69], speziell die Prägung durch Cicero (106–43. Chr.)[70], zu verweisen, obwohl das eine Rolle gespielt haben wird. Ebenso mag die Tatsache, daß Augustin – im Unterschied zumindest zu Basilius, Chrysostomus und Ambrosius, die allesamt der Oberschicht entstammten und denen allein von daher eine Geringschätzung bloßen Reichtums geläufig war – als Sohn eines armen Freien[71] aufwuchs, seinen sehr viel ausgeprägteren »Respekt vor dem Privatbesitz«[72] mit erklären. Da er sich ansonsten jedoch von den Fesseln seiner kleinbürgerlichen Herkunft durchaus frei zu machen wußte, wird man auf keinen Fall darauf verzichten dürfen, seine Anschauungen über Reichtum und Eigentum auch und vor allem im Lichte des ihnen zugrundeliegenden Verständnisses von Christentum und Welt, des Themas seines »Riesenwerkes« De civitate Dei (»Über den Gottesstaat« oder, besser, »Über die Bürgerschaft Gottes«), zu deuten.

Selbstverständlich kann hier nicht an eine ausgreifende Analyse dieses (keinesfalls erst und ausschließlich durch die Eroberung und Plünderung Roms durch die Westgoten Alarichs im Jahre 410 veranlaßten) »Riesenwerks« im Ernst gedacht werden, die auch sein älteres Schrifttum einbeziehen müßte[73]. Aber so viel dürfte zum Verständnis von Augustins Sozialethik unentbehrlich sein:

Ihrer Grundstruktur nach ist die augustinische civitates-Lehre gekennzeichnet »durch eine scharfe eschatologische Antithetik«. D.h. die beiden von Anbeginn der Menschheitsgeschichte bis zu ihrem Ende im Widerstreit miteinander befindlichen, im Gegenüber von Kain und Abel vorabgebildeten »Bürgerschaften«, civitas Dei und civitas terrena (»Gottes-« und »Erdenbürgerschaft«), bzw. die sich in ihnen sammelnden Menschengruppen »unterscheiden sich danach, ob sie ihre Liebe auf Gott richten und darum jetzt aus seiner Gnade und im zukünftigen ewigen Frieden aus seiner Erfüllung leben oder ob sie ihre Liebe auf sich selbst und Irdisches, also Geschaffenes richten und entsprechend aus sich und in der Illusion leben, in dieser Weltzeit die letzte Vollendung finden zu können«[74]. Es ist für Augustin alles andere als zufällig, daß die Bibel *Kain* als ersten Städte-(=civitas-)Gründer bezeichnet (Gen 4,17), einen Brudermörder also – gleich Romulus, dem Gründer Roms[75]! So sieht er denn das politische Leben außerhalb des erwählten Volkes in der Zeit des alten Bundes und bis zur »Konstantinischen Wende« ganz von der civitas diaboli[76] beherrscht. Währenddessen aber sammelt sich die civitas Dei unter vielerlei Verfolgung und Anfechtung in der Kirche, ohne daß diese im strengen Sinne als Vorwegnahme des Gottesreiches gelten könnte. Sind ihr doch bis zum Jüngsten Tage »Heuchler« und »Irrgläubige«, Bürger der civitas terrena mithin, beigesellt. Aber die beiden – mit Staat und Kirche nicht einfach zu identifizierenden! – civitates sind auch aus dem Grunde, solange dieses saeculum währt, nicht ohne weiteres »korporativ« zu scheiden, weil die Bürger der civitas Dei noch in der Fremdlingschaft dieses Leibeslebens sich befinden; und solange sie dies tun, »sind sie darauf angewiesen, mit den Bürgern der civitas diaboli die für dieses Leben nötigen Dinge gemeinsam zu besorgen«[77].

Augustin hat »zu keiner Zeit eine Gestaltung des Staates nach dem Vorbild der idealen oder göttlichen Welt gefordert«[78]. M. a. W. hat er nie eine »innere Verchristlichung« des politischen Gemeinwesens angestrebt oder auch nur für möglich gehalten. »Eher ist umgekehrt die Tendenz zu bemerken, die christliche Liebe neben ihren anderen Eigenschaften auch als Erfüllung der allgemeinen, für den Staat nützlichen und heilsamen Tugenden zu erweisen, was sich in der faktischen Übernahme der antiken politischen Ethik durch Augustin dokumentiert«[79].

Von daher versteht sich u. a. auch Augustins Eigentumsauffassung. Wie die Sklaverei (s. u.), so gehört für ihn auch das Privateigentum im Sinne der antiken politischen Ethik und (nach seinem Verständnis auch) der Paränese des Neuen Testaments zu den Gegebenheiten dieser Welt, zu den Bedingungen des »irdischen Friedens« (pax terrena), an dessen Aufrechterhaltung auch und gerade der Christ nicht nur interessiert sei, sondern auch positiv mitarbeite[80]. Allenfalls für sich selbst werde er den Ruf zur Vollkommenheit vernehmen und ihm Folge zu leisten versuchen, z. B. im Verzicht auf sein Eigentum, ohne zu hoffen, daß sich durch seinen Einsatz »in diesem Leben« je mehr erreichen lasse als ein notdürftiger Gleichgewichtszustand, als die Eindämmung des Chaos oder, augustinisch gesprochen, als der »Friede Babylons«[81].

7. Trotz aller Unterschiede, wie sie am Gegenüber von Augustin und Chrysostomus vielleicht am deutlichsten in Erscheinung treten, war dem Christentum in nachkonstantinischer Zeit das Bewußtsein einer neuen gesellschaftlichen Verantwortung gemeinsam und ließ es vor den sozialen Problemen und Mißständen der Zeit nicht einfach kapitulieren. Als christliche Gemeinüberzeugung in der Frühzeit der Reichskirche wird ferner gelten können, daß Eigentum von Gott nur zur Verwaltung anvertraut werde und daher sozial eingesetzt werden *müsse*[82].

Von daher ist auch, zuerst anscheinend von Basilius von Caesarea, die Konzeption des »Seelteils« entwickelt worden, die, wie wir sahen, auch in Augustin einen Förderer und Fürsprech finden sollte. Es ist das die Idee, daß von einem zu vererbenden bzw. einem geerbten Vermögen um des Seelenheils des Erblassers willen eine feste Quote für Christus, d. h. für die Armen, gegeben werden müsse.

Nur so ist es auch zu erklären, daß es im Laufe des 4. Jahrhunderts zu dem beträchtlichen Aufschwung der kirchlichen Armenpflege (einschließlich der Fürsorge für Fremde, Kranke und Waisen) kam, von dem wir allenthalben hören, besonders aus dem Osten des Römischen Reiches. Er hat sich dort vielfach mit dem eben aufblühenden Mönchtum verbunden. Im Westen dagegen kam er erst nach dem Zusammenbruch der alten Welt in den Stürmen der Völkerwanderung voll zur Auswirkung. Stand diese organisierte kirchliche Armenpflege, wie sie in der (Act 6 geschilderten) Bestellung beauftragter »Helfer«

(Diakone) zur Betreuung der Witwen ihren Anfang nahm, insofern von vornherein auf einer neuen Basis, als sie, fest in die religiöse Gemeinschaft eingebettet, der Armut im weitesten Umkreis menschlicher Not zugewandt war, ohne (ernstliche und dauerhafte) Beeinträchtigung durch soziale, nationale oder politische Ressentiments[83], so war sie vollends im 4. Jahrhundert nach dem nahezu gänzlichen Ausfall staatlicher oder kommunaler Wohltätigkeit im Gefolge der sich seit dem Beginn des 3. Jahrhunderts immer rascher verschlechternden allgemeinen politischen und wirtschaftlichen Lage, von den jüdischen Gemeinden und ihren nach wie vor vorbildlichen Sozialeinrichtungen abgesehen, u. W. ohne Analogie[84].

Schließlich hat, wie der Rechtshistoriker E. F. Bruck nachgewiesen hat, die Idee der »Seelquote« bzw. des »Seelteils«, auf den Kanzeln Kappadoziens zuerst verkündet, in den Kulturen und Rechten vieler Länder des Orients und Okzidents nachgewirkt. Sie hat auch die Grundlage für ein sich immer weiter ausbreitendes kirchlich-soziales Erbrecht gebildet. Streng genommen führte diese Konzeption zu einer Art Kirchensteuer oder, richtiger, Sozialsteuer für den Kampf gegen die Armut und konnte nicht ohne erhebliche sozialpolitische Auswirkungen bleiben[85].

Freilich kann man noch immer fragen, ob die christliche Lehre mit dem allem bereits zu einer »adäquaten Praxis« gelangt sei[86]. Denn ohne allen Zweifel ist es nicht gelungen, die sozialen Unterschiede in der spätantiken Gesellschaft aufzuheben oder auch nur die schlimmsten Mißstände allenthalten zu beseitigen. Die Frage ist nur, mit welchen Maßstäben man mißt! Nähme man das (vor der Neuzeit nicht einmal *denkbare!*) Konzept eines geschichtlich entwerfenden, wohl gar revolutionären Weltverhaltens der Christen zum Maßstab, so wäre das ein purer Anachronismus. Müht man sich dagegen um ein geschichtlich gerechtes Urteil, so wird man schwerlich die »Realbilanz« der alten Kirchengeschichte pauschal als negativ bezeichnen können. Die neutestamentliche Ethik und Eschatologie hatte vielmehr, unbeschadet ihrer Ausprägung im Horizont der Naherwartung, ihre kritische Kraft noch immer nicht verloren und die völlige Auslieferung des »vernünftigen Gottesdienstes« der Christen (Röm 12,1) an das Bestehende nicht zugelassen.

So gingen denn auch vom Christentum in der Frühzeit der Reichskirche beachtliche soziale Impulse aus, kräftigere jedenfalls als etwa von der zeitgenössischen Philosophie. In dieser fehlte es von Anfang an gewiß nicht an Anstößen zur Kritik der gesellschaftlichen und sozialen Zustände, wohl aber an realen Impulsen zu ihrer Veränderung oder auch nur an konkreten Vorstellungen darüber, wie sie zu bewerkstelligen sei. Und das um so mehr, seit über dem Zerfall der gewachsenen politischen Ordnungen (der Poliswelt) und dem Aufkommen der anonymen Großreiche die Abkehr des antiken Menschen von der Politik rasche Fortschritte machte und sich das philosophische Interesse immer ausschließlicher dem Einzelnen zuwandte, mit dem Ziel, ihn »in der Ausarbeitung seiner inneren Unabhängigkeit von der Welt zum Kunstwerk (zu) bilden«[87].

8. Im Hinblick auf die Stellung zur *Sklaverei* wird dies in der Literatur allerdings meist ganz anders gesehen und beschrieben, in besonders grellen Farben wiederum bei J. Kahl: »Während in der vor- und außerchristlichen Antike (nicht im Alten Testament!) vereinzelt Zweifel an der Rechtmäßigkeit der Sklaverei laut wurden, in einigen griechischen Sozialutopien sogar eine sklavenfreie Menschheit gedacht werden konnte und unter dem Einfluß der Stoa die römischen Sklavengesetze humanisiert und liberalisiert wurden, findet sich im Neuen Testament nichts dergleichen«. »Von Anfang an 'stabilisierte« vielmehr »die christliche Predigt die Sklaverei ...«[88].

Was aber sind die Tatsachen? Nun, was die griechischen Sozialutopien anlangt, so sind sie viel zu bruchstückhaft überliefert, als daß sich eindeutig ausmachen ließe, wieviel an »politischem« Gehalt ihnen zukomme[89]. Es ist zumindest die Frage erlaubt, ob sie nicht eher dem Sektor der Unterhaltungsliteratur zuzuordnen sind als dem der Sozialkritik, ähnlich einzuschätzen wie die Robinsonaden der Neuzeit[89a].

Folgenreicher dürfte in jedem Falle gewesen sein, was die Stoa zum Sklavenproblem zu sagen hatte. Besonders eindrucksvoll sind in dieser Beziehung die Forderungen Senecas d. J.[90]. Wenn wir diese als repräsentativ betrachten dürfen für seine Schule, die stoische, und dies dürfen wir wohl, dann stellte sie – entgegen der Lehre des Aristoteles, daß die Menschen von Natur entweder Freie oder Sklaven seien und es für die letzteren auch nützlich und gerecht sei, Sklaven zu sein[91] – den naturrechtlichen Grundsatz von der prinzipiellen Gleichheit aller Menschen qua Vernunftwesen auf. Sie zog daraus jedoch genausowenig wie das frühe Christentum irgendwelche die Strukturen verändernde, geschweige denn revolutionierende Konsequenzen. Auch bestritt sie keineswegs die Legitimität der Institution Sklaverei, wie sie in allen antiken Rechten und so auch im römischen Recht verankert war[92]. Vielmehr leitete sie aus dem Appell an das »Naturrecht« zunächst nur die Forderung humaner Behandlung der Sklaven ab.

Dem entspricht es auch, daß sich die allmähliche Humanisierung und Liberalisierung der römischen Sklavengesetzgebung – zweifelsohne unter stoischem Einfluß, aber nicht zuletzt auch als Reaktion auf das immer schwerer lösbare Problem der Sklavenflucht – darauf beschränkte, einige der schlimmsten Brutalitäten abzustellen. Jedoch mußte noch Kaiser Konstantin, derselbe, der auch als erster eine Schutzbestimmung gegen die Trennung von Sklavenfamilien erließ[93], ausdrücklich untersagen, Sklaven aufzuhängen, zu vergiften, langsam zu verbrennen, verschmachten oder verfaulen zu lassen[94]!

Überdies hatte sich nichts daran geändert, daß die rechtlichen Belange der Sklaven im Bereich des Privatrechts geregelt waren und die Sklaven nicht als »Rechtssubjekte« (personae) im strengen Sinne galten, sondern mit »Sachen« (res) gleichgeordnet wurden. Nicht der Staat sprach in ihren Angelegenheiten Recht wie bei anderen »Personen«, sondern ihre Herren waren in aller Regel auch ihre Richter[95]. Als Objekte des »Völkerrechts« wurden die Sklaven zudem, trotz ihrer immensen ökonomischen Bedeutung, nie als staatstragende Schicht betrachtet und nahmen infolgedessen auch nie aktiv am offiziellen Staatskult, wohl aber an allerlei nicht-amtlichen, z. B. den Mysterienkulten, teil. Hier brachte nachweislich erst die christliche Welt ein allen und allem übergeordnetes religiöses Prinzip, dem sich am Ende auch die Kaiser unterwarfen. »Abgesehen von den mannigfachen gesetzgeberischen Maßnahmen zur Milderung der Sklaverei« erhoben sie »die Begünstigung der Freiheitsstellung, den favor libertatis, zu einem allgemeinen und vielfach befolgten Rechtsprinzip«[96]. Es ist dies, um einen so unverdächtigen, weil dem Christentum durchaus kritisch gegenüberstehenden Zeugen wie den großen J. Burckhardt in seinen »Weltgeschichtlichen Betrachtungen« zu zitieren, »der größte Umschlag, der jemals vorgekommen ist«[97].

Dieses »Prinzip« aber war bereits in den christlichen Gemeinden der ersten drei Jahrhunderte in Kraft und Geltung[98]. Wie Paulus der Dynamik des Evangeliums zugetraut hat, daß sich unter ihr Herr und Sklave als Brüder entdeckten, ohne allerdings aus der Gleichheit aller »in Christo« *unmittelbare* Folgerungen für eine rechtliche Änderung im Alltag zu ziehen, so ist auf dieser von Paulus gewiesenen Bahn im großen und ganzen auch die Kirche der Folgezeit verblieben, soweit wir das zu rekonstruieren vermögen: Dem einzelnen Sklaven wurde »in Christo«, d. h. in der Gemeinde, die volle Würde und Geltung verliehen, die volle »Freiheit« gewährleistet. Es wurde aber kein Programm zur allgemeinen Sklavenemanzipation entworfen. Und daran hat sich auch in nachkonstantinischer Zeit grundsätzlich nichts geändert. Gewiß haben Männer wie Johannes Chrysostomus die Herrschaft von Menschen über Menschen als »Sünde«, als dem Schöpferwillen Gottes widerstreitend geißeln und überhaupt vom Verhältnis zwischen Freien und Unfreien in einer Weise sprechen können, die man heute noch als »vielversprechend«

empfindet. Sie läßt es auch als undenkbar erscheinen, daß von dem, was »in Christo« gilt, der *status quo* von Macht- und Besitzverteilung auf die Dauer völlig unberührt bleiben könnte.

Auch in dieser Hinsicht setzte Augustin allerdings andere Akzente. Er trug die Lehre vor, die Unterordnung der Sklaven unter ihre Herren gehöre ebenso zur »natürlichen Ordnung« unter den Bedingungen der Sünde wie z.B. die Dienstbarkeit der Frau gegenüber ihrem Mann oder der Kinder gegenüber ihren Eltern. Entscheidender als andere lehnte es Augustin ab, daß es von der »Freiheit in Christo« her zu einer Sklavenemanzipation kommen *müsse*. »Nicht freie Männer hat Christus aus Sklaven gemacht, sondern aus bösen Sklaven gute«[99]. Dabei unterstellte er wohl – gleich Paulus (I. Kor 7) –, daß das Sklavendasein, in vielen Bereichen wenigstens, ein ertragbarer Zustand sei, eine Einschätzung, die nach unserem Kenntnisstand, am Ausgang der Antike zumal, nicht einfach illusionär war. Hatten doch der Rückgang der Sklavenzufuhr nach dem Ende der römischen Erorberungskriege und die seit der Mitte des 3. Jahrhunderts fortschreitende Verarmung immer größerer Teile der freien Bevölkerung längst zu einem »wirtschaftlichen Wertzuwachs der Sklaven« beigetragen, »der ihre Bedeutung als billiges Produktionsmittel zugunsten der Bewertung als Kapitalanlage und als Luxusgut schwinden« ließ. Dagegen waren »die verarmten Freien zunehmend gezwungen«, sich um der Lebenssicherung willen in eine »sklavenähnliche Abhängigkeit« von Reichen zu begeben, und das zu Konditionen, die den Reichen gemessen an den Kosten für Kauf und Unterhaltung von Sklaven als attraktiv erschienen[100].

Gleichwohl wird man Augustins »antirevolutionäre« Ordnungstheologie als ähnlich verhängnisvoll bezeichnen müssen wie seine Rechtfertigung des Glaubenszwanges. Sie hat am Ende auch den Boden dafür bereiten helfen, daß der europäische Kolonialismus seit den großen Entdeckungen der frühen Neuzeit, unbehindert durch theologisch-moralische Bedenken, die massenhafte Versklavung von Indianern und Afrikanern zu betreiben vermochte.

Dieser Prozeß aber war in der Entwicklung der frühchristlichen Soziallehre nicht unbedingt angelegt. Vielmehr gab es bereits zu Augustins Zeiten ernsthafte Alternativen und fand der Durchbruch zu einer Theologie der Sklavenbefreiung im neuzeitlichen Puritanismus und seinen geschichtlichen Auswirkungen gewissermaßen ein Vorspiel in der Predigt des »Hofbischofs« J. Chrysostomus.

Hier bewahrheitete sich, was eingangs dieser Skizze gesagt wurde, daß nämlich die von der Unterscheidung zwischen Letztem und Vorletztem und erst recht von der radikal verstandenen Agape ausgehenden »revolutionären« Impulse neutestamentlicher Ethik und Eschatologie dahin tendierten, auch die selbstgesetzten Schranken zu sprengen und über anfangs getroffene materialethische Urteile hinauszuweisen.

Anmerkungen

1 F. Overbeck, Christentum und Kultur. Gedanken und Anmerkungen zur modernen Theologie, 2. Aufl. Darmstadt 1963: 265.

2 Hamburg (rororo-aktuell) 1968.

3 Ebd. 17. In seiner Einführung zieht G. Szczesny daraus die Konsequenz, »die Christen sollten, wenn sie Moral predigen oder Politik machen, ihren Glauben aus dem Spiel lassen«; trage er doch »weder zum Verständnis noch zur Rechtfertigung ihrer diesbezüglichen Positionen etwas bei«, sondern blähe »schlicht-weltliche Entscheidungen, die auch anders- und ungläubige Geschichtsteilnehmer treffen müssen und treffen, zu kosmischen Ereignissen auf« (ebd. 9).

4 Stuttgart 1910; vgl. F. Engels, Zur Geschichte des Urchristentums: Neue Zeit XIII, 1. 1894: 4ff.

5 So K. Kupisch in seinem lehrreichen Vorwort zur Neuauflage des Kautskyschen Buches, Hannover 1968.

6 Man vergleiche dazu selbst noch die beiden Fassungen der »Ethik des Neuen Testaments« innerhalb der 4. Ergänzungsreihe zum NTD, die eine, verf. v. H.-D. Wendland, zuerst 1969, und die andere, aus der Feder von W. Schrage, 1982 in Erstauflage erschienen, an denen sich dieser Fortschritt ablesen läßt. Aus der älteren (stark apologetisch-polemisch eingefärbten) Literatur ragt hervor die unverändert wertvolle Untersuchung von E. Troeltsch, Die Soziallehren der christlichen Kirchen und Gruppen, (1922) Neudruck Tübingen 1965, 1–178, bes. 113 ff. Fast alles andere ist bestenfalls als Materialsammlung geeignet, oft nicht einmal als dies.

7 S. o. S. 105 ff.

8 Vgl. dazu bes. W. Schrage, Die Stellung zur Welt bei Paulus, Epiktet und in der Apokalyptik: ZThK 61, 1964, 125–154.

8a G. Strecker, Handlungsorientierter Glaube. Vorstudien zu einer Ethik des Neuen Testaments. 1972: 46.

9 Ebd.: 35.

10 Pastor Hermae, Vis 3,6,5.6; vgl. aber etwa Sim 2,1–10 (»Ausgleichstheorie«; Almosen als gottwohlgefällige, sündentilgende Frömmigkeitsübung!).

11 Tertullian, Adv Marc IV 15,8; de pat 7. Das steht freilich in einer kaum auflösbaren Spannung z. B. zu der Aussage, daß es »Gott nicht unangemessen« sei, »auch Reichtümer zu gewähren, durch welche auch die Reichen Trost und Hilfe finden und... viele Werke der Gerechtigkeit und Liebe geschehen mögen« (Adv Marc IV 15,8 Ende); man vergleiche auch die auf den ersten Blick reichlich verwirrende Gedankenführung in Apol 39, der wohl wichtigsten Stelle zum Problem »Christentum und Eigentum« bei T. Gerade bei diesem Autor ist dringend davor zu warnen, Einzelaussagen aus ihrem Zusammenhang zu reißen und zu verabsolutieren statt zu fragen, was T. *jeweils* im Auge habe und worauf er hinauswolle. Immerhin: daß die oben zitierten Äußerungen überhaupt – und zwar, was immer besonders beweiskräftig ist, ganz beiläufig, ohne anscheinend einer Begründung zu bedürfen – so fallen, wie sie fallen, das setzt doch wohl das Fortwirken jener Tradition frühchristlicher »Armenfrömmigkeit« voraus, um die es uns im Augenblick geht.

12 Von hebr. aebjônim = »Die Armen«. Der Begriff »Ebionitismus« ist hier in einem weiteren Sinne gebraucht als gewöhnlich, nämlich als Äquivalent für »Armenfrömmigkeit« und nicht als Bezeichnung jener judenchristlichen Gruppen, die im Laufe des 2./3. Jahrh.s in der »häretischen« Selbstausschließung von der catholica endeten und für die u. a. eine leidenschaftliche Polemik gegen den »Völkerapostel« Paulus charakteristisch ist, jenen Mann also, der als einzelner sicher den größten Anteil an der (zeitweilig schwer gefährdeten) Einheit der Kirche aus Juden- und Heidenchristen hatte; vgl. dazu bes. H. J. Schoeps, Theologie und Geschichte des Judenchristentums. Tübingen 1949, und G. Strecker, Das Judenchristentum in den Pseudoklementinen, Berlin (1958) 2. Aufl. 1981 (= TU 70^2).

13 W. D. Hauschild, Christentum und Eigentum. Zum Problem eines altkirchlichen Sozialismus: ZEE 16, 1972: 34–49 (hier: 38). Ohne ideologiekritische Untertöne wurde die These eines grundlegenden Sichtwechsel bei Clemens auch fast ausnahmslos von der älteren Forschung vertreten, der »bürgerlichen« jedenfalls.

14 Vgl. dazu meinen Beitrag zu M. Greschat (Hrsg.), Gestalten der Kirchengeschichte. Alte Kirche I. Stuttgart 1984: 121–133, mit weit. Lit.

15 Clemens, Strom I 45,6. – Ausdrücklich setzt er sich mit der (einer engen Gebotsethik entsprechenden) wortwörtlichen Auslegung der Perikope vom »Reichen Jüngling« (Mk 10,77 ff. par) auseinander, wie sie u. W. vor allem in judenchristlichen, von ebionitischer Tradition beeinflußten Kreisen begegnet (vgl. Quis dives salv 2,2; 3,1–5; 13).

16 Vgl. bes. Seneca, ep 94,11.

17 Vgl. dazu meine Analyse in dem Aufsatz »Christentum und Eigentum bei Klemens von Alexandrien auf dem Hintergrund der frühchristlichen ›Armenfrömmigkeit‹ und der Ethik der kaiserzeitlichen Stoa« in: ZKG 86, 1975: 1–25, der jetzt M. Wacht in seiner Neuausgabe der Stählinschen Übersetzung von Quis dives salvetur (= Schriften der Kirchenväter, hg. v. N. Brox, Bd. 1, München 1983) i. w. zugestimmt hat (s. seine »Erläuterungen zum Text«: 65–90); zu einer Einzeldifferenz, von der aber das Gesamtverständnis nicht berührt wird, siehe seinen Beitrag zur Klauserfestschrift (»Vivarium« [= JAC.E 11], Münster 1984, 338–347 [»Wahre und falsche Armut. Bemerkungen zu Clemens Alexandrinus, Quis dives salvetur Kap. 19«]).

18 Vgl. dazu A. Dihle, Art. Ethik: RAC 6, 646–796 (hier: 750 ff.) und jetzt auch dessen glänzendes Buch »The theory of will« (Berkeley 1982, 110).

19 Quis dives salv 13, 4.6; 30,1–6; vgl. auch Paed III 93,4 f.

20 Er war, ohnehin von Haus aus vermögend und dem Ritterstand angehörend, seit der Zeit, da er

am Hofe Kaiser Neros eine Vertrauensstellung innehatte, mehrfacher Millionär und sah sich – wohl nicht erst durch gegnerische Angriffe – vor die Frage gestellt, ob nicht zwischen seinem luxuriösen Lebensstil und den von ihm weiterhin bejahten und verfochtenen stoischen Prinzipien ein unerträglicher Widerspruch bestehe. Auf diesem Hintergrund hat De beata vita weithin die Funktion einer Selbstverteidigung des Autors (s. bes. 17ff.).

21 Seneca, De beata vita 22,3.

22 Ebd. 21,4.

23 Clemens, Quis dives salv 11,4.

24 Ebd. 27,1.

25 Ebd. 14,1.

26 Ebd. 16,3.

27 Ich bezweifle, ob man dem uneingeschränkt zustimmen kann, wenn M. Wacht (a. [oben, Anm. 17] a. O., 83) davon spricht, daß Seneca in De beata vita eine stoische Randposition vertrete, die auf die Güterlehre des Aristoteles zurücklenke (vgl. dazu meinen oben, Anm. 17, zit. Aufs., S. 10 m. Anm. 37). In jedem Falle aber besteht zwischen Seneca und der älteren Stoa darin keine Differenz, daß »alle sittlichen Postulate stufenweise aus dem ersten Naturtrieb der Lebewesen, der Selbsterhaltung und Selbstentfaltung, abgeleitet werden« (A. Dihle, Art. Ethik, RAC 6, 349; vgl. dazu bes. Seneca, ep 121). D. h. aber auch, daß selbst »die gewiß nachdrücklichen sozialethischen Forderungen, die die Stoa« insgesamt, »weit mehr als alle anderen philosophischen Richtungen der Antike erhebt«, letzten Endes »individualethisch begründet« sind (M. Wacht, a. a. O., 86).

28 Vgl. die eingehenden Nachweise von S. R. C. Lilla, Clement of Alexandria. Oxford 1971: 60ff.

29 So A. Dihle in seinem grundlegenden Art. »Ethik« in: RAC 6, 1966: 725 i. Vgl. m. 701ff.; 721ff.

30 So L. Wm. Countryman, The Rich Christian in the Church of the Early Empire, New York/ Toronto 1980: 47–68, bes. 60ff.

31 So mit vielen anderen W. D. Hauschild, a. (oben, Anm. 13) a. O., 39.

32 Für Clemens ist der Gedanke grundlegend, daß es im Christentum, unter der Leitung des »überaus menschenfreundlichen Logos« Gottes, auf »wirksame Bildung« ankomme, darauf, »in heilsamem *Stufenfortschritt* vollkommen« zu werden (Paed I 3,3; vgl. III 87,1 ff.; strom II 85,3; VI 1,3), was auch für die Eigentumsproblematik gilt.

33 Clemens, Quis dives salv 31,6.

34 Vgl. Paed II 120, 3.5; Protr 122, 2.3; Quis dives salv 19 (dazu meine Analyse, a. oben, Anm. 17 a. O., S. 16f., Anm. 87).

35 Quis dives salv 33, 2; vgl. auch 31, 7, und dazu etwa strom VII 69,2.

36 Quis dives salv 2,4.

37 S. oben S. 118.

38 Es ist geradezu ein Topos in der Literatur, beileibe nicht nur in der marxistischen, daß sich eigentumskritische Tendenzen eigentlich nur bei Ketzern erhalten haben. Wer so redet, beweist damit nur, daß er außer Chrysostomus auch etwa Ambrosius von Mailand (339–397) und Basilius von Caesarea (gest. 379) nicht wirklich gelesen hat. Was jedenfalls G. E. M. de Ste. Croix, Early christian attitudes to property and slavery, in: D. Baker (ed.), Church, society and politics, Oxford 1975, 34, als »radikalste Aussage« aus des Pelagius (nur mehr fragmentarisch erhaltener) Schrift De divitiis (PL Suppl 1, 1958, 1380ff.) zitiert, nämlich: *pauci divites pauperum causa sunt multorum* (XII, 2), dafür gibt es bei den genannten »orthodoxen« Autoren genügend Entsprechungen.

39 Genannt sei nur das gewichtigste Votum: R. v. Pöhlmann, Geschichte der sozialen Frage und des Sozialismus in der antiken Welt, 3. Aufl. 1925, II. 476f., 484f.

40 So mit Recht D. Attwater, St. John Chrysostom. Pastor and Preacher. London 1959: 69.

41 Vgl. insbes. aus den »9 Homilien über das Buch Genesis« die 4. und die 5. (= MG 54, 593,–604). Über den Gesamtkomplex der »Sklaverei bei Johannes Chrysostomus« unterrichtet erschöpfend und ausgewogen die gleichbetitelte Kieler Diss. von W. Jaeger (Kiel 1974).

42 Vgl. dazu St. Verosta, Johannes Chrysostomus. Staatsphilosoph und Geschichtstheologe: 1960 bes. 238ff., 341ff.

43 In ep ad Cor I, hom 40. Daß diese Aufforderung keineswegs so isoliert bei Chrysostomus steht, wie A. Stötzel, Kirche als »neue Gesellschaft«. Münster 1984: 91, meint, ist bei W. Jaeger, a. a. O., 145ff., nachzulesen.

44 W. Jaeger, a. a. O., 212.

45 Ebd. 190ff.

46 S. etwa in ep I ad Tim, hom 12; in ep I ad Cor, hom 34, 6.7; de Lazaro, hom 2,4 u. ä.

47 Vgl. dazu jetzt R. Brändle, Matth 25,31–46 im Werk des Johannes Chrysostomus. Tübingen 1979.

48 Dio Chrysostomus, or 13,33.
49 J. Chrysostomus, in ep I ad Cor, hom 25 (MG 61,208); vgl. auch ebd., hom 36 (310); ferner hom 9 in Genes, hom 9,2; ad pop Antioch, or 12,2.
50 In ep I ad Cor, hom 25 (MG 61,211 f.).
51 Vgl. bes. in ev Matth, hom 66,3; in acta apost, hom 11.
52 In ep I ad Tim, hom 12,4.
53 L. Stein, Die soziale Frage im Lichte der Philosophie, zitiert bei G. Adler, Geschichte des Sozialismus und Kommunismus von Plato bis zur Gegenwart. Leipzig 1899: 176f., der es allerdings nicht ausschließt, daß Chrysostomus »die Sache ernster« genommen habe, als es bei den Kirchenvätern üblich gewesen sei.
54 So W. D. Hauschild, a. [oben, Anm. 13) a. O., 48.
55 S. dagegen etwa K. Farner, Theologie des Kommunismus? 1969: 64; R. M. Grant, Christen als Bürger im Römischen Reich. 1981: 130–135 (nach Gr. war Chrysostomus der »– man kann wohl sagen – hervorragendste Ökonom unter den Kirchenvätern«: 130).
56 S. die Akten dieser Synode bei Photius, Bibl 59 (MG 103, 105–113). Wie mir mein Erlanger Kollege K. Ch. Felmy (unter dem 6. 3. 1985) brieflich mitteilt, finden sich ähnliche Positionen in Byzanz noch im 11. Jahrhundert, z. B. in der 9. Katechese Symeons des Neuen Theologen. Darin ist gesagt, daß das Eigentum teuflischer Herkunft und Ausdruck mangelnden Glaubens an Gott sei. Zu fordern seien nicht gelegentliche Almosen, sondern die Absage an den eigenen Besitz, zumindest aber das (Gott seine Ehre raubende) Vertrauen darauf. Selbst die Fortgabe aller Güter jedoch mache den Menschen, für sich, nicht vollkommen. Bemerkenswert daran ist nicht nur der Nachklang basilianischer und chrysostomischer Eigentumskritik, sondern auch dies, daß, »wie Chrysostomus seine Äußerungen zur sozialen Frage bei der Synode (sc. von 403) nicht vorgehalten wurden«, so »auch bei Symeon dem Neuen Theologen diese doch recht radikalen Äußerungen keine Rolle gespielt« haben, »als es später zu Schwierigkeiten im Kloster und zu Schwierigkeiten mit dem Hof« von Byzanz »kam« (Felmy, a. a. O.).
57 S. oben S. 121, Anm. 38. Zu Hieronymus (gest. ca. 420) s. bes. Br 14.58.71.120 (Spitzensatz: *dives aut iniquus* aut *iniqui heres* [»Der Reiche ist entweder durch eigenes Unrecht zu seinem Reichtum gelangt oder, mittels einer Erbschaft, durch fremdes«]: Br 120,1); zu Salvian (ca. 400–466/70), s. bes. die Schriften *Ad ecclesiam* od. *Adversus avaritiam* (»An der Kirche oder Wider die Habgier«) und *De gubernatione Dei* od. *De praesenti iudicio* (»Über das Weltregiment Gottes oder Über das gegenwärtig sich ereignende Gericht«) und dazu vor allem J. Badewien, Geschichtstheologie und Sozialkritik im Werk Salvians von Marseille, 1980.
58 Enn in Ps 83,4.
59 Vgl. enn in Ps 131,6; de mor eccl 1,67; Br 157,25; c Faust 5,9.
60 Grundsätzlich wichtig sind hierfür bes. die Bemerkungen in Joh tract VI, 25f., wonach kraft »göttlichen Rechts«, als ideales Postulat sozusagen, Gütergemeinschaft bestehen sollte, kraft menschlichen Rechts aber, dem sich (nach Röm 13 und I Petr 2,17) ein jeder zu fügen habe, das Privateigentum zu Recht bestehe; vgl. auch enn in Ps 49,17.
61 Darin widersprach er energisch den ketzerischen »Apostolikern« (de haer 40), die nur diejenigen in ihre Gemeinschaft aufnahmen, welche auf Ehe und Besitz verzichteten. Eben deshalb sind sie für Augustin Häretiker, weil sie denen die Hoffnung nehmen, die Gebrauch machen von Dingen, auf die *sie* verzichten.
62 Serm 355,5.
63 Br 262,8.
64 Vgl. die »Lebensbeschreibung des hl. Augustinus« durch Possidius (vit Aug 2.31) und dazu J. F. González, Die Armut in der Spiritualität Augustins, in: C. Andresen (Hrsg.), Zum Augustin-Gespräch der Gegenwart, II, 1981: 227–298.
65 Vgl. dazu u. a. serm 14.36.41.123.345.
66 Br 157, 4.33; vgl. die oben, Anm. 59, angeführten Stellen.
67 Vgl. dazu noch immer das herrliche Buch von F. van der Meer, Augustinus der Seelsorger. 1958: 218ff.
68 Enn in Ps 83,4; Serm 355,6; 356,1; Br 211,5; enn in Ps 132,1 f. 6; Possidius, vit Aug 5.
69 Vgl. D. Liebs, Römisches Recht, 1975, 148ff. (»Das römische Eigentum«).
70 Vgl. dazu bes. H. Hagendahl, Augustine and the Latin Classics, 2 Bde., Göteborg 1967. Für Cicero ist bezeichnend der Satz: »Gleichheit der Güter..., welch schlimmere Pest könnte es geben als diese?« (De off II 73; vgl. 78, 83–85; II 21, sowie De re publ I 17).
71 Vgl. Conf II 3,5.
72 So die ansprechende Vermutung von R. M. Grant, a. [oben, Anm. 55] a. O., 129.
73 Vgl. dazu bes. die Analyse von U. Duchrow, Christenheit und Weltverantwortung, Stuttgart 1970, 183–319, sowie den Forschungsbericht von R. Lorenz: ThR 40, 1975: 107–123.
74 U. Duchrow, a. a. O., 268.

75 De civ dei XV 5.
76 Der »Staat« kann, muß aber nach Augustin nicht zur civitas *diaboli* werden; wenn er es wird, dann liegt das weniger in seinem Wesen als vielmehr in der Einstellung der Menschen zu ihm begründet (s. etwa S. Cotta, La città politica di Sant'Agostino, Mailand 1960).
77 U. Duchrow, a. a. O.
78 R. Lorenz: ThR 1975, 123; vgl. auch 121 (Unterschied zu Plotin!).
79 U. Duchrow, a. a. O., 285; vgl. dazu etwa Augustin, Br 138, 9ff.
80 Augustin, De civ dei XV 4; XIX 17.21–26.
81 Ebd. XIX 26.
82 So nicht zuletzt auch Augustin, Br 153, 26: enn in Ps 48, 1,12; 147,12; Serm 39,6; 50,2–4; 61,12 u. ö.
83 Vgl. etwa W. Schwer, Art. Armenpflege: RAC I, 1950, 689–98 (m. weit. Lit.).
84 Vgl. dazu z. B. das ebenso unverdächtige wie eindeutige Zeugnis des Kaisers Julian »Apostata«, bes. seinen Brief an den Oberpriester von Galatien Arsakios (erhalten beim Kirchenhistoriker Sozomenus, Hist eccl. V 16: »... Es ist eine Schande: von den Juden bettelt keiner, und die unseligen Galiläer [d.h. die Christen] unterhalten außer ihren eigenen [Armen] auch die unsrigen; die unsrigen erfahren ja von uns keine Hilfe!«).
85 E. F. Bruck, Kirchenväter und soziales Erbrecht. 1956.
86 W. D. Hauschild, a. [oben, Anm. 13] a. O.
87 W. Anz, Christlicher Glaube und christliches Denken, in: E. Dinkler (Hrsg.), Zeit und Geschichte (FS f. R. Bultmann). 1964: 531–555 (hier: 533).
88 J. Kahl, a. [oben, Anm. 2] a. O., 18.20. Ähnlich auch etwa G. E. M. de Ste. Croix, a. [oben, Anm. 38] a. O., 36.
89 Die »Einschätzung« ist seit langem strittig, hauptsächlich, aber keineswegs nur zwischen marxistischen und nichtmarxistischen Forschern. Vgl. nur einerseits R. Müller, Zur sozialen Utopie im Hellenismus, in: J. Herrmann – I. Sellnow (Hrsg.), Die Rolle der Volksmassen in der Geschichte der vorkapitalistischen Gesellschaftsformationen. Berlin 1975: 277–286; andererseits H. Flashar, Formen utopischen Denkens bei den Griechen. Innsbruck 1974: 14). – F. irrt freilich, wenn er meint, die Utopie bleibe, nachdem in der Antike selbst ihre Kraft erloschen, »eine erst in der Neuzeit wiederaufgenommene griechische Sache« (ebd.). Es gibt in der Geschichte der Utopie auch ein gewichtiges christliches Kapitel, ohne das jedenfalls ein Klassiker utopischen Denkens in der Neuzeit wie Th. More nicht zu denken wäre; richtig I. Hahn, Die soziale Utopie in der Spätantike: Wiss. Zeitschr. Halle 11, 1962: 1357–62, doch unter falscher (wiewohl nahezu üblicher) Beschränkung auf die Sektierer und Außenseiter (s. oben, Anm. 38).
89a Dagegen allerdings scheint zweierlei zu sprechen, 1. daß es z. T. massive Kritik an der Sklaverei längst gab, in der sophistischen Aufklärung nämlich (s. die Zusammenstellung bei R. Gayer, Die Stellung der Sklaven in den paulinischen Gemeinden und bei Paulus. Bern-Frankfurt/M. 1976: 26ff.); 2. proklamierte Aristonikos, der Anführer der Aufständischen gegen Rom im Jahre 133 v. Chr., eine dem »Sonnenstaat« des Jambulos (wohl) aus dem 3. vorchristlichen Jahrhundert (vgl. das Referat bei Diodorus Siculus 2, 55–60) recht ähnliche Sozialutopie als soziales Programm (vgl. M. Rostovtzeff, Gesellschafts- und Wirtschaftsgeschichte der Hellenistischen Welt, Band II, Darmstadt 1955, 635) und nannte bezeichnenderweise »die Menge von Armen und Sklaven, die er gesammelt und zur Freiheit aufgerufen hatte, Sonnenbürger« (Strabo 14,1,38; zit. bei R. Gayer, a. a. O., 31).
90 Vgl. etwa Seneca d. J., De benef III 18,2; 20,1; Br 47 (»... Gehe so mit deinem Sklaven um, wie ein Höherer mit dir umgehen möge. Gehe mit deinem Sklaven mild und freundlich um!«).
91 Aristoteles, Pol I 5; vgl. dazu etwa H. Strasburger, Zum antiken Gesellschaftsideal, 1976, 49–51 (m. weit. Lit.).
92 Vgl. M. Kaser, Das römische Privatrecht, II, 1959: 83ff.
93 Cod Theod 2,25,1; Cod Iust 3,38,11.
94 Cod Theod 9,12,1 (vom 11. 5. 319).
95 Entsprechend miserabel und demütigend war ihre Funktion innerhalb der römischen Strafprozeßordnung (vgl. dazu J. Scheele, Zur Rolle der Unfreien in den römischen Christenprozessen. Phil. Diss. Tübingen 1970).
96 M. Kaser, a. [oben, Anm. 92] a. O., 84 (m. weit. Lit.).
97 In der mir zugänglichen Ausgabe Tübingen 1949, 149.
98 Vgl. dazu H. Gülzow, Christentum und Sklaverei in den ersten drei Jahrhunderten. 1969.
99 Enn in Ps 124,7.
100 W. Jaeger, a. [oben, Anm. 41] a. O., 204f.

Weiterführende Literatur

Dihle, A., Art. Ethik, RAC 6. 1966: 646–796; *ders.*, Die goldene Regel. Eine Einführung in die Geschichte der antiken und der frühchristlichen Vulgärethik. 1962.
Schrage, W., Ethik des Neuen Testaments, 1982 (= NTD, Erg.-R. 4).
Wacht, M., Art. Gütergemeinschaft, RAC 13, Lfg. 97. 1984: 1–59.
Ders., Art. Güterlehre; ebd. 59–150 (jeweils mit weiterer Literatur).

III. Ethik im Mittelalter

III.1 Eine umstrittene Epoche

Stephan H. Pfürtner

1.1 »Finsteres Mittelalter?«

Vom »Ethos des Mittelalters« zu sprechen, erscheint in vieler Hinsicht angreifbar. Allein der Zeitraum, der ansteht, erweckt Bedenken. Die Humanisten haben ihn durch Abgrenzung gegenüber dem Altertum einerseits und der Neuzeit anderseits festlegen wollen. Manche lassen das Altertum schon mit der beginnenden Völkerwanderung im 4. Jahrh. enden, andere erst mit der Karolingerzeit, also vier Jahrhunderte später. Setzt man den Anfang der Neuzeit mit der Reformation im 16. Jahrh. an, bleibt für das »Mittelalter« in jedem Fall ein erheblicher Zeitraum. Ist es sinnvoll, über fast ein Jahrtausend hinweg nach einem gemeinsamen Ethos oder auch nur nach dessen Grundzügen zu suchen? Haben dafür nicht viel zu tiefgreifende Wandlungen gesellschaftlicher, wirtschaftlicher, politischer und religiöser Art diese Epoche durchzogen?

Der Anfrage ließe sich eine weitere hinzugesellen. Sie kommt von einem Vorverständnis, das heute vielfach im alltäglichen Sprachgebrauch mit dem Mittelalter verknüpft wird. Man redet vom »finsteren Mittelalter«; oder man spricht von »mittelalterlicher« Einstellung und meint damit das Gegenteil von modern, aufgeklärt oder fortschrittlich[1]. Für viele ist das Mittelalter zuerst und vor allem eine Zeit der Hexenverfolgungen, des religiösen Aberglaubens oder der Inquisition gewesen. Für sie muß es unangebracht sein, überhaupt nach einem positiven Ethos dieser Epoche zu suchen.

Die genannten historischen Phänomene sind nicht wegzutun, auch nicht zu bagatellisieren. Sie sind aus unserer Geschichtssicht offenkundige Krankheitssymptome einer Epoche oder unerledigte Konfliktzusammenhänge in ihr. Aber reicht es hin, sie allein im Auge zu haben, ohne ihren historischen Kontext zu beachten und damit die vielfältig anderen Bedingungen und Prozesse des gesellschaftlichen Lebens zur Kenntnis zu nehmen, die jene Phase unserer Zivilisationsentwicklung bestimmt haben? Führen uns diese anderen Zusammenhänge vielleicht sogar genauer und kennzeichnender in den »Geist des Mittelalters« als deren Krankheitserscheinungen? Um das beurteilen zu können, müssen wir näher wissen, wie sich das Leben der Menschen außerhalb der genannten Konfliktfelder abgespielt hat. Wie sahen die ökonomischen, sozialen, politischen und kulturellen Bedingungen jener Zeit näherhin aus? Welche geistigen Kräfte bewegten die damalige Epoche? Ende des 18. Jahrh.s wurde der Ruf nach »Freiheit, Gleichheit, Brüderlichkeit« zum Ausdruck einer »Idee force«, einer bewegenden »Idee«, die ganz Europa ergriff und deren Geschichte provozierte. Ihre Kraft reicht bis in unsere Tage. Welches waren die »geistigen Bewegungskräfte« des Mittelalters? Gab es sie überhaupt, und wenn ja, welch ein Ethos verbarg sich in ihnen?

Wieviel Information über jene Epoche in der Bevölkerung unseres Sprachgebietes vorliegt, ist sehr schwer zu sagen. Man geht wohl nicht fehl, bei den meisten darüber so etwas wie einen »weißen Fleck auf der Landkarte« ihres Geschichtsbildes anzusetzen. Der negativen Besetzung des Wortes »Mittelalter« entspricht meist ein Mangel an Interesse für diesen Geschichtsabschnitt. Aber nicht nur die breitere Öffentlichkeit, auch die Fachforschung hat auf ihre Weise große Informationslücken bezüglich des Mittelalters. Zum Teil liegt dies an dem Dunkel, das nach wie vor über jener Epoche liegt. Natürlich wurden von den mediävistischen Fachwissenschaften im Bereich der Literatur- und Sprachgeschichte, der Archäologie, der Kunst-, Musik- und Baugeschichte, der Staats- und Kirchen-, der Philosophie- und Theologiegeschichte Bedeutsames zutage gefördert. Das beweist schon ein erster Blick in zusammenfassende Darstellungen[2] oder in einen Literaturbericht über die Forschungen zu jener Epoche[3]. Für die Theologie- und Kirchengeschichte steht inzwischen auch eine gute Auswahl von Quellentexten zur Verfügung[4], desgleichen für Einzelpersönlichkeiten aus der allgemeinen Kultur- und Staatsgeschichte, wie etwa für den Stauferkaiser Friedrich II[5]. Dennoch war bis vor kurzem der Alltag der Menschen, der Handwerker und Bauern, der Händler und der Ritterschaft, der Mönche oder Kriegsleute, besonders aber der Frauen und Kinder sowie des Gesindes oder der sogenannten Unterschicht auch innerhalb der Fachforschung noch kaum thematisiert. Nur vereinzelt wurden hier Vorstöße unternommen[6].

Dabei mag man als Nicht-Fachmann erstaunt sein, wieviele Zusammenhänge kenntnisreiche und aufmerksame Forschung auch aus wenigem Material zutage zu fördern vermag. Ein Beispiel dafür kann Philippe Ariès mit seiner Monographie zur Geschichte des Familienlebens und der Kindheit bieten[7]. Er kommt zu überraschenden Ergebnissen. Allein die »klassenlose Schule« (im doppelten Sinn des Wortes) brachte eine ganz andere Form der Sozialität zwischen den »Ständen« oder Bevölkerungsschichten mit sich, als wir sie kennen. Entsprechendes gilt von dem »großen Haus«, »in dem sich Herren und Diener, Gast und Klient, Arm und Reich, Klein und Groß mischten, in dem es viel Geselligkeit und wenig Mobiliar gab...« und in dem das Minimum an Raum das Miteinander der Menschen erzwang. Im Vergleich zum Mittelalter zeigt sich: »Die Darstellung und Wahrnehmung der Entwicklung unserer gesellschaftlichen Einrichtungen, zumal der Familienerziehung und der Schulbildung als Fortschritt zu mehr Freiheit und sozialer Offenheit, ist falsch. Die Geschichte der von Ariès untersuchten vier Jahrhunderte (ab 15. Jahrh., d. Ref.) zeigt im Gegenteil eine Zunahme von Unfreiheit, sozialer Abschließung und Repression durch die Erwachsenen«[8]. Ein solches Urteil mag diskutierbar sein, muß aber jedenfalls das Klischee vom »finsteren Mittelalter« irritieren.

1.2 Konfessionell bedingte Kontroversen

Übrigens sollten die konfessionell unterschiedlichen Interessen der Fachforschung in der Vergangenheit nicht übersehen werden. Im allgemeinen ist zu sagen, daß die Bemühung um das Mittelalter weitgehend von katholischer Seite erfolgte, so wie die Reformationszeit vor allem Gegenstand der protestantischen Forschung war. Diese Verteilung legte sich schon von daher nahe, daß jede Konfession auf ihr Erbe und dessen Darstellung besonders bedacht war – so einseitig eine derartige Abgrenzung auch aus heutiger ökumenischer Sicht gewesen sein mag. Die mittelalterliche Denk- und Geistesgeschichte, aufs engste mit der damaligen Theologie- und Kirchengeschichte verknüpft, war denn auch weitgehend Untersuchungsbereich katholischer Forscher und Forschungsinstitute[8a]. Das ist bis heute in etwa noch gültig[9].

Diese Tendenzen wurden katholischerseits im vorigen Jahrhundert geradezu kirchenamtlich durch die Aktivitäten von Papst Leo XIII., der 1880 Thomas von Aquin (1224/25–1274) zum »Patron aller katholischen Schulen« erhob, die kritische Ausgabe von dessen Werken veranlaßte und sein Studium auch anderweitig förderte. Damit kam es zu einer verstärkten Beschäftigung mit der ganzen Scholastik sowie zu deren neuen Vergegenwärtigung in der Neuscholastik. (Etwas ähnliches tat sich in der Baugeschichte mit der Neugotik.) Das kirchliche Gesetzbuch, der Codex Juris Canonici, verpflichtete alle katholischen Seminarien, der Methode des Thomas sowie seiner Lehre und seinen Prinzipien in Philosophie und Theologie zu folgen (can. 1366,2; vgl. 589,1)[10]. In der Praxis wurden diese Weisungen zwar keineswegs durchgängig erfüllt. Aber es gab doch bis in die zweite Hälfte unseres Jahrhunderts hinein kirchliche Hochschulen und theologische Fakultäten, die sich daran hielten. Bisweilen wurde sogar die »Summa theologiae« des Thomas von Aquin als Leitfaden der Studiengänge zugrunde gelegt.

Das konfessionell geprägte Interesse am Mittelalter hatte bestimmte Sichtweisen in Forschung und Lehre zu Folge. Was Herbert Grundmann für die kirchengeschichtliche Beschäftigung mit den religiösen Bewegungen des Mittelalters hervorhob[11], kann auf die Ethik und Dogmatik ausgedehnt werden. Beide Konfessionsseiten waren vorwiegend an den »Unterscheidungslehren« und kontroversen Entwicklungen interessiert, jeweils unter entgegengesetzt wertenden Vorzeichen, gelegentlich reichlich polemisch. Oder sie richteten ihr Augenmerk auf ihre Gemeinschaften und deren Geschichte, die katholische auf ihre Orden und deren »Stifter«, die protestantische auf die »Ketzerbewegungen«, ihre Unterdrückung oder ihren heroischen Kampf.

So verständlich und fruchtbar zum Teil auch derartige Spezialbemühungen waren, sie vernachlässigten doch die Suche nach übergreifenden Zusammenhängen und ihren Faktoren in den damaligen Geschichtsprozessen. Dabei handelte es sich nicht nur um gemeinsame Bedingungen innerhalb der einen (lateinischen) Christenheit. Von der »katholischen Kirche« im heutigen konfessionellen Sinn ist ja erst in Gegenüberstellung zu den »evangelischen«, also erst seit dem 16. Jahrhundert zu reden. (Was vorreformatorisch mit »Ecclesia catholica« gemeint war, ist somit nicht mit dem deckungsgleich, was wir unter »katholischer Kirche« heute verstehen.) Es ging auch um die gemeinsamen Antriebskräfte und Vorstellungswelten, die das Mittelalter als Ganzes bestimmten und auf die ihre unterschiedlichen Ausprägungen in den verschiedenen Bewegungen und Gemeinschaften zurückgingen.

Immerhin vollzog sich im Mittelalter ein großer geschichtlicher Prozeß, nämlich die Begegnung zwischen den Völkern der antiken Welt mit denen des nord- und zentraleuropäischen Raumes und umgekehrt. Dieser soziologische Vorgang ging mit einem kulturellen Geschehen einher. Die »eine Christenheit« entstand, das eine »heilige Reich« mit seinen verschiedenen »Nationes«. Die Verwirklichung dieser umfassenden Verbundenheitsidee prägte nicht nur die politische Geschichte. Sie verlangte auch nach der Verschmelzung des antiken Erbes mit den eigenen Lebensvorstellungen im Sinne der einen neuen Welt. Wenn vom Mittelalter als einer irgendwie zusammenhängenden Epoche überhaupt die Rede sein kann, dann nur in bezug zu dieser umgreifenden Verbundenheits- oder Einheitsidee in der Vielfalt der Kulturen und Traditionen. Die Einheit stiftende institutionelle Kraft war die Kirche. Sie, die so gut wie ganz das gesamte Bildungswesen trug, wurde zur »Lehrmeisterin« der jungen Völker. Kaiser- und Papsttum verstanden sich beide als Garanten des »Heiligen Reiches«. Profan- und Kirchengeschichte griffen so sehr ineinander, daß sie sich – auch aus unserer Rückschauperspektive – nicht voll trennen lassen. Dabei umfaßte das antike Erbe ebenso die religiösen Überlieferungen, allen voran die des Juden- und antiken Christentums, wie die politischen und philosophischen Traditionen der Griechen, schloß die hellenistische Entdeckung der Ästhetik mit ihrer Geschichte ebenso ein wie die des römischen Rechtsdenkens und Rechtswesens, bedeutete Überlieferungen in Handwerk, Baukunst und Ökonomie ebenso wie im Bereich des Familienwesens und seiner Ordnungen, der Gesellschaftsgliederungen und des »Beamten«- oder Verwaltungswesens. Daß damit auch die »Mores«, also die Vorstellungen von dem, was sich gehört, zum überkommenden Erbe gehörten und sich auf Sitte wie Brauchtum ebenso erstreckten wie auf die »Moral« im heutigen Sinne des Wortes, ist offenkundig.

1.3 Sozialgeschichte und Entwicklung der Ethik

Die Verankerung oder Verflechtung der mittelalterlichen Ethik mit diesen umfassenden Lebens- und Lehrtraditionen wurde in der Fachforschung bis vor wenigen Jahren – von einigen Ausnahmen abgesehen – kaum beachtet. Als Beispiel für dieses Defizit können die Veröffentlichungen von Odon Lottin gelten, dem anderweitig hervorragende Verdienste im Feld der Lehrgeschichte des Mittelalters zukommen[12]. Wer seine umfangreichen Quellenstudien zur Kenntnis nimmt, muß von der Vielfalt des geistigen Aufbruchs im 12. und 13. Jahrhundert überrascht sein. Aber Lottin ging der damaligen Sprach- und Lehrgeschichte im Feld der Ethik und Anthropologie doch weitgehend abgehoben von den sozial- und politikgeschichtlichen Entwicklungen nach. Diese Blickbeschränkung ist nicht zuletzt deshalb zu bedauern, weil Ernst Troeltsch bereits Ende des vorigen Jahrhunderts eine Erweiterung der Forschungsperspektiven eingeleitet hatte. Troeltsch hatte – exemplarisch anhand der Lehre des Joachim von Fiore – begonnen, geistliche oder ethische Theorien mit auf dem Hintergrund heraufgezogener Sozialkonflikte zu betrachten und sie auf ihren Ausdruck sozialreformerischer Absichten zu befragen[13]. Aber selbst ein so bedeutender Fachmann wie Herbert Grundmann hat zunächst offenbar die Bedeutung dieses methodischen Impulses nicht recht erfaßt. Der historische Stoff gäbe wenig dafür her. Auch wenn er eine soziale und politische Wirkung des Joachim von Fiore auf spätere Franziskanerbewegungen nicht ausschließen wollte, meinte er bei dem Abt selbst keine Züge einer sozialen Utopie entdecken zu können[14]. Er wies darauf hin, daß nicht etwa ein vorbürgerliches »Proletariat« das geschichtliche Subjekt der mittelalterlichen Armuts- oder Ketzerbewegungen gewesen sei, sondern Adlige, reiche Bürger oder deren Söhne, Kleriker und – vor allem – Frauen[15]. Dieser Hinweis hatte sein gutes Recht. Der zeitweilige Versuch der DDR-Geschichtsschreibung, aus der Reformation eine Revolution zu machen und Luther, den Theologen und Reformator der Kirche, an der Rolle eines radikalen Sozialrevolutionärs zu messen, hat die historische Fragwürdigkeit ideologisch abgezweckter Deutungsraster hinreichend sichtbar gemacht[16].

Aber derartige Einseitigkeiten diskreditieren nicht grundsätzlich die Beachtung des sozialgeschichtlichen Zusammenhanges mit den theologie-, philosophie- oder kirchengeschichtlichen Entwicklungen jener Epoche. Immerhin bezeugt auch Grundmann, daß das »gemeine Volk (plebeculae)« in den Ketzerbewegungen des 12. Jahrhunderts eine Rolle spielte, auch wenn die oberen Schichten (Majores) darin die Führung innehatten[17]; oder er macht auf die ökonomischen Konflikte zwischen der Kirche mit ihren umfangreichen Besitzungen und dem damaligen Adel als Hintergrund religiöser »Auseinandersetzungen« aufmerksam[18]; oder er berichtet, welch unerträglich hochmütige Behandlung Johannes Waldes und seine Anhänger 1179 auf dem Konzil von Lyon erfuhren. Diese galten der vorwiegend aus Klerikern zusammengesetzten Prüfungskommission unter dem Vorsitz von Walter Map schon deshalb für die Predigt als unannehmbar, weil sie »idiotae et illiterati« waren und arm leben wollten[19].

Inzwischen setzte sich jedoch die methodische Erweiterung, zu der Troeltsch erste Anregungen gegeben hatte, zunehmend durch. Als Beispiel dafür kann die ebenso geistvolle wie kenntnisreiche Studie von Marie-Dominique Chenu über Thomas von Aquin gelten. Der französische Historiker betont für die Erforschung von dessen Lebens- und Lehrgeschichte ausdrücklich die Berechtigung, über die Quellen mittelalterlicher Hagiographie hinauszugehen und sozialwissenschaftliche Erkenntnisse unserer Zeit über jene Epoche zu verwerten[20]. Erst dann, so meint er, wird deutlich, in welch ein Abenteuer das Leben des jungen Grafen von Aquin geriet, als er sich den Herrschaftsplänen seiner Familie durch Flucht entzog und der damals noch jungen Bewegung der »Predigerbrüder« anschloß – statt sich für das angesehene Amt des Abtes im Kloster von Monte Cassino mit seinen ausgedehnten Landbesitzungen vorsehen zu lassen: »Während die alten monastischen Gebilde, hochangesehen als Zentren der Wohltätigkeit, weiterbestanden im Dienst der Christenheit, die eine wirtschaftliche und politische Macht darstellte und sich im Rahmen einer Feudalordnung hielt, in der sie zusammen mit ihrer institutionellen und spirituellen Lebenssicherung höchst irdische Privilegien erworben hatte, waren seit etwa vierzig Jahren überall neue Gemeinschaften entstanden: sie gelobten die evangelische Armut, brachen mit den aristokratischen Wirtschaftsformen und der aristokratischen Spiritualität, predigten außerhalb der lehnsherrschaftlichen Festungen und der Monasterien das Wort Gottes dem einfachen Volk, das sich seiner vergangenen Knechtschaft und zugleich seiner zukunftsträchtigen Kraft bewußt geworden war. (...) ›Wegen der Neuartigkeit ihrer Lebensweise‹, sagen die ›Annales Normannae‹, ›zog eine ganze Elite der Jugend und der Kultur zu ihnen hin, so daß sie in kurzer Zeit die Erde erfüllt hatten‹«[21]. Unnötig zu sagen, daß wir damit im Kernbereich dessen sind, was das Ethos des Mittelalters ausmachte.

Sozial- oder überhaupt gesellschaftsgeschichtlich relevante Lebensverhältnisse haben in ihrer Verflechtung mit ideen- und geistesgeschichtlichen Entwicklungen während der letzten Jahrzehnte immer mehr Beachtung gefunden. Richard W. Southern thematisiert diese Beziehung ausdrücklich[22]. Soziale Ordnungen des Mittelalters werden vielseitig thematisiert[22a]. Das Alltagsleben mittelalterlicher Menschen und Gemeinschaften wird in Sammelbeiträgen untersucht[23]. Die Armut in der mittelalterlichen Gesellschaft und der sozialgeschichtliche Kontext der religiösen Armutsbewegungen sind Forschungsthemen[24], ebenso wie gesellschaftliche Strukturen mit besonderer Beachtung der »dienenden Stände«[25] oder von sozialen Randgruppen[26]. Die Aufmerksamkeit hat sich dem Arbeitsrecht und der Arbeitsverfassung im Spätmittelalter zugewandt[27]; oder sie gilt, sofern sie sich mit Einzelgestalten befaßt, diesen doch in ihrem umfassenden historischen Kontext[28]. Nicht zuletzt jene Zeitanalysen und Deutungsversuche ergeben überraschende Perspektiven, die – wie bei Dietrich von Oppen – wirkungsgeschichtlich nach der Gegenwartsbedeutung großer mittelalterlicher Gestalten und Geschehnisse fragen[29].

Aus der Gegenwartsproblematik heraus hat inzwischen der Stand der Frau im Mittelalter, haben Frauenarbeit und Frauenrechte ihre Behandlung gefunden[30]. Durch Herbert Grundmann wurde schon in den dreißiger Jahren angeregt, die Bedeutung und Wirkung der Frauen in den früh- und hochmittelalterlichen Bewegungen viel stärker zu beachten, als es bis dahin geschehen war. Er selbst hatte dazu wichtige Beiträge bereitgestellt[31].

III.2 Die Einheit der Lebenspraxis – Die »Armen Christi« und die »Boten des Evangeliums«

Stephan H. Pfürtner

Wir müßten diesen Armuts- und Predigerbewegungen nun im einzelnen hier weiter nachgehen. Denn das Ethos des Mittelalters in seiner praktisch-religiösen Ausprägung läßt sich nicht in den Blick bringen, ohne daß man sie beachtet. Von ihrer Intensität sowie von ihrem soziologischen Ausmaß und ihrer Öffentlichkeitswirkung können wir uns heute kaum eine Vorstellung machen. Nur einige Hinweise darauf sind hier möglich. Die Bewegung, die Joachim von Fiore (ca. 1130–1202) mit seinen Vorstellungen von einem neuen Weltzeitalter des Heiligen Geistes auslöste, reichte mit ihrer Wirkungsgeschichte bis in die Reformation, ja, in die Neuzeit[32]. Um 1210 bemühte sich eine kleine Gruppe von zwölf Brüdern aus der Region von Assisi mit einem Francesco, dem Sohne eines Kaufmanns Bernardone an ihrer Spitze, erstmals in Rom bei Innozenz III. um die päpstliche Anerkennung ihrer kleinen Gemeinschaft[33]. Sie nannten sich »Fratres minores«, »Mindere Brüder«, trugen mit »wenigen und einfältigen Worten« ihre Lebensform vor (1. Regel, verschollen), sie erhielten mündlich die Zusage des Papstes. Nur 11 Jahre später fand das »Mattenkapitel«, eine »Generalversammlung«, mit ca. 3000 Mitgliedern statt. Diesen war bereits eine umfangreiche Laiengemeinschaft angeschlossen. Clara hatte in Assisi ein Frauenkloster gegründet (was andeutet, daß jene epochale Armuts- und Predigtbewegung auch Sache der Frauen war), das seinerseits Zeichen für weitere Gründungen setzte. Von dem genannten Generalkapitel wurden Brüder in die verschiedensten europäischen Länder ausgesandt und die »Heidenmission« geplant. Um 1300 gehörten den Minderbrüdern zwischen dreißig- und vierzigtausend Mitglieder an, nicht gerechnet die Laien-Angehörigen des sogenannten »Dritten Ordens« und die Mitglieder der franziskanischen Frauenklöster oder -gemeinschaften[34].

Der Inspirationseinfluß auf die zentraleuropäische Bevölkerung läßt sich durch keine Zahl erfassen. Er griff weit über die direkten Ordensmitglieder hinaus. Nur ein Beispiel: Die Kunde des »Poverello« von Assisi hat Elisabeth von Thüringen offenbar so beeindruckt, daß sie nach 1227 in Marburg ein Franziskushospital errichtete, sich in ähnlicher Weise wie Franz Armen verband und mitten in Deutschland eine Stätte für Kranken- und Siechenpflege schuf. Elisabeth, Mutter von 3 Kindern, selbst nicht älter als 24 Jahre geworden, sollte dadurch ihrerseits nicht nur die Sozialgeschichte einer Stadt, sondern der deutschen und slavischen Gebiete über Jahrhunderte inspirieren[35].

Nicht weniger hinreißend, im eigentlichen Sinn dieses Wortes, verlief die frühe Geschichte der »Predigerbrüder« – später nach ihrem Gründer Dominikus von Osma (1170–1221) meist »Dominikaner« genannt. Sie hatten als Wanderprediger in der Provence begonnen[36]. Als Dominikus nach etwa zehn Jahren dieser Tätigkeit 1215 bei Papst Innozenz III. um Anerkennung seiner Brüdergemeinschaft nachsuchte (wobei er zunächst abgewiesen und dann 1216 anerkannt wurde), gehörte zu ihm eine kleine Schar von vielleicht 20 Mitgliedern. Aber schon fünf Jahre später, kurz vor seinem Tod, hatte der »Ordo praedicatorum«, wie er nun hieß, eine entwicklungsfähige Struktur erhalten, war auf elf Territorien oder Provinzen verteilt und zählte an die zweiunddreißig klösterliche Häuser, »Konvente«, wie die Predigerbrüder es nannten, »Zusammenkünfte«, in deutlicher Abhebung gegen das alte »Claustrum« oder »Monasterium«. Sie waren in die Zentren der aufbrechenden Gesellschaft gelegt, vor allem dorthin, wo sich die neuen Bildungseinrichtungen, die »Universitäten«, entwickelt hatten, nach Paris und Bologna, nach Padua, Montpellier und Oxford[37]. Die alten Klöster, die auf kirchlicher Ebene meist die Funktionen und die Architekturen der Ritterburgen fortsetzten, hatten die Abgeschiedenheit der Landschaft gesucht.

Die konfessionskirchlich orientierte Geschichtsschreibung hat diese historischen Prozesse häufig und gern zur Apologie oder gar zur Glorifizierung der eigenen religiösen Gemeinschaften und ihrer Lebenskraft herangezogen. Das ist aus der Sicht ihrer Vertreter verständlich. Aber das Phänomen muß doch in einem überkonfessionellen Zusammenhang gesehen werden, will man den Motivkräften des Mittelalters hinreichend gerecht werden. Denn es sind nicht nur diejenigen Bewegungen zu beachten, die nachher als Ordensgemeinschaften innerhalb der »Ecclesia catholica romana« wirksam geworden sind[38], sondern auch solche, die aus ihr ausscherten, durch sie definitiv abgesondert oder auch nur über gewisse Zeitabschnitte zu »Ketzern« geworden. Diese Gruppen- und Gemeinschaftsbildungen waren so zahlreich, daß wir häufig ihre Namen nicht einmal mehr kennen, besonders wenn sie nur regional auftauchten und wieder verschwanden. Von den Humiliaten wissen wir, daß sie 1216 allein im Bistum Mailand an 150 Häuser für das gemeinsame Leben hatten[39]. Andere bekanntere Bewegungen bildeten die Katharer, die in Südfrankreich auch als Albigenser (nach der Stadt Albi) bezeichnet wurden, sowie die Waldenser. Die Albigenser ragten durch ihre politischen Einflüsse besonders hervor, blutige Kämpfe (Albigenserkriege) waren mit ihrer Geschichte verknüpft.

Petrus Valdesius oder Waldensis (Geburts- und Todesjahr unbekannt) war ein wohlhabender Kaufmann in Lyon. Um 1176/77, als die Region von Hungersnöten heimgesucht wurde, muß der entscheidende Einschnitt in seiner Lebensgeschichte erfolgt sein. In engem Kontakt mit dem kirchlichen Gemeindeleben in Lyon erfuhr er einerseits vielfältig die bedrückende Not der Armen und Verhungernden, andererseits die starre Absicherung der Reichen oder »Satten« in der Kirche. Diese Diskrepanz erlebte er auf dem Hintergrund des Evangeliums und seines Ethos. Denn neben der Legende eines Heiligen Alexius, die er von einem Spielmann erfuhr, hatte ihn die Lektüre der Bibel intensiv ergriffen. Das Ergebnis lag in einer inneren »Bekehrung« zum armen Leben der Apostel. Daß es sich hier nicht um eine Schilderung handelt, die nach dem Modell damaliger Heiligenlegenden gestaltet war, ist durch einige historische Fakten belegt. Zu ihnen gehören regelmäßige Speisungen der Armen in seinem Haus und ein Auftrag an lateinkundige Priester, die Bibel in wichtigen Teilen ins Provenzalische zu übersetzen. Waldes konnte kein Latein, wollte jedoch selbst das Evangelium lesen sowie die Lektüre den anderen Laien ermöglichen. Von der Schriftlesung der Laien in der Muttersprache bis zur Laienpredigt war es dann nur ein kleiner Schritt[40].

Die Bewegung von Petrus Waldes nahm zahlenmäßig nicht den rasanten Verlauf wie die der Minder- und Predigerbrüder. Dafür stand ihr zuviel kirchliche und politische Unterdrückung entgegen. Gleichwohl zeugt ihre Wirkungsgeschichte von einer nachhaltigen Motivations- und Ausstrahlungskraft. 1179 auf dem 3. Laterankonzil nur in ihrem Wunsch nach Laienpredigt abgelehnt, wurden sie schon 1181 aus Lyon ausgewiesen und 1184 auf dem Konzil von Verona durch Papst Lucius III. exkommuniziert. Dennoch breiteten sie sich zunächst in der Lombardei und in den Cottischen Alpen, danach im weiteren Italien und Frankreich, in der Schweiz, in Deutschland, Böhmen, Ungarn und Polen aus. Während der Reformationszeit nahmen sie Kontakt mit verschiedenen Reformatoren auf. Im deutschsprachigen Raum (vor allem Hessen und Württemberg) wurden die Gemeinden aber erst 1823 in die lutherischen Landeskirchen eingegliedert. Die Waldenser haben heute in Italien und in Uruguay ihre stärksten Gemeindebildungen und stehen in enger Beziehung zu den Kirchen der Reformation[41].

III.3 Die Einheit von Ethos und Evangelium in der theologischen Theorie – Thomas von Aquin (1224/25–1274)

Stephan H. Pfürtner

3.1 Das Miteinander von Glauben und Verstehen

Die Armuts- und Predigerbewegungen des Mittelalters stellten den Versuch dar, im Bereich der Praxis, also des gelebten Lebens, des persönlichen wie des gesellschaftlichen, die Einheit von Evangelium und Ethos, von christlicher Religiosität und Ethik zu verwirklichen. Nicht weniger zielte diese Epoche darauf ab, die Einheit in der Theorienbildung, also im Denken und in der Sprache zu finden. Die »Fides quaerens intellectum« – »der Glaube, der nach Verstehen trachtet« – hatte zahlreiche wache Geister ergriffen. Thomas von Aquin hat der Suche nach einem umfassenden Deutungszusammenhang von Gott, Welt und Mensch, von antiker hellenistisch-römischer Kultur und biblischen Traditionen, von Glauben und Wissen, von Philosophie und Theologie, von analytisch vorgehenden Wissenschaften und auf das Ganze gerichteter Lebensweisheit einen hervorragenden Ausdruck gegeben.

Ein kennzeichnendes Beispiel für diese einende Deutungsbemühung ist die mittelalterliche »Summa«. Verschiedene damalige Autoren haben eine »Summa« verfaßt. Thomas beendete seine Lebensarbeit mit einem derartigen Werk: mit der »Summa theologica«[42]. In drei großen Teilen verfolgte er seinen Plan, wobei der zweite noch einmal unterteilt wurde. 3112 Artikel schrieb er dazu, von denen jeder einer besonderen Problemseite gewidmet war. Als er jedoch 1274 – kaum oder gerade fünfzigjährig – starb, blieb das Geplante unvollendet zurück. Kennzeichnend für dieses denkerische oder »wissenschaftliche« Ansinnen überhaupt? Seine Biographen deuteten es bald so. Die Spannung zwischen der visionären Gesamtschau des Erkannten und dem erfahrenen eigenen Unvermögen, das Geschaute angemessen zur Sprache zu bringen, habe ihn bewegt, die Feder aus der Hand zu legen. Gleichwohl hat die Nachwelt den denkerischen »Bau« der »Summa« bald als eine große systematische Leistung gewertet und nicht selten – vielleicht etwas romantisch – den Vergleich zur Architektur der damaligen Epoche, näherhin mit der gotischen Kathedrale hergestellt. Thomas selbst kennzeichnete seinen Plan viel einfacher. Er wolle, so sagte er im »Prolog« der »Summa«, nicht nur die Fortgeschrittenen instruieren«, »sondern das, was zur christlichen Religion gehört, auf eine solche Weise behandeln, daß es auch zur Bildung (eruditio) der Anfänger hilfreich ist«. Das aber verlange, den Lehrstoff »in planvoller Ordnung« (secundum ordinem disciplinae) darzustellen, um den »Hörer vor unnötiger Wiederholung, vor Überdruß und Unklarheit« zu bewahren[43].

Im didaktischen Anspruch verbarg sich mehr als nur eine Forderung hinsichtlich der Lehrmethode. »Die planvolle Ordnung« des einschlägigen Bildungsgutes mußte nach dem geschehen, was der vielfältigen Materie die gedankliche und inhaltliche Einheit vermittelte. Dieser einigende Grund für die gesamte Vielfalt der zu behandelnden Belange mußte das »Maßgebende« für alles werden, was zur Sprache zu kommen hatte. Es ging in der »Summa« somit keineswegs um eine einfache Summierung des damaligen Wissensgutes, soweit es die Theologie überhaupt betraf. Vielmehr stand in ihr auch die Einheit der Theologie und mit ihr die denkerische Einheit der christlichen Welt- und Wirklichkeitsdeutung bei gleichzeitiger Berücksichtigung der vorhandenen Vielfalt an.

Ein derartig umfassender Konstruktionsversuch gibt uns erhebliche Fragen auf. Schon die Unüberschaubarkeit der einschlägigen Wissensgebiete dürfte heute einen einzelnen Denker davor abschrecken, sich daran zu wagen. Gewiß, die damalige Lage war übersichtlicher. Aber sie war immer noch herausfordernd genug. Wie bereits angesprochen, stellte das Mittelalter einen historischen Prozeß der Aneignung und Neugestaltung von hochkomplexen vorangehenden Kulturen dar[44]. Die Welten von Jerusalem und Athen, von Rom und Byzanz trafen in ihm zusammen. Die Völker des nordeuropäischen Raums, vornehmlich die Kelten, Germanen und Slaven, waren denen der mediterranen Zivilisation mit ihrem vielfältigen Angebot in Wissenschaft und Technik, im Rechts- und Staatswesen, in Philosophie, Ökonomie, Kunst und Religion begegnet. Sie waren offenkundig berührt durch den vorgefundenen Reichtum, drängten gleichzeitig aber zur Ausbildung eigener kultureller und politischer Identitäten. Über Sizilien und Süditalien sowie über die iberische Halbinsel waren Beziehungen zum Islam entstanden. Sozialgeschichtlich zog eine neue Städtebürgerschaft auf und fing an, das Ritter-, Lehns- und Feudalwesen abzulösen.

3.2 Die Gottesfrage und die Glaubenssprache – Zur Hermeneutik theologischer Ethik

Für Thomas bestand kein Zweifel, daß christliche Ethik als Teil der Theologie zuerst und zuoberst der Frage nach Gott nachzugehen hat, insofern dieser sich uns geoffenbart und den Menschen im Glauben Christi zum Grund allen Heiles, als Ursprung und Ziel unseres Lebens, angeboten hat[45]. Dadurch bekam Theologie in seinen Augen ihre innere Einheit[46] und brauchte sich mit ihrer Wahrheitssuche nicht in der gesamten Wissensentwicklung zu verlieren. Sie mußte alle praktischen und wissenschaftlichen Erkenntnisse stets nur unter der für sie relevanten Aufgabe beachten. Aber dieser Gott der Offenbarung war für den Aquinaten der Gott des gesamten Universums, war dessen Ursprung, Lenker, Erhalter und Vollender[47], also auch der Gott unserer gesamten Natur und Geschichte. Er hatte sich daher nicht exklusiv im Volke Israel oder im Christentum kundgetan, sondern auch in anderen Völkern und Kulturen, wenn oft auch auf andere, unvollkommene oder sogar verwirrte Weise. Er brachte sich nicht ausschließlich im Wort des biblischen Glaubens zur Geltung, sondern auch in Erkenntnissen außerbiblischer Philosophie oder in der Sprache der Natur. Alles, was zur Offenbarung Gottes für uns zu werden vermag – »omnia, quaecumque sunt divinitus revelabilia« –, ist Sache der Theologie, erklärte Thomas in seiner methodischen Einleitung der »Summa«[48].

Deshalb befaßte er sich nicht nur mit der Heiligen Schrift oder der bis dahin überlieferten Glaubenslehre. Er meinte vielmehr, sich auch neu einbrechenden Deutungszusammenhängen außerkirchlicher Art stellen zu müssen. Das betraf besonders die Begegnung mit Aristoteles. Dessen geistiger Einfluß gelangte [zum Teil durch Averroes (Ibn Roschd, † 1198) und Avicenna (Abu Ali ibn Sina, † 1037), zwei islamische Philosophen, auf dem Weg über Sizilien und Spanien] damals neu in den christlichen Kulturraum und nahm nicht zuletzt aufgeschlossene Kräfte an den Universitäten für sich ein. Welterklärung, Anthropologie und Ethik waren unter anderem davon betroffen[49]. Bischöfe und Päpste fürchteten, die »heidnischen« Welt- und Menschlichkeitsauffassungen könnten den christlichen Glauben gefährden. Seit 1210 waren daher mehrfach päpstliche Verbote erfolgt, die Werke des Aristoteles öffentlich zu lesen und zu kommentieren. Wie Albertus Magnus seit 1240 in Paris und Köln der Einschränkung nicht nachkam, so glaubte auch Thomas, daß sich die Auseinandersetzung mit den geistigen Kräften des Islams und des Hellenismus nicht durch Verbote regeln lasse. Obwohl 1263 das kirchliche Verdikt noch einmal eingeschärft wurde, veranlaßte er die Übersetzung aristotelischer Schriften durch Wilhelm von Moerbeke und fuhr mit der eigenen Kommentierung fort.

Dabei ging es ihm keineswegs nur um eine Apologie des Christentums, sondern in maßgeblicher Weise auch um die Erschließung und Achtung der außerbiblischen Wahrheitserkenntnisse. In diesem Sinn verstand er sich als »catholicae veritatis doctor« – »als Lehrer der katholischen Wahrheit«[50]. »Katholisch« hatte somit gerade den entgegengesetzten Sinn von konfessionell eingegrenzt. Es meinte im ursprünglichen Wortsinn »auf das Ganze« angelegt und von daher »umfassend christlich«. Zutiefst davon überzeugt, daß der Gott der Offenbarung in Jesus Christus nicht nur Ursprung und Ziel allen Seins, sondern auch aller Wahrheit sei, vertrat er den Verstehensgrundsatz: »Omne verum, a quocumque dicatur, est a Spiritu Sancto...« »Alles Wahre, von wem es auch immer zur Sprache gebracht sei, ist vom Heiligen Geist«[51].

Die Auseinandersetzung zwischen Anhängern einer geschlossenen und einer offenen Mentalität hatte die Christenheit seit ihren Anfängen durchzogen. Der Streit auf dem Apostelkonzil in Jerusalem war bereits ein erstes Zeichen dafür (Apg 15; vgl. 10–1; Gal 2). Als die Gemeinden in den darauffolgenden zwei Jahrhunderten sich nicht nur kultisch-religiös, sondern auch philosophisch mit dem Hellenismus auseinandersetzen mußten, gab es erneut Spannungen. Um Integrität besorgte Kräfte traten dafür ein, die eigene Glaubenstradition vor Außeneinflüssen zu bewahren, um sie unvermischt zu erhalten. Dem traten verschiedene Kirchenväter wie Justinus, Irenäus oder Clemens von Alexandrien entgegen. Sie entwickelten die Lehre vom »Lógos spermatikós«, von der freien Aussaat des göttlichen Logos in die menschliche Vernunft. In ihren Augen waren die Philosophen der Antike, sofern sie Wahres erkannt hatten, nicht weniger Wegbereiter (»Paidogogoi«) zu Christus für die Griechen, wie es die Propheten für die Juden waren[52]. In diese offene Tradition theologischer Hermeneutik hatte Thomas von Aquin sich eingereiht. Aus verschiedensten geschichtlichen Erfahrungen – zum Beispiel mit den »Deutschen Christen« im »Dritten Reich« – wissen wir, daß unmißverständliche Abgrenzung gegen unchristlichen Geist strikt geboten sein kann. Aber derartige Erinnerungen heben nicht nur die Andersartigkeit der mittelalterlichen Situation, sondern auch die Größe des Wagnisses hervor, in das sich Thomas als besonderer Exponent des damaligen Katholizitätsverständnisses eingelassen hatte. Oder war er der darin verborgenen Gefahr schließlich doch erlegen, wie dieses im reformatorischen Protest, angefangen von Martin Luther bis zu Karl Barth immer wieder gegen ihn geltend gemacht wurde?

Das Selbstverständnis von Thomas findet in dem Sprachsymbol, das er für seinen umfassenden Lehrentwurf bevorzugt verwandte, einen geradezu klassischen Ausdruck. Für ihn war Theologie »sacra doctrina« – »heilige Lehre«[53]. In diesem Begriffspaar ist ein Doppeltes vereint. *»Doctrina«* meint sprachliche Vermittlung und zielt damit auf Begreifen. Begreifen setzt rationale Erfassung voraus und will zu Rationalität im Sinne von Verstehen und begrifflicher Klärung führen. Als »*sacra* doctrina« aber gilt diese Lehre dem »Heiligen«. Zum Wesen »des Heiligen« gehört es, alle Rationalität zu übersteigen und sich deshalb aller begrifflichen Definition, ja, letztlich all unserer Sprache zu entziehen[54]. In der Verknüpfung zu dem einen Sprachsymbol der »heiligen Lehre« deutet sich die »Einigung des Gegensätzlichen« an, die mit dieser Denk- und Sprachbemühung versucht wurde. Es ging in ihr um ein »Zugleich« des radikal Verschiedenen, um »Fides *et* Ratio«, um »Glauben *und* Vernunft«, um Glauben in vernünftigem Leben sowie um vernünftiges Leben aus Glauben.

Diese »Einigung des Gegensätzlichen« (oder gar »die Einigung des Unvereinbaren«?) prägt die Theologie und damit auch die theologische Ethik des Thomas. Das kommt besonders dort zum Ausdruck, wo die Gottesbeziehung des Menschen oder der Menschheit in ihrer Geschichte zu bedenken ist, nicht zuletzt in der Christologie. Aber das menschliche Selbst- und Geschichtsverständnis sowie die menschliche Handlungslehre sind nicht weniger von der Verknüpfung der Paradoxe betroffen. So kann und muß sich theologische Sprache in klarer Begrifflichkeit vollziehen, will sie verantwortete Lehre vermitteln. Sie muß ihre Darlegungen argumentativ in gedanklicher Ordnung, das heißt auch nach den Regeln der Logik und der einschlägigen Wissenschaften, vortragen[55]. Ja, in gewisser Weise vermittelt Theologie höchstes Wissen, weil sie am Wissen Gottes partizipiert[56]. Gleichzeitig aber muß man in ihr beachten, daß alle ihre Rede von Gott unzulänglich, ja, notwendig metaphorisch bleibt[57]: »Dann nämlich erkennen wir Gott allein wahrheitsgemäß, wenn wir ihn erhaben über alles glauben, was dem Menschen von ihm zu denken möglich ist«[58]. Demgemäß ist unser Sprechen von ihm immer »vorläufig«, kein Begriff ist ihm wirklich entsprechend. Das gilt auch von unserer biblisch geprägten Sprache einschließlich des Wortes »Gott«, noch mehr freilich von allen philosophisch gewonnenen Begriffen[59].

Dennoch ist die Sprache der Theologie oder des Glaubens nicht sinnlos, weil inhaltsleer. Man muß in unserer Begriffsbildung nämlich grundsätzlich unterscheiden zwischen unserer menschlichen Weise, etwas durch Sprachsymbole zu bezeichnen (»modus significandi«), und der zu bezeichnenden Wirklichkeit (»res significanda«)[60]. Hinsichtlich unseres Bezeichnungsmodus bleiben alle unsere Begriffe unendlich hinter der zu bezeichnenden Wirklichkeit Gottes zurück. Dennoch entgleitet uns dadurch diese Wirklichkeit nicht völlig, so daß alle Begriffe darüber pure Äquivokation oder leere Sprachspiele wären[61]. Was von anderen Erkenntnisaussagen gilt, trifft auch für die Glaubenssprache zu: »Der Akt des Glaubenden hat seinen Zielpunkt nicht im sprachlichen Ausdruck, sondern in dem (von ihm bezeichneten, d. Ref.) Inhalt. Denn wir bilden Aussagen nur, um durch sie zur Erkenntnis der Inhalte zu gelangen, wie im Wissen, so im Glauben«[62].

Damit ist der Spannungsbogen in seiner ganzen Dimension gezogen. Er stellt alle Sprache über menschliche Gottesbeziehungen in die Geschichtlichkeit dieser Sprache und damit in die Relativität ihrer Symbolbildungen. Aber nicht die Begriffe oder Wortbildungen sind das, was die Glaubenden unbedingt angeht. Denn alle Sprachsymbole sind immer menschlich bedingt. Thomas hat hiermit entscheidende Grundlagen für alle Bibel- und Dogmenhermeneutik gelegt. In seinem Sinn ereignet sich verantwortungsvolle Glaubenssprache gerade nicht als starrer Dogmatismus, der ihr nur allzu oft vorgeworfen wird[63]. Vielmehr kann sie sich in einer geradezu unbegrenzten geschichtlichen Offenheit vollziehen. Gleichzeitig überläßt verantwortliche Glaubenssprache die glaubenden oder die aus Glauben denkenden Menschen keineswegs der Beliebigkeit oder Verführbarkeit der Wortbildungen, sondern bindet diese an die zu bezeichnende Sache, das heißt in unserem Zusammenhang an »die Sache Gottes« im Leben der Menschen.

Zu dieser Sache haben wir nach Thomas eine doppelte Möglichkeit des Erkennens. Zu dem, was Gott in seinem eigensten Sein und Wirken für uns sein will, hat menschliche Vernunft aus sich heraus keinen Zugang. Hier ist sie ganz auf Gottes Selbstzeugnis verwiesen[64], das sie nur im Glauben als einem schlechthin offenen Vertrauen auf sein Wort annehmen kann[65]. Im Gottesverhältnis wie in dem daraus gestalteten Welt- und Menschenverhältnis hat jedoch auch die menschliche Vernunft ihre eigene Bedeutung. Für die Ethik betrifft das nicht nur die gesamte Theorie-Deutung, sondern auch die praktische sittliche Urteilskraft im Kontext der konkreten Lebensvollzüge, also in der Terminologie des Thomas die Klugheit einschließlich des Gewissens. Wenn man will, kann man hier von einer zweiten Erkenntnisquelle für den gesamten Handlungsbereich des Menschen sprechen, sofern man Glaubens- und Vernunfterkenntnis damit nicht auseinanderreißt.

Man hat die Zuordnung von philosophischer Gotteserkenntnis und -sprache zur offenbarungsgeschichtlich-theologischen bei Thomas inzwischen vielfach diskutiert. Ist hier statt eines wirklich einheitlichen Entwurfs nicht eine »Stockwerktheologie« konstruiert, in der zwischen Natur und Übernatur zwar sauber unterschieden wird, die Einheit unserer menschlichen Existenz aber verlorengeht? Hat Thomas in seiner Wertung unserer natürlichen Möglichkeiten in der Gottesfrage nicht die Unheilsgeschichte und sündige Gebrochenheit des Menschen aus dem Auge verloren und jene menschliche Selbst- und Werkgerechtigkeit schon in der theologischen Erkenntnistheorie (sowie danach auch in der Ethik) begünstigt, die später Luthers Protest in seiner ganzen Schärfe hervorrufen sollte? Hat der mittelalterliche Theologe nicht doch die biblische Grundlage der Theologie verloren, weil er letztlich alle maßgeblichen Konstrukte darin mit Mitteln des Denkens und mit dem inhaltlichen Instrumentarium aus der philosophischen Tradition – besonders des Aristoteles – entfaltete? Derartige Anfragen wurden in der Vergangenheit meist von protestantischer Seite gestellt und näher verfolgt[66]. Seit einiger Zeit kam eine Diskussion thomistischer Fachleute um den »Plan der Summa theologiae« hinzu. Die »Summa« ist so aufgebaut, daß erst der letzte, 3. Teil Jesus Christus zum Hauptthema macht[67]. Vorweg ist im 1. Teil von Gott und dem, was von ihm als seine Schöpfung ausgegangen ist, die Rede. Desgleichen wird im 2. Teil, also ebenfalls vor der Christologie, »die Rückkehr der vernünftigen Kreatur« zu Gott und damit die Ethik behandelt. Gibt dieser Plan nicht bereits zu erkennen, daß die gesamte Theologie nach philosophischem Muster entworfen ist? Näherhin wurde auf das »Exitus-Reditus-Schema« (Ausgang aus Gott, Rückkehr zu Gott) verwiesen, das mehr eine platonische Emanationslehre mythologischen Ursprungs zugrunde lege als die biblische Schöpfungs- und Heilsgeschichte.

Wir können der Diskussion darüber hier nicht folgen. Als Problemanzeige verdienen die Einwände Beachtung, sprechen sie doch die kritischen Grenzen an, die mit dem Versuch der thomanischen Synthese gegeben sind. Aus seiner großen Kraft der Zusammenschau vermochte Thomas vielfach Gegensätzliches in eine Verhältnisbeziehung zu bringen, ohne dabei die Unterschiedlichkeiten zu verwischen. Seine Nachfahren haben nur zu oft die Kraft der »Synthesis« nicht mehr in gleicher Weise aufgebracht und durch einseitige Betonungen die Balance des Ganzen gefährdet oder gar aufgelöst. Freilich eines Ganzen, wie es die mittelalterliche Welt bedingte und mittelalterliche Sicht zu bauen trachtete! Man sollte diese geschichtliche Bindung und Bedingtheit nicht aus dem Auge verlieren.

Voraussetzung einer kritischen Würdigung des Thomas von Aquin wäre, daß dieser als ein vorreformatorischer Theologe anzuerkennen und als solcher auch stehenzulassen ist. Wer von ihm reformatorische Sichtweise und Sprache verlangt, trägt an ihn ungeschichtliche Erwartungen heran[68]. Freilich verbirgt sich hierin ebenso die Forderung, ihn nicht vom Trienter Konzil (1545–1563) her rückwärts zu lesen und zu interpretieren. Wer seine Theologie auf die Perspektiven der »seit Trient ganz gleichförmigen thomistischen Lehrweise« festlegen will (wie es im Neuthomismus bis in die Mitte unseres Jahrhunderts weitgehend geschah), schränkt nicht nur die Chancen für die ökumenische Begegnung mit Hilfe der Thomaslehre unsachgemäß ein[69], sondern verfehlt auch ihren »Sitz im Leben«.

3.3 Anthropologie und Ethik

Die entscheidende Verknüpfung zwischen Gotteslehre und Ethik lag für Thomas in der (theologischen) Anthropologie. Über das zu reden, wie wir Menschen leben und handeln sollen, verlangt die Klärung der Frage, wer wir eigentlich sind. Die maßgebliche Antwort hierauf fand er in der biblischen Verstehens- und Sprachtradition. Sie lautete: Der Mensch ist »Gottes Ebenbild« – »Imago dei«. Der Schöpfungsbericht (Gen 1,26f.) bot somit den Schlüsselbegriff. Er wurde mit den Mitteln damaliger Bibel- und Sprachwissenschaften eingehend analysiert[70], wobei ein Vorverständnis aus neutestamentlicher Christologie und Inkarnationslehre einfloß.

Dann skizzierte Thomas die Grundlage seiner theologischen Ethik in der Einleitung zum 2. Teil der »Summa« folgendermaßen: »Nach Johannes Damascenus heißt, der Mensch sei nach Gottes Ebenbild gemacht, daß er ein geistiges und ein frei wählendes und ein selbstbestimmendes Wesen ist. Denn das wird mit ›Ebenbild‹ bezeichnet. Weil vorweg vom Urbild gesprochen wurde, nämlich von Gott und von allem, was aus seiner göttlichen Bestimmungsmacht gemäß seinem Willen hervorgegangen ist, bleibt uns nun die Aufgabe, sein Ebenbild zu betrachten, das heißt den Menschen. Und das hat zu geschehen, insofern der Mensch selbst Ursprung seiner Handlungen ist, nämlich in gewisser Weise selbst mit freiem Willen und mit Bestimmungsmacht für seine Handlungen begabt«[71].

Nach dieser Darlegung ist eine ethische Theorie als Ausdruck christlicher Theologie also unter folgenden Voraussetzungen zu entwerfen:

1. Vom Menschen, seinen ethischen Möglichkeiten und seiner Sinngebung ist nur zu reden, insofern er von Gott her – als dessen Ebenbild – verstanden wird. Der Mensch kann sich nur vor Gott recht verstehen und bestimmen.
2. Das Ebenbild ist nicht mit dem Urbild identisch. Es muß von ihm grundlegend unterschieden bleiben[72]. Der Mensch darf nicht – heimlich oder offen – göttliche Güte, Macht oder Selbstbestimmung bei sich suchen.
3. Gleichwohl gewinnt er die Vorstellungen und Kräfte seiner eigenen Lebenserfüllung, Freiheit und Macht von dem, dessen Ebenbild er ist und der sich ihm als Schöpfer, Retter und Vollender offenbart hat.
4. Das Ebenbild verdient seinerseits eigene Achtung. Diese ist im Sinne Gottes, der es »sich zum Bilde« gewollt, das heißt geschaffen und zur Vollendung bestimmt hat.
5. In ethischer Hinsicht ist die Achtung auf die dem Menschen geschenkte und zugleich eigene Freiheit und Bestimmungsmacht gerichtet. Ihre Entfaltung und Vollendung ist der »Gegenstand«, um den es in theologischer Ethik geht.

Die eigene Prägung dieses ethischen Paradigmas wird nicht zuletzt dadurch deutlich, daß man sich vergegenwärtigt, wovon es sich unterscheidet. In der vorchristlichen Antike ist das Verständnis vom Menschen als »Imago Dei« nirgends zum zentralen Orientierungsgrund des persönlichen und gesellschaftlichen Ethos geworden. Das war ohne die Begegnung mit dem biblischen Gott der Offenbarung auch gar nicht möglich. Es hat außerhalb der biblischen Sprachwelt verschiedene Anklänge zur Imago-Lehre gegeben, etwa in der platonischen Partizipationslehre oder in der stoischen Vorstellung vom natürlichen Sittengesetz im Menschen, das eine Teilhabe an der ewigen Weltvernunft sei, oder auch in rituell vermittelten Vorstellungen, nach denen durch bestimmte Kulthandlungen eine Teilhabe an der Kraft überirdischer Wesen herbeigeführt werden könnte. Aber in alledem finden sich doch nur sehr entfernte Vergleichbarkeiten bei völlig Unvergleichlichem. Für Thomas von Aquin lag das völlig Unvergleichbare im Gott der Offenbarung begründet, durch den allein der Mensch göttliches Ebenbild sein und werden kann. Wohlgemerkt, es ging ihm nicht nur um das Sein des Menschen, sondern zugleich, ja, zuoberst um sein Werden. Das gnadenhafte Wirken Gottes im Heranreifen des Menschen zu seinem »Bilde«, und zwar als ein immer neues schöpferisches Handeln Gottes im Menschen und in der menschlichen Geschichte, gehört bei Thomas zur Grundlage seiner Ethik.

Von alledem konnte in einer vor- oder außerbiblischen Theorie nicht die Rede sein. In der ethischen Sprache des Aristoteles zum Beispiel fehlt nicht nur gänzlich der Imago-Begriff. Es gibt auch für eine Präsenz des Göttlichen in der sittlichen Praxis des Menschen oder für eine grundlegende Lebensorientierung dieser Praxis auf eine Gemeinschaft mit dem »Erstbeweger« des Alls keine tragenden Perspektiven[73].

Von hier her wird deutlich, in welcher Weise Thomas Lehrelemente des Hellenismus im allgemeinen oder des Aristoteles im besonderen aus dem kritischen Prinzip seines christlichen Offenbarungsverständnisses heraus umzuarbeiten hatte, sofern er sie im Sinne seiner Zusammenschau zu integrieren beabsichtigte. Es besteht inzwischen kein Zweifel, daß er diese Umgestaltung in vielen und grundlegenden Fragen tatsächlich auch vorgenommen hat[74]. Man kann darin eine Entstellung der authentischen Aristoteles-Lehre oder eine schöpferische Neugestaltung derselben mit kritischer Korrektur aus dem christlichen Verständniszusammenhang heraus sehen. Diese Bewertungen hängen von dem eigenen hermeneutischen Standpunkt ab, den man einnimmt. Tatsache bleibt, daß die Lehre des griechischen Humanismus in wichtigen Verstehenszusammenhängen übernommen und zugleich doch umgestaltet wurde.

Aufschlußreich ist, in welcher Weise Thomas das Menschsein und die Menschwerdung des Menschen sowie zugleich Gottes Sein und Wirken für das Universum und die Menschheit mit der Urbild-Abbild-Beziehung bestimmt hat. Die Ebenbildlichkeit des Menschen zu Gott liege darin, so deutete er, daß der Mensch ein »geistiges und ein frei wählendes und ein selbstbestimmendes Wesen« sei – ein »intellectuale et arbitrio liberum et per se potestativum«[75]. Die hier verwandten Begriffe machen deutlich, daß sie nicht dem biblischen, sondern dem hellenistischen Sprachschatz entnommen sind. Das wird unter anderem durch den Rückgriff auf Johannes Damascenus bestätigt[76], einen Theologen, der zwischen 650 und 750 in der griechischsprachigen Welt tätig war. Das lateinische »Intellectuale« weist unverkennbar auf das »Lógon echón« oder den »Nous« der platonisch-aristotelischen Tradition, das »arbitrio liberum« und »per se potestativum« auf die »Prohaíresis« und die »Autarkeía« des Aristoteles zurück[77]. Das Menschsein des Menschen bestände also im Vergleich zu allen anderen Lebewesen, die wir kennen, in seinem geistigen Sein, aufgrund dessen er zu freiem Wählen und durch sich selbst zur Herrschaft oder zur Selbstbestimmung (per se potestativum) fähig sei.

Eine so geartete Theorienbildung hatte es im biblischen Wortfeld von »Ebenbild Gottes« nicht gegeben. Dennoch finden sich darin erhebliche Anknüpfungspunkte. Man denke nur an Ps 8,5 ff.: »Was ist der Mensch, daß du seiner gedenkst? (...) Du setzest ihn zum Herrscher über das Werk deiner Hände, alles hast du ihm unter die Füße gelegt: Schafe und Rinder allzumal, dazu auch die Tiere des Feldes...« Thomas bezog sich nicht zuletzt auf neutestamentliche Textzusammenhänge, wie etwa auch Eph 4,23 f. oder Kol 3,10 f. Dabei verkannte er durchaus nicht, daß in diesem Kontext von einem neuen Geist und einer neuen Freiheit die Rede war[78], die uns in Christus geschenkt sei, so daß wir »in dasselbe Bild (Christi) verwandelt werden von Herrlichkeit zu Herrlichkeit...« (2. Kor 3,18). Aber er hielt es aus seinem heilsgeschichtlichen Verständnis heraus für vertretbar, schon in der philosophisch erschlossenen Geistigkeit und Freiheit des Menschen Gottes Schöpferwerk im Hinblick auf sein Erlösungs- und eschatologisches Vollendungswerk zu sehen. In diesem Sinn muß der Mensch in seiner Geschichte erst werden, was er von seiner Ursprungsbestimmtheit her schon ist. Seine Gott-Ebenbildlichkeit ist eine heilsgeschichtliche und damit prozeßhaft-dynamische Bestimmung. Sie hat ihren Anfang in unserer geschaffenen vernunftbegabten Natur und erfährt ihre Vollendung in endzeitlicher Herrlichkeit[79].

Von hier her bedeutete es für Thomas keine Herabsetzung von Gottes Hoheit, vom Menschen und seiner Bestimmung Großes zu denken und zu sagen, ja den Menschen in seiner Freiheitsberufung zu einem zentralen Thema seiner Theologie, das heißt seiner Gotteslehre, zu machen. Sein theozentrisches Wirklichkeitsverständnis bedeutet damit zugleich die entsprechende Würdigung des Menschen und kann – recht ausgelegt – auch als anthropozentrisch bezeichnet werden[80], vorausgesetzt, daß der Eigenstand der übrigen Schöpfung beachtet wird. Nicht nur die »Causa prima« (Erstursache), sondern auch die »Causa secunda« (Zweitursache), nicht nur Gott, sondern auch der Mensch, nicht nur Gottes Freiheit in Schöpfung, Erlösung und Vollendung, sondern auch die Freiheit des Menschen waren in alledem nach Thomas' Auffassung zu beachten und zu achten. An oberster Stelle stand das Gottesbekenntnis. Denn es hieße, Gott selbst herabzusetzen, wenn man sein Werk diskriminiert[81]. Zugleich ging es jedoch auch um das Bekenntnis zum Menschen und zu seiner Bestimmung, und zwar nicht nur auf der persönlichen, sondern auch auf der gesellschaftlichen und geschichtlichen Ebene.

Man darf hier nicht eine entfaltete Theorie des modernen Freiheits- und Menschenrechtsethos suchen. Aber das, was Thomas in die Sprache vom Menschen als Ebenbild Gottes inhaltlich einbezogen hatte, war offen für diese neuzeitliche Wirkungsgeschichte[82], auch wenn er in konkreten Auslegungen seiner Theorie in manchen Zusammenhängen erheblich hinter unseren Erwartungen zurückblieb[83].

3.4 Das glückliche Leben als christlicher Lebenssinn

In welchem Maß Thomas dabei auf die früheren Theorien und Fakten zurückgriff und diese doch zugleich umarbeitete[84], wird nicht zuletzt an der Verwendung und inhaltlichen Neufüllung des aristotelischen Eudaimonia-Begriffs deutlich. Auch Thomas setzte es als eine Art empirischer Tatsache voraus, daß alle Menschen glücklich werden wollen[85]. Er hielt diese Erwartung auf ein erfülltes und beglückendes oder gar beseligendes Leben nicht einfach für moralisch disqualifiziert. Hat Gott nicht selbst bezeugt, daß er das Leben will und daß er es für uns in Fülle will? Menschen unglücklich zu machen oder gar Schöpfung zu vernichten, konnte in den Augen des mittelalterlichen Theologen unmöglich Sache Gottes sein. Deshalb deutete er mit Aristoteles die glücklich machende Lebenserfüllung als umfassenden und letztlich tragenden Motivationsgrund, als »finis ultimus« unseres menschlichen Lebens. Die Untersuchung darüber, was für den Christen und die Christenheit mit diesem bestimmenden Sinnziel des Lebens inhaltlich gemeint sei, wurde deshalb von ihm an den Anfang seiner gesamten Praxis-Theorie gestellt[86].

Er scheute sich also keineswegs, als Theologe an zentraler Stelle seiner Praxistheorie in den Fragehorizont einzutreten, der antikes Philosophieren über Jahrhunderte bestimmt hatte, nämlich was glückliches Leben eigentlich sei und wie der Mensch seiner teilhaftig werden könne. Der Horizont wird von uns heute unter den verschiedensten Ansätzen etwa der Lebensqualität, der Chancengleichheit, des gelungenen Lebens oder der Identitätsfindung oder auch unter dem israelitischen Begriff von Schalom neu entdeckt[87]. Kants Eudämonismuskritik hatte es für kritische Denker unserer Epoche weitgehend suspekt gemacht, lautere Sittlichkeit mit dem eigenen Glück in Verbindung zu bringen.

Thomas hielt es durchaus nicht für unangebracht, den philosophischen Analysen der Antike vor allem von Aristoteles nachzugehen und sie in seinen Argumentationszusammenhang aufzunehmen. Nicht nur aus religiöser Glaubenseinstellung, sondern schon aus vernünftiger Lebensphilosophie war in seinen Augen darzustellen, daß wirkliches Lebensglück nicht hauptsächlich oder gar eigentlich im Wohlstand oder in der Ehrung durch die Umwelt noch in Machtausübung, Gesundheit oder Lusterfahrung, ja, auch nicht in einem glücklichen Seelenzustand liegen können, sondern über all das hinausweise[88].

Worin dann aber die eigentliche und vollendete Erfüllung im Sinne des wahrhaft glücklichen Lebens bestehe, das ließe sich weder aus reiner Lebensphilosophie erschließen noch aus menschlichen Möglichkeiten heraus realisieren. Es kann dem Menschen nur vor Augen gelangen durch Gottesoffenbarung[89], und er kann dessen nur teilhaftig werden durch Gottes gnädiges Handeln[90]. Denn die universal beglückende Lebenserfüllung besteht für den Menschen und die Menschheit untereinander in der Gottesgemeinschaft: in der Teilhabe des Lebens, das Gott selbst für uns ist, und in der Gemeinschaft der Menschen untereinander in Gott[91]. Die vollendete Lebenserfüllung ist somit eine eschatologische Wirklichkeit, die alle menschlichen Realisierungsmöglichkeiten übersteigt[92]. Aber sie ist doch nicht so jenseitig, daß sie in unserem Leben reine Utopie bleiben müßte. Nach dem Apostel Paulus warten wir zwar auf die volle Offenbarung unseres vollendeten Lebens. Aber dessen Verheißung wirkt schon jetzt in diesem Leben. »Denn auf Hoffnung hin sind wir gerettet«, zitiert Thomas Rö 8,24 und will offenbar betont wissen, daß »wir gerettet *sind*«. Er vertritt, daß christliches Leben aus dieser gewissen Zuversicht des Glaubens[93] ein gestärktes, getröstetes und glückliches Leben zu sein vermag, wenn auch in unvollkommener Vorläufigkeit im Vergleich zu dem, was uns endzeitlich verheißen ist[94].

3.5 Die Liebe – Das »Neue Gesetz«

Am tiefsten vermag die Liebe uns Gottes Gemeinschaft und damit das wahre Glück zu vergegenwärtigen[95] – die Liebe, die Gottes Geist ausgießt in unsere Herzen[96] und zum dynamischen Lebensgrund des ganzen christlichen Ethos macht[97]. Dabei handelt es sich zuerst um jene Liebe, die Gott selbst uns gegenüber in seiner Geschichte mit uns bezeugt hat. Gott hat sich uns in freier grundloser Bejahung zugewandt und uns dadurch erst liebenswert gemacht[98]. Er bringt uns seine Freundschaft entgegen, weil er uns um unserer selbst und unseres glücklichen Lebens willen – ohne jede Bedingung und Abzweckung – einfach aus wohlwollender Liebe will[99]. Darin macht er den wahren Bedeutungsgehalt von »Freundschaft« erst offenbar.

Aus der Vergegenwärtigung und Verwirklichung dieser Liebe gestaltet sich die gesamte persönliche und gesellschaftsbezogene Ethik des Christen. Weil der Mensch aus Glauben sich so geliebt weiß, vermag er sich selbst grundlos anzunehmen und ein Leben wahrer Freundschaft den anderen entgegenzubringen. Liebe ist diese lautere Freundschaft der anderen um ihrer selbst willen, oder sie ist keine wahre, das heißt göttliche Gestalt der Liebe. Ihr ist letztlich daran gelegen, daß es dem anderen wohl ergehe; sie vermag auch dort noch wohlzuwollen, wo Feindschaft entgegenkommt[100].

Man hat die ethische Theorie des Thomas gelegentlich (wie die aristotelische auch) des Eudämonismus geziehen, weil sie die beglückende Erfüllung des Menschen zum zentralen Lebensmotiv gemacht habe[101]. Wenn man jedoch bedenkt, daß dieses Lebensglück darin liegt, auf die eben genannte Weise aus der Gottesbegegnung heraus Mensch für den anderen zu sein, wird erkennbar, wie problematisch es ist, hier den Eudämonismus-Begriff überhaupt zu verwenden.

Dieses Ethos Liebe umspannt die ganze Komplexität der christlichen Existenz, die sich kaum anders als in paradoxer Sprache ausdrücken läßt. Einerseits nämlich deckt es den Menschen in seiner radikalen Gebrochenheit auf, sofern man ihn aus sich heraus betrachtet: Der Mensch unterliegt wie alle Kreatur »eher der Nichtigkeit« – »magis est vanitas«[102]. Andererseits aber bezeugt es die Größe, die ihm durch Gott zugesagt und verheißen ist und die er durch dessen Kraft auch als sein Ethos zu leben vermag. Deshalb gilt: »Caritas non est vanitas« – »die Liebe Gottes ist nicht Nichtigkeit, sondern bringt eine unendliche Wirkung hervor, indem sie die Seele des Menschen mit dem sie rechtfertigenden Gott vereint. Das erweist die Unendlichkeit der göttlichen Kraft, die Urheber der Liebe (Gottes im Menschen, d.Ref.) ist«[103]. Das Ethos der Liebe, von dem hier die Rede ist, ist somit nicht aus der menschlichen Psychologie oder aus Sozialisationsbedingungen heraus erklärbar. »Die Liebe (Caritas) sprengt alle Proportionen der menschlichen Natur. Sie hängt nicht von irgendeiner natürlichen Kraft ab, sondern allein aus der Gnade des Heiligen Geistes, der sie ausgießt« in unsere Herzen[104].

Wiederum zeigt sich die grundlegende Andersartigkeit des hier entwickelten ethischen Paradigmas im Vergleich zum hellenistischen Menschlichkeitsethos – etwa bei Aristoteles. Wenn man bedenkt, daß Thomas die »Caritas« (als das »Zugleich« von Gottes- und Menschenliebe) die »Forma omnium virtutum« – »den Gestalt- und Antriebsgrund aller sittlichen Trefflichkeit« nennt[105], wird die Neuartigkeit seiner gesamten Praxislehre deutlich. Einerseits tritt der mittelalterliche Theologe in den Verständniszusammenhang des Aristoteles ein, wonach es dem Menschen eigen ist, Vernunft zu haben. Deshalb muß es als Zerstörung des Menschseins, also als böse bezeichnet werden, wider die Vernunft zu leben. Das dem Menschen naheliegende und konnaturale Orientierungsmaß – die »regula propinqua et homogenea voluntatis humanae« – ist daher die menschliche Vernunft[106]. Aber das hintergründige »Gesetz« dieser menschlichen Vernunft, soll sie im christlichen Sinn verstanden und wirksam werden, ist das in ihr wirkende »ewige Gesetz«, »das gleichsam die Vernunft Gottes ist«. Dieses »ewige Gesetz« ist daher das »oberste Orientierungsmaß«, die »Regula prima« für all unser Handeln[107].

In der »Lex aeterna« aber nimmt die »Lex nova« – »das Neue Gesetz« Christi – die bestimmende Mitte ein. Dieses »Neue Gesetz«, nach dem die Menschheit in Christus vollendet wird, ist nichts anderes als die Liebe oder Gnade des Heiligen Geistes in den Herzen der Menschen[108]. Das Wort »Gesetz« muß demgemäß hier ohne Beigeschmack von »Gesetzlichkeit« verstanden werden. Es deckt sich weder mit dem Gesetzesbegriff von Paulus noch mit Luthers »Gesetz« in seiner Gegenüberstellung zum »Evangelium« noch mit irgendeinem Begriff vom Moralgesetz noch mit dem Gesetz, das von Staats wegen gilt[109]. Es ist vielmehr als neues inneres Lebensgesetz zu verstehen, nach dem die Glaubenden »angetreten« sind zu ihrem neuen Leben in Christus. Es ist ihnen Antriebs- und Gesinnungsgrund sowie oberstes Maß ihrer sittlichen Vernunft und ihres Handelns.

Um diese innere Wirklichkeit und Wirkungskraft im Leben der Christen zu kennzeichnen, zieht Thomas verschiedene Begriffe aus der biblischen Sprachgeschichte heran, mit denen er immer neue Seiten des Gemeinten herauszuheben sucht. In Anlehnung an Rö 3,27 nennt er es das »Gesetz des Glaubens«, weil es den Glaubenden durch ihr Vertrauen auf Gottes lebensverheißendes Wort eingegeben wird[110]. Oder es wird auch »Gesetz der Gnade« genannt, um den Charakter des völlig ungeschuldeten Geschenks zu kennzeichnen[111]. Oder er nennt es auch »Gesetz Christi« und zugleich »Gesetz des Heiligen Gesetzes«, weil es durch Christi Heilstat im Heiligen Geist das eigentlich bestimmende Gesetz unserer jetzt währenden Geschichte geworden ist[112]. (Diese Kennzeichnung sollte joachitische Deutungen abwehren, die ein »Zeitalter des Heiligen

Geistes« für die Endzeit von dem dann abzulösenden »Zeitalter des Evangeliums Jesu« behaupteten[113].) Vor allem aber heißt es »Gesetz der Liebe« – »Lex amoris«, »Lex caritatis« – und damit zugleich »Gesetz der Vollendung« – »Lex perfectionis« oder, in Anlehnung an Jak 1,25, schließlich »Gesetz der vollkommenen Freiheit« – »Lex perfectae libertatis«[114].

Diese Sprachverbindungen wollen auf die vollendend frei machende Wirkung hinweisen, die jene erfahren, die seine Kraft in sich wirken lassen. Denn das neue Lebensgesetz des Glaubens legt keineswegs neue Moralgesetze auf[115], sondern macht die Glaubenden innerlich frei, das Gute als Ausdruck ihrer gottebenbildlichen Menschlichkeit zu vollziehen. Eben deshalb ist es zuerst und zuoberst innerer Antriebs-, Gesinnungs- und Urteilsgrund im Menschen (»principaliter est lex indita«). Daß es auch in der Bibel seinen schriftlichen Niederschlag gefunden hat, ist nur eine Folgewirkung (»secundario est lex scripta«)[116].

Die Praxislehre des Thomas ist somit noch weniger eine Ethik der Gesetzestafeln als die des Aristoteles[117]. Denn das letztlich »Maß-Gebende« im sittlichen Handeln ist nichts gesetzlich Fixiertes, sondern ist das lebendige »Gesetz der Liebe« im Innern der Glaubenden. Wer wahrhaft liebt, achtet um deretwillen, die er liebt, das, was sinnvoll und gut ist in allen Moral-, Kult- oder Rechtsbereichen. Deren gesetzliche Regelung erfolgt nicht durch das »Neue Gesetz« selbst, sondern ist »dem freien menschlichen Ermessen überlassen« (»reliquuntur humano arbitrio«), das sich vom »Gesetz der Liebe« leiten zu lassen hat[118]. Aus dieser theologischen Sicht sind denn auch alle kirchlich oder gesellschaftlich geltenden Gesetze ihrerseits selbst nie direkt Gottesgesetz, sondern – im rechten Fall – zum Wohl der Menschen aus menschlichem Ermessen erstellte Gesetze. Sie haben in ihrer konkreten Fassung auch immer nur eine dementsprechende menschliche oder gesellschaftsgeschichtlich bedingte Legitimation, auch wenn ihre Motivation oder Zielsetzung im »göttlichen Gesetz« begründet ist. Das schlußendlich »Maß-Gebende« ist die durch die Liebe geleitete Vernunft.

Thomas zögerte nicht, dieses oberste Gesetz des christlichen Ethos auch auf so grundlegende Lebensbeziehungen wie das Eigentums- und Familienrecht oder die Grundlagen der Sexualethik auszudehnen[119]. Er hat dabei keineswegs die Natur- oder anderweitigen Sachbedingungen dem Belieben des menschlichen Urteils überlassen wollen, sondern suchte in diesen Bedingungen durchaus vorgegebene Ordnungen zu entdecken. Aber eben, menschliche Wahrnehmung muß diese Ordnungen entdecken und muß ihren Geltungsanspruch im Lichte des »Neuen Gesetzes« beurteilen. Für Thomas waren diese vorgegebenen Ordnungen somit der aus Liebe geprägten Vernunft zugleich aufgegeben. Der Mensch – individuell und als Genus verstanden – hat sie als Aufgabe in ihrer Beurteilung und Anwendung zu verantworten[120]. Jene Interpreten, die aus Thomas einen Gesetzesdeterministen biologistischer oder traditionalistischer Prägung machen wollen, müssen zentrale Lehrpositionen von ihm ausblenden, um ihn in ihrem Sinn auslegen zu können. Zu deutliche Texte stehen dem entgegen, und zwar auch im Hinblick auf »grundlegende Ansprüche des natürlichen Sittengesetzes«: »Weil die menschlichen Handlungen nach verschiedenen Bedingungen der Personen, der Zeit und der anderen Umstände abgewandelt werden müssen, deshalb gehen die Folgerungen aus den grundlegenden Ansprüchen des natürlichen Sittengesetzes auch nicht so hervor, als besäßen sie immer Geltung, sondern sie besitzen sie nur zum größten Teil. Und dieser Art ist die gesamte Materie der Moral, wie Aristoteles in seiner Ethik zeigt«[121].

3.6 Freiheit und Gnade

Vergegenwärtigt man sich diese Theorie menschlicher Praxis, dann wird schon von den wenigen Lehrelementen her, die hier skizziert wurden, deutlich, in welchem Ausmaß sie sich von einer rein rational vorgehenden Ethik unterscheidet. Weder der Bedeutungsgehalt des Glücks noch der Liebe noch der Vernunft noch des Gesetzes sind bei Thomas von Rationalitätskriterien her allein zu erschließen oder anzugehen. Sie sind zugleich aus Glauben an Gottes verheißendes Evangelium anzunehmen und von da her zu bestimmen. Das wird noch einmal in besonderer Weise an dem Begriff sichtbar, den Thomas mit dem Wort Freiheit verbindet.

Zunächst gibt es für ihn in Anlehnung an Aristoteles keine Frage darüber, daß nur dort überhaupt von Moral oder Ethik zu reden ist, wo der Mensch frei handeln kann, nicht dort, wo Aktivitäten oder Funktionen außerhalb seiner eigenen Verantwortung zwangsmäßig oder anderweitig determiniert ablaufen. Die moralische Betrachtungsweise ist nur im Bereich der eigentlich menschlichen Handlungen, der »Actus humani«, angebracht[122]. Zwar kennt Thomas noch nicht dem Wortlaut nach den Begriff der »Verantwortung«, sondern spricht vom »Willentlichen« (»Voluntarium«), das »das eigentlich menschliche Handeln« als solches qualifiziere und von nicht menschlich qualifizierten Abläufen oder Reaktionen, den »Actus hominis«, unterscheide[123]. Aber in der Analyse dieses »eigentlich menschlichen Handelns« tauchen jene grundlegenden Elemente auf, die wir heute – meist unausgesprochen – im Begriff des »verantwortlichen Handelns« voraussetzen. Thomas hielt zwei für entscheidend. Erstens müsse der Mensch bewußt oder als Wissender handeln (»cum cognitione«, »cum scientia«); wo ihm keine Erkenntnis möglich ist, kann er auch nicht verantwortlich gemacht werden. Und zweitens müsse der Ursprung seines Handelns in ihm selbst (»ab intrinseco principio«) liegen; er dürfe nicht unausweichlich fixiert von außen bewegt sein[124]. Nur unter diesen beiden Bedingungen ist vom »Voluntarium« und damit von »einem menschlichen Handeln« die Rede und steht daher die Kategorie des Moralischen überhaupt zur Sprache.

Kann nun aber in einem christlichen Verständnis diese Analyse von menschlichem Handeln in Freiheit überhaupt zum Zuge gebracht werden? Was hat die Rede von »Erkenntnis« und von »Willentlichkeit« noch für einen Sinn, wo sich das Handeln auf eine glückliche Lebenserfüllung richtet und aus einer Liebe heraus versteht, die die Rationalität des Menschen sowie seine Antriebskraft aus dem eigenen inneren Lebensgrund heraus einfach übersteigt? Das »Zugleich« von religiöser und rationaler – genauer: von theologischer und philosophischer – Wirklichkeitsschau, das Thomas darzustellen versuchte, wird in diesem Theoriekontext noch einmal deutlich. Dabei spannte er die Gegensätzlichkeiten, die es zusammenzusehen galt, bis zur äußersten Konsequenz aus. Denn es ging ihm nicht nur um die Beachtung der unendlichen Distanz zwischen göttlichem und kreatürlichem Leben. Die Kreatur Mensch mußte darüber hinaus im Licht biblischer Botschaft gesehen werden.

Diese aber hat menschlicher Selbstwahrnehmung und -deutung bewußt gemacht, daß es in der Geschichte so etwas wie eine radikale Entfremdung der Menschheit von ihrem eigenen Ursprung und ihrer ursprünglichen Bestimmung weg gegeben hat und in fortwirkender Weise gibt. Sie hat die Entfremdung mit dem Sprachsymbol »Sünde« oder »Sündenfall« benannt. In dieser Begrifflichkeit drängte Erfahrung von tiefgreifender Gebrochenheit zum sprachlichen Ausdruck, die »seit der Sünde des ersten Menschen« als »Erbe« auf alle Nachfahren übergegangen sei und somit unsere Natur durchziehe. Nicht nur die persönlich zu verantwortende Tatsünde, auch die unsere Natur behaftende Gottesferne sei Sünde zu nennen. Heißt es doch (Eph 2,3): »wir waren von Natur aus

Kinder des Zorns«[125]. Mit dem einen Wort »Sünde« sind somit zwei unterschiedliche Bedeutungsinhalte angesprochen, die persönliche Tatsünde und die unsere Natur behaftende »Erb-Sünde«[126]. Mit dem letzteren Begriff hatte die christliche Sprachtradition seit Augustin in Anlehnung an Paulus die Erfahrung des Menschen mit seiner Geschichte von Brudermord und Habgier, von Neid, Familienzwist, Völkerentzweiungen und -kriegen illusionslos benannt. Sie hatte damit zugleich darauf verweisen wollen, daß rationale Erklärungsversuche für all diese fortwirkende Bosheit unzureichend bleiben müssen. Sie hatte ihrerseits jenen Deutungsversuch angeboten, dessen Kern auf einer Glaubensüberzeugung beruht. Diese besagt, daß unsere persönliche und allgemeine Geschichte ursprünglich als ein Zusammenhang des vollkommenen Gottesfriedens entworfen war. Unser Abfall davon habe die Regression in die Zerwürfnis sowohl des Menschen mit sich selbst als auch der Menschen untereinander in all seinen gesellschaftlichen und ökologischen Bezügen zur Folge.

Thomas bagatellisierte die Wirkungen dieses grundlegenden Zerwürfnisses nicht. Anknüpfend an Augustin erklärte er, daß der Mensch in allen seinen seelischen Fähigkeiten negativ betroffen, ja bis in seine Wesensmitte (»Essentia«) durch das unselige Erbe korrumpiert sei[127]. Dennoch habe er nicht aufgehört, Mensch zu sein. Den einen oder anderen Lebensbereich (»bonum particulare«) »wie Häuser bauen oder Weinberge pflanzen und ähnliches« mag er trotz seiner gebrochenen Natur noch gut leisten können. Das ihm konnatural gute Leben insgesamt jedoch bleibt ihm unerreichbar, geschweige denn jene Weise des Lebens, die ihm Gott ursprünglich zugesprochen hat und die ihm als neue Gerechtigkeit aus Glauben an Jesus Christus zuteil werden soll[128]. Dieses Geschehnis des neuen Lebens wurde seit der Begriffsprägung durch Paulus als »Rechtfertigung des Sünders« bezeichnet und im Streit zwischen Augustin und Pelagius zu Beginn des 5. Jahrh.s neu diskutiert. Thematisiert wurde dabei die Frage, in welchem Verhältnis hierin Gottes gnädiges Wirken und des Menschen freie Bemühung ständen. Pelagius hatte sich gegen reichlich viel Lässigkeit im moralischen Verhalten vieler Christen im damaligen Rom gewandt und ihre sittliche Bemühung gefordert. Augustin hatte diese nicht als belanglos hinstellen wollen, aber darauf verwiesen, daß die Rettung des Sünders ganz und gar Gottes erbarmungsreicher Gnade zuzusprechen sei.

Thomas folgte Augustin und gestaltete zugleich aus dessen Einzelperspektiven eine zusammenhängende Gnaden- und Rechtfertigungslehre[129]: »Der Mensch kann sich in keiner Weise durch sich selbst ohne die Hilfe der Gnade aus der Sünde erheben«. »Aus der Sünde erheben« heißt dabei, »den Menschen in dem wiederherstellen, was er durch die Sünde verloren hat«[130]. Das neue Leben und mit ihm die neue Freiheit ist somit ganz Leben und Freiheit aus Gnade. Ohne Gottes gnädige Wirkung im Menschen ist daher kein Tun im Sinne der neuen Gerechtigkeit und des neuen Lebens möglich[131]. Der Mensch vermag sich auch nicht aus eigenen Kräften ohne gnadenhaften Einfluß Gottes auf die Bekehrung und Rechtfertigung vorzubereiten[132]. Ebensowenig kann er das Leben in Gottes Freundschaft bis zum Ende ohne die Gnade aus irgendwelchen eigenen Kräften oder Verfügungsmöglichkeiten bewahren[133]. Alles bleibt Gnade in dem neuen Leben. Der Mensch muß zwar tun, was an ihm liegt, aber auch in diesem Tun ist es Gott, der ihn dazu bewegt[134].

Gleichwohl wird der Mensch in seinem sittlichen und damit freien Tun einbezogen. Die Freiheit wird nicht durch Gottes gnädiges Handeln ausgelöscht, sondern als neue Freiheit im Sinne der wieder hergestellten Gott-Ebenbildlichkeit geradezu erst ermöglicht. Gott rechtfertigt den Menschen nicht ohne den Menschen, er trifft ihn gerade in dem, wo er am tiefsten und eigentlichsten Mensch ist, nämlich in seinem Personsein, in seiner Bewußtseins- und Entscheidungsmitte: »Die Rechtfertigung des Sünders erfolgt dadurch, daß Gott den Menschen zur Gerechtigkeit bewegt, denn er ist es, ›der den

Sünder rechtfertigt‹ (Rö 4,5). Gott aber bewegt alle Dinge je nach der ihnen eigenen Weise, wie wir es zum Beispiel im Naturbereich sehen (...). Darum bewegt er auch die Menschen zur Gerechtigkeit gemäß den Bedingungen der menschlichen Natur. Der Mensch hat es nun aber gemäß der ihm eigenen Natur an sich, daß er freier Selbstbestimmung fähig ist. Deshalb erfolgt in dem, der den Gebrauch der freien Selbstbestimmung besitzt, von Gott keine Bewegung zur Gerechtigkeit hin, ohne daß der freie Wille bewegt wird. Vielmehr gießt Gott die Gabe der rechtfertigenden Gnade so ein, daß er durch sie zugleich die freie Selbstbestimmungsfähigkeit zur Annahme der Gnadengabe bei denen bewegt, die dieser freien Bewegung fähig sind«[135]. Das Rechtfertigungsgeschehn ist somit ganz »Sache Gottes« und ist zugleich ganz »Sache des Menschen«, insofern er ganz in ihm beansprucht ist.

In dem Zusammenhang bezieht Thomas aus der vorangegangenen Sprachgeschichte den Begriff des »Meritum«, des »Verdienstes«, in seine Sprachsystematik mit ein. Er sei geeignet, um zu kennzeichnen, daß der Mensch im Gnaden- und Rechtfertigungsgeschehn gerade in seiner Freiheit einbezogen ist. Die unvernünftige Kreatur ist nicht eigentlich selbst an Gottes Wirken beteiligt, sondern nur in funktionaler Weise. Der Mensch dagegen ist durch seine Freiheit selbst Subjekt des neuen Lebens. Deshalb ist es angebracht, seinem guten Handeln meritorischen Charakter zuzusprechen[136]. Schon im Alten Bund sei die Rede vom Lohn für die Mühen gewesen: »Jer 31,16 heißt es: ›Dein Werk wird belohnt‹. ›Lohn‹ (›merces‹) heißt das, was für Verdienst (›meritum‹) gegeben wird«, interpretiert Thomas im Sinne seiner eben genannten Position[137].

Zugleich aber gibt er zu bedenken, daß der Verdienstbegriff in anderer Hinsicht ungeeignet ist, um den menschlichen Beitrag zu bestimmen. Denn er darf nicht so wie üblich verstanden werden, als könne der Mensch irgendeinen Rechtstitel aufgrund der eigenen Dignität seiner Leistung erheben. »Hier kann es keine gleiche Dignität (›condignitas‹) geben wegen der größten Ungleichheit (›propter maximam inaequalitatem‹) zwischen dem, was Gottes, und dem, was des Menschen im Rechtfertigungsgeschehen ist«[138]. »Deshalb kann es auch ein Verdienst des Menschen bei Gott nur geben unter der Voraussetzung einer göttlichen Anordnung, in dem Sinne, daß der Mensch durch sein Tun das von Gott gleichsam als Lohn empfängt, wozu Gott ihm die Kraft des Tuns zugeeignet hat«[139]. Der Mensch vermag somit aus sich allein heraus nichts vor Gott zu verdienen, nicht den Anfang, nicht den Fortgang und nicht die Vollendung des neuen Lebens. Alles darin ist Gnade. Nichts hat er, was ihm nicht geschenkt worden wäre. Das Sprachsymbol »Verdienst« ist damit für den hier anstehenden Zusammenhang nur in einem übertragenen Bedeutungszusammenhang zu verwenden. Und es ist überhaupt »nur unter der Voraussetzung einer göttlichen Anordnung« brauchbar, insofern nämlich Gott selbst dem, was er dem Menschen schenkte, die Dignität des »Verdienstes« zuerkennen wollte. Die Achtung vor dem Menschen als seinem eigenen Schöpfungswerk, die Thomas dem Schöpfer, Erlöser und Vollender aufgrund der uns durch ihn bezeugten Weisheit und Liebe zuerkannte, klingt in dieser Sprachkonstruktion erneut an. Ein Grundzug seiner ganzen theologischen Theorie wirkt sich hier aus, nämlich »daß die Gnade nicht die Natur aufhebt, sondern sie vollendet«[140]; was zugleich bedeutet, daß »die Gnade die Natur voraussetzt«, die sie vollendend verändern will[141].

3.7 Krisis der Thomaslehre im Spätmittelalter. Zum derzeitigen Stand des evangelisch-katholischen Dialogs

Das »Zugleich« von Gott und Mensch, von Gnade und Freiheit, von göttlicher und menschlicher Berufung des Menschen in seiner ganzen Geschichte bei gleichzeitiger Betonung der völligen Unvergleichlichkeit zwischen den je Bezogenen und des totalen göttlichen Primats verlangte eine große Kraft zur Zusammenschau des Gegensätzlichen. Mit dieser Kraft zur durchdringenden Theorie dürfte eine ebenso große Einfachheit in der gelebten Gottes- und Weltbeziehung bei gleichzeitiger Vielfalt der Lebensbezüge erforderlich gewesen sein. Auf Dauer wurde diesen Erfordernissen weder in der theologischen Theorie noch in der kirchlichen Praxis hinreichend entsprochen. Menschliches Tun und kirchliche Kompetenz erhielten unausgesprochen oder sogar ausdrücklich ein eigenständiges Gewicht in Gegenüberstellung zu Gottes gnädigem Handeln. Aus der Erlösungsreligion des Evangeliums Jesu wurde vielfach eine Leistungsreligion. Diese Entwicklung hat zwar nicht die ganze kirchliche Wirklichkeit erfaßt. Aber die theologische Grundorientierung des Thomas von Aquin besaß doch keine unmißverständliche Weisungskraft für die allgemeine Lehr- und Kirchenpraxis. Es konnten sich die verschiedensten Abartigkeiten verbreiten, ohne durch ein kritisch waches theologisches Bewußtsein kirchenöffentlich gerügt und korrigiert zu werden. Das Ablaßwesen, die Reliquien- und Heiligenkulte, die Werksfrömmigkeit oder die hierarchischen Macht- und Kompetenzansprüche der Kirche bildeten nur besonders herausragende Elemente verbreiteter Mentalitätsmuster. Offenbar besaß die Thomaslehre im Spätmittelalter nicht mehr genügend kritische Kraft, um dem sich ausbreitenden religiösen Synkretismus oder Aberglauben zu wehren. Hier mußte erst Luthers Rechtfertigungslehre eine signifikante Wende einleiten. Sie schuf eine neue Sprachgemeinschaft, die aufgrund ihres geschärften theologischen Bewußtseins der Christenheit neue Sprachregeln und mit ihnen die Eindeutigkeit des Bekenntnisses zur Rechtfertigung »allein aus Glauben und Gnade« nahelegte.

Inzwischen wird bekanntlich in der katholischen Christenheit die geschichtliche Bedeutung der reformatorischen Botschaft für die ganze Kirche zunehmend positiver gewürdigt[142]. Umgekehrt haben sich protestantische Theologen seit mehreren Jahrzehnten in neuer ökumenischer, nicht mehr kontroverstheologischer Orientierung in die Thomasforschung begeben, die vorher über Jahrhunderte ein katholisches Reservat gewesen war[143]. Oder sie haben sich auf einem neuen ökumenischen Diskussionsniveau der weiteren mittel- und spätmittelalterlichen Forschung zugewandt[144], die ebenfalls bis dahin weitgehend von Katholiken wahrgenommen wurde[145]. Natürlich konnte es in der kurzen Zeit zu keiner gemeinsamen oder gar einheitlichen Würdigung der Thomaslehre für die christliche Denk- und Sprachgeschichte kommen (wobei letztere nicht einmal wünschenswert wäre). Aber die theologischen Bemühungen haben doch zu den verschiedensten Begegnungsvorgängen geführt[146].

3.8 Die ethische Entfaltung des Menschen – Skizze der thomanischen Tugendethik

Das »Neue Gesetz« der Liebe aus Glauben hebt nicht den Anspruch der Vernunft auf, so wie die Gnade nicht die Natur zerstört, sondern vollendet. Diese grundlegende Sichtweise[147] drängte Thomas zu der Frage, wie die aus Gnade geschenkte neue Freiheit im menschlichen Leben konkret Gestalt anzunehmen habe, damit christliche Humanität Wirklichkeit werden könne. Dabei nahm für ihn die sittliche Bildung des Menschen einen zentralen Platz ein. Die Frage nach der Bedeutung der gesellschaftlichen Verhältnisse für öffentliche Gerechtigkeit und Frieden war damit keineswegs ausgeblendet[148]. Aber es gab auch darüber keinen Zweifel – in der hellenistischen Tradition seit Platons Staatstheorie spätestens ausgedrückt –, daß es die Menschen sind, die sich ihre gesellschaftlichen Strukturen und Verhältnisse schaffen.

Was galt im Näheren nun für die sittliche Bildung des Christenmenschen als erforderlich? Wie sollte das Leben aus Gnade sich gestalten? Paulus hatte 1. Kor 13,13 geschrieben: »Nun aber bleibt Glaube, Hoffnung, Liebe, diese drei; am größten aber unter diesen ist die Liebe«. Thomas knüpfte an diese neutestamentliche Sprache an[149]. Er meinte, man könne mit »diesen Drei« die grundlegenden Haltungen des Christen in seiner neu geschenkten Gottesbeziehung kennzeichnen. Er nannte sie daher »theologische Tugenden«, »und zwar einmal, weil sie Gott zum Gegenüber haben, insofern wir durch sie recht auf Gott hin geordnet werden; zum anderen, weil sie uns allein von Gott eingegossen werden, und schließlich, weil sie uns allein durch göttliche Offenbarung in der Heiligen Schrift als Tugenden überliefert sind«[150]. Diese »Tugenden« betreffen zuerst das Innere des Menschen und prägen ihn im Sinne von Gottes Verheißung, wollen aber auch in seinem äußeren Leben wirksam werden. Sie sind für Christen die Ursache aller ihrer Sittlichkeit[151]. Daher stellte Thomas ihre Untersuchung auch an den Anfang seiner Tugendlehre[152].

Als theologischen Tugenden, so interpretiert er, komme allen dreien zu, unser Leben in Gott selbst zu gründen. Der Glaube verankere den Menschen im »Testimonium Dei loquentis«, im »Zeugnis des sich zusagenden Gottes«[153], insofern dieser Gott der Urgrund aller Wahrheit, die Ur-Wahrheit ist[154]. Die Hoffnung gründe ihn in Gott, insofern er uns allmächtige und erbarmungsreiche Hilfe ist (»Auxilium divinae potestatis et pietatis«)[155]. Durch die Liebe finde der Mensch seinen Lebensgrund in Gott, insofern er diesen sich in unendlicher Güte zugewandt erfährt. Aus diesen theologischen Haltungen gewinne der Mensch einen Lebensgrund, der alle Vergleiche mit anderen Kräften oder Daseinsquellen hinter sich lasse. Da er in allem sich nicht auf Eigenes stütze, sondern auf Gottes lebendiges Zeugnis, erwachse ihm im Glauben festeste Gewißheit der empfangenen Lebensverheißung[156], in der Hoffnung eine unerschütterliche Zuversicht[157] und in der Liebe die Erfahrung lauterster, beglückendster Freundschaft[158].

Thomas war sich darüber im klaren, daß er den hellenistischen Tugendbegriff, wie er von Aristoteles zu einer abschließenden Deutung gelangt war, nur im übertragenen Sinn auf die biblischen Bedeutungsinhalte von Glaube, Hoffnung und Liebe anwenden konnte[159]. Gleichwohl war er der Meinung, daß der philosophisch gewonnene Begriff zur sprachlichen Klärung der biblischen Überlieferung hilfreich werden und den Menschen seiner Zeit zeigen könnte, was ihnen durch Gottes gnadenhaftes Leben geschenkt werde[160]. Er trat damit gleichzeitig in den Diskurs ein, der in der damaligen Epoche unter Theologen geführt wurde. Er hat in dieser Diskussion seiner Zeit bedeutende Klärungen herbeigeführt[161].

Aber es ging ihm nicht nur um die theologische Verwendung des Tugendbegriffs für Glaube, Hoffnung und Liebe. Auch jene Haltungen, die nach hellenistischer Einsicht den Menschen im Umgang mit sich selbst und mit den anderen human gestalten würden, schienen ihm für die christliche Lebenslehre beachtenswert. Nach den drei »theologischen Tugenden« behandelte er daher die »vier Kardinaltugenden« Klugheit, Gerechtigkeit, Tapferkeit und maßvolle Zucht. Sie boten ihm zugleich den Rahmen für seine gesamte materiale Ethik[162]. Sie trügen mit Recht den Namen »Kardinal«- oder auch »Haupttugenden«[163], weil in ihnen »die anderen praktischen Tugenden verankert sind wie die Tür in der Angel«[164]. Das Bild der Türangel (lateinisch = Cardo) diente als Metapher zur offenen Deutung. Die Tür selbst meine die Sittlichkeit des Menschen, durch die er zu seiner wahren Erfüllung gelange. Die Türangeln würden die ganze sittliche Entfaltung fest im Menschen verankern und gleichzeitig symbolisieren, daß unser praktisches Leben aus der Festigkeit der Grundhaltungen heraus in vielfältiger Bewegung schwingen müsse[165]. Den vier »Kardinaltugenden« ließen sich alle anderen moralischen Haltungen zuordnen, sei es als deren ansatzweise Vorstufen oder als deren integrale Bestandteile oder schließlich als deren komplementäre Auslegungen.

So hat zum Beispiel die Gerechtigkeit den Menschen in allen seinen sozialen Beziehungen zu ordnen, und zwar so, daß er die Belange der anderen in der ihnen gebührenden Weise respektiert und nach Maßgabe seiner Verantwortung zu verwirklichen trachtet. Die Kurzformel dafür lautet: »Jedem das Seine«[166]. Dieser Rechtssinn mit dem entsprechenden Verhaltenswillen muß nun nicht nur in der »Tauschgerechtigkeit« und in der »austeilenden Gerechtigkeit« zur Geltung kommen, betrifft also nicht nur Güteraustausch und alle Zuwendungen derjenigen, die ein Amt ausüben, einschließlich der Eltern. Wir schulden einander z.B. im persönlichen und öffentlichen Umgang auch »Treue und Glauben«. Wahrhaftigkeit sichert unter anderem diese Basis unseres Zusammenlebens. Sie kann somit der Gerechtigkeit zugeordnet werden[167], wie sie umgekehrt ihren Anspruch vom Sinn der Gerechtigkeit und ihrer Verwirklichung erhält. Es ging also keineswegs nur um eine Systematisierung der Tugenden, sondern auch um ihre inhaltliche Bestimmung. Aber es ging auch um Berücksichtigung der Vielfältigkeit in unseren Lebensbeziehungen, um sie zivilisiert und wohltuend im Sinne des erkannten Ethos zu gestalten. So ordnete Thomas unter anderem die Dankbarkeit, die Freigebigkeit, die Höflichkeit oder die Freundschaft ebenso der Gerechtigkeit zu wie etwa die Tugend der Gottesverehrung oder der »Pietas« u.a. mehr[168]. Die letztere ist uns leider weitgehend entschwunden. Schon die Doppeldeutigkeit, die in unseren Begriffen »Pietät – pietätvoll« anklingt, weist auf ihren Verlust hin. Der Aquinate hielt es für beachtenswert, daß die nichtchristliche Antike all jenen »Pietas« entgegenzubringen verlangte, denen wir unser Leben verdanken: den Eltern, dem eigenen Land und den Göttern. Er meinte, Christen stände Entsprechendes auch »von Rechts wegen« zu.

Was hier beispielhaft – und sehr unvollständig – im Kontext der Gerechtigkeit erörtert wurde, geschah auch bei der Darlegung der anderen Kardinaltugenden. Mit den vier sittlichen Grundprägungen erhielt die Tugendtheorie als ganze eine sinnvolle Ordnung und Übersichtlichkeit sowie eine Verankerung im Grundsätzlichen. Dabei blieb die Erörterung nicht bei den Haltungen stehen, sondern richtete sich auch auf das Tun, das aus ihnen zu folgen hätte, und das im Hinblick auf die konkreten Lebensumstände und Verhältnisse. So wurde die Ethik für das praktische Leben in zahlreichen Einzelbelangen entworfen, angefangen vom sittlichen Auftrag der »Fürsten« für die Führung des Gemeinwesens[169] über die sittlichen Erfordernisse für Richter und Rechtsprechung[170] bis zu Fragen des Eigentumsrechtes[171] oder der Ehe- und Sexualmoral[172].

Daß auch das Gegenteil von dem zur Sprache kam, was an trefflicher Haltung und gutem Handeln zu beachten war, also die »Vitia«, die schlechten Grundhaltungen und die aus ihnen kommenden schlechten Taten, gehört ebenso zum wirklichen Leben wie zur Vollständigkeit der Darstellung. Dennoch bildet es ein Merkmal der Tugendethik, sich nicht als Verbotsmoral zu verstehen, sondern als Theorie des guten und erfüllenden Lebens, das das Glück des Einzelnen und das gemeinsame Glück durch Sicherung sowie Förderung des Gemeinwohls zum Ziel hat[173].

Ebenso darf diese Tugendethik mit ihrer Bemühung, die verschiedenen Haltungen zu erfassen und in ihrer jeweiligen Eigenart näher zu bestimmen, nicht verdecken, daß es immer zugleich um den Menschen als ganzen ging. Seine Sittlichkeit als ganze wurde durchaus nicht aus dem Blick verloren, auch wenn nach ihrer Ausprägung in den verschiedenen Anlagen und Bedürfnissen des Menschen und dementsprechend in den verschiedenen Lebensfeldern gesucht wurde. Die Antike hatte deshalb von der »Connexio virtutum«, von der »inneren Verknüpfung der Tugenden« gesprochen. Man hatte z.B. vielfach beobachtet, daß Menschen, die ausschweifend lebten und dadurch gegen die sittlich gebotene Mäßigung verstießen, auch rücksichtslos gegen andere vorgingen, also die Gerechtigkeit verletzten. Gerechtigkeit und Mäßigung müßten also irgendwie zusammenhängen. Thomas übernahm bei der Einbeziehung der griechisch-römischen Tugendlehre in seine christliche Lebenslehre auch dieses Theorieelement[174].

Vielleicht trifft es zu, daß die Pflichtethik der Neuzeit in enger Beziehung zum absolutistischen Staat mit seiner Betonung von Staatsräson und Standespflichten entwickelt wurde. In ihm wurde das Funktionssystem des Gemeinwesens vorrangig durch »Befehl und Gehorsam« bestimmt. Bei der ursprünglichen Entfaltung der Tugendethik in der Antike haben ebenso wie bei deren Neuinterpretation im Mittelalter ganz andere »Staatsformen« Pate gestanden. In diesen Epochen war das Verhältnis von Individuum und Gemeinschaft in erheblich anderer Weise auf die Menschen und ihre konstruktive Eigenbeteiligung oder Initiative in der Gestaltung des »Staatswesens« angewiesen. Demgemäß ist die Tugendethik, auch die mittelalterliche, in entscheidender Weise menschenbezogene Ethik. Das Wohl der Menschen, ihr »glückliches Leben« und die dafür auszubildende Menschlichkeit, die im Mittelalter theologisch durch die Gott-Ebenbildlichkeit interpretiert wurde, bildete das maßgebende »Wozu« aller Ethik. Desgleichen war der konkret handelnde Mensch in seiner sittlichen Vernunft und – im Mittelalter – in seiner aus Glauben geprägten Liebe der »Maßgebende«. Denn nur durch Übereinstimmung mit Vernunft und Liebe galt menschliches Ethos als möglich, nicht etwa allein durch »Pflichterfüllung«. Es spricht vieles dafür, daß unser heutiges Ethikverständnis und das ihm entsprechende Paradigma, das der demokratischen Grundstruktur unserer Gemeinwesen und dem Anspruch auf Eigenverantwortung aller Bürger entsprechen muß, in der Tugendethik ein beachtenswertes geschichtliches Erbe zur Neuinterpretation zur Verfügung hat[175].

3.9 Zwei Beispielfelder der materialen Ethik – Fortsetzung der kritischen Diskussion

Die Bedeutung der thomanischen Tugendethik für unsere gegenwärtige ethische Orientierungssuche darf nicht idealisierend ausgelegt werden. So sehr es berechtigt ist, in der Ethik nach bleibenden Erkenntnissen über Gut und Böse zu fragen, so unerläßlich ist es, die geschichtliche Bedingtheit der jeweiligen Verstehenszusammenhänge zu beachten. An dieser hermeneutischen Forderung ist die Thomas-Renaissance des 19. Jahrhunderts weitgehend vorbeigegangen. Sie war einfach daran interessiert, die Lehre des Aquinaten in ihrer mittelalterlichen Form neu zur Geltung zu bringen. Die jüngere Thomasforschung hat sich von diesen Vorstellungen gelöst. Sie bemüht sich, den »Sitz im Leben« für die Lehre des mittelalterlichen Theologen deutlicher zu erfassen und zugleich die geschichtliche Grenze nicht zu vernachlässigen. Zahlreiche Bereiche aus der materialen Ethik der damaligen Zeit bieten für diese Betrachtungsweise hinreichenden Anlaß. Einige seien beispielhaft skizziert.

3.9.1 Zum Verhältnis von »Kirche und Staat«

Als maßgeblichen Hintergrund für die Verhältnisbestimmung zwischen geistlichem und weltlichem Amt bei Thomas muß man die mittelalterliche Vorstellung von der Einheit des »Corpus christianum« oder auch von der »Reichskirche« im Auge behalten. Diese Einheitsidee besagt nicht, daß Kirche und weltliche Institutionen (»Staat«)[176] einfach gleichgesetzt wurden. Bekanntlich wurden Papst- und Kaisertum, Priesterschaft und Fürstenstand, »Sacerdotium« und »Imperium« auch im Mittelalter unterschieden. Die Komplexität der Gesellschaftsentwicklung hatte längst zu einer entsprechenden Ausdifferenzierung geführt. Die Diskussion um die Beziehung der beiden »Gewalten« zueinander fand in verschiedenen Problem- und Begriffszusammenhängen statt wie etwa in der Rede von »Zwei Reichen« (Imperia, Civitates), von »Zwei Ordnungen« (Ordines) oder von »Zwei Schwertern« (Gladii)[177]. Es ist daher unzutreffend, einfach von einem theokratischen Modell zu reden, das das mittelalterliche Denken bestimmt habe. Fürsten oder Könige hatten auch im Mittelalter nicht dieselben Autoritäten, Kompetenzen und Aufgaben wie Priester, Papst und Bischöfe. Entsprechendes galt umgekehrt. Nur war die Ausdifferenzierung nicht im Sinne der Moderne oder unserer heutigen Erwartungen vollzogen. In welchem Sinne nahm Thomas sie vor?

Zusammenhängend hat er sich dazu in der Gelegenheitsschrift »De Regno« – meist »De regimine principum (ad regem Cypri)« tituliert – geäußert[178]. Es handelt sich um eine Art »Fürstenspiegel« oder auch um die Grundlinien seiner politischen Ethik. Verstreute Aussagen zu dem Thema finden sich in vielen seiner Werke, vor allem in der Summa theologiae. Weltliche Herrschaft (Potestas saecularis. Imperium) wurde von Thomas aus der gesellschaftlichen Natur des Menschen und der Notwendigkeit abgeleitet, die menschlichen Bedürfnisse innerhalb eines Gemeinwesens in geordneter Weise zur Geltung zu bringen. Wo viele Interessenten zusammentreffen, bedarf es einer Leitung, soll es nicht zum Chaos kommen. Träger derselben muß nicht ein einzelner, also ein »Monarch« sein. In Anlehnung an Aristoteles (Pol. III) und die verschiedenen Herrschaftsformen im alten Israel diskutierte Thomas das Für und Wider verschiedener Staatsverfassungen[179]. Sie sind danach kritisch zu beurteilen, wie weit sie dem Wohl aller im Gemeinwesen gerecht werden. Denn das Sinnziel aller politischen Herrschaft ist, das Glück und die politische Gemeinschaft aller Mitglieder – »felicitas et communio politica« – zu verwirklichen[180]. Politische Herrschaft wird demnach von dem her begründet, was dem Menschen in seinen anthropologischen und gesellschaftlichen Bedingungen »natürlich« ist und was auch mit »natürlichen« Fähigkeiten angegangen werden kann. Die Kirche dagegen hat ihren Ursprung (Principium) in Christus[181]. Ihre Autorität kommt von ihm. Ihr Dienst gilt der gnadenhaften, endzeitlichen Gottesgemeinschaft und der darin sich ereignenden Glück-Seligkeit. Sie ist also »übernatürlich« in ihrem Lebensgrund und ihrer Bestimmung. Die Verhältnisbestimmung zwischen »Natur« und »Übernatur« bildete einen maßgeblichen Hintergrund für diejenige zwischen »Kirche und Staat.«

Die damit gegebenen Abgrenzungen zwischen geistlichem und weltlichem Amt wurden jedoch – aus unserer Sicht – wieder durchkreuzt, Politik und Religion unzulässig vermischt. Spätestens seit der Karolingerzeit hatte das Kaisertum eine religiöse Funktion und das Papsttum eine politische erhalten. So folgte Kaiser Friedrich II. in seiner Ketzergesetzgebung den Erwartungen, die Papst Innozenz III. und das 4. Laterankonzil 1215 an die Hilfe des »weltlichen Arms« zur Bekämpfung der Häretiker gerichtet hatte, und macht diese zu Staatsfeinden. Umgekehrt sanktionierten die Päpste Gregor IX. 1231 und Innozenz IV. 1251 wiederum die scharfen Ketzergesetze Friedrichs[182].

Thomas von Aquin gab der im Gange befindlichen Rechtspraxis und dem dahinter stehenden Vorstellungsmuster die theologische Legitimation: »Das Ziel des menschlichen Lebens und der Gesellschaft ist Gott«[183]. Sowohl der Einzelmensch als auch alles gesellschaftliche Leben haben also ein gemeinsames Endziel: die Gottesgemeinschaft in der himmlischen Glückseligkeit (beatitudo coelestis). Auf dem Weg zu diesem Endziel gibt es verschiedene Bestimmungen – Zwischenziele –. So haben die Ärzte für die Gesundheit der Menschen, die Ökonomen für die wirtschaftlichen Bedürfnisse, die Lehrer für den Erkenntnisgewinn – und der »Fürst« (Princeps) umfassend für das »gut Leben« (bene vivere) aller in seinem Herrschaftsbereich zu sorgen. Herausragende Aufgabe des letzteren ist »innenpolitisch« die Sicherung des Friedens durch Verwirklichung von Recht und Gerechtigkeit und ist nach außen hin der Schutz vor Feinden. (Mit dieser Aufgabe wurde auch der »gerechte Krieg« legitimiert.) So eigengeartet damit die jeweiligen Berufsaufgaben oder auch die Zuständigkeit der politischen Autorität sein mögen, sie sind doch durch ihre letzte Zielbestimmung vereint.

Es ginge eben nicht nur – wie Aristoteles meinte – um ein innerweltliches »gutes und glückliches Leben«, sondern darüber hinaus um die Glückseligkeit in Gott, um die »Fruitio divina«. Nicht das sittlich reife Leben (virtuosa vita) und die in ihr liegende Beglückung sind Endziel menschlichen Lebens. Die letzte Bestimmung sowohl des Einzelnen wie der menschlichen Gesellschaft liegt vielmehr in der beseligenden Gemeinschaft in Gott, in der »Beatitudo aeterna«. Damit sind alle »weltlichen« Ziele dem »geistlichen« unterzuordnen und hat das politische Amt dem geistlichen dienstbar zu sein: »So nämlich müssen die, die für die vorhergehenden Ziele zu sorgen haben, dem unterworfen sein und durch dessen Befehl geleitet werden, der die Sorge für das letzte Ziel trägt«[184]. Diese Sorge kommt Christus, dem Priesterkönig, zu, der sie seinerseits nicht politischen Instanzen, sondern der Priesterschaft übertragen hat, allen voran dem Bischof von Rom[185].

Aus dieser Theorie ließ sich später nicht nur der cäsaro-papistische Anspruch von Bonifaz VIII. ableiten[186]. Thomas konnte auch die Konsequenzen daraus für die damals gängige Strafrechtspraxis entnehmen und vertreten, daß »die Kirche die Zwangsmittel des weltlichen Armes heranzieht, wenn bestimmte (Häretiker, d. Ref.) nicht hinreichend durch die (kirchliche,, d. Ref.) Exkommunikation gemaßregelt werden«[187]. Die Ketzerprozesse machen das ungeklärte Ineinander von geistlichem und weltlichem Amt oder von »Kirche und Staat« deutlich. Weil die Einheit im christlichen Glauben die Gemeinschaft von Kultur und Gesellschaft begründete, war Ketzerei ein kirchliches Delikt und zugleich ein Staatsverbrechen. Dem kirchlichen Gericht stand es dann zu, den Straftatbestand der Häresie festzustellen und geistliche Maßregeln zu treffen mit dem Ziel der Bekehrung. Dem weltlichen Arm oblag es, die körperlichen Strafen festzulegen und zu vollziehen, und zwar nach Maßgabe der Schwere des Deliktes. Es mußte aber als ein weit schwerwiegenderes Verbrechen angesehen werden, »den Glauben zu entstellen, durch den die Seele ihr Leben hat, als Geld zu fälschen, das nur dem irdischen Leben dient. Wenn nun die Münzfälscher und andere Übeltäter ohne weiteres durch die weltlichen Fürsten von Rechts wegen dem Tod überliefert werden, so können um so mehr die Häretiker, sobald sie der Häresie überführt sind, nicht nur aus der Gemeinschaft ausgeschieden, sondern auch rechtens getötet werden«[188].

Das ungeklärte In- und Miteinander von kirchlicher und politischer Institution, abgeleitet von der gemeinsamen Endzielbestimmung der beiden, kommt weiterhin in einer mangelnden Sensibilität für die Forderung zum Ausdruck, kirchliche Amtsträger aus dem politischen Geschäft heraus- und für ihren geistlichen Auftrag freizuhalten. Dieses Postulat sollte 250 Jahre später den Kern des reformatorischen Protestes bilden, den Luther in seiner Zwei-Reiche-Lehre geltend machte. Der Wittenberger Reformator zielte nicht zuletzt darauf ab, die Kirche von ihrer weltlichen Verfremdung zu lösen und für ihren eigensten Dienst freizumachen, nämlich für die Verkündigung von Gottes Evangelium und für den Versöhnungsdienst der Sakramente. Thomas scheint das Problem in seiner Zeit noch kaum wahrgenommen zu haben. Zwar trat er strikt dafür ein, daß »Clerici«, also alle Mitglieder des geistlichen Standes, kein Amt übernehmen dürften, in dem sie direkt töten müssen; sie sollten weder selbst Soldaten sein noch anderweitig »Bösewichter« hinrichten[189]. Aber er fand nichts dabei, daß »Prälaten der Kirche Ämter von weltlichen Fürsten übernahmen« und dann auch kraft ihrer weltlichen Autorität durch andere das durchführen ließen, was sie selbst nicht tun durften[190]. Die kritische Sensibilität für das eigentliche Amt der Kirche, die später Luther durch seine Unterscheidung des geistlichen vom weltlichen Regiment zum Ausdruck brachte, hatte Thomas noch nicht entwickelt. Das Mittelalter war offenbar davon mit seinem Ineinander von Religion und Kultur, von Glaube und Politik oder von Kirche und Gesellschaft noch nicht signifikant betroffen[191].

Übrigens reichte die Wirkungsgeschichte der eben erörterten Thomastheorie in einigen wichtigen Lehrelementen bis in die offizielle katholische Lehre unseres Jahrhunderts. Papst Pius XII. hielt grundsätzlich am Modell des Staats-Kirchentums fest. Innerhalb des Katholizismus brachte erst das Zweite Vatikanische Konzil auf der Ebene der sozialtheologischen Theorienbildung einen grundsätzlichen Wandel[192], der sich in der Praxis freilich nur sehr unterschiedlich durchsetzt.

Hat mit alledem die mittelalterliche Vorstellung von der Einheit zwischen Reich und Kirche, zwischen weltlicher Macht und Gottes Reich ihre Bedeutung völlig verloren? In der Form, wie sie das Mittelalter sah, muß sie dem geschichtlichen Vorüber angehören. Dennoch sollte man sich nicht der Meinung hingeben, in der modernen Trennung zwischen Kirche und Staat sei die wahre Lösung für alle Zeiten gefunden. Denn es gibt sehr unterschiedliche Weisen, diese Trennung einzuklagen und zu praktizieren, und zwar sittlich vertretbare wie unvertretbare. Die Christen und christlichen Kirchen sollten sich aus der Geschichte des Mißbrauchs geistlicher Gewalt im Gesellschaftsleben dazu aufgerufen fühlen, dessen neue Klerikalisierung in jeder Form zu meiden. Diese kann in vielfältiger Art geschehen, und zwar auch dort, wo formal die Trennung zwischen Kirche und Staat eingehalten wird. Umgekehrt darf christliche Verantwortung nicht darauf verzichten, den Zu- und Anspruch des Evangeliums über die gesamte Wirklichkeit unseres Lebens, also auch über die gesellschaftliche, zu stellen. Kirche und Christen müssen streiten und widerstreiten, wo Gottes Wort für Gerechtigkeit und Frieden mißachtet wird, mag es nun im politischen oder im sozialen, im wirtschaftlichen oder ökologischen Bereich sein. Die Privatisierung der Religion, die diese im Zuge der Aufklärung zur Sache der reinen Inwendigkeit und der nur persönlichen Gewissenssache machen wollte, um gleichzeitig das Öffentlichkeitsleben insgesamt sich selbst und den dort waltenden Machtträgern zu überlassen, ist mit christlicher Verantwortung unvereinbar. Auch wenn die Bergpredigt kein unmittelbares Handlungsgesetz politischer Ethik darstellt, so dürfen Christen und Kirchen im Namen eben dieser Botschaft nicht schweigen, wo politische Machtträger – ganz gleich welcher Herkunft und unter welchem Vorwand – menschenfeindliche Ausländer-, Rassen-, Rüstungs- oder Wirtschaftspolitik betreiben.

3.9.2 Gewissensfreiheit

Unsere neuzeitliche Freiheitsgeschichte ist nicht zuletzt eine Geschichte der Gewissensfreiheit. Soziale Ethik ohne Achtung vor dem Gewissen der anderen und ohne Achtung gegenüber der eigenen Gewissensidentität ist in unserer Epoche nicht mehr vertretbar.

Das Recht, dem eigenen Gewissen zu folgen, gehört für uns zu den grundlegenden Menschenrechten. Wie stand es damit in der mittelalterlichen Ethik? Begriffe wie »Menschenrechte« oder »Gewissensfreiheit« tauchen im damaligen Wortschatz der ethischen Sprache nicht auf. Wir tun daher gut daran, die von uns damit gemeinten Inhalte auch nicht in jener Epoche zu suchen; sie gehören zum Ethos der Neuzeit. Gab es aber überhaupt nichts Vergleichbares, aus dem heraus sich das neuzeitliche Ethos entwickelt hat? Die Begriffsgeschichte gibt hier Auskunft. Weitverzweigte Spuren führen sowohl in die griechisch-römische Antike wie in die Welt der Bibel[193]. Dabei ist nicht nur im Begriffsumfeld von Gewissen und Freiheit, sondern auch bei den unveräußerlichen Rechten der Menschen, also etwa in der Sprachgeschichte zum »Naturrecht« oder zum »Ius gentium«, dem »Recht der Völker«, zu suchen.

In der mittelalterlichen Philosophie und Theologie gab es zum Gewissen eine ausgedehnte Diskussion[194]. Das geschilderte reichskirchliche Denken und die Strafrechtstheorie gegenüber den Häretikern lassen vermuten, daß Thomas dem selbständig entscheidenden Gewissen keine Anerkennung entgegengebracht hat. In dieser Weise ist er verschiedentlich ausgelegt worden. So zog E. Hirsch in seinen Lutherstudien aus seiner Interpretation der einschlägigen Thomastexte die Folgerung, »daß überall, wo der Gewissensbegriff des Thomas herrschend wird, eine Widerstandsfähigkeit des Gewissens gegenüber der kirchlichen Autorität überhaupt nicht mehr gedacht werden kann«[195]. Eine genauere Überprüfung der von Hirsch herangezogenen Lehrzusammenhänge zeigt jedoch, daß dessen Textauslegung unzutreffend ist. Umgekehrt wird in der katholischen Literatur oft auf bestimmte Texte von Thomas verwiesen, mit denen man diesen als Kronzeugen dafür anruft, daß die Gewissensfreiheit in der katholischen Tradition bereits im Mittelalter der Sache nach einen bedeutenden Anwalt gehabt habe. Wie steht es angesichts dieser gegensätzlichen Interpretationen nun wirklich mit der Thomaslehre?

Zunächst fällt auf, daß Klugheit und Gewissen in den Werken des Aquinaten mehr oder weniger unvermittelt nebeneinanderstehen. Weder wird im Traktat über die Klugheit[196] auf das Gewissen eingegangen, noch in der Behandlung des Gewissens auf die Klugheit[197]. Dabei kommt es in der Sicht des Thomas der Klugheit nicht zuletzt zu, das sittliche Urteil über das »hier und jetzt zu Tuende« zu fällen, also zu beurteilen, was in der konkreten Situation gut oder böse ist[198]. Eben diese Aufgabe aber wäre auch Sache des Gewissens. Denn zum einen würde das Gewissen uns ein inneres Zeugnis über unsere vergangenen Taten geben, sei es nun im Sinne der Anklage oder des Freispruchs. Zum anderen aber würde es uns auch darauf verbindlich hinweisen, wie wir in der Gegenwart zu handeln haben, »weil wir durch unser Gewissen urteilen, was zu tun oder nicht zu tun sei«[199]. – Der Mangel an inhaltlicher Vermittlung läßt sich wohl mit den unterschiedlichen Herkunftsquellen erklären. Denn Thomas hat seine Klugheitslehre in enger Anlehnung an die ethische Theorie des Aristoteles entfaltet, in der das Gewissen noch kein deutlicher Begriff war. Seine Gewissenslehre dagegen hatte in der biblischen und altkirchlichen Sprachtradition vor allem ihre Wurzeln.

Aus dieser heraus ist es auch nicht verwunderlich, daß Thomas in seiner Gewissenslehre einen direkten Bezug zwischen dem Menschen in seiner Innerlichkeit und Gott angesichts eines Urteils- und Handlungskonflikts herstellt. Damit gibt er zugleich eine entscheidende Kennzeichnung seiner Gewissensauffassung: »Der Gewissensimperativ (›Dictamen conscientiae‹) ist nichts anderes als die Vergegenwärtigung des göttlichen Befehls (›Perventio praecepti divini‹) in dem, der ein Gewissen hat«[200]. Der Gewissensspruch erhält also für den Menschen angesichts einer konkreten Handlungssituation eine von Gott herkommende Verbindlichkeit und muß so vom Handelnden selbst als auch von der Gemeinschaft einschließlich der kirchlichen respektiert werden. Jedenfalls erörtert Thomas gerade am Konflikt zwischen dem Befehl eines kirchlichen Autoritätsträgers und dem des eigenen Gewissens dessen Hoheitsanspruch und kommt zu der unmißverständlichen Aussage: »Die Verbindlichkeit des Gewissens mit der Verbindlichkeit zu vergleichen, die aus dem Gebot eines kirchlichen Oberen (ex praecepto praelati) erwächst, ist daher nichts anderes als die Verbindlichkeit des göttlichen Gebotes mit der Verbindlichkeit des Gebotes des kirchlichen Oberen zu vergleichen... Deshalb bindet das Gewissen auch dann, wenn es sich im Gegensatz zum Oberen befindet«[201]. Das Gewissen in seiner Weisung erhält damit den Rang des göttlichen Imperativs, der den Menschen unbedingt angeht, während kirchliche Weisung vor der konkreten Entscheidung stets in jenem Verhältnis zurückbleibt, in dem sich jedweder Mensch, auch der kirchliche Autoritätsträger, von Gott unterscheidet.

Dabei war sich Thomas durchaus bewußt, in welchem Ausmaß das menschliche Gewissen irren, getäuscht oder fehlentwickelt werden kann. Die Diskussion über das »irrige Gewissen« nahm in seiner Zeit einen breiten Raum ein, auch wenn es unseren Begriff des »Gewissenstäters« in Verbindung mit politischem Terrorismus nicht gab. In der Diskussion wurde aber davon gesprochen, daß jemand durchaus »bona fide«, »in gutem Glauben«, also persönlich nach bestem Wissen und Gewissen etwas für gut ansehen kann, was objektiv schlecht ist, und etwas für schlecht, was objektiv gut ist: Er kann sich in einem für ihn »unüberwindlichen Irrtum« (»Error invincibilis«) befinden. Wenn ein derartig irriges Gewissen dem Menschen etwas zu tun aufträgt und der betreffende aufrichtig glaubt, darin das ihm von Gott Aufgetragene vorzufinden, würde er gegen Gott verstoßen, wenn er es nicht täte. Denn in seinen Augen handelt es sich um Gottes Gebot, auch wenn er sich objektiv irrt[202]. Thomas hat damit die Verbindlichkeit des Gewissens für den je Betroffenen in der konkreten Handlungssituation über jedwede äußere Autorität und Institution gestellt, einschließlich der Kirche. Ja, er stellte sie auch über die Zehn Gebote.

Diese seien uns durch göttliche Überlieferung zugekommen, eben deshalb sei Gott aber auch der Herr darüber[203]. Der Mensch könne sich daher im Gewissen auch von Gott im Gegensatz zu diesen Geboten verbindlich betroffen sehen[204]. Ebenso hielt Thomas in der Glaubenslehre an der Gewissenshoheit fest. Obwohl an Christus zu glauben in sich gut und heilsnotwendig wäre, dürfe derjenige, der diesen Glauben für etwas Böses ansieht, sich nicht dazu bekennen, sonst würde er etwas in seinen Augen Böses tun und damit auch unsittlich handeln. Denn was gut und was böse ist, würde dem menschlichen Willen durch die praktische Vernunft – die hier gleichbedeutend mit dem Gewissen zu nehmen sei – vermittelt[205]. Man muß diese Auskunft auf dem Hintergrund des Mittelalters in seinem Verhältnis zum unangefochtenen Wahrheitsanspruch des Christentums lesen.

Die von E. Hirsch unterstellte uneingeschränkte Kirchenhörigkeit, die der Aquinate zum Ausdruck gebracht haben soll, wird von den Texten somit nicht gedeckt. Sie dürfte übrigens auch im Licht seiner Biographie fraglich sein. So spärlich die Quellen dazu fließen, sie geben in ihren wenigen Daten nicht das Bild eines Menschen her, der einfachhin die Anpassung dem Konflikt mit der jeweiligen Obrigkeit vorzog.

Allein sein Umgang mit dem Verbot der Aristoteleslektüre ist hier aufschlußreich. Und hier ging es offenkundig um kirchlichen Autoritäts- und Gehorsamsanspruch. Der Konfliktablauf war außerordentlich komplex. Man wird sich hüten müssen, bei Thomas einen Alleingang in dieser Sicht als Ausdruck eines einsamen und heroischen Gewissensentscheids herauszustilisieren. Auch anderwärts wurden die päpstlichen Verbote der öffentlichen Aristoteleslektüre und -kommentierung durchbrochen[206], nicht zuletzt durch Albertus Magnus, den wichtigsten theologischen Lehrer des Aquinaten. Aber es bleiben als herausragende Fakten auf der einen Seite die mehrfachen päpstlichen Verbote der öffentlichen »Lectio« von Aristoteles[207] (1210, 1231 und 1263) und auf der anderen Seite der Umstand, daß Thomas sich in ausgedehntem Maß nicht daran hielt. Über Jahre hinweg ging er in seiner Universitätslehre Schriften des Aristoteles durch und hat uns die Kommentare zu zwölf seiner Werke hinterlassen[208]. Die Lehrauseinandersetzung, in die er in seinen letzten Lebensjahren einbezogen wurde[209], hatte nicht zuletzt diese seine Aktivitäten als Voraussetzung. Sie haben ihn über seinen Tod (1274) hinaus als intensiver Konflikt verfolgt. Denn als der Pariser Bischof Etienne Tempier 1277 in 219 Thesen den averroistischen Aristotelismus verurteilte, sollte Thomas durch etwa 20 von ihnen getroffen werden[210].

Aber auch jene Interpreten gehen in die Irre, die in Thomas einen Kronzeugen der modernen Gewissensfreiheit sehen wollen. Er war auch das nicht. Seine bereits geschilderte Stellungnahme zur Häretikerfrage bietet genügend Beweismaterial dafür. Wir erfuhren, daß er unter bestimmten Umständen die Anwendung der Staatsgewalt bis zur Verhängung der Todesstrafe für die »Abtrünnigen« bejahte. Dabei kannte er die Auffassung des jüngeren Augustinus, bei den Dissidenten der Kirche sei »alles durch das Wort auszurichten und nur im Streitgespräch zu kämpfen«[211]. Aber er trat nicht für sie ein, ebenso wie der spätere Augustin nicht an ihr festgehalten hatte. Dominikus, die faszinierende Gründergestalt seines eigenen Ordens, hatte jeden Gewalteinsatz im Streit mit den Albigensern oder anderen religiösen Gruppen für seine Person zurückgewiesen, und das, obwohl in jener Epoche Kreuzzüge und politischer Machteinsatz gegen Ungläubige und Häretiker zu den undiskutierten Einsatzmustern in der öffentlichen Auseinandersetzung gehörten[212].

Thomas wandte zwar den Juden und Heiden gegenüber seine Gewissens- und Glaubenstheorie an. Zu ihnen hin vertrat er (mit Augustin): »Credere est voluntatis« – »Glauben ist Sache des (freien) Willens« – »Diese sind daher in keiner Weise zum Glauben zu nötigen«[213]. Ja, er gestand ihnen auch den eigenen Kultus zu, also irgendeine öffentliche religiöse Betätigung, unter der Voraussetzung, daß es im Hinblick auf den religiösen und sozialen Frieden der Christenheit tragbar wäre[214]. Den »Häretikern und Apostaten« jedoch sprach er jede Legitimation ab. Denn sie hatten irgendwann einmal den Glauben empfangen und sich dazu bekannt. »Und diese sind auch körperlich zu nötigen, damit sie erfüllen, was sie versprochen, und festhalten, was sie einmal empfangen haben«[215]. Daß sie vielleicht nie persönlich hinter den Glaubensversprechen gestanden, die die Paten für sie als Säuglinge abgegeben, – daß sie vielleicht Erfahrungen mit der Kirche und der Christenheit gemacht hatten, die ihnen auferlegten, prophetisch gegen die höchst fragwürdig gewordene Kirche im Namen des Evangeliums aufzutreten, – daß sie Erfahrungen mit anderen christlichen oder nichtchristlichen Gemeinschaften gemacht hatten, die sie dazu bewegten, eben in ihnen »guten Glaubens« (»bona fide«) das Heil Gottes zu suchen –: diese und andere Möglichkeiten wurden von Thomas nicht zur Diskussion herangezogen. Häretiker waren ihm einfach Treulose und Verräter, schlimmer als »Münzfälscher und andere Übeltäter«[216]. »Die Sünde des Unglaubens ist größer als alle Sünden, die es sonst bei sittlicher Verkommenheit gibt«[217].

Die Hintergründe dieser Auffassungen mit hohen staatskirchlichen Konsequenzen sind sehr komplex. Nach unserem Maßstab lag eine ganz undifferenzierte Verknüpfung von »Thron und Altar«, also von »geistlichem und weltlichem Regiment« vor. Damit war ebenso eine unzureichende Ausdifferenzierung zwischen Recht und Moral, und zwar religiöser Moral, gegeben. Glaubensabfall war nicht nur »Sünde« im theologischen Sinn, er war zugleich auch ein » »Crimen«, ein »Staatsverbrechen«, eine Lebensbedrohung der politischen oder der Rechtsgemeinschaft. Die Prediger hatten – ebenso wie die Kreuzritter – das »Negotium fidei et pacis« wahrzunehmen, also in eins »die Sache des Glaubens und des (öffentlichen) Friedens«[218]. Thomas unterschied durchaus die Kirchengemeinschaft von der bürgerlichen oder zivilen, aber auf dem Hintergrund eines Mit- und Ineinander der beiden, der für uns seit der Aufklärung nicht mehr annehmbar ist[219]. Damit fällt zusammen, daß der religiöse oder weltanschauliche Pluralismus in der Gesellschaft weder eine soziologische Tatsache wie heute war noch öffentliche Achtung genoß. Religiös-kulturelle Toleranz war noch nicht als Thema sozialen Ethos' erfaßt und konstruktiv ausgebildet. Den Anstoß dazu sollte erst die Reformation, die Entfaltung die neuzeitliche Aufklärung geben[220]. – Weiterhin ist es schwer, genauer inhaltlich auszumachen, in welcher Weise der einzelne sich als »Ich« oder als »Person« erfuhr und als solcher öffentlich geachtet wurde. Fest steht nur, daß der Respekt vor der Individualität des Menschen, vor seiner Personwürde, vor ihm als »Zweck in sich selbst« (I. Kant), ausgestattet mit unantastbaren Rechten, im Mittelalter nicht in der gleichen Weise als sittlicher Anspruch wahrgenommen wurde, wie wir ihn als Erwartung in unserer Epoche zugrunde legen. Schon der Wortschatz des Ethischen, der dem Mittelalter zur Verfügung bzw. nicht zur Verfügung stand, gibt Aufschluß. Die ebengenannten Begriffe mit entsprechender Achtungsbesetzung wie Personwürde, Individualität, Menschenrechte waren noch nicht vorhanden. Auch dem Wort »Gewissen« hat erst Luther trotz seiner Anknüpfung an die mittelalterliche Sprachtradition einen neuen Bedeutungsinhalt gegeben[221].

Schließlich ist ein letzter Grund für das Achtungsdefizit gegenüber der Gewissensfreiheit bei Thomas in einer vorkritischen und undifferenzierten Haltung zur Kirche zu suchen. Thomas konnte sich offenbar nicht vorstellen, daß einzelne oder Kleingruppen der Kirche gegenüber, auch wenn diese in ihrer offiziellen Vertretung sie nicht akzeptierte, eine von Gottes Geist inspirierte prophetische Sendung für Kirche haben könnten. Die Kirche war ihm nicht nur die geistliche Institution, die die Einheit des »Reiches« garantierte, sie bildete für ihn auch den Garanten für die Einheit des Glaubens in der Wahrheit und Liebe Gottes. Von da her begründete er das Amt des Papstes[222]. Im Zusammenhang damit bestimmte er die Kirche selbst: Der einzelne könne in der Liebe versagen und in Glaubensfragen irren, die Kirche dagegen habe den durch die Liebe Gottes innerlich geformten Glauben (»Fides Ecclesiae est fides formata«)[223], sie lebe durch Christi Verheißung in der Wahrheit der Liebe. Wie es in unserer Philosophiegeschichte eine vorkritische Epoche des Denkens gegeben hat, so gibt es offenkundig auch in der Geschichte vorkritische Epochen der Einstellungen zu den gesellschaftlichen Institutionen. Könige und Kaiser wurden sakral besetzt, sie waren »von Gottes Gnaden«. Noch mehr wurden religiöse Institutionen – zumal ihre Amtsträger – sakralisiert. Thomas drückte diese Vorstellung folgendermaßen aus: »Die ganze Kirche, welche der mystische Leib Christi ist, ist zusammen mit ihrem Haupt (Christus, d. Ref.) gleichsam als eine Person anzusehen«[224]. Eine so geartete mystische Vorstellung von der Kirche blendete die menschlich-empirische Seite von ihr weitgehend aus und machte sie gleichzeitig unkritisierbar. Wer sie kritisch in Frage stellte, geriet von vornherein in den Verdacht der Unglaubwürdigkeit und der Böswilligkeit.

Bewußtseinsgeschichtlich wird hiermit deutlich, in welcher Weise die Achtung vor dem Individuum und seinem eigenen Gewissen mit der Entsakralisierung der gesellschaftlichen Institutionen zusammenhängt. Erst wo erkannt und anerkannt wird, daß die Institutionsträger Menschen wie alle anderen sind, ist aus der Perspektive sozialer Ethik grundsätzlich die gleiche Achtung vor der Gewissensbindung eines jeden zu rechtfertigen, und zwar auch desjenigen, der die Institutionsträger in Frage stellt. Für die Entwicklung im Katholizismus ist aufschlußreich, daß die Anerkennung der Gewissensfreiheit auf dem Zweiten Vatikanischen Konzil erst mit dem Bekenntnis der Kirche zu ihrer eigenen menschlichen – »sündigen« – Gebrochenheit annehmbar wurde. Eine undifferenzierte mystische Identifikation zwischen ihr und dem erhöhten Christus wurde auf dem Konzil ausdrücklich verneint[225]. Die Kirche sei – so das religiöse Selbstverständnis, das hier zum Ausdruck kam – anders als Christus bei aller heiligenden Wirkung Gottes in ihr immer doch zugleich durch die sündige Gebrochenheit ihrer Mitglieder bestimmt. Sie bedürfe daher immerfort der Reinigung, der Buße und der Erneuerung[226]. Diese Bestimmung »zur dauernden Reformation, deren sie als menschliche und irdische Institution allzeit bedarf«, erstrecke sich nicht zuletzt auf die sittliche Haltung, auf die kirchliche Ordnung und auf die Art der Lehrverkündigung[227].

3.10 Biographie und Theologie – Leben und Werk des Thomas von Aquin

Thomas war in seiner Zeit keineswegs unangefochten, nicht jedoch in den Zusammenhängen, die wir soeben der kritischen Betrachtung unterworfen haben. Vielmehr war seine Theologie vielen zu wenig religiös; nicht mehr nur von Bibel- und Kirchenvätertradition (vor allem von Augustin) bestimmt, schien sie ihnen zu wenig fromm. Die gegnerischen Zeitgenossen (ein so bedeutender Theologe wie Bonaventura ist zu ihnen zu rechnen) suchten eine mehr mystische Theologie als unmittelbaren Ausdruck religiöser Erfahrung, die zugleich direkt auf den spirituellen Aufbau der Gläubigen hinzielen sollte. Damit ist nicht nur das Verhältnis der persönlichen religiösen Lebensgeschichte des Aquinaten als Quelle seiner theoretischen Reflexion, also die Beziehung zwischen Biographie und Theologie thematisiert, sondern auch ein ganz bestimmtes Verständnis von Theologie. Thomas hat, so kann aus dem Vergleich verschiedener »Theologieformen« gesagt werden, ein Grundmuster derselben zu einer seiner bedeutendsten Ausprägungen geführt. Dessen Kennzeichen ist es, so weit wie nur möglich argumentative Sprache zu führen und nicht die Sprache emotionaler Glaubensergriffenheit oder des persönlichen Bekenntnisses. Das kommt in seinem Leitbegriff von Theologie zum Ausdruck, nämlich »Sacra doctrina« – wesentlich also »Lehre« – zu sein[228]. Es zeigt sich an den äußerst seltenen Äußerungen innerhalb seines gesamten Werkes, aus denen man seine persönliche Betroffenheit ablesen kann. Die Sache selbst und ihre möglichst »objektive« Darstellung standen für ihn ganz im Vordergrund, nicht die eigene Ergriffenheit. Wie anders haben Augustinus oder Luther Theologie ausgelegt! Ihre existenzielle Erfahrung bildete einen maßgeblichen Verständnisgrund für ihre theologische Theorieentwicklung. Diese muß daher stets im Kontext der biographischen Abschnitte gesehen werden. Bei Thomas scheint das weitgehend anders gewesen zu sein. Die Argumentation stand im Vordergrund, das Bekenntnis war Ausgangspunkt und hintergründiges Ziel – so behutsam man auch mit derartigen Gegenüberstellungen bleiben muß, um weder die eine noch die andere Art von Theologie zu verkürzen. Aber immerhin wird hieran unter anderem erklärlich, warum Thomas für seinen theologischen Dienst so sehr an der Einführung des Aristoteles mit seiner Grammatik, Logik und Dialektik interessiert war[229] und warum es ihm so umfangreich um exakte Sach- und Begriffsanalysen sowie um argumentative Durchsichtigkeit seiner ganzen Theorie ging.

Bis hinein in den Aufbau seiner Schriften wirkte sich dieses argumentative Theologieverständnis aus. Dort, wo er nicht vorgegebene Texte kommentierte, sondern selbständige Problembehandlungen entwarf wie in den systematischen Schriften und den Disputationen, hat er sich so gut wie durchgehend an ein methodisches Muster gehalten: Das Gesamtthema wurde in gedanklicher Ordnung in Hauptfragen aufgeteilt. Die jeweilige Hauptfrage – die Quaestio – wurde dann wieder in ihre Teilprobleme zerlegt, und diese fanden in je einem »Articulus« ihre Behandlung. Der Sprach- und Lehrstil dieser Theologie war aus dem öffentlich-theologischen Diskurs geboren, wie das gesamte theologische Werk des Aquinaten weitgehend aus seiner Lehrtätigkeit entstand. Zugegeben, daß die Argumentationsmethode ihre eigene Versuchung in sich barg, die Disputierkunst um ihrer selbst willen zu praktizieren oder in inhaltsleere Spitzfindigkeiten abzugleiten. Das genannte Theologieverständnis selbst läßt sich dadurch nicht in seiner eigenen Art schlechthin disqualifizieren. Es war durch die Vorstellung gekennzeichnet, daß theologische Sprache immer auf den freien öffentlichen Diskurs in Kirche und Gesellschaft zielt und daß theologische Sprache einen wesentlichen Sinn in der argumentativ gewonnenen Klärung der durch Glauben entstandenen Fragen hat. Klärung besagte dabei zugleich immer auch Aufklärung zugunsten des durch Denken verantworteten Glaubens. Wenn Theologie überhaupt als sinnvoll erachtet wird, dürfte dieses Theologieverständnis als eine unter anderen Alternativen seine Legitimation nicht mehr verlieren.

Das Gesamtwerk[230], von dem nicht alles zu Lebzeiten des Autors veröffentlicht werden konnte, läßt sich in vier Gruppen einteilen: in die Kommentare, die systematischen Hauptwerke, die »Quaestiones disputatae« und die »Opuscula«[231].

1) *Die Kommentare* enthalten zunächst die bibeltheologischen Arbeiten des Aquinaten. Sie geben für die Ethik vielfältige Aufschlüsse über deren theologische Orientierung und bilden eine wichtige Ergänzungsquelle für seine systematischen Werke, schon allein was den Wortschatz des Ethischen aus der biblischen Sprachtradition angeht. Kommentare zum Buch Ijob, zu den Psalmen, zu Jesaja, zu Jeremia, zu den vier Evangelien, zu den Paulusbriefen u. a. liegen vor. Kommentiert hat Thomas darüber hinaus 12 Schriften des Aristoteles (zuzüglich des »Liber de causis«), darunter die »Nikomachische Ethik« (um 1269), die »Politik« (I–III, 6) und »Über die Seele« – alle drei wiederum für seine Ethik von erheblichem Aufschluß. Aber auch die Kommentare zu der neuplatonisch orientierten Schrift »Über die göttlichen Namen« von Dionysius Pseudo-Areopagita oder »Über den Trost der Philosophie« von Boethius haben Einschlägiges zur Ethik.

2) Zu den *systematischen Werken* kann man den »Kommentar zu den 4 Büchern der Sentenzen« des Petrus Lombardus rechnen, obwohl er eben als Kommentarwerk verfaßt wurde (1253–1256/59), und zwar als Frucht der ersten Lehrtätigkeit in Paris. Vor allem gehören jedoch die beiden »Summen« dazu, die »Summa contra Gentiles« (»Summe wider die Heiden« (1259–1266) und die »Summa theologica« (1266–1273) – die erstere noch in Paris begonnen, dann aber während der Lehrtätigkeit an verschiedenen italienischen Dominikaner-Hochschulen und an der Kurie in Rom fortgesetzt, die letztere in Italien begonnen, in Paris bei einem zweiten Aufenthalt (1269–1272) fortgesetzt und wiederum in Italien weitergeführt – unvollendet. Ebenso unvollendet das letzte kleinere systematische Werk, das »Compendium theologiae«. Alle diese Arbeiten versuchten eine Gesamtdarstellung des christlichen Glaubens zur Orientierung des christlichen Lebens zu sein. Damit ist ihre Relevanz für die Ethik offenkundig. Eine Absonderung der Lehre über den Glauben und das Bekenntnis zu ihm, der Dogmatik also, von der Lehre über das Leben aus diesem Glauben, also der theologischen Ethik bzw. Moraltheologie, gab es damals nicht, allenfalls eine Unterscheidung. Die Unterscheidung erlaubte es Thomas, z. B. den ganzen zweiten Teil der »Summa theologica« (I a–II ae und II a–II ae) der Ethik zu widmen, das heißt etwa 1530 Artikel von insgesamt etwa 3100. Die Einheit der Gesamtsicht verlangte jedoch zugleich, in den anderen Teilen immer wieder auf ethische Fragen Bezug zu nehmen.

3) *Die »Quaestiones disputatae«* bestehen aus 7 Disputationssammlungen (insgesamt 63 Quästionen), deren umfangreichste den Titel »De Veritate« (29 Quästionen) trägt. Sie gehen im wesentlichen auf die im damaligen akademischen Leben von Thomas gehaltenen »Streitgespräche« zurück, bei denen ein vorher festgelegtes Thema diskutiert wurde. Aus jenen Disputationsvorgängen, bei denen die Themen eher unvorhergesehen anfie-

len, entstanden die »Quaestiones quodlibetales«. Dem äußeren Rahmen entsprechend sind diese Schriften problem- und themenorientiert. Selbstredend fielen dabei zahlreiche ethisch relevante Inhalte an: »Über das Böse«, »Über die Tugenden im allgemeinen«, »Über die Kardinaltugenden«, »Über den Glauben«, »Über die Hoffnung«, »Über die Liebe«, »Über das Urgewissen«, »Über das Gewissen« lauten entsprechende Titel, um nur einige zu nennen.

4) Als *»Opuscula«* werden schließlich eine Anzahl von Gelegenheitsschriften zusammengefaßt, die philosophischen oder theologischen Fragen oder auch kirchen- und gesellschaftspraktischen Anlässen galten. Dazu gehören predigtähnliche Texte wie die Auslegung des »Vater Unser«, des »Ave Maria«, des »Glaubensbekenntnisses« und der »Zehn Gebote« oder auch die Texte zum damals eingeführten Fronleichnamsfest mit mehreren lateinischen Liedgedichten. Die bereits erwähnte Schrift »Über das Regieren« (»De regno ad regem Cypri«, 1266) ist hier einzureihen, aber auch die kleine philosophisch bedeutsame Frühschrift »De ente et essentia« (um 1255) oder Schriften, die anläßlich verschiedener Streitigkeiten vor allem in Paris um die neu entstandenen Ordensgemeinschaften erwachsen waren.

Die Wirkungsgeschichte dieses Lebenswerkes war zunächst sehr bewegt. In einzelnen Zusammenhängen wurde nämlich die Thomaslehre 1277 in Paris und 1284/86 in Canterbury auf regionaler Ebene verurteilt. 1309 erhielt sie jedoch bei den Dominikanern eine erste offizielle Anerkennung, indem sie für den eigenen Orden als verbindlich erklärt wurde. Der Thomismus[232], eine an Thomas orientierte philosophisch-theologische Schule, begann sich zu entwickeln. Ihre erste Periode lag im 14. und 15. Jahrhundert. Eine zweite Phase stand bereits im Zeichen der Gegenreformation. Sie zielte auf die Belebung der Theologie im Sinne der überlieferten »katholischen« Tradition. Pius V. setzte dafür ein Zeichen, indem er Thomas 1567 zum »Kirchenlehrer« erhob. Eine dritte Periode ist mit Leo XIII. verknüpft, der der Thomaslehre zu einer kirchenamtlichen Geltung verhalf[233]. Diese Festlegung wurde inzwischen gelockert[234]. Gleichwohl besteht nach wie vor ein erhebliches Interesse an Thomas. Es kommt unter anderem in der beachtlich breiten Beschäftigung mit seiner Lehre zum Ausdruck[235].

Kehren wir abschließend zu der Frage nach der Beziehung zwischen Biographie und Theologie im Leben des Aquinaten zurück. Das Geburtsdatum wird mit 1224 oder 1225 angegeben. Seine erste größere literarische Arbeit, den Sentenzenkommentar, hatte er 1253 begonnen. Innerhalb der folgenden 20 Jahre entstand das – schon dem Arbeitsumfang nach – immense Werk. Aber wir gehen fehl, darin das Ergebnis einer Arbeits- und Leistungsverfallenheit zu sehen, wie sie unsere Epoche vielfach kennt. Aus Kontemplation heraus tätig werden, lautete eine Devise seiner Lebensphilosophie[236]. Wir haben genügend biographische Hinweise, daß Thomas seinen eigenen Aktionsrhythmus danach ausgerichtet hat. In Neapel war er erstmals den Predigerbrüdern begegnet, denen er sich nach heftigen Konflikten mit seiner Familie etwa als 20jähriger anschloß. Die Erfahrungen mit ihnen in ihrem Kommunitätsleben und ihrer Zuwendung zu den damals neu aufkommenden Bevölkerungskreisen »von unten« müssen ihn tief beeindruckt haben. Es ist kaum verfehlt, hier so etwas wie ein lebensgeschichtliches Schlüsselereignis zu sehen, das sich dann in der folgenden Biographie weiter auslegte und seine ganze theologische Arbeit prägte. Thomas hat sich fortan jedenfalls als »Mensch für die anderen« gezeigt. Es ging ihm nicht mehr darum, das eigene Leben in möglichst reifer Ausgewogenheit – religiös oder philosophisch – zu vollenden. »Contemplata aliis tradere« lautete die Lebensdevise, die er prägte und zur Symbolformel für eine öffentliche Bewegung machte: »Das kontemplativ Gewonnene den anderen vermitteln«[237]. Er formte damit die aristotelische Lehre über das »Leben aus geistiger Schau« (Bios theoretikos) durch das biblische »Prinzip Liebe« um. Er gab den jungen Ordensgemeinschaften mit ihrer Öffnung zur Gesellschaft und ihrer Loslösung von den alten monastischen Traditionen in klösterlicher Abgeschiedenheit von der übrigen Welt eine theologische Legitimation[238]. Er sprach darin schließlich einen wichtigen Grundsatz seines eigenen Lebenseinsatzes aus. Es hat symbolische Aussagekraft, daß er auf dem Weg von Neapel nach Lyon zum dort einberufenen Unionskonzil etwa fünfzigjährig am 7. März 1274 zu Fossanova (in Mittelitalien) starb.

Anmerkungen

1 Vgl. Arnold 1981; zur Entstehung des Begriffs »Mittelalter« und damit auch zur Entwicklung des Einteilungsschemas »Altertum« – »Mittelalter« – »Neuzeit« vgl. Moeller 1960: 1024f.; Staats 1980: 36ff.
2 Vgl. Moeller 1960; Lehmann 1960; Schröder 1960; Tüchler 1962; Hoffmann-Erbrecht 1962.
3 Vgl. Staats 1980.
4 Vgl. Mokrosch und Walz 1980.
5 Siehe Heinisch 1970.
6 Vgl. Schmale 1963; Wilpert 1964.
7 Ariès 1960/1976: 502–555.
8 So Hartmut von Hentig im Vorwort zur deutschen Ausgabe von Ariès' Studie: Hentig 1976: 11–12.
8a Für den deutschsprachigen Raum ist hier besonders an das Thomas-Institut der Universität Köln zu denken. Seine Veröffentlichungsreihe »Miscellanea Mediaevalia« verdient hohe Beachtung.
9 Vgl. Staats 1980: 51.
10 Im neuen Codex von 1983 ist die Weisung abgemildert: vgl. can 252,3.
11 Vgl. Grundmann 1935/1977: 7ff.
12 Vgl. Lottin 1942–1960.
13 Vgl. Troeltsch 1912–1925; Bd. I., 391ff.
14 Vgl. Grundmann 1927: 10.
15 Vgl. Grundmann 1935/1977: 36–38.
16 Vgl. Wohlfeil 1972; Foschepoth 1976; Mann 1986.
17 Grundmann 1935/1977: 37ff.
18 Vgl. Grundmann a.a.O.
19 A.a.O. 62.
20 Chenu 1960: 9.
21 A.a.O. 10.
22 Southern 1952/1980.
22a Vgl. Zimmermann 1979.
23 Vgl. Kühnel 1984; Appelt 1984.
24 Flood 1975.
25 Struve 1983.
26 Hartung 1982.
27 Schroeder 1984.
28 Goez 1983.
29 Oppen 1983: passim, bes. S. 33–39.
30 Ketsch 1983 und 1984; Ennen 1984.
31 Vgl. Grundmann 1935/1977: 11f., sodann vor allem Kap. IV–VI; VII,3; VIII,2; Anhang II.
32 Vgl. Grundmann 1927: 1ff.; von Oppen 1983: 37; Kamlah 1935: 117f.; Rosenberg 1955; 83 Anm. 7. Zu den Schriften des kalabrischen Abtes siehe unten Lit.-Verzeichnis »Joachim von Fiore«; weiteres zur Joachim-Forschung s. bei Grundmann 1977.
33 Vgl. Grundmann 1935/1977: 127ff.
34 Vgl. Clasen 1960: 274ff.
35 Vgl. von Oppen 1983: 66–81; Haselbeck 1959: 819f.
36 Vgl. Vicaire 1962.
37 Vgl. Gieraths 1959: 487f.
38 Ich setze hier den lateinischen Namen für die »Katholische römische Kirche« ein, um die undifferenzierte Gleichsetzung mit dem heutigen konfessionell geprägten Begriff der »römisch-katholischen Kirche« zu vermeiden.

39 Vgl. Grundmann 1935/1977: 90.
40 Vgl. Vinay und Vogt 1962; Grundmann 1935/1977: 91–126.
41 Vgl. auch Molnar 1980; er bringt einerseits aus der Geschichtsperspektive der sozialistischen Länder eigene Akzentsetzungen in seine Darstellung, hat jedoch andererseits die Forschungen von Grundmann nicht zur Kenntnis genommen.
42 Oft auch »Summa Theologiae« genannt (1267–1273). Zum Gesamtwerk von Thomas vgl. unten Lit.-Verzeichnis unter »Thomas von Aquin«.
43 Sum. theol. I, Prologus.
44 Vgl. oben Abs. III.1.3.
45 Vgl. Sum. theol. I. 1,1.
46 A.a.O. Art. 3.
47 A.a.O. I, 103–105.
48 A.a.O. I, 1,3.
49 Vgl. Wieland 1981.
50 A.a.O. I, Prologus.
51 Sum. theol. I–II, 109,1 zu 1.
52 Vgl. C. Huber 1961: 1127f.
53 Vgl. Sum. theol. I, 1.
54 A.a.O. I, 13,2; Sum.c.gent. I,5; vgl. R. Otto, 1936: 1ff.
55 Vgl. Sum. theol. I, 1, 3 und 8.
56 Sie ist »quaedam impressio divinae scientiae«, a.a.O. 1,8 Zu 2.
57 A.a.O. Art. 9.
58 »Tunc enim solum Deum vere cognoscimus, quando ipsum esse credimus supra omne id, quod de Deo cogitari ab homine possibile est...« Sum.c.gent. I,5.
59 Vgl. zum ganzen theologischen Sprachproblem bei Thomas: Sum. theol. I 13.
60 Sum. theol. I 13,1–3.
61 Vgl. a.a.O. I, 13,5.
62 »Actus credentis non terminatur ad enuntiabile, sed ad rem. Non enim formamus enutiabilia, nisi ut per ea de rebus cognitionem habeamus, sicut in scientia, ita et in fide« Sum. theol. II–II 1,2 Zu 2. Vgl. weiterhin a.a.O. I 13,1; 2 Zu 3; 2,2.
63 So etwa in der gegenwärtigen Diskussion zu den Grundlagen theologischer Ethik von H. Albert 1969: (vor allem S. 104–130); vgl. die Antwort dazu von G. Ebeling 1973.
64 Vgl. Sum. theol. I, 1,1 co. und Zu 2; Art. 7.
65 Thomas spricht von der »Veritas prima«, wenn er diesen Wahrheitsgrund benennen will (vgl. Sum. theol. II–II 1,1ff.). Daß es sich hierbei nicht um einen rein philosophisch erschließbaren ewigen Wahrheitsgrund im Sinne eines abstrakten Transzendenzbegriffes handelt, sondern die Glaubenden sich im Wort des sich selbst bezeugenden Gottes (»testimonium Dei loquentis« – De Veritate 14,8) gründen, geht aus dem Lehrkontext deutlich hervor. Weiteres zu der diesbezüglichen Diskussion in meiner Arbeit »Luther und Thomas im Gespräch« 1961: 67–85.
66 Vgl. im Sinne des lutherischen Protestes die Arbeit von W. Link 1955.
67 Dieser Gesamtplan wird von Thomas selbst in wenigen Sätzen in der Einleitung zur Sum. theol. I, 2 umrissen. Die Diskussion dazu löste M.D. Chenu 1939 durch einen Artikel in der Revue Thomiste aus (vgl. Chenu 1960a: 344, Anm. a). Die Debatte wurde in der Thomasforschung intensiv fortgeführt (vgl. Pesch 1965).
68 Weiteres dazu in meinem Beitrag »Die Paradigmen von Thomas und Luther« 1984.
69 Meissinger 1952: 105.
70 Vgl. Sum. theol. I 93.
71 »Quia, sicut Damascenus dicit, homo factus ad imaginem Dei dicitur, secundum quod per imaginem significatur *intellectuale, et arbitrio liberum, et per se potestativum*; postquam praedictum est de *exemplari*, scilicet de Deo, et de his quae processerunt ex divina potestate, secundum eius voluntatem: restat ut consideremus de eius *imagine*, id est, de homine, secundum quod et ipse est suorum operum principium, quasi liberum arbitrium habens et suorum operum potestatem.« (Sum. theol. Prolog zu I–II). Thomas konnte sich für seine »Imago-Lehre« vor allem auf Augustinus (vgl. Ladner 1959: 185–203) stützen, dürfte aber wohl selbst erstmals deren Schlüsselbedeutung systematisch herausgestellt haben.
72 Sum. theol. I 93, 1.
73 Siehe oben Abs. I.2.8.4.
74 Vgl. Grabmann 1936: 63–102; ebenso K.-H. zur Mühlen 1980, passim; zur Mühlen geht einigen wichtigen Positionen bei Thomas nach, die Luther kontroverstheologisch angegriffen hatte.
75 Sum. theol. I–II Prolog; vgl. oben Anm. 71.

76 Vgl. De Fide Orthodoxa, Buch II, Kap. 12 (Migne, PG 94, 920).
77 Vgl. oben Abs. I.2.6.4.
78 Vgl. Sum. theol. I 93, 6 Sed contra u. Zu 2.
79 Vgl. a. a. O. 93,4.
80 Vgl. Metz 1962.
81 Vgl. Sum. c. gent. II 1–3.
82 Vgl. Engelhardt 1981; Merks 1981.
83 Vgl. unten Abs. III.3.9.
84 So kennzeichnet Thomas S. Kuhn u. a. einen Paradigmenwechsel: vgl. Kuhn 1962/1979: 21.
85 Vgl. Sum. theol. I–II 1,7 Sed contra.
86 Vgl. a. a. O. I–II 2–5; Bujo 1984; Eickelschulte 1963.
87 Vgl. Engelhardt 1985 a: 128 f.
88 Vgl. Sum. theol. I–II 2, 1–8; Sum. c. gent. III, 26–36.
89 Vgl. Sum. theol. I 1, 1; I–II 5,5.
90 Vgl. Sum. theol. I–II 109,5.
91 Vgl. Sum. theol. I–II 4,8.
92 A. a. O. 5,3.
93 Vgl. a. a. O. II–II 18,4; Pfürtner 1961: 95–107.
94 A. a. O. 5,3 Zu 1,2 und 3.
95 A. a. O. II–II 23,1 und 6; 9,2 Zu 1. Zum ganzen Traktat über die Liebe vgl. Christmann 1959 und Endress 1966.
96 A. a. O. 24,2 Sed contra, wo Thomas Rö 5,5 seiner Argumentation zugrunde legt.
97 A. a. O. 23,8; De Veritate 14,5; De Caritate a. 3; vgl. Horvath 1966.
98 Sum. theol. II–II 23,1 Zu 2 und 3; I–II 110, 1 Zu 1.
99 A. a. O. 23,1.
100 A. a. O. 23,1 Zu 2 u. 3; 25,8.
101 Vgl. die Diskussion zwischen Hans Reiner und Servais Pinckaers in: Paulus Engelhardt 1963; ebenso Bujot 1984.
102 Sum. theol. II–II 23,2, Einwand 3.
103 »...Et ideo quod caritas non est vanitas, sed facit effectum infinitum dum conjungit animam Deo justificando ipsam, hoc demonstrat infinitatem virtutis divinae, quae est caritatis auctor«, a. a. O. Zu 3.
104 A. a. O. 24,3; vgl. auch 24,2.
105 A. a. O. 23,8.
106 Vgl. a. a. O. I–II 19, 3–4; 63,2; 71,6.
107 A. a. O. 71,6.
108 A. a. O. I–II 108,1.
109 Zum Gesetzesverständnis bei Thomas sind die beiden Arbeiten von U. Kühn (1965) und O. H. Pesch (1977) grundlegend.
110 Sum. theol. I–II 106,1 u. 2; 107,1.
111 A. a. O. 106, 3 Co u. Zu 1.
112 A. a. O. 106, 4 Co u. Zu 3 u. 4.
113 Deman verweist auf die unterschiedlichen Adressaten, an die sich die Ablehnung richtete. Joachim stand dabei durchaus nicht im Vordergrund, sondern Gerhard von Borgo San Donnino, ein Hauptvertreter der joachitischen Franziskanerbewegung aus der Mitte des 13. Jahrh.s (vg. Deman 1955: 298 f.). Die Aktivitäten dieser Bewegung bildeten offenbar den »Sitz im Leben« für die Auseinandersetzung von Thomas, der seine »Summa theologica« zwischen 1266/67 und 1274 geschrieben hat. Auch Deman hebt jedoch nicht hinreichend hervor, daß Thomas die Geschichtstheorie von Joachim nicht völlig verwarf, sondern ihr aus einer Sicht einen Wahrheitskern abzugewinnen vermochte. Denn er unterschied zwischen zwei Weisen, in denen man vom »Wandel der Weltzeiten sprechen könne« (»status mundi variari potest dupliciter«). Die eine lehnte er ab, die andere erkannte er jedoch an, nämlich, daß es »nach unterschiedlichen Orten, Zeiten und Personen« eine sehr unterschiedliche Teilhabe der Menschen an Gottes Geistwirken in der Geschichte des Neuen Bundes geben kann (Sum. theol. I–II 106,4). Er stimmte also zu, daß es wechselnde Phasen in der neutestamentlichen Offenbarungsgeschichte gibt, und zwar auch vom unentwickelten zum entwickelteren Geistleben (vgl. dazu auch a. a. O. II–II 1,7). Ich kann daher auch Grundmanns Auslegung dieser Thomastexte nicht beipflichten, der in ihnen kein eigentliches Geschichtsverständnis zu finden vermag (vgl. Grundmann 1927: 125). Was Thomas so vehement ablehnte, war die Auffassung, daß der damals bevorstehenden Zukunft »ein anderes Evangelium« als das Evangelium Jesu Christi zum Heil gegeben werde, nämlich das »Evangelium aeternum« des Geistes. In dieser schroffen Gegenüberstellung zwischen »Evangelium des Sohnes« und »Evangelium des Geistes« hatte

Joachim seine Geschichtsvorstellungen jedoch nie vorgetragen – und Thomas unterstellt sie ihm auch nicht. Winfried H. J. Schachten hat Thomas' Kritik an Joachim einer ausführlichen Untersuchung unterzogen, auf die ich leider erst nach Abschluß dieses Manuskriptes aufmerksam wurde, so daß ich sie hier nicht mehr berücksichtigen konnte (vgl. Schachten 1980).

114 Sum. theol. I–II 107, 1 Co und Zu 2; 108,1 Zu 2.

115 A. a. O. 108,2.

116 A. a. O. 106,1; 107,1 Zu 3.

117 Zu Aristoteles siehe oben Abs. I.2.8.1.

118 Sum. theol. I–II 108,2.

119 Vgl. Pfürtner 1972a: 264ff., 284–298; ders., 1972: 182ff.

120 Vgl. Engelhardt 1981: 147–159.

121 IV. Sent. 33,1,2. Innerhalb der neueren katholischen Naturrechtsdiskussion habe ich in verschiedenen Beiträgen auf die Konsequenzen dieser Thomaslehre hingewiesen: vgl. Schrey 1976.

122 Vgl. Sum. theol. I–II 6, Prolog.

123 A. a. O. I–II 6,1.

124 A. a. O.

125 Vgl. a. a. O. I–II 81,1.

126 A. a. O. Art. 2.

127 A. a. O. 83,2.

128 A. a. O. 109,2 Co und Zu 2.

129 A. a. O. 109–114, vgl. als Kommentar dazu Thomas-Albert Deman 1955.

130 Sum. theol. I–II 109,7.

131 Vgl. a. a. O. 109,5.

132 A. a. O. 109,6.

133 A. a. O. 114,9.

134 A. a. O. 109,6 Zu 2 und Zu 4.

135 A. a. O. 113,3.

136 Vgl. a. a. O. 114,1.

137 A. a. O. 114,1 Sed contra. Weitere Stellen, die in der mittelalterlichen Exegese als einschlägig angesehen wurden, z. B.: Mt 5,12; 5,46; 6,1ff. und 46,10,41f. usf.

138 A. a. O. 114,3.

139 A. a. O. 114,1.

140 Vgl. a. a. O. I 1,8 Zu 2; 65, Co; u. a.

141 Vgl. a. a. O. I, 2,2 Zu 1; I–II 4, 5 Obj. 1; u. a.

142 Diese Entwicklung hat inzwischen eine so beachtenswerte Breite erlangt, daß sie hier nur skizziert werden kann. Wie sie sich im Zusammenhang des Lutherjahres 1983 (500. Geburtstag) ausnahm, kann dem Band »Zur Bilanz des Lutherjahres« (Manns 1986) entnommen werden. Ebenso vermittelt »Das Luther-Erbe in Deutschland« (Süssmuth 1985) darüber einen aufschlußreichen Einblick. Daß es bei alledem auch Neigungen zur Regression in alte konfessionelle Polemik gibt, darf nicht verwundern. Otto Hermann Pesch verschweigt sie in seiner Bilanz für die katholische systematische Theologie im Zusammenhang des Luther-Jahres nicht, kann aber gerade anhand der gründlichen Übersicht ihren qualitativen und quantitativen Stellenwert deutlich lokalisieren (Pesch 1986). – Will man ohne Unterbewertung der zahlreichen anderen Beiträge, die die angesprochene Breitenwirkung herbeigeführt haben, einige herausragende Impulse und deren Initiatoren benennen, so müßte man für die letzten fünfzig Jahre zunächst auf die bahnbrechende Arbeit von Josef Lortz (1939/40 u. 1962) »Die Reformation in Deutschland« verweisen, sodann auf den Vorstoß von Hans Küng (1957/1964) im Bereich der Rechtfertigungslehre und schließlich auf die breiten Bemühungen von Otto Hermann Pesch hinweisen, Luther dem Katholizismus ohne konfessionelle Voreingenommenheit zu erschließen (Pesch 1967; ders. 1981; ders. 1982; ders. 1983a; ders. 1983b; Pesch und Peters 1981). Mit den drei Theologen und ihren Arbeiten dürften so etwas wie Etappen in der katholischen historisch-systematischen Reformationsforschung der jüngeren Vergangenheit benannt sein. – Die neu gewonnenen Einsichten in der Theologie haben eine deutliche Wirkung auf das Verhältnis der Kirchen zueinander gezeitigt. So hat mit Johannes Paul II. in Mainz 1980 erstmals in der Geschichte ein Papst in einer positiven Weise auf Luther Bezug genommen (Johannes Paul II. 1980: 80f.; vgl. Pfürtner 1981: 266). Freilich sollen damit nicht die Regressionstendenzen übersehen werden, die sich auf zahlreichen kirchenpraktischen Gebieten zur Zeit im Bereich der katholisch-evangelischen Ökumene bemerkbar machen.

143 Den Auftakt im deutschsprachigen Raum der Nachkriegszeit bildete Thomas Bonhoeffer, der zugleich auch die neue Sichtweise deutlich benannte: »Es gilt, Thomas als vorreformatorischen Theologen zu hören, nicht als eine Stimme im Chor der nachtridentinischen katholischen

Theologie«. Und er fügte hinzu: »Thomas von Aquin gehört zu den Vätern der protestantischen Theologie« (Bonhoeffer 1961: 3). Ulrich Kühn (1964/65) und Hans Vorster (1965) folgten bald, wobei beide Autoren je ein systematisch gewichtiges Thema lehrgeschichtlich angingen, das bis dahin in der katholischen Thomasforschung kaum beachtet oder jedenfalls nicht ausführlicher behandelt worden war. Kühn machte übrigens einleitend (1964/65: 12) auf die voraufgehenden Anstöße zur protestantischen Thomasforschung in den skandinavischen Ländern aufmerksam. – In welcher Art ökumenischer Sachlichkeit inzwischen sowohl die Thomas- als auch die Lutherforschung betrieben werden kann, zeigen die beiden in gleicher Weise beachtlichen Kurzdarstellungen in »Klassiker der Theologie«. Der Beitrag zu Thomas stammt vom evangelischen Verfasser Ulrich Kühn (1981: 212–225) und derjenige zu Luther von dem katholischen Theologen Johannes Brosseder (1981: 283–315).

144 Vgl. etwa Oberman 1965; ders., 1977 passim; zur Mühlen 1980, passim; Duchrow 1970: 321–436.

145 Vgl. oben Abs. III.1.2.

146 Zu einem der jüngsten Ergebnisse vgl. Lehmann und Pannenberg, 1986.

147 Vgl. oben Anm. 140f. Ebenso hielt Thomas dafür, daß »die Natur durch die endzeitliche Herrlichkeit nicht ausgelöscht, sondern vollendet wird«. Demgemäß vertrat er, daß die wahren Freundschaftsordnungen und -beziehungen in dem neuen Leben nicht einfach ins Nichts versinken würden: vgl. Sum. theol. II–II 26,13.

148 Eine Trennung von Individualethik und Sozialethik ist Thomas unbekannt. Beide Formen ethischer Betrachtungsweise greifen bei ihm immer wieder eng ineinander (vgl. unten Anm. 169–172).

149 Vgl. a.a.O. I–II 62, 3 Sed contra.

150 A.a.O. 62,1.

151 Vgl. a.a.O. II–II 161,4 Zu 1.

152 Vgl. a.a.O. II–II 1–46.

153 Vgl. De Veritate 14,8.

154 Vgl. Sum. theol. II–II 1,1.

155 Vgl. a.a.O. 17,1; De Spe Art. 1 co.; weiteres zum thomanischen Glaubens- und Hoffnungsbegriff im Vergleich zu demjenigen von Luther sowie über die Gewißheit christlichen Glaubens siehe Pfürtner 1961: 45–124.

156 Vgl. a.a.O. II–II 1,3; De Veritate 14,8.

157 Vgl. Sum. theol. II–II 18,4.

158 Vgl. a.a.O. II–II 23,1; Christmann 1959: 426ff.

159 Vgl. z.B. Sum. theol. I–II 63, 2–4.

160 Vgl. a.a.O. 110, 2–4.

161 Die umfassendsten Quellenstudien zur früh- und hochmittelalterlichen Diskussion im Bereich der theologischen Anthropologie und Ethik liegen von Odon Lottin vor (Lottin 1942–1960). Zu unserem hier behandelten Themenkreis vgl. seinen Bd. III/I (1949), S. 199–252 und Bd. III/2 (1949), S. 459–535.

162 Sum. theol. II–II 47–189. Im deutschen Sprachraum hat Josef Pieper seit den dreißiger Jahren einer breiten Leserschaft die Grundzüge der vier Kardinaltugenden zugänglich gemacht. Seine Einführungen unter den Titeln »Traktat über die Klugheit«, »Über die Gerechtigkeit«, »Vom Sinn der Tapferkeit«, »Zucht und Maß« erfuhren über mehrere Jahrzehnte Neuauflagen. Sie können bis heute mit Gewinn für eine Grundinformation herangezogen werden. Übrigens hatte Pieper 1934 mit dem Bändchen »Vom Sinn der Tapferkeit« begonnen. Er selbst schreibt dazu: »Die unendlichen, vom Pathos triefenden Reden über das ›Heroische‹, die durch jene Jahre dröhnten, brachten mich auf den Gedanken, wieder einmal die ›Summa‹ des Thomas von Aquin (...) herauszuholen und darin den Traktat von der Kardinaltugend der Tapferkeit nachzulesen. (...) Natürlich hatte, was ich dort fand, rein gar nichts zu tun mit jenem ›Helden‹-Ideal, das die Propaganda ausschrie und zur Schau stellte« (Pieper 1976: IIIf.). Piepers Thomas-Arbeiten standen somit unter dem Zeichen der geistigen Resistance gegen die nationalsozialistische Verführung. Aus eigener Erfahrung vermag ich ihm zu bestätigen, daß seine Publikationen – nicht zuletzt in der jungen, kirchlich orientierten Generation – einen erheblichen Widerhall fanden. – Zur Bedeutung der Kardinaltugenden im mittelalterlichen Leben vgl. Mähl 1969 und Eifler 1970.

163 Vgl. Sum. theol. I–II 61,2–3.

164 Quaest. Disp. De virtutibus in communi Art. 12 Zu 24.

165 Vgl. a.a.O.

166 Vgl. Sum. theol. II–II 58,1; oben Abs. I.2.7.

167 Vgl. Sum. theol. II–II 80,1.

168 Vgl. Sum. a.a.O.; Qu. 79, 1–4.

169 Vgl. a.a.O. 47, 10–11; dazu sind die einschlägigen Zusammenhänge aus dem Gesetzestraktat hinzuzuziehen: a.a.O. I–II 90, 2–3, sowie 95–97 (mit dem Kommentar von O.H. Pesch 1977: 543–593); eine Art Gelegenheitsschrift zum Thema liegt von Thomas von Aquin in dem Opusculum »De regimine principum« vor (s. Lit. zu Thomas), das P. Engelhardt (1985a: 133–139) knapp vorstellt und in einigen Positionen zu Fragen politischer Ethik der Gegenwart kritisch vermittelt.

170 Vgl. z.B. II–II 60; 63; 67–71.

171 Vgl. z.B. a.a.O. 62 u. 66.

172 Vgl. a.a.O. II–II 151–156; zum lehrgeschichtlichen und systematischen Kontext der thomanischen Sexualethik vgl. Pfürtner 1958: 232–312; zur Vermittlung dieser Theorie in die Gegenwartsproblematik vgl. Pfürtner 1972: passim.

173 Zur gegenwärtigen Diskussion des »Glücks« als Lebensziel im Vergleich zu anderen Begriffsverwendungen vgl. »Glück und geglücktes Leben« (Engelhardt 1985).

174 Vgl. Sum. theol. I–II 65.

175 Weitere Überlegungen dazu bei Höver 1981; siehe auch dazu Kluxen 1964: 221–230.

176 Unser Wort »Staat« läßt sich nicht einfach auf die damaligen Begriffe von »res publica« oder »imperium« oder »principatus« übertragen und ist daher auch nur mit Vorbehalt zu verwenden.

177 Ulrich Duchrow geht dem Theorie- und Deutungswandel von der Antike bis in die Reformationszeit nach (Duchrow 1970) und widmet dem Mittelalter einen ausführlichen Abschnitt (a.a.O.: 321–435).

178 S. Thomas Aquinatis, Opuscula philosophica. Ed. J. Perrier, Paris 1949: 220–426; vgl. auch Ed. R.M. Spiazzi, Turin-Rom 1954: 253–358. Zur Entstehung und Authentizität der Schrift vgl. Chenu 1960a: 378ff.; siehe auch Anm. 169.

179 Vgl. Sum. theol. I–II 105,1.

180 Vgl. a.a.O. 90,2.

181 Vgl. a.a.O. I 92,2.

182 Vgl. Bornkamm 1962: 936.

183 »Finis humanae vitae et societatis est Deus.« Sum. theol. I–II 100,6.

184 »Sic enim ei, ad quem finis ultimi cura pertinet, subdi debent illi, ad quos pertinet cura antecedentium finium, et eius imperio dirigi.« De regimine principum I,14.

185 Vgl. a.a.O.

186 Bonifaz VIII. hatte 1303 gegenüber Abgesandten des deutschen Königs Albrecht von Habsburg gesagt: »Wie der Mond kein anderes Licht besitzt, als jenes, das er von der Sonne empfängt, so hat keine irdische Gewalt irgend etwas, das sie nicht von der Macht der Kirche empfängt... alle Machtbefugnis... stammt von Christus und von Uns als dem Stellvertreter Christi« (Mon. Germ. hist., LL. sect. IV, Bd. IV, Teil 1, S. 139). Diesen Text zitiert Pius XII. in seiner Ansprache 1955 an Teilnehmer des 10. internat. Historikerkongresses, in: Utz u. Groner Bd. 3, 1961: 5904. Pius XII. wies seinerseits zwar darauf hin, daß »diese mittelalterliche Auffassung zeitbedingt war« (a.a.O.), hielt aber grundsätzlich an der mittelalterlichen Vorstellung vom katholischen Staatskirchentum fest (vgl. Utz u. Groner a.a.O. Nr. 5906).

187 Sum. theol. II–II 39,4 Zu 3.

188 A.a.O. 11,3.

189 Vgl. a.a.O. 40,2; 64,4 Co u. Zu 3. Die Diskussion, in die Thomas hier eingriff, hatte ihren eigenen »Sitz im Leben« der damaligen Zeit – dem hier jedoch nicht weiter nachgegangen werden kann.

190 A.a.O. 64,4 Zu 3.

191 Weiteres zum paradigmatischen Wechsel, den Luther im Vergleich zu Thomas in der theologischen Denk- und Sprachgeschichte vollzog, siehe in meinem Beitrag 1984: 176ff.; darin findet sich auch der Nachweis (182f.), daß Luther selbst das neue Paradigma im Verhältnis von kirchlichem Dienst und politischer Macht nicht konsequent durchgehalten hat. Im Kampf gegen die »Papisten« rief er ebenso zur Gewaltanwendung auf, wie sie Thomas im Mittelalter zur Bekämpfung der Häretiker gefordert hatte. Erst durch die Aufklärung sollte das reformatorische Paradigma gesellschaftspolitisch voller ausgelegt und zur Trennung von Kirche und Staat im neuzeitlichen Sinn ausgestaltet werden.

192 Zu der Auseinandersetzung um die Religionsfreiheit auf dem Zweiten Vatikanum, in der es darum ging, die römisch-katholische Kirche von ihrer eigenen jahrhundertealten Geschichte in Theorie und Praxis zu lösen und neuen Grundsätzen sozialer Ethik der religions- und wertpluralen Gesellschaft zu öffnen, vgl. meine Darlegungen in »Macht, Recht, Gewissen in Kirche und Gesellschaft« (Pfürtner 1972b:) S. 29–72 u. 142–162.

193 Vgl. Kähler 1878/1967; Stelzenberger 1963; Snell 1955: 229.

194 Vgl. Lottin Bd. 3, 1948: 103–417.

195 Hirsch, Bd. I, 1954: 35.
196 Vgl. Sum. theol. II–II 47–56.
197 Vgl. a.a.O. I 79,12–13; De Veritate Qu. 16–17.
198 Vgl. a.a.O. II–II 47,3 u. 8; 49,2.
199 A.a.O. I 79,13.
200 De Veritate 17,4 Zu 2.
201 A.a.O. 17,5.
202 Vgl. a.a.O. 17,4 Zu 1.
203 Vgl. Sum. theol. I–II 94,4 u. 5 Zu 2.
204 Vgl. a.a.O. 19,5 Zu 2.
205 Vgl. a.a.O. 19,5 Co.
206 Vgl. Chenu 1960a: 27f., 85; 244f.
207 Zu dem, was »Lesung« – »Lectio« damals im universitären Lehrvorgang meinte, vgl. Chenu 1960a: 84ff.
208 Vgl. a.a.O. 252ff.
209 Vgl. a.a.O. 374–383.
210 Vgl. Chenu 1960: 152.
211 Vgl. Augustinus, Epist. 93, cap. 5: PL 33, 329, zitiert von Thomas Sum. theol. II–II 10,8 Zu 1.
212 Vgl. Vicaire 1962: 190f.
213 Sum. theol. II–II 10,8.
214 A.a.O. 10,11.
215 A.a.O. 10,8.
216 A.a.O. 11,3.
217 A.a.O. 10,3.
218 Vgl. Vicaire 1962: 86ff.
219 Sum. theol. II–II 11,3.
220 Vgl. meinen Beitrag zu den ethischen Paradigmen des Mittelalters und der Reformation: Pfürtner 1984: 179–184, sowie die umfangreiche historische Studie von J. Leclerc 1965.
221 Vgl. Beintker 1981: 122; Hirsch Bd. 1, 1954: 109–172, bes. 131ff., 158f.
222 Vgl. Sum. theol. II–II 1,10; Horst 1977.
223 Sum. theol. II–II 1,9 Zu 3.
224 A.a.O. III 49,1.
225 Vgl. Zweites Vatikanisches Konzil, Kirchenkonstitution »Lumen Gentium« (LG) Nr. 8.
226 A.a.O.; vgl. auch Pastoralkonstitution »Gaudium et Spes« (GS) Nr. 43.
227 A.a.O., Ökumenismusdekret Nr. 6.
228 Siehe oben Abs. III.3.2.
229 Vgl. Chenu 1960a: 58ff.
230 Vgl. dazu vor allem Grabmann 1949/1967 und Chenu 1960a. Beide Arbeiten geben nicht nur einen ausführlichen Einblick in den textkritischen Forschungsstand, sondern auch in den zeit- und lebensgeschichtlichen Entstehungszusammenhang der Werke; als komprimierten Überblick dazu vgl. Dondaine 1965; Pesch 1965a; Schlüter 1965 sowie Kühn 1981. Zu den Editionen der Thomaswerke vgl. Literaturverzeichnis unter «Thomas von Aquin«.
231 Vgl. Dondaine 1965: 121f.
232 Vgl. Näheres dazu bei Pesch 1965b; Kühn 1981: 223f.
233 Siehe oben Abs. III.1.2.
234 Während Can. 1366,2 des Codex von 1917 die Theologen verpflichtete, in ihrer Lehrtätigkeit an katholischen Seminarien und Hochschulen Thomas »in seiner Methode, Lehre und seinen Prinzipien« zu folgen, werden sie im Can. 252,3 des Codex von 1983 lediglich aufgefordert, »...die Heilsgeheimnisse, vor allem unter Anleitung des hl. Thomas als Lehrer, tiefer zu durchdringen«.
235 Vgl. Thomistic Bibliography 1940–1978. Zu Fragen der Ethik: 145–163; Zimmermann 1979; ders. 1988.
236 Vgl. Sum. theol. II–II 179–182; hier besonders 182,4.
237 Vgl. Sum. theol. II–II 188,6. Zur Wirkungsgeschichte des Leitsatzes im späteren Mittelalter vgl. Mieth 1969.
238 Vgl. Sum. theol. II–II 188,6 u. 182,2.

Die Zitationen in den Anmerkungen nehmen auf dieses Verzeichnis Bezug. Bei Mehrfachveröffentlichungen eines Autors in einem Jahr ist nach a, b, c etc. gestaffelt. Die Ziffern nach dem Doppelpunkt benennen die Seitenzahl. Zitationen aus Quellenwerken sind davon ausgenommen. Auf sie wird gesondert hingewiesen.

Albert, Hans, 1969: Traktat über kritische Vernunft. 2. Aufl. Tübingen.

Appelt, Heinrich, u. a., 1984: Die Erforschung von Alltag und Sachkultur des Mittelalters. Methode – Ziel – Verwirklichung. Internationales Round-Table-Gespräch. Krems a. d. Donau, 20. Sept. 1982. (Österr. Akad. d. Wiss., Phil.-hist. Kl. Sitzungsber. Bd. 433) Wien.

Ariès, Philippe, 1960/1976: Geschichte der Kindheit. Mit einem Vorwort von Hartmut von Hentig. [5]1982. (Originalausgabe: L'enfant et la vie familiale sous l'ancien régime. Paris 1960). Zitiert wird nach 2. Aufl. München 1976.

Arnold, Klaus, 1981: Das »finstere« Mittelalter. Zur Genese und Phänomenologie eines Fehlurteils. In: Saeculum Bd. 32 (1981): 287–300.

Beierwalters, Werner (Hg.), 1969: Platonismus in der Philosophie des Mittelalters. Darmstadt.

Beintker, Horst, 1981: Das Gewissen in der Spannung zwischen Gesetz und Evangelium. In: Luther-Jahrbuch 48 (1981): 115–147.

Bonhoeffer, Thomas, 1961: Die Gotteslehre des Thomas von Aquin als Sprachproblem. Tübingen.

Bornkamm, Heinrich, 1962: Toleranz II. In der Geschichte des Christentums. In: Die Religion in Gesch. u. Gegenw. 3. Aufl. Bd. VI. Tübingen, Sp. 933–946.

Bräuer, Siegfried, 1977 u. 1978: Müntzerforschung von 1965 bis 1975. In: Luther-Jahrbuch 44 (1977): 127–141 u. 45 (1978): 102–139.

Brinkmann, Hennig, 1980: Mittelalterliche Hermeneutik. Darmstadt.

Brosseder, Johannes, 1981: Martin Luther. In: Klassiker der Theologie, Bd. I: Von Irenäus bis Martin Luther. Hrsg. von Heinrich Fries u. Georg Kretschmar, S. 283–314, München.

Bujo, Bénézet, 1984: Die Begründung des Sittlichen. Zur Frage des Eudämonismus bei Thomas von Aquin. Paderborn/München/Wien/Zürich.

Chenu, Marie-Dominique, 1960: Thomas von Aquin in Selbstzeugnissen und Bilddokumenten. Reinbek b. Hamburg.

– *1960 a:* Das Werk des hl. Thomas von Aquin. Übersetzt und mit Arbeitshinweisen versehen von O. H. Pesch. (Deutsche Thomas-Ausgabe 2. Ergänzungsband) Heidelberg/Graz/Wien/Köln.

Christmann, Heinrich Maria, 1959: Die Liebe. Kommentar zu Thomas von Aquin, Summa theologica II–II Q. 23–33. Deutsche Thomas-Ausgabe Bd. 17 A. Heidelberg/Graz.

Clasen, S., 1960: Franziskaner. In: Lex. f. Theol. u. Kirche, Bd. 4, Sp. 273–279, Freiburg i. Br.

Congar, Yves, 1952/1957: Der Laie. Entwurf einer Theologie des Laientums. Franz. Orig.- Ausg. Paris 1952. Deutsche Übersetzung Stuttgart 1957.

Deman, Thomas-Albert, 1955: Kommentar zu Band 14 der Deutschen Thomas-Ausgabe »Der Neue Bund und die Gnade« (Sum. theol. I–II 106–114: De lege evangelica, quae dicitur lex nova) Heidelberg/Graz/Wien/Köln.

Dempf, Alois, 1927: Ethik des Mittelalters. In: Handbuch der Philosophie III, 2. Aufl. München.

– *1929/1973:* Sacrum Imperium. Geschichts- und Staatsphilosophie des Mittelalters und der politischen Renaissance. [1]1929; 4. Aufl. München 1973.

Denifle H. et Chatelain, A. E., 1889–1897: Chartularium Universitatis Parisiensis. 4 vol. Parisiis.

Dondaine, H.-F., 1965: Thomas von Aquin, I. Leben und Fortwirken. II. Werke. In: Lex. f. Theol. u. Kirche, Bd. 10, Sp. 119–123, Freiburg i. Br.

Duchrow, Ulrich, 1970: Christenheit und Weltverantwortung. Traditionsgeschichtliche und systematische Struktur der Zweireichelehre. Stuttgart.

Ebeling, Gerhard, 1967: Die Notwendigkeit der Lehre von den Zwei Reichen. In: ders., Wort und Glaube Bd. 1, 3. Aufl. S. 407–428. Tübingen.

– *1973:* Kritischer Rationalismus? Zu Hans Alberts »Traktat über kritische Vernunft«. Tübingen.

– *1975:* Leitsätze zur Zweireichelehre. In: ders., Wort und Glaube, Bd. 3, Tübingen 1975: 574–592.

Eickelschulte, Dietmar, 1963: Beatitudo als Prozeß. Zur Frage nach dem Ort der theologischen Ethik bei Thomas von Aquin. In: Sein und Ethos, hrsg. von Paulus Engelhardt 1963: 158–187, Mainz.

Eifler, Gunter (Hrsg.), 1970: Ritterliches Tugendsystem. Darmstadt.

Eliade, Mircea, 1957: Das Heilige und das Profane. Vom Wesen des Religiösen. Reinbek b. Hamburg.

Endress, Josef, 1966: Die Liebe (2. Teil). Klugheit. Kommentar zu Thomas von Aquin, Summa theologica II–II Q. 34–56. Dtsch. Thomas-Ausgabe Bd. 17B. Heidelberg/Graz.
Engelhardt, Paulus (Hrsg.), 1963: Sein und Ethos. Untersuchungen zur Grundlegung der Ethik. Mainz.
– *1981:* Was kann die Ethik des Thomas von Aquin zur kritischen Klärung und zur Begründung der Menschenrechte beitragen? In: Schwartländer 1981: 138–164.
– *1985 (Hrsg.):* Glück und geglücktes Leben. Philosophische und theologische Untersuchungen zur Bestimmung des Lebensziels. Mainz.
– *1985 a:* Wer ist für das Glück verantwortlich? In: ders., Glück u. geglücktes Leben. S. 128–164. Mainz.
Ennen, Edith, 1984: Frauen im Mittelalter. München.
Flood, David, 1975: Poverty in the middle ages. (In: Franzisk. Forschungen Bd. 27) Weil/Westf.
Foschepoth, J., 1976: Reformation und Bauernkrieg im Geschichtsbild der DDR. Zur Methodologie eines gewandelten Geschichtsverständnisses. Berlin.
Francesco d'Assisi, 1982: Documenti e archivi, codice e biblioteche, miniature. (Ed.: Francesko Porzio) Milano.
Franz von Assisi, 1979: Die Werke (Sonnengesang, Ordensregeln, Testament, Briefe Fioretti). Mit einem Essay von Wolfram von den Steinen. Zürich.
Gieraths, G., 1959: Dominikanerorden. In: Lex. f. Theol. u. Kirche. Bd. 3, Sp. 483–493, Freiburg i. Br.
Goez, Werner, 1983: Gestalten des Hochmittelalters. Personengeschichtliche Essays im allgemeinhistorischen Kontext. Darmstadt.
Grabmann, Martin, 1936: Aristoteles im Werturteil des Mittelalters. In: ders., Mittelalterliches Geistesleben II. S. 63–102. München.
– *1949/1967:* Die Werke des hl. Thomas von Aquin. Eine literarhistorische Untersuchung und Einführung. 3. erweiterte Aufl. 1949 mit Literaturergänzungen von Richard Heinzmann. Fotomech. Nachdr. 1967.
Grundmann, Herbert, 1927: Studien über Joachim von Fiore. Leipzig u. Berlin.
– *1957:* Freiheit als religiöses, politisches und persönliches Postulat im Mittelalter. München.
– *1935/1977:* Religiöse Bewegungen im Mittelalter. Untersuchungen über die geschichtlichen Zusammenhänge zwischen der Ketzerei, den Bettelorden und der religiösen Frauenbewegung im 12. und 13. Jahrhundert und über die geschichtlichen Grundlagen der deutschen Mystik. Erstaufl. 1935. Neudruck mit Anhang »Neuere Beiträge zur Geschichte der religiösen Bewegungen im Mittelalter.« Darmstadt 1977.
– *1977:* Ausgewählte Aufsätze. Teil 2. Joachim von Fiore. Stuttgart.
– *1934/1977:* Die Grundzüge der mittelalterlichen Geschichtsanschauung. In: Grundmann 1977: 211–219.
– *1963/1977:* Kirchenfreiheit und Kaisermacht um 1190 in der Sicht Joachims von Fiore. In: Grundmann 1977: 361–402.
Hartung, Wolfgang, 1982: Die Spielleute. Eine Randgruppe in der Gesellschaft des Mittelalters. Wiesbaden.
– *1983:* Spielmannsleben und Randexistenz. Ztschft. f. Relig.- u. Geistesgesch. Bd. 35 (1983): 309–322.
Haselbeck, G., 1959: Elisabeth von Thüringen. In: Lex. f. Theol. u. Kirche. Bd. 3, Sp. 819f., Freiburg i. Br.
Heinisch, Klaus J., (Hrsg.), 1970: Kaiser Friedrich II. (Römisch-deutscher Kaiser) in Briefen und Berichten seiner Zeit. Hrsg. u. übersetzt von K. J. Heinisch. Darmstadt.
Hennig, Gerhard, 1966: Cajetan und Luther. Ein historischer Beitrag zur Begegnung von Thomismus und Reformation. Stuttgart.
Hentig, Hartmut von, 1976: Vorwort zur deutschen Ausgabe von Philippe Ariès, Geschichte der Kindheit. In: Ariès 1976: 7–44.
Hirsch, Emanuel, 1954: Lutherstudien. 2 Bde. Gütersloh.
Höffe, Otfried, 1979: Ethik und Politik. Grundmodelle und -probleme der praktischen Philosophie. Frankfurt a. M.
Hoffmann-Erbrecht, L., 1962: Mittelalter. II. Die Musik des M. In: Lex. f. Theol. u. Kirche Bd. 7: 497–498.
Horst, Ulrich, 1977: Kirche und Papst nach Thomas von Aquin. Catholica 31, No 2: 151–167.
Horvath, Tibor, 1966: Caritas est in ratione. Die Lehre des hl. Thomas über die Einheit der intellektiven und affektiven Begnadung des Menschen. Münster.
Höver, Gerhard, 1981: Tugendethik – Pflichtethik. Der Singgehalt menschenrechtlicher Freiheit in der Naturrechtsethik von Johannes Messner. In: J. Schwartländer (Hrsg.) 1981: 188–213. München u. Mainz.

Huber, C., 1961: Logos. Dogmengeschichtlich. In: Lex. f. Theol. u. Kirche, Bd. 6, Sp. 1125–1128. Freiburg i. Br.
Huber, Wolfgang, 1983: Folgen christlicher Freiheit. Ethik und Theorie der Kirche im Horizont der Barmer Theologischen Erklärung. Neukirchen-Vluyn.
Huber, Wolfgang und Tödt, Heinz Eduard, 1977: Menschenrechte. Perspektiven einer menschlichen Welt. Stuttgart u. Berlin.
Joachim von Fiore: Concordia novi et veteris testamenti, Venedig 1519; weitere Hauptschriften: Expositio super Apocalypsim, Venedig 1527; Psalterium decem chordarum, Venedig 1527; Tractatus super quatuor Evangelia, ed. Buonaiuti Rom 1930; dazu kleinere Schriften und solche, die ihm fälschlicherweise aus der joachitischen Bewegung zugewidmet wurden. Zur Textkritik vgl. Grundmann 1927: 13 ff.
Kähler, Martin, 1878/1967: Das Gewissen. Ethische Untersuchung. Die Entwicklung seiner Namen und seines Begriffes. 1. Aufl. 1877. Reprint Darmstadt 1967.
Kamlah, W., 1935: Apokalypse und Geschichtstheologie. Die mittelalterliche Auslegung der Apokalypse vor Joachim von Fiore. Berlin.
Ketsch, Peter, 1983–1984: Frauen im Mittelalter. Quellen und Materialien. Hg. von Annette Kuhn.
Bd. 1. Frauenarbeit im Mittelalter (1983).
Bd. 2. Frauenbild und Frauenrechte in Kirche und Gesellschaft (1984). Düsseldorf.
Kluxen, Wolfgang, 1964: Philosophische Ethik bei Thomas von Aquin. (2. Aufl. Hamburg 1980) Zit. nach 1. Aufl. Mainz.
Kuhn, Thomas S., 1962/1979: Die Struktur wissenschaftlicher Revolutionen. Amerik. Erstausgabe 1962. 4. Aufl. der deutschen Ausgabe 1979, Frankfurt a. M.
Kühn, Ulrich, 1965: Via caritatis. Theologie des Gesetzes bei Thomas von Aquin. Berlin 1964; Lizenzausgabe Göttingen.
– *1981:* Thomas von Aquin. In: Klassiker der Theologie, Bd. 1: Von Irenäus bis Martin Luther. Hrsg. von Heinrich Fries u. Georg Kretschmar, S. 212–225, München.
Kühnel, Harry (Hrsg.), 1984: Alltag im Spätmittelalter. Graz.
Küng, Hans, 1957/1964: Rechtfertigung. Die Lehre Karl Barths und eine katholische Besinnung. 1. Aufl. 1957; 4. Aufl. Einsiedeln.
Küng, Hans/David Tracy (Hrsg.), 1984: Theologie – wohin? Auf dem Weg zu einem neuen Paradigma. Zürich/Köln/Gütersloh.
Ladner, Gerhart B., 1959: The Idea of Reform. Its Impact on Christian Thought and Action in the Age of the Fathers. Cambridge, Massachusetts (Havard Univ. Press.).
Lammers, Walther (Hrsg.), 1965: Geschichtsdenken und Geschichtsbild im Mittelalter. Ausgewählte Aufsätze und Arbeiten aus den Jahren 1933 bis 1959. Darmstadt.
Leclerc, Joseph, 1965: Geschichte der Religionsfreiheit im Zeitalter der Reformation. 2 Bde. Stuttgart.
Lehmann, Karl und Pannenberg, Wolfhart (Hrsg.), 1986: Lehrverurteilungen – kirchentrennend? I. Rechtfertigung, Sakramente und Amt im Zeitalter der Reformation und heute. Vorgelegt von: Ökumenischer Arbeitskreis evangelischer und katholischer Theologen, Freiburg i. Br./ Göttingen.
Lehmann, P., 1960: Mittelalter. Lateinische kirchliche Literatur. In: Rel. in Gesch. u. Gegenw. 4. Bd.: 1037–1044, 3. Aufl. Tübingen.
Lehrverurteilungen – kirchentrennend?: Siehe Lehmann u. Pannenberg.
Link, Wilhelm, 1955: Das Ringen Luthers um die Freiheit der Theologie von der Philosophie. 2. Aufl. München.
Lortz, Josef, 1939/40 u. 1962: Die Reformation in Deutschland. 2 Bde. 1. Auf. 1939/40; 4. Aufl. Freiburg i. Br. 1962.
Lottin, Odon, 1942–1960: Psychologie et Morale aux XIIe et XIIIe siècles. 6 Bde. Louvain-Gembloux.
Luther, Martin, 1515/1516: Vorlesungen über den Römerbrief. WA (= Weimarer Ausgabe) 56: 3–528.
– *1523:* Von weltlicher Obrigkeit, wie weit man ihr Gehorsam schuldig sei. WA 11: 245–281.
Mähl, Sibylle, 1969: Quadriga virtutum. Die Kardinaltugenden in der Geistesgeschichte der Karolingerzeit. Köln.
Mainberger, Gonsalv K., 1983: Typologie der Nihilismen. In: Rationalitätskritik und neue Mythologien. Studia philos. Bd. 42/1983: 125–146.
Manns, Peter (Hrsg.), 1986: Zur Bilanz des Luther-Jahres. Stuttgart.
Mau, Rudolf, 1983: Die marxistischen Luther-Thesen der DDR. In: Berliner Theol. Ztschft. 1 (1984): 27–44.
Meissinger, Karl August, 1952: Der katholische Luther. München.
Mensching, G. u. a., 1961: Propheten, I. Religionsgeschichtlich, II. In Israel, III. Im Christentum. In: Die Religion in Gesch. und Gegenw. 3. Aufl. Bd. V, Sp. 608–635.

Merks, Karl-Wilhelm, 1981: Zur theologischen Grundlegung der Menschenrechte in der Perspektive des Thomas von Aquin. In: Schwartländer 1981: 165–187.
Metz, Johann Baptist, 1962: Christliche Anthropozentrik. Über die Denkform des Thomas von Aquin. München.
Mieth, Dietmar, 1969: Die Einheit von Vita activa und Vita contemplativa in den deutschen Predigten und Traktaten Meister Eckharts und bei Johannes Tauler. Untersuchungen zur Struktur des christlichen Lebens. Regensburg.
Moeller, B., 1960: Mittelalter. In: Die Religion in Gesch. und Gegenw. 4. Bd.: 1024–1037, 3. Aufl. Tübingen.
Mokrosch, Reinhold u. Walz, Herbert, 1980: Kirchen- und Theologiegeschichte in Quellen. Band 2: Mittelalter. Ausgewählt und kommentiert. 2. Aufl. 1986; zit. nach 1. Aufl. Neukirchen-Vluyn.
Molnar, Amedeo, 1980: Die Waldenser. Geschichte und europäisches Ausmaß einer Ketzerbewegung. Berlin (DDR) und Göttingen.
Müller, Alois/Pfürtner, Stephan/Schnyder, Bernhard (Hrsg.), 1972: Natur und Naturrecht. Ein interfakultäres Gespräch. Freiburg in d. Schweiz und Köln.
Oberman, Heiko Augustinus, 1965: Spätscholastik und Reformation I: Der Herbst der mittelalterlichen Theologie. Zürich.
– *1977*: Werden und Wertung der Reformation. Vom Wegestreit zum Glaubenskampf. Tübingen.
Ohly, Friedrich, 1977: Schriften zur mittelalterlichen Bedeutungsforschung. Darmstadt.
Otto, Rudolf, 1936: Das Heilige. Über das Irrationale in der Idee des Göttlichen und sein Verhältnis zum Rationalen. 1. Aufl. 1917, 30. Aufl. München 1936.
Oppen, Dietrich von, 1983: Marburger Aufzeichnungen. Zur Krise der modernen Welt. Stuttgart.
Pesch, Otto Hermann, 1965: Um den Plan der Summa Theologiae des hl. Thomas von Aquin. Zu Max Secklers neuem Deutungsversuch. München. Theol. Ztschft. 16 (1965): 128–137.
– *1965 a:* Thomas von Aquin. IV. Theologie. In: Lex. f. Theol. u. Kirche Bd. 10, Sp. 127–134. Freiburg i. Br.
– *1965 b:* Thomismus, a. a. O. Sp. 158–167.
– *1967:* Theologie der Rechtfertigung bei Martin Luther und Thomas von Aquin. Versuch eines systematisch-theologischen Dialogs. Mainz.
– *1977:* Das Gesetz. Kommentar zu Thomas von Aquin, Summa Theologiae I–II, Q. 90–105. Dtsch. Thomas-Ausg. Bd. 13. Heidelberg/Graz.
– *1982:* Gerechtfertigt aus Glauben. Luthers Fragen an die Kirche. Freiburg i. Br.
– *1983 a:* Hinführung zu Luther. 2. Aufl. 1983, Mainz.
– *1983 b:* Freisein aus Gnade. Theologische Anthropologie. Freiburg/Basel/Wien.
– *1986:* Erträge des Luther-Jahres für die katholische systematische Theologie. In: Zur Bilanz des Luthers-Jahres, hrsg. von Peter Manns, S. 81–146, Stuttgart.
Pesch, Otto Hermann u. Peters, Albrecht, 1981: Einführung in die Lehre von Gnade und Rechtfertigung. Darmstadt.
Pfürtner, Stephan H., 1958: Triebleben und sittliche Vollendung. Eine moralpsychologische Untersuchung nach Thomas von Aquin. Freiburg/Schweiz.
– *1961:* Luther und Thomas im Gespräch. Unser Heil zwischen Gewißheit und Gefährdung. Heidelberg.
– *1972*: Kirche und Sexualität. Reinbek b. Hamburg.
– *1972 a:* Das Natürlich-Rechte in der theologischen Auseinandersetzung der Gegenwart. In: Alois Müller u. a. (Hrsg.), Natur und Naturrecht, S. 258–303.
– *1972 b:* Macht, Recht, Gewissen in Kirche und Gesellschaft. Zürich/Einsiedeln/Köln.
– *1981:* Keine Kirche kann vollkommen sein. Trennt die Rechtfertigungslehre noch die Christen? In: Luth. Monatshefte 20 (1981) Heft 5: 264–268. Paralleldruck in: Orientierung 48 (1981) Nr. 8: 95–98.
– *1981 a:* Der autoritäre Charakter – seine Überwinderung als sozialethische Aufgabe. In: Gerechtigkeit. Themen der Sozialethik, hrsg. u. eingeleitet von Armin Wildermuth und Alfred Jäger. S. 70–106, Tübingen.
– *1984:* Die Paradigmen von Thomas und Luther. Bedeutet Luthers Rechtfertigungsbotschaft einen Paradigmenwechsel? In: Küng u. Tracy, Theologie – wohin? S. 168–192.
Pieper, Josef, 1963: Vom Sinn der Tapferkeit. München
– *1964:* Zucht und Maß. München.
– *1965:* Von der Gerechtigkeit. München.
– *1965 a:* Traktat über die Klugheit. München.
– *1976:* Noch wußte es niemand. Autobiographische Aufzeichnungen 1904–1945. München.
Prümmer, K., 1933: Christentum als Neuheitserlebnis. Freiburg i. Br.
Ratschow, Carl Heinz, (Hrsg.), 1980: Ethik der Religionen. Ein Handbuch. Stuttgart/Berlin/Köln/Mainz.

Rosenberg, Alfons, 1955: Joachim von Fiore, Das Reich des Heiligen Geistes. Bearbeitet von A. Rosenberg. München-Planegg.
Schachten, Winfried H.J., 1980: Ordo Salutis. Das Gesetz als Weise der Heilsvermittlung. Zur Kritik des hl. Thomas von Aquin an Joachim von Fiore. Münster.
Schlüter, D., 1965:
- Thomas von Aquin, III. Philosophie. In: Lex. f. Theol. u. Kirche, Bd. 10, Sp. 123–127. Freiburg i. Br.
- Thomismus, Philosophische Hauptthesen im Unterschied zu Thomas: a. a. O. Sp. 163.

Schmale, Franz-Josef, 1963: Zu den Anfängen bürgerlicher Kultur im Mittelalter. In: Röm. Quart. 58 (1963): 149–161.
Schrey, Heinz-Horst, 1976: Diskussion um das Naturrecht 1950–1975. In: Theol. Rundschau (Neue Folge) 41 (1976): 59–93.
Schroeder, Rainer, 1984: Zur Arbeitsverfassung des Spätmittelalters. Eine Darstellung mittelalterlichen Arbeitsrechts aus der Zeit nach der großen Pest. Berlin.
Schröder, W.J., 1960: Mittelalter. Deutsche Literatur. In: Die Religion in Gesch. und Gegenwart. 4. Bd.: 1044–1055, 3. Aufl. Tübingen.
Schwartländer, Johannes (Hrsg.), 1981: Modernes Freiheitsethos und christlicher Glaube. Beiträge zur juristischen, philosophischen und theologischen Bestimmung der Menschenrechte. München u. Mainz.
Snell, Bruno, 1955: Die Entdeckung des Geistes. 3. Aufl. Hamburg.
Southern, Richard William, 1952/1980: Geistes- und Sozialgeschichte des Mittelalters. Das Abendland im 11. und 12. Jahrhundert. Engl. Erstausgabe 1952. 2. dt. Aufl. Stuttgart/Berlin/Köln/Mainz.
Staats, Reinhart, 1980: Das Mittelalter in der neueren kirchengeschichtlichen Literatur. In: Verkündigung und Forschung, 25. Jahrgang, 1980: 32–74.
Stelzenberger, Johannes, 1963: Syneidesis, conscientia, Gewissen. Studie zum Bedeutungswandel eines moraltheologischen Begriffes. Paderborn.
Streller, Siegfried u. Streller, Christa, 1975: Hutten. Müntzer. Luther. Werke in zwei Bänden (Bd. 1: Hutten. Müntzer). Ausgewählt und eingeleitet von S. Streller. Textrevision von Ch. Streller. Berlin und Weimar.
Struve, Tilman, 1983: Pedes rei publicae. Die dienenden Stände im Verständnis des Mittelalters. Hist. Ztschrft. Bd. 236 (1983): 1–48.
Süssmuth, Hans (Hrsg.), 1985: Das Luther-Erbe in Deutschland. Vermittlung zwischen Wissenschaft und Öffentlichkeit. Düsseldorf.
Thomas von Aquin:
- Die vollständige lateinische Ausgabe ist von *Roberto Busa SJ.* herausgegeben: Sancti Thomae Aquinatis Opera omnia ut sunt in Indice Thomistico; additis 61 scriptis ex aliis medii aevi auctoribus. 7 Bände, Stuttgart-Bad Cannstatt 1980 (die Ausgabe ist ohne Quellenangaben und Querverweise).
- Die *Editio Marietti* (Turin 1948 ff.) ist weitgehend vollständig und hat die kritische Textausgabe der Editio Leonina (Rom 1882 ff.) oder andere kritische Ausgaben, soweit sie jeweils vorlagen, übernommen. *Der Sentenzenkommentar* (4 Bde) liegt (außer bei R. Busa) nur in alten Ausgaben (Vivès, Parma) oder deren photomechanischen Nachdrucken vor.
- Sonder-Ausgaben, nach denen zitiert wurde:
  Die Deutsche Thomas-Ausgabe (DThA): Summa theologica. Deutsch-lateinische Ausgabe, hrsg. von der phil.-theol. Hochschule Walberberg b. Köln, 36 Bde. (noch nicht abgeschlossen; 1. Bd. Salzburg 1933).
- Summa Theologiae. *Editiones Paulinae*, Romae 1962.
- De regimine principum (Originaltitel: De regno ad regem Cypri). Opusculum. In: S. Thomas Aquinatis, Opuscula philosophica, Ed. J. Perrier. Paris 1949: 220–426.

Thomistic Bibliography 1940–1978: comp. by Terry L. Miethe and V. J. Bourke, London 1980, Ethics: 145–163.
Troeltsch, Ernst, 1912–1925: Gesammelte Schriften. 4 Bde. Tübingen.
Tüchle, H., 1962: Mittelalter. I. Kirchengeschichte. In: Lex. f. Theol. u. Kirche Bd. 7: 494–497; 2. Aufl. Freiburg i. Br.
Utz, A.-F. u. Groner, J.-F. (Hrsg.), 1954–1961: Aufbau und Entfaltung des gesellschaftlichen Lebens. Soziale Summe Pius XII. (Bd. 1 u. Bd. 2: 1954; Bd. 3: 1961) Freiburg/Schweiz.
Vicaire, M.-H., 1962: Geschichte des Heiligen Dominikus. Bd. 1. Ein Bote Gottes. Freiburg/Basel/Wien.
Vinay, V. u. Vogt, F.E., 1962: Waldenser, in: Die Religion in Gesch. u. Gegenwart Bd. 6, Sp. 1530–1534, 3. Aufl. Tübingen.

Vorster, Hans, 1965: Das Freiheitsverständnis bei Thomas von Aquin und Martin Luther. Göttingen.
Wieland, Georg, 1981: Ethica – Scientia practica. Die Anfänge der philosophischen Ethik im 13. Jahrhundert. Münster i. W.
Wilpert, Paul (Hrsg.), 1964: Beiträge zum Berufsbewußtsein des mittelalterlichen Menschen. Berlin.
Wohlfeil, Rainer (Hrsg.), 1972: Reformation oder frühbürgerliche Revolution? München.
Wolf, Ernst, 1965: Peregrinatio. Bd. 2. München.
Zimmermann, Albert (Hrsg.), 1979: Soziale Ordnungen im Selbstverständnis des Mittelalters. Für den Druck besorgt von Gudrun Vuillemin-Diem. Berlin/New York.
– *1988:* Thomas von Aquin. Werk und Wirkung im Licht neuerer Forschungen. Für den Druck besorgt von Clemens Kopp. Berlin/New York.
Zur Mühlen, Karl-Heinz, 1980: Reformatorische Vernunftkritik und neuzeitliches Denken. Dargestellt am Werk M. Luthers und Fr. Gogartens. Tübingen.
Das Zweite Vatikanische Konzil, 1966–1968: Konstitutionen, Dekrete und Erläuterungen, lateinisch u. deutsch. Kommentare (als 3 Ergänzungsbände zum Lexikon für Theologie und Kirche). Freiburg i. Br.

Personenregister

Die Autoren

Stephan H. Pfürtner

Dr. theol., geb. 1922 in Danzig, seit 1977 Professor für Sozialethik am Fachbereich Evangelische Theologie der Universität Marburg; 1954 Promotion in Rom; 1955–1966 Professor für Moraltheologie (theologische Ethik) an der Dominikaner-Hochschule Walberberg b. Bonn, 1961–1966 Rektor der Hochschule; 1966–1974 Professor im gleichen Fachgebiet an der Universität Freiburg/Schweiz; 1974–1975 Mitglied der Forschungsgruppe »Recht und Sozialwissenschaften« am Zentrum für interdisziplinäre Forschung Bielefeld; 1975–1977 Gastprofessor in Marburg.

Veröffentlichungen u. a.: Triebleben und sittliche Vollendung, 1958; Luther und Thomas im Gespräch, 1961 (engl. 1965, franz. 1967); Kirche und Sexualität, 1972 (ital. 1975); Macht, Recht, Gewissen in Kirche und Gesellschaft, 1972; Einführung in die kath. Soziallehre (mit W. Heierle), 1980; Theorietechnik und Moral (mit N. Luhmann), 1978; Wider den Turmbau zu Babel – Disput mit Ivan Illich (Hrsg.), 1985.

Dieter Lührmann

Dr. theol., geb. 1939 in Lingen/Ems; Abitur 1957 Oldenburg i. O.; 1957–1962 Studium der Evangelischen Theologie Bethel, Heidelberg, Göttingen; 1964 Promotion in Heidelberg; 1965–1968 wissenschaftlicher Assistent bei G. Bornkamm in Heidelberg; 1968 Habilitation für Neues Testament, 1968–1974 Universitätsdozent/apl. Professor in Heidelberg; 1974–1982 Professor für Neues Testament an der Kirchlichen Hochschule Bethel in Bielefeld; seit 1982 an der Universität Marburg.

Buchveröffentlichungen: Das Offenbarungsverständnis bei Paulus und in paulinischen Gemeinden, 1965; Die Redaktion der Logienquelle, 1969; Glaube im frühen Christentum, 1976; Der Brief an die Galater, 1978; Auslegung des Neuen Testaments, ²1987; Das Markusevangelium, 1987.

Adolf Martin Ritter

Dr. theol., geb. 1933 zu Schwarzenborn (Knüll); nach Studium an den Universitäten Marburg, Heidelberg, Göttingen und Athen u. a. Vikars- und Pfarrdienst in der kurhessisch-waldeckischen Landeskirche; 1962 Promotion in Heidelberg; 1970 Habilitation für das Fach Kirchengeschichte in Göttingen; nach Lehrtätigkeit in Göttingen und Marburg seit 1981 Ordinarius für Historische Theologie (Schwerpunkt Patristik) an der theologischen Fakultät der Ruprecht-Karls-Universität Heidelberg.

Hauptveröffentlichungen aus dem Bereich der Alten Kirchen- und Theologiegeschichte, u. a.: Das Konzil von Konstantinopel und sein Symbol, 1965; Wer ist die Kirche?, 1968; Charisma im Verständnis des Johannes Chrysostomus und seiner Zeit, 1972; Alte Kirche, 1977; ⁴1987.